(RE)CRIAÇÃO DO CAMPESINATO, IDENTIDADE E DISTINÇÃO

ROSEMEIRE APARECIDA DE
ALMEIDA

(RE)CRIAÇÃO DO CAMPESINATO, IDENTIDADE E DISTINÇÃO

A LUTA PELA TERRA E O HABITUS DE CLASSE

1ª reimpressão

Direitos de publicação reservados à:
Fundação Editora da UNESP (FEU)

Praça da Sé, 108
01001-900 – São Paulo – SP
Tel.: (0xx11) 3242-7171
Fax: (0xx11) 3242-7172
www.editoraunesp.com.br
feu@editora.unesp.br

CIP – Brasil. Catalogação na fonte
Sindicato Nacional dos Editores de Livros, RJ

A45r

Almeida, Rosemeire Aparecida de
(Re)criação do campesinato, identidade e distinção: a luta pela terra e o habitus de classe / Rosemeire Aparecida de Almeida. São Paulo: Editora UNESP, 2006.
il.;

Inclui bibliografia
ISBN 85-7139-674-4

1. Posse da terra - Mato Grosso do Sul. 2. Mato Grosso do Sul - Condições rurais. 3. Camponeses - Mato Grosso do Sul - Condições sociais. 4. Identidade social. I. Título.

06-2913. CDD 305.56098171
CDU 316.343.37(817.1)

Este livro é publicado pelo projeto *Edição de Textos de Docentes e Pós-Graduados da UNESP* – Pró-Reitoria de Pós-Graduação da UNESP (PROPG) / Fundação Editora da UNESP (FEU)

Editora afiliada:

À mãe Maria, referência de família, que partiu antes do término deste trabalho.
Aos acampados e assentados, pela possibilidade de pesquisa que suas lutas proporcionaram.
À filha Maria, meu amor, que chegou no início deste trabalho.

Agradecimentos

Ao Ariovaldo, orientador lúcido sobre o papel que representa como professor e pesquisador.

À Tânia, menina e mulher, mãe e filha, professora e aluna, foste tudo isso quando a vida me impedia de ser.

À Lili, porque sua amizade e sabedoria são como a luz de um novo dia, sempre trazendo esperança.

Ao João, presença amiga tanto nos momentos da vida de encontro como de desencontro.

À Celma e ao Vítor, pessoas admiráveis não só como profissionais, mas sobretudo como gente. Com vocês quero continuar a caminhada!

Ao amigo Mie, da CPT-MS petista aguerrido, conhecê-lo me fez reviver o sonho de um mundo melhor.

Ao professor Martins, da USP, pela deferência com que sempre atendeu às minhas solicitações.

Ao professor Áureo, da Unesp-Assis, suas "dicas" acerca da leitura do Bourdieu ajudaram muito.

Aos funcionários do Idaterra, do Incra e do IBGE, cuja disposição em fornecer dados e informações contribuiu para a realização deste trabalho.

A todos os professores do curso de Graduação e Pós-Graduação em Geografia, da FCT-Unesp, pelos possíveis acertos de minha vida acadêmica.

Aos amigos(as) da vida e da profissão que, embora não estejam comigo no mesmo banco, compartilham o mesmo trem.

Aos professores do curso de Geografia do CEUL-UFMS, pela possibilidade de pesquisa que o afastamento integral com bolsa proporcionou.

A todos os acampados e assentados que, de uma forma ou de outra, relataram e confiaram suas histórias de vida e de luta. Espero ter sido uma boa ouvinte, espero ter entendido um pouco.

Essa cova em que estás,
com palmos medida,
é a cota menor
que tiraste em vida.

– é de bom tamanho,
nem largo nem fundo,
é a parte que te cabe
neste latifúndio.
– Não é cova grande.
é cova medida,
é a terra que querias
ver dividida.

– é uma cova grande
para teu pouco defunto,
mas estarás mais ancho
que estavas no mundo.

– é uma cova grande
para teu defunto parco,
porém mais que no mundo
te sentirás largo.

– é uma cova grande
para tua carne pouca,
mas a terra dada
não se abre a boca.

(João Cabral de Melo Neto.
Morte e vida severina)

Sumário

Prefácio

(Re)criação do campesinato, identidade e distinção: luta pela terra e o *habitus* de classe, de Rosemeire Aparecida de Almeida, é mais um livro fundante para a compreensão do campesinato brasileiro. A biblioteca sobre os camponeses amplia sua base, porque a pesquisa que sustenta essa obra foi feita na base e com a base dos movimentos sociais camponeses no Brasil.

Rose, como a chamamos, propôs-se e desvendou os processos por meio dos quais a (re)criação camponesa se realiza neste Estado-fronteira de Mato Grosso do Sul. Enveredou-se por caminhos e estradas. Viajou pelas vidas dos camponeses em luta. Lutou e luta ao lado deles, com eles e por eles, porque só o estudo não bastaria a Rose.

O livro é como a Rose que conheci nas salas de aula da UNESP de Presidente Prudente, guerreira, guerrilheira. A primeira imagem que formei dela, sobre seu pensar, sua disposição para o enfretamento, para a luta, batia em cheio com os versos fortes da canção *Cantiga brava* do genial Geraldo Vandré:

> O terreiro lá de casa, não se varre com vassoura
> Varre com ponta de sabre, bala de metralhadora
> Quem é homem, vai comigo, quem é mulher, fica e chora
> Tô aqui quase contente, mas agora eu vou-me embora

Como a noite traz o dia, com presteza ou com demora
Terá quem anda comigo, sua vez e sua hora
O que sou, nunca escondi,
Vantagem, nunca contei,
Muita luta já perdi
Muita esperança gastei
Até medo já senti
E não foi pouquinho, não
Mas fugir, nunca fugi,
Nunca abandonei meu chão.

Rose é essa guerrilheira cantada por Vandré. Olhos brilhantes que tudo vêem e tudo questionam. Seu livro tem a cara especial da "varrição do terreiro" camponês construído pelos movimentos sociais e sindicais que também se tornaram sociais do Mato Grosso do Sul. Rose é assim, como os versos, persistente, não tem pressa e, destemida que é, não se amedronta com as derrotas. Nunca fugiu, nunca abandonou a luta pelo chão camponês.

O livro contém o mel e o fel que o cotidiano da vida em luta pela utopia da vida faz sair pelos poros da pele e pelas palavras dos que lutam, co-mandam, mandam, impõem, recuam, acuam, enfim, permitem ou consentem. Na verdade, a velocidade com que as transformações impostas pelo processo de luta pela terra atingem os camponeses em busca de suas re-criações não permitiria, em princípio, a ninguém o direito à crítica. Mas Rose encontrou o jeito doce e carinhoso, mas rigoroso e radical, da crítica entre os pares, entre companheiras e companheiros.

Por isso, viaja em viagens que parecem não ter fim, embora tenham. Aliás, foi dela que ouvi pela primeira vez uma palavra que me marcou de forma significativa: estradar. Danada de mulher, fez seu estudo estradando, permita-me assim apropriar-me do verbo usado. Estradeira que foi, fez dos diálogos com os camponeses suas vozes na academia.

Rigorosa com o método e a teoria, não se permitiu um instante sequer os vôos dos poetas ou as certezas e verdades absolutas dos profetas e dos monges. Foi há muito tempo em Campo Grande que conheci as músicas do então desconhecido Almir Sater. Amante da viola, tornei-me apreciador das músicas belas que ele faz e toca. Por isso, foi em uma de suas muitas e maravilhosas canções feitas nas estradas e caminhos do Mato Grosso do Sul que encontrei um pequeno elo entre a vida cotidiana cantada pelo poeta popular e o rigor, a consistência e a coerência com que Rose realizou seu estudos. Coincidência ou não, o poema canção chama-se "Estradeiro", e seus autores são o genial violeiro Almir Sater e Paulo Klein. Neles, a meu juízo, estão simbolicamente (afinal, Pierre Bourdieu é uma de suas mais importantes âncoras teóricas) as viagens viajadas por Rose:

> Sonhos guardados na mente
> Com lábios de doce melaço
> Pra todo canto que fosse
> Vivendo da cantoria...
> Não sou louco poeta
> Nem sou profeta ou monge
> Viajar, viajei.

Sonhou junto com os camponeses, ouviu-os, conversou com eles, foi buscar nós que garantem a feitura das redes, os elos que podem permitir compreender o universo simbólico que dão consistência à tríade estruturante da classe camponesa: família, terra e trabalho. Viajou pelas mãos de Pierre Bourdieu, pelos conceitos ou noções como sempre preferiu Henri Lefbreve, que sustentam suas interpretações sobre a sociedade moderna. Por isso, o MST como movimento social é analisado sob o signo de *communitas*, e as relações de poder e as práticas políticas, sob o signo do poder simbólico, das práticas distintivas, enfim, da distinção e da identidade e do *habitus*. Dessa viagem teórica, nasceram as interpretações sobre essa ainda curta história desse mais importante movimento social brasileiro.

O livro começa por uma afirmação forte de princípio que vale a pena resgatar aqui:

> Por conseguinte, não se tem a presunção de falar pela boca do outro, "dando voz aos esquecidos"; fundamentalmente, porque eles têm

> voz, mas de fazer chegar a outros "círculos" essa voz, assumindo os equívocos que essa "tradução" impõe. Tal querer se inscreve na convicção de que é preciso se aproximar do objeto, desejar conhecê-lo, mesmo sabendo que dificilmente estaremos à sua altura (Bourdieu, 1997), já que nossa sina como pesquisadores é *querer parar o que se move*.

Esse é o eixo norteador do estudo de Rose, a contradição dialética de quem pesquisa e de quem é pesquisado. Por isso, estradou muito para garantir a coerência do método, observou, olhou, viu, por isso ousou interpretar. Esse é o caminho para os querem transformar o mundo: a ousadia da interpretação teórica para alimentar a luta cotidiana pela terra e por uma outra sociedade. Encontrou no cotidiano dos camponeses em luta os germes para compreendê-los como classe moderna com lugar, portanto, na modernidade.

Apoiando-se na compreensão triádica de que a família, o trabalho e a terra constituem categorias centrais do universo do campesinato, investigou seus modos e valores de vida também como elementos centrais da construção de sua identidade. Assim, procurou sem cessar sua sociabilidade completa, discutindo a moral, a liberdade, a comida e a autonomia. Ou como ela mesma preferiu deixar registrado: "Ser camponês é ser uma pessoa por inteiro e única que no assentamento é reconhecida pelo nome, pelo apelido, pelo *estilo* de vida que expressa o *habitus*, não como tradição, mas como manutenção, renovação e inovação".

Essas são partes apenas desse caminhar de Rose na pesquisa sobre o campesinato moderno em luta do Mato Grosso do Sul. Sua análise tem, evidentemente, o olhar dos geógrafos, por isso sustenta a abordagem na lógica marxista de compreensão do processo de territorialização como componente inerente da re-criação camponesa.

Desvenda também os liames que formam a intrincada estruturação do espaço mato-grossense-do-sul, onde a apropriação privada da terra praticamente não permitiu o surgimento da terra de trabalho camponesa. Nessa interpretação de parte da história da formação da propriedade privada capitalista da terra, utiliza-se da possibilidade teórica da concepção de monopolização do território pelo capital como oposição ao processo de territorialização camponesa. Revisita a história da luta pela terra que permitiu o acesso dos camponeses a mais de uma centena de assentamentos naquele Estado. E isso ainda é pouco, pois, em outra centena de acampamentos, famílias esperam em luta pela reforma agrária que tanto demora a chegar. Rose visitou oito acampamentos e oito assentamentos, ouviu atentamente mais de uma centena e meia de relatos, histórias e estórias, ao pé dos fogões a lenha, nos barracos, na estrada da vida desses camponeses, sobre temáticas formuladas a partir da questão central: "Luta pela terra e na terra". Daí saiu conversa sobre a luta, suas visões acerca da concepção de liberdade, a propriedade da terra, a família, enfim, de sua organização.

A interpretação das falas camponesas foi gradativamente revelando a heterogeneidade dos diferentes movimentos em movimento. Assim, mergulhou nas contradições que movem a pluralidade das práticas dos três principais atores da cena política do Estado na luta pela e na terra: MST, Fetagri e CUT.

Rose fez todos os esforços para legar-nos um estudo que olhasse os camponeses em luta como sujeitos sociais particulares, como classe social em si e para si. Fez isso no texto como fez o poeta Zé Ramalho quando compôs o poema canção "Admirável gado novo".

> Vocês que fazem parte dessa massa
> Que passa nos projetos do futuro
> É duro tanto ter que caminhar
> E dar muito mais do que receber
> E ter que demonstrar sua coragem
> À margem do que possa parecer
> E ver que toda essa engrenagem
> Já sente a ferrugem lhe comer
> ...
> O povo foge da ignôrancia
> Apesar de viver tão perto dela
> E sonham com melhores tempos idos
> Contemplam esta vida numa cela
> Esperam nova possibilidade
> De verem esse mundo se acabar...

O livro contém, pois, a tentativa do desvendamento das contradições que povoam as ações políticas dos movimentos sociais no Mato Grosso do Sul. O MST e suas práticas políticas mereceram atenção central de Rose. Sua síntese precisa e profunda, apresentada a seguir, é exemplo de uma crítica companheira para os companheiros, feita por uma companheira, por uma guerrilheira como afirmei no início deste prefácio. Rose é assim, portadora da radicalidade que faz dos intelectuais críticos, intelectuais orgânicos; por isso, faço sua necessária reprodução:

> Assim, apreender esse movimento parece ser o desafio.
>
> Cumpre ressaltar que essa nova prática vivenciada no acampamento pelo MST encontra-se inscrita no *habitus* específico de parcelas do campesinato, situação que acaba por aproximá-los de sujeitos liminares inclinados a constituir *communitas*. Portanto, a existência dessas práticas distintivas no acampamento do MST tem sustentação no poder simbólico, espécie de crença, cuja eficácia depende das condições em que é exercido, ou seja, tem que haver uma simbiose entre receptor e emissor.
>
> Desse modo, não há violência, isto é, não há opressão nessa relação, por mais que o ambiente de intrigas e invalidação circular exista, porque o poder simbólico "é um poder quase mágico que permite obter o equivalente daquilo que é obtido pela força (física ou econômica), graças ao efeito específico de mobilização, só se exerce se for reconhecido, quer dizer, ignorado como arbitrário" (Bourdieu, 2000, p.14).

Quando, no entanto, a interpretação da prática distintiva do MST, feita pelos intelectuais ligados ao Movimento, resvala para um conteúdo mistificador de "formação da consciência de classe trabalhadora" e de "transformação da sociedade", o poder simbólico cessa (situação comum no assentamento), a distinção passa a ser ideológica, ela já não possui respaldo na realidade. Ou seja, se transforma em imposição e deixa de ser simbólico.

> Esse momento de desencontro existente no MST é fruto das contradições que a teoria da organização imputou ao movimento social. Dito de outra maneira, a influência de intelectuais ... na interpretação da prática do MST produziu teorias que acabaram por negar os sujeitos da luta,

> ou seja, a condição de classe *sui generis* do campesinato. No entanto, isso não significa dizer que a teoria da prática do MST é um todo monolítico e muito menos que há uma separação pura e simples entre a liderança e a base, até porque reforçaria a tese histórica da incapacidade política do camponês e, mais, esconderia o fato de que a força e a permanência desse Movimento emanam dos homens e mulheres que fazem a luta pela terra. Dizer que a base é manipulada pelas lideranças é se esquecer do poder de resistência do campesinato redefinindo o próprio Movimento ... Na verdade, o desencontro/estranhamento não é entre base e liderança, mas, sim, da prática com a teoria da prática que é produzida pelos intelectuais que, de diferentes maneiras, caminham com o MST. É essa teoria que tem dado características de organização ao Movimento e tem feito do sonho camponês da terra de trabalho, da *communitas* a luta pela transformação do capitalismo.

Dessa forma, a vida cotidiana dos camponeses foi visitada e revisitada nos acampamentos e nos assentamentos. Questões e temas apaixonantes foram tratados e dão ao livro sua importância central e garantem que a visão camponesa da terra com morada da vida constitui-se em lugar da realização da utopia camponesa, como sempre afirmava Octavio Ianni e que Rose recolheu como lição de vida partilhada agora com todos nós: servir aos camponeses somente não basta, é preciso aprender com eles que em seu mundo "a condição humana tem precedência sobre a coisa".

É por tudo isso que o livro de Rose traz que preciso, neste final, agradecê-la por ter me permitido partilhar com ela e com os camponeses em luta este estudo. Ele certamente é mais dela do que meu, mas é preciso que fique registrado que me orgulho de ter sido seu orientador. Você, mais uma vez guerrilheira, e seu livro são como balas de metralhadora ou pontas de sabre a varrer os terreiros, por isso nunca abandone a radicalidade como princípio da crítica, pois só a crítica radical cotidiana permitirá que não nos afastemos das utopias por uma outra sociedade, justa e fraterna, em que a diferença seja fator de união e de agregação dos camponeses e dos proletários.

Somente o violeiro sul-mato-grossense Almir Sater poderia ter versos para finalizar este prefácio. Eles estão no trecho final desta também admirável canção, "Tocando em frente". Toque em frente Rose, pois ainda há muita poeira no estradar, porque:

> Cada um de nós
> Compõe a sua história
> Cada ser em si carrega o dom de ser capaz
> De ser feliz

Ariovaldo Umbelino de Oliveira

(Nestes agradáveis dias de outono do final da terceira semana de maio de 2006, depois da violência do último final de semana da "guerra urbana" vivida pela metrópole mundial de São Paulo, um dos ícones da modernidade. Três anos e quase meio do governo Lula, e a reforma agrária continua chegando em pequeno número aos muitos acampamentos de sem terra no país.)

Introdução

"Quando comparo o que os camponeses me mostraram com o que eu mostro deles, sinto desconforto e frustração. O formato acadêmico não consegue captar a riqueza e a diversidade de uma cultura construída sobre bases tão diversas. Este é, entretanto, o único jeito que aprendi. É também – hoje estou convencida – exatamente o formato que os rebeldes de Formoso desejariam que eu usasse. Eles não me transmitiram a sua história simplesmente para que eu a devolvesse a eles. Eles me transmitiram a sua história para que fosse traduzida e divulgada para outros públicos e outros círculos. Entre si, dispensam tradutores: falam a mesma linguagem." (Amado, 1993, p.48)

"Questiono esse mundo porque ele me coloca em questão, e de uma forma muito profunda que vai bem além do simples sentimento da exclusão social: nunca me sinto plenamente justificado em ser um intelectual, não me sinto 'em casa', tenho o sentimento de ter que prestar contas – a quem? não sei – do que me parece um privilégio injustificável." (Bourdieu, 1983a, p.61)

As reflexões que cercam o estudo da (re)criação camponesa no Mato Grosso do Sul não nasceram como hipóteses cujo objetivo é guiar a pesquisa na busca de confirmações. Ao contrário, tínhamos um problema a resolver, muitas perguntas sendo feitas e poucas respostas. Logo o caminho impôs a construção do que a seguir será apresentado.

CUT
CONTAG
MOVIMENTO DOS TRABALHADORES RURAIS SEM TERRA
BRASIL

Isso não significa, no entanto, postularmos uma neutralidade científica, o que é impossível numa sociedade mediada pelo conflito de classes. Desde o início, sabíamos nosso lugar, conhecíamos a posição que ocupávamos como detentores do discurso acadêmico e, mais, que a opção teórico-metodológica adotada nesta pesquisa reflete indubitavelmente os pressupostos filosóficos de quem a coloca em ação. Dessa maneira, não há desinteresse, muito menos um falar sem saber da posição de onde se fala, na costumeira confusão de papéis entre militante e intelectual; há, talvez, parafraseando Bourdieu (2000), uma homologia de posição.

Por conseguinte, não se tem a presunção de falar pela boca do outro, "dando voz aos esquecidos"; fundamentalmente, porque eles têm voz, mas de fazer chegar a outros "círculos" essa voz, assumindo os equívocos que essa "tradução" impõe. Tal querer se inscreve na convicção de que é preciso se aproximar do objeto, desejar conhecê-lo, mesmo sabendo que dificilmente estaremos à sua altura (Bourdieu, 1997), já que nossa sina como pesquisadores é *querer parar o que se move*.

Construir a pesquisa sobre a luta pela terra no Mato Grosso do Sul, nesse caso, a análise dos acampamentos e assentamentos como uma das formas de (re)criação camponesa, impôs a busca incessante por conceitos que melhor dessem conta de organizar a evidência histórica.

Dessa maneira, como parte dessa preocupação, o conceito de campesinato, considerado por nós o nucleante, foi colocado em movimento. Cumpre destacar que não houve inquietação em relação ao fato de os sujeitos pesquisados se autodenominarem camponeses ou não, importava-nos seu modo de vida e sua lógica de reprodução, sua compreensão da luta, aquilo que os diferenciava e os aproximava na terra conquistada.

Procuramos, passando pelo assentamento, pela agrovila e pelo lote, converter o olhar para chegar ao sítio, a casa-quintal, ao sonho de uma vida, por vezes fora da terra, projetado na construção da *terra de trabalho*. Portanto, é o significado da terra que faz deles camponeses, é o sentido conservador e radical de sua consciência que, justamente porque é radical, os orienta na luta contra o concentracionismo desenfreado do capital que, ao arrancá-los da terra, impede o trabalho camponês e se ergue como oposição à continuidade do modo de vida dessa classe *sui generis*. Situação, por sua vez, que indica a luta pela terra como um conflito que transcende a conquista de um pedaço de chão. Certamente – hoje estamos mais seguros disso –, é a batalha contra o perecimento dessa classe peculiar, contra a finitude dos camponeses que, insistindo em perpassar diferentes sociedades, vão mantendo sua situação socioeconômica dúplice: são, ao mesmo tempo, proprietários de terra e trabalhadores.

Não se trata aqui, no entanto, de, em nome da lógica de reprodução da unidade camponesa, subtrair a lógica do capital. Na verdade, procuramos, ao pensar a reprodução camponesa como uma relação não-capitalista, situá-la no conjunto das contradições do capital. Não reduzindo, todavia, essa recriação camponesa a uma pura e simples determinação do capital. Ou seja, os camponeses interferem, resistem, criam estratégias para escapar das necessidades do capital que tem na sujeição da renda da terra o seu filão de produção de capital.

Família, trabalho e terra são categorias centrais do mundo camponês, basicamente porque uma não tem sentido sem a outra, e, mais, delas é que valores como a moral, a liberdade, a comida, a autonomia extraem seu sentido e dão ao campesinato uma sociabilidade completa. Ser camponês é ser uma pessoa por inteiro e única, que no assentamento é reconhecida pelo nome, pelo apelido, pelo *estilo* de vida que expressa o *habitus* não como tradição, mas como manutenção, renovação e inovação.

Em decorrência das diversas interpretações clássicas marxistas e não-marxistas acerca do campesinato, muitas teses foram apresentadas. Dentre elas, destacam-se as obras de Kautsky, Lenin e Chayanov. Os dois primeiros advogaram a tese do destino inexorável do campesinato, qual seja, o desaparecimento ante o desenvolvimento do capital. Por sua vez, Chayanov centra sua análise na resistência da unidade econômica camponesa e, ao estudar sua organização, desvenda sua lógica interna que, para ele, encontra-se diretamente relacionada ao ciclo de vida da família camponesa, como responsável última pela permanência camponesa em franca oposição à lógica de reprodução capitalista.

Fruto dessas heranças teóricas preocupadas com o desenvolvimento do capitalismo no campo, passamos a ter no Brasil uma atitude dicotômica em relação ao campesinato: ora considerado conservador, atrasado, resquício pré-político a ser superado pelo desenvolvimento das forças produtivas; ora sua canonização como sujeito político da transformação social.

Nesta pesquisa, optamos por considerá-lo um sujeito ambíguo, conservador e radical, porém uma ambigüidade que não é defeito, nem falha, como ensina Chauí (1994a) quando discute o popular. Desse modo, ambigüidade é forma de existência constituída de dimensões simultâneas, "tecido de ignorância e de saber, de atraso e de desejo de emancipação, capaz de conformismo ao resistir, capaz de resistência ao se conformar" (ibidem, p.124).

Com vistas a contemplar mais detalhadamente essas questões, o primeiro capítulo procura discutir os caminhos teórico-metodológicos da pesquisa, essencialmente a importância dos conceitos para o avanço científico, no caso, da geografia. Nesse sentido, cumpre ressaltar que o conceito reflete os aspectos e os laços universais da realidade objetiva na busca necessária pela interação teoria e prática (Cheptulin, 1982).

É também na perspectiva de análise acerca dos instrumentos teóricos e do avanço das ciências humanas que se procuram compreender a herança filosófica e a sistematização do pensamento geográfico, com destaque para o debate contemporâneo, o qual visa romper os limites rígidos impostos pelo legado positivista, a fim de proteger seus objetos. Lembrando que um dos marcos dessa aproximação entre campos científicos, para o enfrentamento de problemáticas comuns, tem sido o estudo dos movimentos sociais e da luta pela terra.

Por conseguinte, é saindo do debate interno, na maioria das vezes mistificador, e assumindo a necessária postura de diálogo com outras fontes, buscando o tratamento de temáticas correlatas, que a geografia vem se firmando no cenário científico e tem conseguido seus maiores avanços no difícil processo de se constituir como ciência na construção de uma sociedade mais humana. É, pois, nesse conjunto de preocupações que inserimos o trabalho com fontes orais para pensar a geografia e o campesinato.

Nosso segundo capítulo discute campesinato e capitalismo, assumindo o pressuposto de que a classe camponesa que se reproduz no capitalismo é diametralmente oposta ao camponês servo, basicamente porque ela se sente livre por saber que o trabalho pertence ao trabalhador – é nisso que se funda sua autonomia. Sua (re)criação, portanto seu não-desaparecimento, se faz contraditoriamente como uma relação não-capitalista, na medida em que o capitalismo convive com sua expansão.

Esse mesmo capital cobra, entretanto, seu tributo subordinando a renda da terra, retirando do camponês aquilo que a propriedade privada tornou inerente à terra, isto é, a renda capitalizada. Por sua vez, sua (re)criação não pode ser entendida pela unilateralidade do capital, isto é, como determinação e funcionalidade da reprodução ampliada do capital. Na verdade, é na luta cotidiana pela terra e na terra que o camponês tem garantido sua permanência no mundo capitalista. Isso significa dizer que o processo do capital permite contraditoriamente a reprodução camponesa, cobrando o tributo por meio da transferência de renda, ocasião que, na maioria das vezes, prende o camponês no circuito da miserabilidade, e, nas situações limites, expropria-o da terra. No entanto, isso não ocorre sem conflito. E é justamente nesses momentos que os levantes camponeses têm ocorrido, conflitos essencialmente anticapitalistas pela oposição que representam à expansão territorial do capital e a seu processo desumanizador.

Isso posto, partimos para a análise da estruturação do espaço sul-mato-grossense no terceiro capítulo, a fim de entender como se deu o cercamento das terras do Estado e o bloqueio histórico à *terra de trabalho*. Nesse sentido, especial atenção é dada à gênese da luta pela terra nos campos sul-mato-grossenses, no intuito de registrar que, se nossos passado e presente têm sido de monopolização do território pelo capital, eles têm sido também palco de inúmeras batalhas de resistência que abrem brechas e impõem a territorialização camponesa como distinção e identidade.

Dessa feita, o resultado da referida batalha pela (re)criação camponesa, no ano de 2000, foi a realização de 97 assentamentos e 109 acampamentos, localizados em diversos municípios do Estado. Ações, por sua vez, marcadas não pela homogeneidade, mas sim pelas práticas de distinção dos sujeitos envolvidos: Movimento dos Trabalhadores Rurais Sem Terra (MST), Federação dos Trabalhadores na Agricultura do Estado do Mato Grosso (Fetagri-MS), Central Única dos Trabalhadores (CUT). É, pois, dessa realidade que extraímos o recorte de pesquisa proposto: oito acampamentos e oito assentamentos visitados, 150 relatos realizados com tempo de gravação das conversas entre trinta minutos a cinco horas. Cabe lembrar que nem todo material coletado foi diretamente utilizado na pesquisa, em virtude de esse material repetir as evidências apresentadas.

As entrevistas junto aos assentados não foram realizadas na perspectiva da história de vida, mas de um eixo temático. Com base no tema "Luta pela terra e na terra", fomos coletando análises dos entrevistados acerca de assuntos ligados à problemática central, divididos em subtemas, como luta, liberdade, propriedade da terra, família, organização etc. Posteriormente, o tratamento privilegiou não o relato individual, mas o produto coletivo resultado dessas temáticas. A construção do capítulo três contou também com a valiosa contribuição dos dados fornecidos por funcionários do Incra, Idaterra, IBGE, MST, CUT/DETR e Fetagri.

O trabalho de campo aparece de forma mais efetiva no quarto capítulo. Em princípio, o estudo da luta pela terra não contemplava a passagem pelos acampamentos; no entanto, as visitas aos assentamentos nos colocaram, como ponto de parada obrigatória, os barracos de lona preta ao longo do caminho. Com o passar do tempo, a aparente homogeneidade dos acampamentos do MST, Fetagri e CUT foi sendo compreendida como heterogeneidade/distinção. E isso foi possível porque a forma aparentemente comum é apenas o aspecto padronizado dos objetos geográficos, situação que em si não é reveladora dos conteúdos. Nesse sentido, não era possível ignorarmos a pluralidade de práticas e de sujeitos envolvidos na luta pela terra no MS. Entretanto, para nos aproximar da compreensão de suas diferenças, do seu *modus operandi*, era necessário ouvir os protagonistas noutro tempo e espaço: o acampamento.

As práticas de distinção, produto da forma de entendimento da luta pela terra e concepção de sociedade, têm na ação do MST seu fundamento; logo, foi estudando a prática e a teoria da prática do MST que passamos a entender a distinção em relação a Fetagri e a CUT. Por conseguinte, nossa premissa é que somente o MST possui conteúdo novo para a forma acampamento, com base no ideário de "gestação de um novo sujeito". Para os demais, as práticas foram apenas retomadas – a ocupação "como mecanismo de pressão". Assim, apreender esse movimento parece ser o desafio.

Cumpre ressaltar que essa nova prática vivenciada no acampamento pelo MST encontra-se inscrita no *habitus* específico de parcelas do campesinato, situação que acaba por aproximá-los de sujeitos liminares inclinados a constituir *communitas*. Portanto, a existência dessas práticas distintivas no acampamento do MST tem sustentação no poder simbólico, espécie de crença, cuja eficácia depende das condições em que é exercido, ou seja, tem que haver uma simbiose entre receptor e emissor.

Desse modo, não há violência, isto é, não há opressão nessa relação, por mais que o ambiente de intrigas e invalidação circular exista, porque o poder simbólico "é um poder quase mágico que permite obter o equivalente daquilo que é obtido pela força (física ou econômica), graças ao efeito específico de mobilização, só se exerce se for reconhecido, quer dizer, ignorado como arbitrário" (Bourdieu, 2000, p.14). Portanto, pretende-se entender, por meio da discussão do poder simbólico, a dinâmica do acampamento do MST, incluindo as relações de poder, para que com isso se possam negar leituras dicotômicas, como a de Navarro (2002a), que reduzem as práticas distintivas à mera separação entre sem terra e liderança.

Quando, no entanto, a interpretação da prática distintiva do MST, feita pelos intelectuais ligados ao Movimento, resvala para um conteúdo mistificador de "formação da consciência de classe trabalhadora" e de "transformação da sociedade", o poder simbólico cessa (situação comum no assentamento), a distinção passa a ser ideológica, ela já não possui respaldo na realidade. Ou seja, transforma-se em imposição e deixa de ser poder simbólico.

Esse momento de desencontro existente no MST é fruto das contradições que a teoria da organização imputou ao movimento social. Dito de outra maneira, a influência de intelectuais, como Moraes (1986), na interpretação da prática do MST produziu teorias que acabaram por negar os sujeitos da luta, ou seja, a condição de classe *sui generis* do campesinato. No entanto, isso não significa dizer que a teoria da prática do MST é um todo monolítico e muito menos que há uma separação pura e simples entre a liderança e a base, até porque reforçaria a tese histórica da incapacidade política do camponês e, mais, esconderia o fato de que a força e a permanência desse Movimento emanam dos homens e mulheres que fazem a luta pela terra. Dizer que a base é manipulada pelas lideranças é se esquecer do poder de resistência do campesinato, redefinindo o próprio Movimento. Nesse sentido, basta lembrarmos o destino do trabalho coletivo e do Sistema Cooperativista dos Assentados (SCA). Na verdade, o desencontro/estranhamento não é entre base e liderança, mas, sim, da prática com a teoria da prática que é produzida pelos intelectuais que, de diferentes maneiras, caminham com o MST. É essa teoria que tem dado características de organização ao Movimento e tem feito do sonho camponês da *terra de trabalho*, da *communitas* a luta pela transformação do capitalismo.

Não pretendemos com isso desconsiderar que essa teoria "estranha" se materializa nas ações das lideranças. No entanto, isso se faz de forma ambígua, em que não é raro assistirmos à liderança agindo para reforçar a organização por meio de atitudes centralizadoras e autoritárias e, ao mesmo tempo, entregando-se de "corpo e alma" a serviço dos acampados e assentados que, comumente, aproveitam-se dessa dedicação numa típica inversão de poder.

Voltando à questão das distinções no acampamento, podemos dizer que até mesmo as distinções legítimas oriundas de *habitus* específicos, apresentadas na trajetória de luta pela terra, não têm força anuladora do *habitus* de classe camponesa. Isto é, da identidade camponesa, quando a questão é a vida no assentamento, como fica demonstrado no quinto capítulo. Isso não significa dizer que a identidade na terra dilui as diferenças, mas que o sentido de classe, ainda que ambíguo, tem sido responsável pelo deslocamento das diferenças no assentamento, na busca cotidiana pela recriação do modo de vida camponês, pela construção da terra como *morada da vida*.

A luta pela terra empreendida pela classe camponesa não conhece, portanto, apenas um formato. Desse modo, a ocupação de terra, o cortar a cerca e o acampamento não podem ser considerados os divisores de águas do campesinato. Na realidade, são *habitus* específicos a desenhar ações diferenciadas na busca do mesmo sonho: um pedaço de chão. Logo, se a luta do ex-arrendatário do fazendeiro não tem o mesmo significado que tem para o sem terra do MST, isso não denota que o *outro* não seja um sujeito legítimo, merecedor de reconhecimento, de potencialidades inscritas na sua condição de classe. Na beira das estradas, na cozinha do fazendeiro, nas fileiras dos sindicatos, nas diversas parcerias na terra do *outro*, enfim, fora e dentro da terra, a luta pulsa numa mesma direção: a *terra de trabalho*.

Ainda no quinto capítulo, vamos perceber que é possível, dentro de uma mesma classe, a existência de *habitus* diferenciados de acordo com o *campo* de ação, situação que não invalida a identidade mais ampla, o *habitus* de classe que é, digamos, o corte necessário na configuração da classe. Isso significa dizer que, para o sem terra do MST, embora se faça reconhecer pela distinção, ou seja, pela projeção de *habitus* específicos, como o da luta de enfrentamento, quando a questão é o sentido de classe, a distinção não possui força capaz de anular a identidade camponesa, que se desnuda no sonho da terra, do trabalho e da família no assentamento como sinônimo de liberdade e autonomia.

Cabe também acrescentar que a (re)criação camponesa, por meio da conquista de assentamentos, impõe necessariamente o domínio de parcelas do território pelos camponeses em conflito aberto com a produção capitalista do território, e esse processo de territorialização camponesa produz uma unidade territorial, fundamentada numa teia de relações que tem na família, na reciprocidade, na economia moral, na autonomia seu elo identificatório, ou seja, aquilo que faz que se reconheçam como pessoas portadoras de uma mesma linguagem em oposição aos de "fora", especificamente aqueles que se opõem ao mundo camponês.

Desse modo, esse último capítulo, que trata da identidade no assentamento, foi edificado tendo em vista a forma como a problemática estudada foi se apresentando, sem nos preocuparmos se a análise era desse ou daquele assentamento. Assim, o foco não foi o assentamento em si, mas o processo de territorialização da luta pela terra, o entendimento do assentamento como unidade territorial, espelho da (re)criação e potencialidade camponesa, tecido ambíguo de conservadorismo e radicalismo, liberdade e aprisionamento, conformismo e resistência.

Finalizando a pesquisa, resta ainda dizer aos mais desavisados que este trabalho pretende, desde o seu nascedouro, servir aos camponeses – de que forma?, não sei. Quiçá repassando para os de "fora" aquilo que generosamente me ensinaram: no mundo camponês, a condição humana tem precedência sobre a coisa.

1
Geografia e Campesinato

"O teste da teoria não é se a coleta de dados demonstra sua verdade ou falsidade, mas é continuamente saber o que explica e o que não explica, e se seu campo de formulações alternativas exige apenas uma maior precisão nos termos, ou se estamos diante da necessidade de reformulação geral."
(Garcia Júnior, 1989, p.33)

"Pode-se dizer então que o pesquisador não tem qualquer possibilidade de estar verdadeiramente à altura de seu objeto a não ser que ele possua a respeito um imenso saber, adquirido talvez ao longo de uma vida de pesquisa e também, mais diretamente durante entrevistas anteriores com o próprio entrevistado ou com informantes." (Bourdieu, 1997, p.700)

A realização desta pesquisa nos colocou duas urgências básicas: primeira, saber se as formulações apresentadas pela produção teórica acerca dos problemas que levantávamos eram suficientes para explicá-los; segunda, em caso contrário, questionar se tínhamos os meios reais para realizar a investigação, tanto materiais como intelectuais (formação teórica, acesso a fontes etc.).

Assim, de porte dessas problematizações, enfrentamos a questão básica na construção da pesquisa e do seu objeto, a reflexão sobre os instrumentos teóricos. Estariam os conceitos "afinados" com

o objeto? O rebate a essa indagação foi a adoção do desafio de colocá-los em ação, na constante tarefa de construir e desconstruir as certezas da pesquisa ou, nas palavras de Garcia Júnior (1990), "continuamente saber o que explica e o que não explica".

Desse modo, a definição dos procedimentos foi marcada pela preocupação de não isolar os instrumentos teóricos da pesquisa empírica.

A investigação tem como objeto científico o estudo da luta pela terra, ou melhor, a (re)criação camponesa. Portanto, aqueles que fazem essa luta e lhe conferem sua territorialização. A escolha desse objeto não foi arbitrária, mas um exercício que exigiu o rompimento com algumas certezas ou com aquilo que gostaríamos de encontrar no objeto, como a hegemonia do MST na luta pela terra. Tal rompimento se constituiu num esforço para fazer a "conversão do pensamento, a revolução do olhar, a ruptura com o pré-construído..." (Bourdieu, 2000, p.49).

De posse do caminho metodológico que privilegia o novo, buscamos, perpassando a classe e enxergando também o indivíduo, entender a herança da terra, o sentido da luta, ou melhor, a distinção e identidade das diferentes lutas inscritas na beira das estradas e nos campos sul-mato-grossenses.

Por sua vez, o interesse pela luta contém ainda o desejo de intervir no objeto. E é essa talvez a razão de ser da pesquisa e também a fonte de polêmicas, como paixão *versus* ciência. Enfim, o fazer pesquisa comporta um paradoxo, o de estabelecer uma relação objetiva, um sair do "jogo" para se ter uma visão ampla; quando, na verdade, a escolha já pressupõe uma relação subjetiva, um envolvimento com o objeto. E, portanto, como ensina Grzybowski (1990, p.11), nenhuma possibilidade da ciência é asséptica, neutra.

> Mas se o cenário aparece como representação para o analista, ele é vida para os atores, é parte de uma peça histórica que está sendo vivida coletivamente... As tensões e paixões, as esperanças e decepções, a coragem e indignação, escancaradas nos rostos dos diferentes trabalhadores rurais que lutam e clamam pelo seu reconhecimento e pelo seu direito de participar, não permitem ao analista tomar a devida distân-

cia para fazer uma análise crítica e acabam impregnando-o também. Sentindo-se envolvido na trama, o analista se incorpora à peça...

Desse modo, em face da disposição dos dados, era preciso estabelecer um recorte temporal para análise. Assim, optamos pelo período de 1985 a 2000, que compreende momentos de avanços e recuos da organização camponesa no Mato Grosso do Sul.

O recorte geográfico obedeceu ao mesmo critério, isto é, contemplar o máximo da diversidade possível dentro das possibilidades de pesquisa disposta. Em face dessas decisões, derivadas do próprio modo como o objeto se apresenta, privilegiamos as seguintes evidências para análise:

- Assentamentos São Luiz e Sul Bonito (grupos coletivos e cooperativa organizada pelo MST).
- Assentamento Indaiá (perdeu os grupos organizados pelo MST).
- Assentamentos São Tomé, São João e Pontal do Faya (grupos organizados pela Fetagri).
- Assentamentos São Tomé e Terra Solidária (grupos organizados pela CUT).
- Assentamento Mercedina (sem grupo organizado definido).
- Acampamento CUT: Rodovia Estadual "MS 141" (liga Naviraí a Itaquiraí) – fevereiro de 2001.
- Acampamento MST: Dentro do assentamento São Luis, em Batayporã – outubro de 2001.
- Acampamento Fetagri: Rodovia Estadual "MS 395" (liga Bataguassu a Anaurilândia) – dezembro de 2001.
- Acampamento "Pontal do Faya"/Fetagri: Rodovia Federal "BR 158" (liga Três Lagoas a Selvíria) – dezembro de 2001.
- Acampamento "Geraldo Garcia"/MST: Rodovia Estadual "MS 162" (liga Sidrolândia a Maracajú) – janeiro de 2002.
- Acampamento Fetagri: Rodovia Federal "BR 060" (liga Campo Grande a Sidrolândia) – janeiro de 2002.

- Acampamento MST– Rodovia Estadual "SP300" – (liga Castilho a Andradina)– janeiro de 2002.
- Acampamento "Fazenda Cisalpina"/Fetagri: Rodovia Estadual "MS 444" (liga Selvíria a Inocência) – agosto de 2002.

Na definição da metodologia para condução da pesquisa, optamos pelas entrevistas semidirigidas, isto é, o trabalho com fontes orais, a fim de garantir uma certa proporcionalidade, haja vista as diversas situações investigadas.

A análise da luta pela terra na perspectiva de seus sujeitos, para decifrar sua heterogeneidade, colocou-nos um grande dilema teórico: como trabalhar a diversidade na perspectiva da classe camponesa se essa implica identidade. Estaria o corrente entendimento de campesinato e de classe em condições de nos possibilitar dar conta dessa distinção? Que outros conceitos poderiam ser utilizados?

Como parte e superação desse nó, optamos por desconstruir os pré-conceitos e reler o já lido, converter o olhar e tentar, nesse ato de descoberta, iluminar o objeto, porém sem abandonos apriorísticos. Desse modo, conceitos como *habitus,* campo, distinção, *communitas* foram somados aos de classe, campesinato, renda, modo de produção capitalista, territorialização.Essa procura por conceitos outros, muitos deles produzidos em diferentes campos do conhecimento, partiu das dificuldades encontradas no trabalho de pesquisa, em virtude da pluralidade de agentes sociais em luta. A interdisciplinaridade, portanto, teve como objetivo cercar o objeto na expectativa de melhor apreendê-lo. Isso significa dizer que a realidade foi quem se incumbiu de ditar o possível caminho da sintonia entre teoria e prática.

A análise, no seu término, pode revelar nossas dificuldades, pois, tendo como premissa não fazer o discurso fechado, acabamos por deixar em evidência o esforço de colocar o conceito em ação, assumindo assim, no próprio ato da pesquisa, o risco de ter que rever ou reafirmar a premissa. Ainda no plano da elaboração teórica, reafirmamos que a análise conceitual é um dos maiores instrumentos para a produção do conhecimento científico.

Dessa forma, é inequívoco o papel que o conceito, criado pelo pesquisador, ocupa no desenvolvimento do conhecimento científico, ou melhor, no âmbito da elaboração teórica. Assim, para Cheptulin (1982), o conceito reflete os aspectos e os laços universais da realidade objetiva.

> Por sua vez, a formulação do pensamento conceitual comporta necessariamente a existência do método. Outro elemento que faz parte da construção do conceito é a linguagem, que procura desvendar o sentido das coisas, ultrapassando suas aparências. É uma linguagem conceitual que tem como meta a desconstrução e reconstrução analítica dos objetos visando à compreensão intelectual desses. (Chauí, 1994b)

Desse modo, os conceitos não são estáticos, como já foi dito, eles refletem o pensamento sobre o objeto e, justamente por conta disso, são dinâmicos:

> Os conceitos humanos, escreveu Lênin, não são inamovíveis, mas pelo contrário, eles movem-se perpetuamente, mudam-se uns nos outros, escoam-se um no outro, porque, sem isso, eles não refletem a vida existente. (Cheptulin, 1982, p.19)

Por conseguinte, os conceitos não devem sofrer uma transposição mecânica de um contexto a outro, sem a devida observação de sua inadequação. A esse respeito escreveu Veyne (1979, p.71):

> Acontece então, freqüentemente, que esse ou aquele conceito novo conhece um sucesso de voga, e acredita-se encontrá-lo por toda parte: houve um tempo em que se encontrava em todos os lugares uma burguesia ascendente, na França de Luís XV, como na Inglaterra de Cromwell, na Roma de Cícero e no Japão de Tokugawa, descobriu-se em seguida que essa nova chave não entrava em tantas fechaduras senão forçando-as, e que ainda seria necessário forjar novos conceitos para essas outras fechaduras.

Gostaríamos ainda de ressaltar que a reconstrução do movimento da sociedade por meio da reflexão conceitual, longe de ser um rotulismo, um apriorístico exercício científico, é o caminho tomado pelo processo de pensamento que, alicerçado na pesquisa empírica, tem com essa o compromisso de lançar, no final, a compreensão da realidade. E acrescentamos:

> Nenhum conceito deve ser revogado simplesmente por representar apenas alguns aspectos da realidade. Todo conceito é sistematicamente seletivo e, portanto, tem limitações e obscuridades necessárias. Exigir demasiado de nossos conceitos significa dualizar a análise: de um lado, os fatos totalmente empíricos e, de outro, as construções totalmente teóricas e, portanto, absolutas. Ambos têm pouca utilidade. (Shanin, 1980, p.74)

Em face disso, entendemos que a realidade se faz pela existência e interação de múltiplas determinações, visto que a sua construção é fruto da não-homogeneização do capital, que na sua reprodução (re)cria formas de resistência, leia-se não-capitalistas, as quais, na realidade, espelham sua própria contradição, como a classe camponesa. Sabendo-se que o Movimento dos Trabalhadores Rurais Sem Terra, no Mato Grosso do Sul, tem participação não-hegemônica no processo de conquista da terra, buscaremos, pela formação desse Movimento, compreender como agem as demais forças de organização na luta pela terra, sendo esta também uma forma de discutir a (re)criação camponesa como distinção e identidade e os desencontros de interpretação desse processo, logo o esvaziamento do sentido da reforma agrária.

A voz dos camponeses: o trabalho com fontes orais na geografia

> *"Os documentos escritos são fixos; eles existem tenhamos ou não ciência deles, e não mudam uma vez que o tenhamos encontrado. Testemunho oral é apenas um recurso potencial até que pesquisas o*

chamem para a existência. A condição para a existência da fonte escrita é a emissão, para fontes orais é a transmissão." (Portelli, 1997, p.5)

"As práticas e as normas se reproduzem ao longo das gerações na atmosfera lentamente diversificada dos costumes. As tradições se perpetuam em grande parte mediante a transmissão oral." (Thompson, 1998, p.18)

Refletir acerca do trabalho com fontes orais se faz importante pela relevância da discussão que se tem feito sobre seu uso nas ciências humanas e, de forma específica, na geografia. Soma-se a isso, de forma complexa, a falta de consenso sobre essa matéria entre os teóricos da história oral, em grande parte pelo fato de nos acostumarmos a dar às fontes escritas o privilégio da explicação da sociedade, em vista do ranço positivista presente nas ciências humanas. Por conseguinte, há uma depreciação em relação à entrevista, ao atribuir-se a ela um distanciamento do fato acontecido e, portanto, uma dependência em relação à memória que é fundamentalmente seletiva e subjetiva.

Para Portelli (1997), tal crítica, no entanto, não se fundamenta pelo simples fato de que esse distanciamento ocorre tanto para fontes orais como para fontes escritas, com a ressalva de que, nas últimas, acrescenta-se ao distanciamento cronológico o fato de que comumente não são elaboradas por seus participantes.

Ainda em relação às críticas, especialmente quanto ao papel da memória como alicerce das narrativas, Portelli (1997) adverte que recorrer a fontes orais não é obter objetivamente do entrevistado "sua verdade", como se a memória fosse um depósito de acontecimentos, mas saber que o narrador tem papel ativo no processo de rememorização e, portanto, na criação de significados.

> Assim, a utilidade específica das fontes orais para o historiador repousa, não tanto em suas habilidades de preservar o passado quanto nas muitas mudanças forjadas pela memória. Estas modificações revelam o esforço dos narradores em buscar sentido no passado e dar forma as suas vidas, e colocar a entrevista e a narração em seu contexto histórico. (Portelli, 1997, p.3)

Garrido (1992-1993) acrescenta a esse debate que se, por um lado, não há consenso quanto à existência de uma história oral, como oposição a uma história realizada exclusivamente com fontes escritas; por outro, há uma aceitação de que o testemunho oral não é uma fonte como outra qualquer e, citando Thompson (1988), destaca o *sentido humano* das fontes orais como o grande diferenciador.

Entendemos, por nossa vez, que esse ato criativo da memória, expresso pela narrativa, é o cerne explicativo de sua importância e de sua especificidade. Dessa maneira, é na fala, isto é, no processo de revisitar sua memória, que o entrevistado, muitas vezes, se descobre como sujeito da história, interpreta os encontros e desencontros que a vida apresenta nos seus múltiplos aspectos, nos espaços de luta constituídos pelo desejo da terra. Assim, a fonte oral "conta-nos não apenas o que o povo fez, mas o que queria fazer, o que acreditava estar fazendo e que agora pensa que fez" (Portelli, 1997, p.1).

Apesar de o entrevistado estar se referindo a temporalidades passadas, o ato criativo dá a esses acontecimentos uma projeção no presente, vivificando a memória da luta e apresentando-se também como uma das possibilidades de retorno que a pesquisa com fontes orais pode propiciar aos depoentes.

Desse modo, a decisão por trabalhar com fontes orais não foi tranqüila. No entanto, tais receios foram superados pela riqueza das narrativas que, em muito, superam os questionários rigidamente estruturados, os quais, comumente, partem de uma interpretação prévia da realidade e, na maioria das vezes, deixam de contemplar a imprevisibilidade do concreto, do real, e das significações que os eventos têm, de acordo com o narrador. Assim, parafraseando Portelli (1997), mais importante que o acontecimento é o significado que ele tem para o expositor. A não-objetividade acaba sendo um trunfo que faz a história oral diferente e necessária; não como substitutiva, mas articulada às fontes escritas.

Dito de outra maneira, o fato de que o trabalho com fontes orais é sempre uma pesquisa em andamento permitiu transformar aquilo que *a priori* era uma limitação e motivo de insegurança, em virtude. Ao não se conseguir explorar toda a memória, prova disso é que um testemunho nunca é o mesmo duas vezes,[1] nasceu uma certeza esclarecedora: nenhuma pesquisa é completa.

> O fato de que entrevistas com a mesma pessoa possam ser continuadas indefinidamente guiam-nos para a questão da imperfeição inerente as fontes orais. É impossível exaurir a memória completa de um único informante, dados extraídos de cada entrevista são sempre o resultado de uma seleção produzida pelo relacionamento mútuo. Pesquisa histórica com fontes orais, por isso, sempre tem a natureza inconclusa de um trabalho em andamento. (Portelli, 1997, p.6)

Uma das premissas importantes no trabalho com fontes orais é a de que essas têm ainda se constituído no caminho por excelência da história das classes oprimidas, uma vez que as entrevistas permitem que as "pessoas comuns" contem sobre fatos que, na maioria das vezes, são inéditos no tocante à história das classes não-hegemônicas, verdadeiras "áreas inexploradas". Isso significa dizer que as classes dominantes têm uma tradição escrita que permite deixar um abundante registro, ao contrário das demais classes. Entendemos ainda que, embora o trabalho com fontes orais não seja para nós um instrumento de "conscientização política", ele permite a superação da pretensa prática da neutralidade na pesquisa.

Estudos como o de Malatian (1996), que optam pela perspectiva da história oral,[2] mostram que ela é muito mais que uma técnica de entrevista que procura suprir as lacunas das fontes escritas. Na ver-

---

1 Como forma de reafirmar essa assertiva, revelamos um fato bastante ilustrativo ocorrido no assentamento São Luiz, em Batayporã/MS: em vista de não termos acionado o botão de gravação, perdemos um importante testemunho; a solução foi retomá-lo no dia seguinte, contudo o depoimento já não era o mesmo.

2 Quando aparecem no texto os termos fontes orais e história oral, compreendemos que eles não são sinônimos um do outro, já que essa discussão não está resolvida na História como disciplina científica. Como exemplo desse debate, destacamos que Meihy (1993) defende a História Oral e suas subdivisões (vida, temática e tradição oral), ao passo que Garrido (1992-1993) condena o *status* dado à História Oral e exalta as fontes orais como metodologia. Desse modo, optamos por trabalhar com fontes orais, por nos parecer mais próximo daquilo que fazemos.

dade, como fruto de um crescente debate, que teve início na escola de Chicago, em princípios do século XX, a história oral está hoje presente em vários campos do conhecimento. Daí o caráter interdisciplinar no trabalho com as fontes, ainda que não de forma consensual, como um método de análise do discurso, "com uma proposta de reescrita da história a partir das bases". Além de dar "voz aos esquecidos", a história oral, segundo Malatian (1996, p.56), preocupa-se também com as diferentes linguagens dos depoimentos:

> A estrutura do discurso tornou-se objeto de análise preocupada não apenas com o discurso explícito, mas também com o não-dito, os silêncios, as omissões, as resistências, que sensibilizaram o historiador para os limites do método, enquanto expressão de vozes esquecidas.

É, portanto, por acreditarmos que cada vez mais as fronteiras rígidas e positivistas das ciências têm sido rompidas em nome do enfrentamento de problemáticas comuns, como globalização, questão urbana e ambiental, e por que não questão agrária, que nos arriscamos a dialogar, por meio do trabalho com fontes orais, com a História. Desse modo, a própria complexidade do momento atual do capitalismo tem levado a um diálogo metodológico e epistemológico maior entre os diversos campos do saber. É nessa perspectiva de reordenamento das ciências na busca da interdisciplinaridade que o uso das fontes orais vem ganhando destaque, como evidencia Garrido (1992-1993, p.47), já que seu uso tem apontado para a possibilidade de aproximação da História com outras ciências, como a geografia.[3]

> Dessa forma, a partir das experiências adquiridas em outras disciplinas, a história pode enriquecer seu discurso fazendo uma espécie de *retificação*, no mesmo tempo em que vai se articulando com outras ciências, para eliminar a pesada carga de positivismo corporativo. O desenvolvimento de uma metodologia que estabeleça as bases para se fazer um

---

3 Como exemplo da crescente importância que o trabalho com fontes orais vem assumindo na geografia, citamos a pesquisa de Bombardi (2001).

> uso adequado e proveitoso das fontes orais é um passo importante no longo caminho da necessária renovação epistemológica. (grifo do autor)

A passagem do depoimento para o papel contou também com o desafio presente nos debates que se estabelecem na historiografia das fontes orais, a "limpeza do texto". Optamos pela transcrição do relato e por sua recriação no intuito de retirar as deficiências e os vícios de linguagem, assumindo que, se, por um lado, ganhamos maior fluidez, por outro, ao transcriá-lo, perdemos as diversas possibilidades de entendimento da linguagem oral[4] (entonação, pausa, choro, riso etc.). Assim também foi em relação à não-revisão da transcrição pelo entrevistado,[5] contrariando o que recomenda Malatian (1996).

Transcrever, portanto, é passar do oral para o escrito, um escrever que tem sentido de reescrever.[6] Desse modo, se, por um lado, foi necessário "limpar o texto", eliminando vícios de linguagem, como os "nés", as redundâncias e as frases truncadas, por outro, nenhuma palavra foi substituída; e quando não foi possível ouvir com exatidão, os depoimentos foram inutilizados. A respeito das nuanças que cercam essa inevitável "construção" que se realiza no ato da transcrição, Bourdieu (1997, p.694-5) esclarece:

> O sonho positivista de uma perfeita inocência epistemológica oculta na verdade que a diferença não é entre a ciência que realiza uma construção e aquela que não o faz, mas entre aquela que o faz sem o saber e aquela que, sabendo, se esforça para conhecer e dominar o mais com-

---

4 A respeito das perdas ocorridas na passagem da linguagem oral para escrita, Bourdieu (1997, p. 710) assinala: "Sabe-se, por exemplo, que a ironia, que nasce freqüentemente de uma discordância intencional entre a simbólica corporal e a simbólica verbal, ou entre diferentes níveis de enunciação verbal, fica quase inevitavelmente perdida na transcrição...".

5 Como forma de respeitar o fato de não ter ocorrido a revisão da entrevista pelo depoente após a transcrição, ainda que tenha havido a permissão quanto à divulgação da sua fala, optamos sempre que possível pelo uso apenas do sobrenome do narrador.

6 Reescrever não no sentido, como diria Veyne (1979, p.71), de meramente recriar, mas de explicar.

pletamente possível seus atos, inevitáveis, de construção e os efeitos que eles produzem também inevitavelmente.

Para Bourdieu (1997, p.711), as entrevistas transcritas exercem um efeito de *revelação*, "graças à explicação, à concretização e à simbolização que elas realizam", sendo capazes de "tocar e de comover, de falar a sensibilidade sem sacrificar ao gosto do sensacional, podem levar junto às conversões do pensamento e do olhar, que são freqüentemente a condição prévia da compreensão". Por nossa vez, entendemos que esse papel de *revelação* dado por Bourdieu à transcrição não ocorre no sentido de "dar luz aos acontecimentos", mas de enfatizar o caráter *humano* do testemunho.

Como já dissemos anteriormente, o depoimento oral não é algo neutro, desprovido de interesses do entrevistador e do entrevistado; a participação ativa do pesquisador se dá no momento da entrevista, estimulando o "fluxo rememorativo" e, posteriormente, selecionando os fragmentos a serem discutidos à luz da teoria. Dessa forma, é pensando nesse processo que implica pensar a relação entre memória individual e memória coletiva que Malatian (1996, p.55) discute o relato como construção conjunta a percorrer um "trajeto circular", já que nessa relação o entrevistador tem posição privilegiada:

> É ele quem escolhe os testemunhos e portanto concebe a palavra; formula questões que orientam o fluxo rememorativo e o discurso dele resultante, segundo seus interesses; transcreve o relato oral para a forma escrita; recorta seletivamente entre todas as palavras do discurso aquelas que lhes interessam e interpretam as informações fixando uma nova versão na história escrita.

Também nesse sentido, ao falar da relação entrevistado e entrevistador, Garrido (1992-1993), citando Berg (1990), chega a comparar o entrevistador a um *cínico notável*, ou seja, alguém que, ao mesmo tempo que estimula o entrevistado a falar, compara seu relato com outras informações, ocupa-se em desvendar as estruturas ocultas, compara a informação com as hipóteses teóricas prévias e dá nitidez ao relato de acordo com seus interesses.

Segundo a própria Malatian (1996), contudo, essa relação de poder, em que o entrevistador está em relevo e por isso parece ter o controle, não se dá de forma tão absoluta. Há momentos, portanto, em que o pesquisador praticamente se vê, nas idas e vindas do fluxo rememorativo, enfeitiçado pelo depoente, invertendo a relação de poder:

> É quando o testemunho nos domina, nos fascina seja pela força com que coloca certas lembranças, seja pela clareza e contundência com que sua memória se impõe, seja pela ressonância profunda que encontra em nossa experiência pessoal. Neste caso, o historiador se retrai para um papel secundário de auxiliar do dizer do outro na tarefa de dar forma as impressões e vivências, deixando enfim fluir livremente as representações de um tempo vivido. (ibidem, p.55)

Contribuindo para a discussão sobre a relação entrevistado e entrevistador, Montenegro (1992-1993, p.55-6) acrescenta que se deve

> estar atento para o fato de que o entrevistado não tem obrigação de preencher as lacunas, estabelecer elos nos fragmentos ou corresponder a projetos de pesquisadores ciosos de seu labor acadêmico... Deve-se ainda observar que a memória é resultante da vivência individual e da forma como se processa a interiorização dos significados que constituem a rede de significações sociais. Nesse sentido, não se deve imaginar que o depoente responderá de forma conclusiva a nossas indagações.

A conduta do entrevistador no trabalho com fontes orais é, portanto, para Montenegro (1992-1993, p.57), comparada à postura de um parteiro que "não conhece a pressa e a impaciência e está disponível a ouvir as histórias do entrevistado com o mesmo cuidado, atenção e respeito, tenham estes significados ou não para a pesquisa em tela".

Embora concordemos com Montenegro (1992-1993, p.62) quando, ao referir-se ao narrador, afirma que "seu dom é poder contar sua vida: sua dignidade é contá-la por inteiro", as entrevistas junto aos assentados não foram realizadas na perspectiva da história de vida, mas sim de um eixo temático. Dessa forma, com base no tema "Luta pela terra e na terra", fomos coletando análises dos entrevistados acerca de assuntos ligados à problemática central, divididos em subtemas, como luta, liberdade, propriedade da terra, família, organização etc. Posteriormente, o tratamento privilegiou não o relato individual, mas o produto coletivo[7] resultado dessas temáticas. Isso significa dizer que, embora tivéssemos um total de 150 relatos, aproximadamente cem horas de entrevistas de campo, não esgotamos o material, porque a opção foi trabalhar articulando os fragmentos de acordo com o corte de análise,[8] extraindo, como ensina Neves (2000, p.114), na história individual o amálgama maior que é a coletividade.

> Cada pessoa é componente específico de um amálgama maior que é a coletividade. Portanto, cada depoente fornece informações e versões sobre si próprio e sobre o mundo no qual vive ou viveu. A história oral, em decorrência, é a arte do indivíduo, mas de um indivíduo socialmente integrado. Dessa forma, os relatos e testemunhos contêm em si um amálgama maior: o da identidade histórica.

No sentido de história temática, Montenegro (1992-1993, p.57) adverte que existem diferenças importantes que precisam ser consideradas quando o entrevistado não é pessoa comum. Desse modo, quando o depoente é, por exemplo, um líder político, "observa-se constantemente uma nítida preocupação em construir um discurso que tenha uma lógica, uma coerência, e que fortaleça a imagem que o entrevistado deseja pública".

---

7 A interpretação, a partir de uma concepção coletiva, do relato encontra ressonância no fato de que "não podemos determinar o que seria o indivíduo tomado à parte, fora das coalizões, das instituições, do corpo político, pois quando ele aí entra já está modelado pela sociedade, ou seja, pela história anterior, nunca o encontramos em estado natural" (Veyne, 1979, p.75).

8 Foi também em razão desse procedimento, o de trabalhar com os fragmentos selecionados a partir da temática (a famosa colcha de retalhos), que omitimos a fala do entrevistador e trabalhamos somente com a do entrevistado.

Isso ocorre porque, segundo esse autor, para a liderança, as marcas da memória muitas vezes já foram revisitadas e, portanto, possuem uma certa organicidade. Por sua vez, o discurso racional revela a tentativa de superar publicamente o caráter contraditório e fragmentado da memória, ou seja, das experiências interiorizadas. Dessa forma, é comum encontrarmos nessas entrevistas um discurso coerente, contado de forma "alinhada", que procura explicar ou evitar lacunas, fugindo a indagações que desnudem conflitos.

Nos relatos em que não há preocupação em corresponder, por meio do discurso racionalizado, a uma imagem pública, no caso, de sustentação do movimento social ou das organizações desejada pelo entrevistado, o caráter fragmentado e muitas vezes contraditório das experiências vivenciadas e interiorizadas é a marca mais comum, principalmente quando o entrevistado, ao percorrer os meandros da memória, rememora faces distintas da condição humana, como a experiência de ser "homem, assentado, militante, pai e esposo".

Essas marcas revisitadas fazem parte, para Montenegro (1992-1993), da memória voluntária e involuntária, e a lógica que permite a comunicação entre esses territórios de memória não é um ato mecânico e, portanto, de fácil controle por parte do entrevistado. Contudo, o autor, ao citar Halbwach (1990), chama a atenção para fatores que estariam ligados às diferenças de acionamento da memória voluntária e da memória involuntária:

> A diferença residiria, segundo Halbwach, no fato de que os acontecimentos "e as noções que temos mais facilidade de lembrar são do domínio comum ... e é por podermos nos apoiar na memória dos outros que somos capazes de lembrar". Enquanto "daqueles que não podemos nos lembrar à vontade, diremos voluntariamente que eles não pertencem aos outros mas a nós, porque ninguém além de nós pode conhecê-los". (Montenegro, 1992-1993, p.61)

Para Meihy (1993), há que ter muito cuidado para não confundir o que o autor chama de história oral com trabalhos ligados à memória. Para o autor, o fato de a história oral derivar de um método, que inclui desde a preparação do projeto até o tratamento dos depoimentos coletados com a elaboração de textos visando à publicação, é um dos fatores decisivos na sua diferenciação em relação à memória, já que as entrevistas podem ser, no máximo, um meio para analisar a memória. Assim, história oral é muito mais que o registro da memória individual ou coletiva, é "um ramo da história pública, gênero que se compromete com a comunidade que gera e consome a própria história" (ibidem, p.12).

Nesse momento, é importante destacar que nossa opção pelo trabalho com fontes orais se sustenta na concepção de que os camponeses são construtores cotidianos de sua própria composição como classe, e que o trabalho com fontes orais, ao permitir a sua expressão, por meio do testemunho, busca resgatar suas experiências e utopias camponesas passadas e presentes que, por não serem da classe hegemônica ou, para alguns, não serem nem mesmo de uma classe, têm tido pouca ou nenhuma possibilidade de deixar marcas.

Por conseguinte, trabalhar com fontes orais não dispensa um planejamento minucioso dos passos da pesquisa. Dessa forma, quando decidimos pela coleta de depoimentos, cercamo-nos de alguns cuidados para que a gravação das entrevistas não fosse apenas um apanhado de depoimentos e sua transcrição uma ilustração a ser encaixada no texto pronto. Corroborando nesse sentido, Garrido (1992-1993, p.39) observa que, para assegurar o valor cientifico, é necessário:

> que os testemunhos passem por um por um filtro crítico importante, para se fazer uma seleção dos elementos a serem utilizados. Isso não quer dizer que só se conservará tal ou qual testemunho, mas que o pesquisador deverá saber distinguir separadamente o fenômeno histórico e a memória que o indivíduo ou o grupo de indivíduos mantêm daquele fenômeno... é de importância capital resgatar a subjetividade, mas é grave erro passar a confundi-la com fatos objetivos.

A interação entre as diferentes fontes, no caso, oral e escrita, é, portanto, parte fundamental desse tipo de pesquisa. Desse modo, segundo Garrido (1992-1993, p.40), a relação dialética implica considerar que as diferenças desses registros não significam uma diferença de qualidade, mas de natureza, e que é possível trabalhar com as duas formas, sem que isso implique complementaridade, porque "há coisas que nunca poderemos saber a partir de documentos escritos e, também, há coisas que a pesquisa oral não permite sequer que sejam colocadas".

Com efeito, se temos pretensões científicas, é preciso considerar uma série de elementos, tais como o universo e a aleatoriedade da amostra, bem como os limites estatísticos do trabalho com fontes orais, ou seja, a qualidade de um depoimento, que exige tempo maior para sua coleta, é mais importante que a quantidade; a temática a ser focalizada na pesquisa; a atitude do pesquisador; as condições em que serão realizadas as entrevistas; e, por fim, a transcrição do material coletado que, num primeiro momento, torna-se apenas matéria-prima para a pesquisa.

Bourdieu (1997, p.695) chama a atenção para as conseqüências, resultantes da distância entre a finalidade da pesquisa, na concepção do depoente, e a finalidade que o pesquisador tem em mente, que podem afetar a comunicação. Assim, para o autor, temos que estar cônscios de possíveis distorções e prontos para atenuá-las, já que elas são maiores quando há uma dissimetria cultural entre pesquisador e pesquisado.

> É o pesquisador que inicia o jogo e estabelece a regra do jogo, é ele quem, geralmente, atribui à entrevista, de maneira unilateral e sem negociação prévia, os objetivos e hábitos, às vezes mal determinados, ao menos para o pesquisado. Esta dessimetria é redobrada por uma dessimetria social todas as vezes que o pesquisador ocupa uma posição superior ao pesquisado na hierarquia dos diferentes espécies de capital, especialmente do capital cultural.

É fundamental, no entanto, tentar dominar os efeitos dessa dissimetria que pode ocorrer no trabalho com entrevistas. Ou seja, temos que reconhecer e controlar (anular não é possível) no próprio ato da entrevista os efeitos da estrutura social na qual ela se realiza.[9]

---

9 Muitas vezes, a estrutura social que coloca o entrevistado e o entrevistador em

O caminho do controle é aquele que se afasta da postura de neutralidade, como também da excessiva camaradagem, aproximando-se da relação de "escuta ativa e metódica", ao associar a "disponibilidade total em relação à pessoa interrogada" com a "construção metódica", permitindo dominar os efeitos da estrutura social pelo conhecimento das condições objetivas.

Desse modo, o trabalho com fontes orais tem necessariamente três momentos que compõem um só processo: o testemunho, a transcrição e a análise. Corroborando no sentido da importância da análise do testemunho, Veyne (1979, p. 70) escreve: "A história ... mais que uma narração, é análise. São conceitos que a distinguem do romance histórico e de seus próprios documentos, se ela fosse ressurreição e não análise, não seria necessário escrevê-la".

Por fim, ao pesquisar a luta pela terra e pretender, ao ouvir a voz dos camponeses, apreender o fazer-se[10] da classe camponesa, experimentamos, pela proximidade entrevistado e entrevistador, uma identidade com a problemática. Se, por um lado, não chegamos ao sentimento de "comunidade de destino",[11] por outro, compartilhamos uma certa cumplicidade, isto é, uma confiança entre quem conta suas memórias e quem ouve na condição de escolhido, numa trama em que, na maioria das vezes, o uso do "nós" e do "eles" definiu o marco dessa identidade.

> A opção pelo trabalho com fontes orais teve a intenção de propiciar espaços para que o falar da "classe incômoda" pudesse materializar-se, ou melhor, a opção pelos depoimentos dos camponeses sem terra fosse a fonte privilegiada de análise. Portanto, ainda que as entrevistas fossem semidirigidas e seguissem um planejamento prévio, o caráter de respeito ao depoente foi assegurado mediante a liberdade ao fluxo de rememoração. Desta feita, as intervenções procuraram ser as menores possíveis.

---

campos diferentes atua no momento do testemunho, e o depoente se vê na condição de oprimido ou vice-versa.

10 Paráfrase de Thompson (1987).

11 Ecléa Bosi (1981) utiliza-se da expressão "comunidade de destino" para referir-se ao processo irreversível de pertencimento ao destino de um grupo.

Questões teórico-metodológicas da ciência geográfica

"toda ciência seria supérflua se houvesse coincidência imediata entre a aparência e a essência das coisas..." (Marx, 1974, p.939)

A análise teórica que se segue tem como preocupação pensar a sistematização da geografia como ciência, discutindo suas bases filosóficas mais relevantes para, enfim, situá-la em relação ao nosso objeto, na perspectiva de delimitar as possíveis contribuições e, também, limitações do pensamento geográfico.

A sistematização da geografia e, portanto, a busca do *status* de ciência têm, nos acontecimentos ocorridos na Europa o seu núcleo fundante. Essa concepção eurocêntrica do nascimento da geografia não tem, todavia, ficado incólume a criticas, como podemos ver em Capel Saez (1999, p.47), quando adverte que há uma desvalorização do impacto que o descobrimento da América representou na produção científica da época e, por conseguinte, na geografia: "De certo modo, poder-se-ia afirmar que a geografia moderna nasceu durante o século XVI, na América, no esforço por reconhecer, descrever, estudar e organizar as informações das terras descobertas".

A despeito das criticas de Capel Saez, o desenvolvimento da ciência geográfica permanece tendo nas obras de Alexandre Humbolt e Carl Ritter, e nos fatos ligados à Europa, o marco fundamental para seu amadurecimento científico. Dessa forma, nomes como Ritter, Humboldt, Ratzel e La Blache continuam a representar as pretensões científicas da jovem geografia do século XIX.

A essa leitura eurocêntrica da geografia, junta-se também o desvio representado pela grande polêmica do período que era a contraposição entre deterministas (escola de Ratzel), de um lado, e possibilistas (escola de La Blache), de outro, na qual os segundos acusavam os primeiros de dar prioridade aos fatores naturais em detrimento da ação humana, situação que acabou por fragmentar o debate geográfico e ocultar a gênese da crise geográfica, que tem seu liame na oposição entre a concepção idealista e a concepção materialista do conhecimento.

Como resultado desses equívocos, vimos a edificação teórica da geografia a partir do debate da dicotomia sociedade *versus* natureza, com o agravante de se ter um verdadeiro ecletismo por parte daqueles que buscavam o caminho da geografia como ciência. Nesse sentido, Santos (1990, p.30) escreve:

> Com Vidal de La Blache e sua escola, o darwinismo e o spencerismo parecem abandonados, mas eles não o dizem explicitamente. Aliás, é bem dificilmente e raramente que suas preferências e filiações filosóficas são postas a nu: o que lhes deixava à vontade para dançar a valsa interminável que os levava dos braços, hoje, de um Kant aos de Marx amanhã, sem trair o racionalismo cartesiano nem, todavia, o positivismo de Comte e Poincaré.

É necessário pensar, juntamente com o desenvolvimento do conhecimento científico, os (des)caminhos da construção filosófica que, embora se apresentem num primeiro plano separados, interagem de forma a dar os contornos para o debate acerca das razões da crise paradigmática que tivemos e vivemos. Dessa maneira, um primeiro desdobramento do processo científico ou, nas palavras de Capel Saez (1999), uma primeira dimensão refere-se ao desenvolvimento cognitivo, ao trabalho intelectual, o que, por sua vez, se liga a uma segunda e fundamental dimensão que é o desenvolvimento da ciência como instituição social (universidades, centros de pesquisa etc.). Por conseguinte, para que haja um desenvolvimento científico sólido, é preciso que ocorram uma construção e uma ampliação simultânea dessas dimensões. Assim, a maioria dos problemas, ou melhor, das chamadas crises paradigmáticas, incluindo a ciência geográfica, tem seu cerne explicativo no descompasso das ditas dimensões, já que nada pode ser enfrentado fora dessa realidade.

> Não se trata de duas histórias separadas, porém de dois aspectos de uma mesma realidade, que se destacam segundo os objetivos e/ou interesses com que se aplicam. O desenvolvimento de uma ou outra di-

> mensão está geralmente vinculado, mas também pode ser ao menos durante algum tempo – relativamente autônomo... Somente quando as duas dimensões se desenvolvem simultaneamente, é que se produz um verdadeiro e durável desenvolvimento científico. Sem dúvida, o debate a respeito das razões do avanço ou do atraso relativo de alguns países no desenvolvimento da ciência deve levar em consideração, por sua vez, uma e outra dimensão. (Capel Saez, 1999, p.12)

Cumpre ressaltar que essa evolução do conhecimento científico é diretamente afetada pela apropriação, cada vez maior, do saber científico pelos grupos dominantes externos à universidade, os quais controlam os financiamentos cuja equivalência entre tecnologia e bem-estar social há muito deixou de ser preocupação. Conseqüentemente, cada vez mais somos invadidos por soluções mágicas que jogam para o mercado a solução de nossa crise paradigmática.

Desse modo, os pesquisadores parecem cada vez mais imbuídos de uma "razão instrumental", muitas vezes escamoteada na discussão pesquisa pura *versus* pesquisa aplicada, na qual a ciência vai deixando de ser uma forma de acesso a um mundo melhor para ser um instrumento de dominação da natureza e particularmente do homem pelo homem. Daí surgem soluções que postulam uma posição de neutralidade, tanto para escamotear interesses corporativos dos membros da comunidade científica como para encobrir o fato de que no capitalismo a pesquisa científica faz parte das forças produtivas da sociedade, representando o poderio econômico.

Há, ainda, uma parte mais perversa dessa mercantilização do saber que atinge parcela significativa das ciências sociais, basicamente aquela dos que não têm um "produto" muito atraente do ponto de vista do mercado e, por isso, vivem o fantasma do descarte. Nesse contexto, inserimos mais diretamente a geografia e as mudanças que essa vem sofrendo por parte de seus reformuladores oficiais, numa clara confusão de papéis, em que o Estado, privando-se de criar políticas públicas, outorga-se o direito de impor verdades científicas, ou melhor, indicar o caminho a ser seguido.

Em suma, a despeito do que pensam os reformuladores oficiais, a necessária busca por uma ciência geográfica que supere a fragmentação das práticas exige, na verdade, um caminhar por dentro da problemática, procurando, acima de tudo, entender o que desejamos superar.

Assim, o encontro da geografia com seu objeto, bem como com a discussão do método na tentativa de superação da colcha de retalhos, tem sido uma preocupação dos geógrafos desde as últimas décadas do século XX.

A discussão em torno da construção do pensamento geográfico no geral tem, contudo, ficado restrita às chamadas correntes do pensamento geográfico[12] (determinismo, possibilismo, método regional, Nova Geografia e Geografia Crítica), as quais, por sua vez, encontram-se cingidas em Geografia Clássica e Movimento de Renovação da Geografia. Conseqüentemente, há uma ausência de debate no tocante às bases filosóficas do processo de sistematização do pensamento geográfico. Logo, ao fechar-nos em torno da discussão interna, acabamos esquecendo de situar a geografia no contexto da época, qual seja, o debate filosófico entre positivistas, historicistas e dialéticos, como observa Oliveira (1994b, p.25):

> O debate filosófico travado no século XIX, portanto, tinha como centro a possibilidade das ciências humanas possuírem estatuto científico próprio, e era esta discussão que opunha positivistas, historicistas e dialéticos.

O debate filosófico e a sistematização do pensamento geográfico

Por conseguinte, para que possamos melhor compreender, na geografia, essa herança filosófica que oscila basicamente entre dois

---

12 Sobre a sistematização do pensamento geográfico a partir do contraponto entre as correntes do pensamento geográfico, ver: Moraes (1992), Corrêa (1991) (principalmente o capítulo I) e Oliveira (1999).

extremos, idealismo e marxismo, passando principalmente pelo positivismo e pelo historicismo, destacaremos de forma sintética os principais pressupostos dessas correntes para, na seqüência, situá-los na sistematização do pensamento geográfico.

Primeiramente, a corrente filosófica conhecida por idealismo, que, embora tenha seus primeiros pressupostos em Kant, deve mesmo a sua construção teórica ao filósofo alemão Friedrich Hegel que, radicalizando a importância dada por Kant à razão, acabou eliminando a distinção entre a idéia e o real. E mais, colocou o real como reflexo da idéia/conceito/pensamento.

> A idéia é, pois, o real em geral e só o real. O real começa por aparecer como possuidor de uma existência externa, como senhor de uma realidade sensível; mas o real sensível só é verídico ou verdadeiramente real quando corresponde ao conceito. (Hegel, 1996, p.128)

Sua principal premissa, "a vida espiritual da sociedade determina a vida material", criou uma posição filosófica calcada na suposição de que a razão é uma força histórica autônoma, não determinada pela situação material. Contra tal posição, Marx e Engels (1982, p.37-8) escreveram que a história não é produzida pelo movimento da consciência, ela depende da ação concreta dos homens:

> não é a consciência que determina a vida, mas a vida que determina a consciência... Esta maneira de considerar as coisas não é desprovida de pressupostos. Parte de pressupostos reais e não os abandona um só instante. Estes pressupostos são os homens, não em qualquer fixação ou isolamento fantásticos, mas em seu processo de desenvolvimento real, em condições determinadas, empiricamente visíveis. Desde que se apresente este processo ativo de vida, a história deixa de ser uma coleção de fatos mortos, como para os empiristas ainda abstratos, ou uma ação imaginária de sujeitos imaginários, como para os idealistas.

Por sua vez, o positivismo de Augusto Comte é uma das correntes filosóficas que mais influenciaram, desde o século XIX até os nossos dias, o desenvolvimento das ciências humanas. Apropriando-se da idéia otimista de progresso, como algo inerente às sociedades, passou a defender uma concepção de história na qual os seres humanos "históricos" tendem a progredir com o passar do tempo. As evidências e o aprofundamento desse progresso seriam alcançados por uma ciência neutra, na qual o conhecimento verdadeiro, real, era aquele que podia ser verificado/observado. Daí a supremacia do método das ciências da natureza.

> Não é difícil notar que a crença no progresso constitui o fundamento desta evolução que Comte crê constatar. Com efeito, ao lado da *ordem*, a idéia de *progresso* apresenta-se como noção fundamental para a compreensão do positivismo. Entretanto, a idéia de progresso em Comte não é obrigatoriamente solidária da criação e da investigação ilimitadas... O que Comte procura sempre são leis invariáveis, de acordo com o modelo da física e da matemática, paradigmas da ordem. Por isto, a história é pensada como a sucessão ordenada que vemos na *lei* dos três estados, e a sociedade será pensada como uma totalidade orgânica dividida em segmentos ou classes que se relacionam de maneira estática, ainda segundo uma *ordem* fixa, susceptível de ser apreendida pela *sociologia*, que Comte concebe como uma física social. (Silva, 1986, p.113-4 – grifos do autor)

Essa concepção de que o homem tem história porque é um herdeiro, e que dentro da ordem, e somente pelo legado recebido, é capaz de experimentar o progresso, propõe uma história entendida com base na tríade tradição-ordem-progresso, em que o passado governa o futuro, bloqueando o devir revolucionário.

> Os vivos são sempre, e cada vez mais, governados necessariamente pelos mortos: tal é a lei fundamental da ordem humana... Literalmente dotados pelos nossos predecessores, nós transmitimos de graça aos nossos sucessores o conjunto do domínio humano... (Comte, 1996, p.135)

Quanto ao historicismo, desenvolvido pelo filósofo alemão Dilthey, o seu período de formulação e debate localizava-se também na fase de formação das ciências humanas, isto é, no século XIX. Essa concepção tem forte influência do idealismo de Hegel, o qual acredita que o ideal (o processo de pensamento) é autônomo, portanto separado do real (Chauí, 1994).

O historicismo não possui um princípio materialista dialético no tocante ao entendimento da história, ele "se contenta com estabelecer um nexo causal entre os diversos momentos da história. Mas nenhuma situação de fato já é, só por isso, uma causa histórica" (Benjamin, 1991, p.163).

Ansiosos para distinguir o método de investigação das ciências humanas (que seria o da explicação dos fenômenos a partir da sua historicidade/causa geral) e o das ciências naturais (método da experimentação), os historicistas aprofundaram a dicotomia entre a sociedade e a natureza, oscilando assim da concepção mecanicista, na qual o homem podia tudo, inclusive dominar a natureza, porque só ele combinava espírito e matéria, para uma concepção em que o homem é considerado antinatural. Dessa feita, a conhecida teoria do "espírito do povo", que visa explicar a individualidade (por meio da tradição, língua, costume) de cada uma das épocas históricas, bem como situá-las como etapas do desenvolvimento geral da humanidade (causa geral), acaba tendo um significado extremamente conservador, pois...

> Negando à ação política a possibilidade de transformar, segundo planos racionais, indicadores de fins determinados e das respectivas instituições necessárias para os alcançar; as relações econômicas, sociais e políticas inconscientemente criadas pela misteriosa alma popular, essa corrente de pensamento forneceu os instrumentos ideológicos das instituições absolutístico – feudais contra as tendências reformadoras, desencadeadas por toda a Europa pela Revolução Francesa e pelas guerras revolucionárias ... esta forma de historicismo conservador manteve sempre, até os nossos dias, uma certa vitalidade na esfera da praxe e da cultura política, revelando-se continuamente como desconfiança mais ou menos clara em face da tendência a racionalizar as instituições sociais e políticas e como preferência por um desenvolvimento lento, sem rupturas bruscas e as mais espontâneas possíveis. (Bobbio, 1992, p.582)

Já o materialismo histórico dialético inverte o método de Hegel ao proclamar que são as condições históricas que determinam as idéias, e não o seu contrário. Assim, Marx e Engels (1982, p.37) procuram distinguir o idealismo do marxismo histórico dialético, salientando que:

> Totalmente ao contrário do que ocorre na filosofia alemã, que desce do céu à terra, aqui se ascende da terra ao céu. Ou, em outras palavras: não se parte daquilo que os homens dizem, imaginam ou representam, e tampouco dos homens pensados, imaginados e representados para, a partir daí, chegar aos homens em carne e osso; parte-se dos homens realmente ativos e, a partir de seu processo de vida real, expõe-se também o desenvolvimento dos reflexos ideológicos e dos ecos desse processo de vida.

O marxismo histórico dialético introduz a concepção do desenvolvimento histórico como processo que revoluciona a vida, rompendo, desse modo, com a história vista como processo linear, etapista, comandada por uma razão/pensamento autônomo, independentemente das ações do homem. Nessa perspectiva, a razão passa a ser condicionada pela sociedade (relações sociais); enfim, ela deixa de ser *a* história como anteriormente se postulava. Por conseguinte, como dizia Marx (1986, p.19), a história da sociedade passa a se confundir com a história das lutas de classe.

Embora Marx tenha afirmado que são os homens que fazem a história por meio do conflito entre as classes, ele ressaltou, todavia, que, em razão do processo de alienação a qual faz que a aparência dos fatos não coincida com a sua essência, os homens acabam não fazendo a história como querem. Dessa forma, somente por meio de uma racionalidade advinda da práxis os homens poderão emancipar-se, e essa libertação da ideologia será produto da ação dos trabalhadores, pois "a libertação é um ato histórico e não um ato de pensamento". Destarte, ninguém fará isso por eles, daí sua assertiva "Proletários de todos os países, uni-vos!".

> Os elementos materiais de uma subversão total são, de um lado, as forças produtivas existentes e, de outro, a formação de uma massa revolucionária que se revolte, *não só contra as condições particulares da*

> *sociedade existente até então, mas também contra a própria produção da vida vigente, contra a atividade total sobre a qual se baseia.* Se tais elementos materiais não existem, então no que se refere ao desenvolvimento prático, é absolutamente indiferente que a idéia desta subversão tenha sido já proclamada uma centena de vezes como demonstra a história do comunismo.[13] (Marx & Engels, 1982, p.571 – grifos nossos)

Quando afirmam que as condições materiais condicionam o ser social, Marx & Engels (1982, p.107-8) escapam do pessimismo, do materialismo "vulgar", explicando que o conhecimento das condições dessa determinação por meio da práxis pode levar os homens, seja por meio da evolução seja pela ruptura, à superação do *status quo*; por conseguinte, a ação da matéria sobre a idéia não é estática, nem linear.

> No desenvolvimento das forças produtivas chega-se a uma fase onde surgem forças produtivas e meios de intercâmbio que no quadro das relações existentes, apenas causam estragos e não são mais forças produtivas, mas forças destrutivas (maquinário e dinheiro); e ligada a isso, surge uma classe que tem de suportar todos os encargos da sociedade sem usufruir de suas vantagens; que, expulsa da sociedade, é forçada à mais decidida oposição a todas as outras classes – uma classe que engloba a maioria dos membros da sociedade e da qual emana a consciência comunista, que pode se formar, naturalmente, também entre as outras classes, graças à percepção da situação dessa classe.

Em face da exposição das correntes filosóficas, faz-se pertinente discutirmos a influência delas na produção geográfica para, a par-

---

13 Acreditamos ser essa passagem ímpar na elucidação do entendimento que Marx tinha da consciência de classe. Por conseguinte, a crítica feita por Bourdieu (2000) à tradição marxista, qual seja, a existência de uma verdadeira "alquimia misteriosa" no tocante à "promoção" da classe em si para classe para si, bem como de uma lógica voluntarista-oportunista, alternando com uma determinista-mecanicista nas explicações disponíveis sobre o assunto, não deve ser estendida a Marx, talvez aos marxistas, uma vez que Marx sempre ensinou que a consciência de classe se adquire na luta, nas experiências de vitórias e derrotas da prática da própria classe.

tir daí, refletirmos sobre o nosso objeto específico, no momento oportuno. Todavia, não é nossa pretensão classificar o pensamento geográfico, nem criar rótulos para seus pensadores, até porque há casos de influência múltipla que levam a imbricamentos, como salienta Santos (1990, p.29):

> A influência de Hegel pode ser reconhecida na obra de Ratzel e mesmo nos trabalhos de Ritter. Marx teria igualmente influenciado em muitos pontos o trabalho de Ratzel, de Vidal de La Blache, de Jean Brunhes. Todavia, e por múltiplas razões, foi a herança idealista e positivista que, afinal de contas, acabou por se impor à geografia, isto é, à geografia oficial: o cartesianismo, o comtismo e o kantismo eram freqüentemente apoiados e misturados aos princípios de Newton e também ao darwinismo e ao spencerismo.

O intuito é explicitar contextos nos quais a presença das diferentes bases filosóficas é sentida de forma mais contundente. Dessa maneira, cabe destacar os conceitos de "espaço vital" e "gênero de vida", respectivamente, do determinismo e do possibilismo. Essas escolas, ao tratarem os atos humanos como uma seqüência de causas e efeitos, nos quais o comportamento humano apenas responde a fatores determinantes, inexistindo possibilidades de ruptura, superação, retiram dos homens a sua historicidade e têm no princípio positivista de que "a sociedade é regida por leis naturais" a sua base de sustentação.

Com isso, Ratzel, grande defensor das idéias naturalistas, construiu um entendimento do homem como simples produto do meio. Logo, os conceitos de espaço vital, região natural, condições geográficas etc. eram os instrumentos científicos da geografia que se fazia. É também no determinismo que a geografia inaugura o caráter ideológico por meio do conceito de espaço vital. Esse conceito legitima a expansão territorial como processo natural, fruto da busca de equilíbrio entre território e sociedade, no qual o Estado tem papel de ordenador.

Certamente, porém, foi com o gênero de vida e a idéia de criar "possibilidades" ("a natureza dá as cartas, o homem faz o jogo") que La Blache ruma ao encontro do historicismo e leva o processo de construção da geografia a assumir uma concepção conservadora da história.

É desse modo que o possibilismo defende uma ciência geográfica neutra e chama a atenção para as obras do homem sobre o espaço como reflexo de uma herança histórica. Situação que, em última instância, abre caminho para a "missão civilizatória européia", no caso francesa, na Ásia e África, sob o signo do progresso dos povos a partir da interação de gêneros de vida diferentes. Por sua vez, os gêneros de vida, com suas singularidades de formas, costumes, hábitos, próprios de sua época, representam uma etapa do desenvolvimento da sociedade, isto é, têm uma causa geral/universal e, por isso, condicionam o desenvolvimento da sociedade. Daí o significado conservador, porque entende o conceito de gêneros de vida como uma força autônoma, cumulativa e espontânea; conseqüentemente, esse "espírito do povo" espontâneo não se presta à ação política transformadora com vistas à ruptura, a superação do *status quo* orientada por planos racionais.

A separação Geografia Clássica e Nova Geografia também mascarou a matriz do desencontro, que não estava na sofisticação das técnicas, na mudança da linguagem, mas na migração da segunda em direção ao neopositivismo ou empirismo lógico.

Embora o neopositivismo mantenha o princípio comtiano (positivista) de que somente são reais os conhecimentos observáveis/experimentados e que a sociedade também é regida por uma ordem invariável, havia naquele contexto, em especial na geografia quantitativa, um esforço maior de abstração pelo uso da lógica e da matemática. Por meio desses instrumentos, seria possível identificar, recortar e mensurar o real na busca das evidências empíricas da verdade, provando ser ele uma experiência lógica.

Os representantes da Nova Geografia, segundo Santos (1990), perseguiam, acima de tudo, a cientificidade da geografia tendo em vista a sua concepção de ciência. Para tanto, acreditavam que deviam afastar-se daquilo que consideram uma geografia obsoleta e buscar uma linguagem matemática, lógica, alicerçada no uso de modelos e no uso de estatísticas. Os defensores dessa corrente objetivavam dar caráter de veracidade à teoria por meio de sua mensuração. Com isso, ela ficou conhecida por geografia quantitativa ou teorética; entretanto, o uso da quantificação por essa corrente não é o fator mais importante, pois representa apenas o instrumento que, por si só, não revela a construção teórica desse período.

Assim, o grande (des)serviço da geografia quantitativa reside na sua base neopositivista refletida na construção de modelos abstratos, nos quais somente a lógica matemática permitiria a verificabilidade das relações entre os fenômenos, a descoberta das leis invariáveis que os determinam e, portanto, sua veracidade. Conseqüentemente, pensando a partir dessa concepção de conhecimento, em última instância, ela decreta o fim da filosofia, por considerá-la incapaz de "mensurar", portanto, de conhecer o real.

> De fato, a expressão "geografia quantitativa" utilizada para exprimir a existência de uma geografia nova, introduziu um certo mal-estar e confusão. A expressão "geografia matemática" ou quantitativa pode, na realidade, aplicar-se a qualquer dos paradigmas da geografia, novos ou antigos, mesmos aos que hoje não são mais válidos para nenhuma escola. A quantificação representa apenas um instrumento ou, no máximo, o instrumento. Seria melhor chamar a atenção sobre os aspectos mais teóricos ou conceituais, quer dizer, sobre os próprios paradigmas. O que continua fundamental é a construção teórica. (Santos, 1990, p.52)

A presença do materialismo histórico dialético como corrente filosófica na geografia vem de longa data, mas de forma marginal, ou seja, não era o paradigma da geografia oficial. Conseqüentemente, ele nasce nas obras dos anarquistas do final do século XIX e começo do XX, especificamente de Elisée Reclus, o que fez que a corrente marxista ficasse meio que restrita a esse movimento. É na ala mais crítica da geografia regional francesa, na década de 1940, que os questionamentos referentes ao empobrecimento filosófico da geografia vão ser retomados a partir de uma concepção dialética.

> Esse debate foi retomado depois, no final da década de 30 e início da década de 40, por um grupo de geógrafos franceses (Pierre George,

> Yves Lacoste, Raymond Guglielmo, Bernand Kayser, Jean Dresch, Jean Tricart, entre outros). Muitas vezes, a influência historicista mesclava também os trabalhos dessa corrente...
>
> Trazida pela influência do pensamento marxista, a dialética como corrente do pensamento na geografia agrária está na base de um conjunto de trabalhos de Orlando Valverde, Manuel Correia de Andrade, Pasquale Petrone, Lea Goldenstein, Manuel Seabra, entre outros ... Com o marxismo, começa a batalha pelo desmascaramento do discurso pretensamente neutro e objetivo presente no positivismo e no empirismo lógico, e mesmo no historicismo. (Oliveira, 1999, p.69)

O ápice brasileiro desse processo e a consolidação da geografia "crítica" são vividos no 3º Encontro Nacional de Geografia, em Fortaleza, em 1978. Embora a geografia crítica envolvesse várias frentes de entendimento, ela postulava a luta pelo desmascaramento do conteúdo ideológico contido na geografia que se fazia naquele momento, bem como do ecletismo filosófico, que impedia o progresso da ciência geográfica. Doravante, passaram a defender que: "A filosofia da Geografia, seja qual for a direção que se prefira, não pode continuar sendo uma colcha de retalhos" (Santos, 1990, p.37).

Enfim, como não poderia ser diferente, o desenvolvimento da geografia agrária também percorre esse labirinto filosófico e compartilha da angústia geral concernente à busca da produção de uma teoria que conheça e explique a realidade além do imediato sensível e seja capaz de contribuir, no ato histórico, para libertação dos homens a partir desse conhecimento.

O dilema intelectual vivenciado pelo pensamento geográfico, qual seja o imbricamento de influências filosóficas paradoxais (leia-se crise paradigmática), será, todavia, tardiamente sentido na produção em geografia agrária no Brasil, em razão, talvez, da ausência de trabalhos clássicos sobre o assunto até a Segunda Guerra Mundial.

É, pois, a partir da década de 1950 que as contradições intelectuais do pensamento geográfico na geografia agrária são explicitadas como produto do contexto histórico, qual seja, o período em que o debate a respeito da reforma agrária tomou contornos nacionais e de classe. Na obra de Orlando Valverde (1964), *Geografia Agrária do Brasil*, há um exemplo notável[14] sobre essa questão, quando o autor divide suas preocupações em duas vertentes que, na essência, refletem duas formas distintas de ciência: a primeira, voltada a preencher a lacuna existente na sistematização da produção intelectual em geografia agrária, daí fazer um resgate histórico dos "agrogeógrafos", bem como uma discussão envolvendo a gênese etimológica da palavra e a construção teórica do conceito, a qual evidencia uma visão historicista da ciência geográfica: "A Geografia agrária é, em última análise, a interpretação dos vestígios que o homem do campo deixa na paisagem, na sua luta pela vida, quotidiana e silenciosa" (ibidem, p.37). A segunda, de cunho mais político, que, por visar à possível intervenção no objeto, expunha as contradições da concepção de ciência que fazia, sinalizava para a existência de uma questão agrária nacional, tendo como pressuposto o compromisso social do pesquisador, posição evidenciada nas palavras de Valverde (1964, p.5): "Aquilo que fora um compromisso moral com o meu mestre, passou a sê-lo com o povo brasileiro".

O trabalho intitulado *Geografia da agricultura*, de José Filizola Diniz (1984), também pode ser considerado um marco na geografia agrária, principalmente por ensejar uma "renovação" da geografia agrária brasileira, todavia bem ao estilo neopositista, como conclui Fernandes (1998, p.11) em análise sobre o assunto:

> Um trabalho exemplar desta corrente teórica é *Geografia da Agricultura* de José Filizola Diniz. Neste livro o leitor não encontrará uma discussão sobre as questões teóricas, que não é a principal preocupação do autor, mas sim uma apresentação da evolução do estudo da "Geografia da Agricultura" nos últimos trinta anos ... O que importa é a classificação de áreas através dos tipogramas. Os processos de transformação da agricultura são descritos em uma visão técnica-linear...

Outro marco na geografia agrária, no tocante à construção de seus pressupostos teóricos e de sua migração do historicismo mar-

---

14 A respeito da contradição intelectual vivida nessa época por Orlando Valverde, ver o comentário feito por Oliveira (1994c).

xista para o materialismo histórico dialético, é a publicação feita por Ariovaldo Umbelino de Oliveira, em 1981. Nesse trabalho, intitulado *Agricultura e indústria no Brasil*, o autor analisa o papel da renda da terra no desenvolvimento do capitalismo na agricultura brasileira, produzindo uma primorosa contribuição ao decifrar as nuanças que cercam a aliança terra/capital, sendo essa a reprodução contraditória de formas sociais não-capitalistas como o campesinato. Outro avanço teórico que deriva dessas formulações refere-se aos conceitos de monopolização do território pelo capital e pela territorialização do capital.

Mais recentemente e com uma filiação mais ou menos rígida ao pensamento de Oliveira, temos uma série de trabalhos importantes[15] na leitura geoagrária, os quais vêm ocupando de forma hegemônica o principal espaço de debate da geografia agrária, o Encontro Nacional de Geografia Agrária (Enga). No encontro realizado em Goiânia, em dezembro de 2000, os representantes da vertente teórico-quantitativa já não figuravam com a mesma desenvoltura e legitimação teórica de outrora, tanto que a configuração temática das mesas e os interlocutores presentes sinalizaram para a superação do debate anteriormente focado no desenvolvimento inexorável do capitalismo na agricultura e sua face mais evidente, a modernização agrícola.

Essa situação nos interessa mais diretamente por entender que nossa temática específica, a luta pela terra, se enquadra nesse conjunto de preocupações apontado por Oliveira e que, de forma tardia, mas precisa, vem tomando espaço nos estudos de geografia agrária desde o final do século XX e início do XXI.

A discussão acerca da territorialização da luta pela terra, na perspectiva de se pensar uma teoria da luta, tem sido a contribuição mais significativa da geografia agrária, ou melhor, da geografia como um todo. Logo, é na direção desse desafio que muitos trabalhos a respeito da temática dos movimentos sociais, no caso específico do

---

15 Dentre esses trabalhos, destacamos Thomaz Junior (1988) e Fernandes (1994).

MST, têm se desenvolvido na contramão das críticas daqueles que se arvoram na defesa dos limites rígidos entre as ciências para a preservação de seus objetos. Por conseguinte, é assumindo a necessária postura da interdisciplinaridade no tratamento da temática da luta pela terra que a geografia tem conseguido seus maiores avanços no difícil processo de se constituir como ciência na construção de uma sociedade mais humana. Logo, é saindo do debate interno, na maioria das vezes mistificador, e abrindo ao diálogo com outras ciências e suas diferentes bases filosóficas que a geografia vem se firmando no cenário científico. Esse tem sido seu maior desafio.

2
Campesinato e Capitalismo: Interpretações Clássicas

O presente capítulo não pretende retomar todas as nuanças que cercam as interpretações sobre o desenvolvimento do capitalismo e os destinos do campesinato, mas discutir as principais teses sobre o desenvolvimento do capitalismo no campo e suas influências mais profundas na interpretação do capitalismo agrário brasileiro, principalmente no tocante ao entendimento do debate histórico que cerca o tema do campesinato em nossa história.

As transformações da sociedade alemã e russa no final do século XIX e início do XX, particularmente o papel destinado à agricultura e ao campesinato, configuram o centro das preocupações de autores clássicos, como Kautsky, Lenin e Chayanov.

De forma geral, o cerne dessas obras é o debate acerca da problemática camponesa no decurso do desenvolvimento do capitalismo. Assim, enquanto os estudos de Kautsky e Lenin se desenvolveram no sentido da oposição à teoria da reprodução do trabalho familiar camponês, fundamentados na concepção de que o desenvolvimento capitalista não poderia comportar outras classes além da burguesia e do proletariado e que, portanto, a descamponização era uma conseqüência necessária e inevitável para que o capitalismo pudesse se desenvolver via mercado e divisão do trabalho, abrindo caminho

IDATERRA 1509

para a revolução socialista, Chayanov procura desvendar o cálculo camponês, alicerçado na teoria do balanço trabalho-consumo, a fim de apreender a racionalidade camponesa e diferenciá-la do comportamento capitalista. Propunha, assim, a convivência e, portanto, a permanência camponesa de forma insular à lógica capitalista de reprodução e homogeneização das relações sociais rumo à acumulação.

Dessa feita, estavam lançadas as bases teóricas do entendimento do campesinato no modo capitalista de produção que, de forma elementar, pode ser agrupada em dois grandes paradigmas: desintegração do campesinato e permanência/recriação camponesa.

Cabe-nos, contudo, debater o que está por trás de concepções tão diametralmente opostas e quais são seus desdobramentos para a atualidade do debate sobre a questão agrária brasileira.

Desse modo, para refletirmos sobre tais indagações, é necessário caminhar pela interioridade do pensamento dos referidos autores, buscando o imo de suas obras.

Na construção teórica acerca da organização da unidade econômica camponesa, Chayanov[1] teve como preocupação central a família camponesa que vivia no Mir russo[2]. Com explícito privilégio do viés econômico, ela foi para ele a base explicativa das diferenciações

1 A obra de Chayanov *La organización de la unidad económica campesina* (1974) é resultado da obstinação do autor em conhecer o aparato produtivo da unidade de exploração econômica camponesa, desejo despertado no ambiente científico da Escola de Organização e Produção que, no começo do século passado, já direcionava seus trabalhos na tentativa de elaborar uma teoria explicativa do campesinato. Sua pesquisa é resultado da análise dos dados da realidade dos campos russos, recolhidos pelos conselhos rurais (zemstos) e reflete as calorosas discussões sobre as questões rurais no transcurso da revolução russa. Cumpre destacar que o autor, além de ser agrônomo, era um profundo conhecedor do campo russo, como atesta a introdução de sua obra clássica. É, portanto, respaldado por esse conhecimento que ele apóia a resistência camponesa e assina, posteriormente, sua sentença de morte nas mãos de Stalin.

2 Primeiramente, para contextualizar o conceito de diferenciação demográfica de Chayanov, que tem como princípio básico "o estoque de terras móvel", é necessário fazermos uma sucinta caracterização do Mir russo. Desse modo, a regra no Mir

internas do campesinato. Para tanto, utilizou a Teoria da Diferenciação Demográfica, isto é, seu argumento básico era que a produção camponesa se ampliava ou contraía, segundo o número de bocas e braços da unidade de produção, ou melhor, "*El volumen de la actividad de la família depende totalmente del número de consumidores y de ninguna manera del número de trabajadores*" (Chayanov, 1974, p.81). Cabe aqui destacar esse ponto como fundamental na sua interpretação e de seu embate com a teoria leninista da diferenciação social do campesinato. Enquanto para Lenin[3] o entendimento do desenvolvimento do capitalismo na Rússia criou um pressu-

---

era a proteção contra as leis do mercado, um mundo formado pelo tzar (controlador do Mir), os kulaks, os pequenos camponeses e a grande assembléia (SKHOD) que fazia a repartição/redistribuição das terras a cada oito anos de acordo com as necessidades da família. É interessante destacar que existem diferenças no Mir pós-1864 (fim do pagamento de tributos), principalmente em relação à atuação dos kulaks. Assim, segundo Moura (1986, p.48), a distribuição de terras que envolvia basicamente três critérios – número de consumidores, número de trabalhadores e os meios de produção à disposição da família – começou a gerar desigualdades e antagonismos no campo russo; logo, "As pesquisas efetuadas na época mostram que as famílias mais ricas, nas quais era mais difundida a prática de adoção de novos membros, eram mais beneficiadas por ocasião da distribuição de terras". Pensamos que tal situação não sacrifica a teoria essencial de Chayanov, qual seja, o balanço trabalho-consumo que tem no princípio do "estoque livre de terras" o centro reorganizador das estratégias familiares que, no limite, adiciona novos componentes à problemática de forma a relativizar a teoria. Contudo, poderíamos problematizar quanto à pertinência de utilizarmos uma teoria como a do balanço trabalho-consumo (diferenciação demográfica), feita segundo a realidade do Mir russo, para explicar o campo brasileiro. Nesse sentido, segundo Garcia Júnior (1989), Chayanov é exemplar ao admitir as limitações de sua teoria, uma vez que ela estava centrada no Mir russo (comunal/estoque de terras móvel). Todavia, é o próprio Chayanov que cria as possibilidades de entendimento de sua teoria para o caso da propriedade privada da terra (campesinato parcelar), ao sugerir que a extensão seja substituída pela intensificação, bem como pela compra e venda da força de trabalho como mecanismos de busca de equilíbrio da família camponesa. Enfim, mudam-se as estratégias, mas permanece a lógica camponesa centrada nas necessidades da família.

3 Estamos nos fundamentando em estudos de Lenin (1985).

posto básico – um campesinato que formará a burguesia rural; um médio que tenderá a desaparecer em direção a um dos pólos, portanto é uma camada em transição, e o campesinato pobre que formará o proletariado rural –, para Chayanov essa diversidade, essa heterogeneidade do campesinato, era parte de uma lógica interna à sua reprodução.

A diferenciação, para Chayanov, longe de ser a possibilidade de descamponização, era uma estratégia de manutenção da condição de camponês diretamente relacionada com o ciclo de desenvolvimento da família e, portanto, indispensável à compreensão da permanência camponesa. Para o autor, o que estava em curso no campo russo não era um processo de desigualdade e antagonismo crescente no seio do campesinato, numa competição própria da lógica capitalista que levaria inflexivelmente à desintegração do mundo camponês, mas um conjunto de estratégias orientadas por uma racionalidade que partia da família para a terra, portanto da avaliação subjetiva das necessidades do núcleo familiar. Assim sendo, a diferenciação não era resultado da proletarização ou da acumulação como lógica capitalista, mas de mecanismos internos relativos ao (des)equilíbrio da família.

Como exemplo dessa complexa lógica camponesa, Chayanov explica a suposta proletarização não como um fim em si mesma, mas, paradoxalmente, como possibilidade de reprodução camponesa. Assim, a divisão do trabalho camponês entre atividades agrícolas e não-agrícolas não é simplesmente determinada pela disponibilidade de terra para trabalho, mas por uma análise conjuntural. Nos momentos em que as atividades não-agrícolas apresentam possibilidade de ganho superior à agrícola, a mão-de-obra familiar migra nessa direção.

> *En numerosas situaciones no es una falta de medios de producción lo que origina ganancias provenientes de las artesanias y comercio, sino una situación de mercado más favorable para este tipo de trabajo, en el sentido de la remuneración que brinda a la fuerza de trabajo campesina, comparada con la de la agricultura.* (Chayanov, 1974, p.118)

Essa afirmação poderia denunciar um espírito capitalista, uma vez que a família camponesa estaria direcionando sua força de trabalho para o setor onde a receita líquida fosse mais elevada, visando à acumulação. Todavia, Chayanov esclarece que a família camponesa visa unicamente à maneira mais fácil de satisfazer suas necessidades em consonância com o gasto da força de trabalho. É fundamentalmente isso que distingue a família camponesa do empresário capitalista, pois, enquanto o capitalista investe nos setores mais lucrativos visando ao máximo de retorno possível, a família camponesa cessa imediatamente o sobretrabalho ao alcançar o equilíbrio trabalho-consumo, já que seu objetivo é reproduzir-se como unidade de produção econômica camponesa.

Ainda que fugindo às generalizações e depreciações de Kautsky, já que reconhecia a diferenciação interna do campesinato, Lenin[4] não deixou de tratar do desaparecimento do camponês como uma tendência histórica, porque o campesinato representava a permanência de formas não-capitalistas, o que a vocação homogeneizadora do capital eliminaria inexoravelmente.

> Em suas primeiras obras, Lênin era ainda, em muitos aspectos, um kaustskiano, mas com ênfase claramente diferente. Para ele, eram a dinâmica *intercamponesa* de "aprofundamento" das relações mercantis, a divisão do trabalho e a diferenciação de classe que constituíam o ponto central da transformação capitalista. A ênfase passa da produção para as relações mercantis. (Shanin, 1980, p.54-5 – grifo do autor)

4 Segundo Shanin (1980, p.55), houve uma significativa mudança no pensamento de Lenin por volta de 1907. Assim, a partir desse período, ele passa a reconhecer um certo exagero em suas primeiras conclusões sobre a natureza capitalista da agricultura russa e, ainda que implicitamente, a aceitar a permanência de traços camponeses. Por conseguinte, suas reconsiderações refletiram nos programas agrários do partido em 1917 e 1921, e, "Com efeito, o simples fato de o 'programa agrário' de seu partido ter sido cancelado já significava que a análise de 1896-1898, diretamente relacionada a ele, não podia ser sustentada".

Para ele, o processo já se encontrava em andamento via dependência crescente dos camponeses em relação ao mercado, crescente assalariamento, agroindustrialização e baixa resistência à transferência da renda da terra aos capitalistas.

> A situação econômica e social em que hoje se insere o campesinato russo é a da economia mercantil. Mesmo na região agrícola central (que, sob esse aspecto é comparada às regiões periféricas do sudeste e às províncias industriais é a mais atrasada), o camponês está inteiramente subordinado ao mercado: depende dele tanto para seu consumo pessoal como para sua atividade, sem falar dos impostos. (Lenin, 1985, p.112-3)

Embora, portanto, reconheça na vida econômica camponesa formas não-capitalistas como o regime de corvéia, isto é, o pagamento em trabalho, fenômeno que retardava a desintegração do campesinato, Lenin é enfático em esclarecer que ele possui um conjunto de contradições internas capaz de levá-lo à desintegração. Portanto, não se tratava de uma formação particular, mas de um sistema pequeno-burguês não antagônico ao capitalismo. Por conseguinte, a sua superação partia do seu interior, por meio da formação constante de elementos capitalistas. Essa última análise era uma resposta às teses dos chamados populistas, que viam no campesinato uma lógica própria, portanto diversa da capitalista como já citamos.

> O sistema de relações econômicas e sociais entre o campesinato (agrícola e comunitário) mostra a existência de todas as contradições próprias de qualquer economia mercantil e de qualquer capitalismo: a concorrência, a luta pela independência econômica, o açambarcamento da terra (comprada ou arrendada), a concentração da produção por uma minoria, a proletarização da maioria e a sua espoliação pela minoria que detém o capital comercial e emprega operários agrícolas. (ibidem, p.113)

Podemos afirmar, portanto, que Lenin tenha publicado num tempo diferente e anterior a Chayanov, que ambos tratam do campo russo, todavia produzem resultados díspares e isso é possível porque partem de concepções diferentes quanto à compreensão do que representava o campesinato no capitalismo.

Mesmo que Chayanov, ao desvendar a lógica interna de reprodução do campesinato, não tenha conseguido explicá-la satisfatoriamente no tocante à sua relação com o modo de produção capitalista, ou seja, paira sobre sua teoria do balanço trabalho-consumo um possível isolamento do camponês num modelo de auto-reprodução, seus esforços não foram poucos, como se verifica no estudo que faz do impacto da renda da terra na unidade camponesa e a possibilidade de se pensar uma renda especificamente camponesa, bem como o papel das rendas não-agrícolas e do trabalho acessório junto à sociedade capitalista. Investigação ignorada por aqueles que, na atualidade, teimam em tratar as estratégias camponesas de busca de equilíbrio interno como um processo novo, fruto da perda de importância da terra no capitalismo contemporâneo.

Para Chayanov, apesar do rendimento indivisível da unidade familiar, a renda fundiária não pode ser ignorada dentro do balanço trabalho-consumo. Para o autor, ela atua na exploração camponesa de forma diferenciada porque os fatores geradores da renda diferencial (fertilidade, localização) não determinam um ganho extraordinário palpável, como na exploração capitalista. Numa situação de renda econômica favorável, a unidade familiar terá um nível de consumo maior, uma melhor condição de formar capital e menor intensidade no uso da força de trabalho. A apropriação da renda aparece convertida em bem-estar. Assim, ela é responsável por uma reelaboração do equilíbrio entre o esforço exigido para realização do trabalho e o grau de satisfação das necessidades familiares, e o resultado é diminuição do sofrimento e aumento do bem-estar familiar. Nesse caso, é interessante lembrar que na teoria leninista, contrária à de Chayanov, o resultado seria a formação de um campesinato rico. Portanto, depreendemos que para Chayanov existe uma renda especificamente camponesa, ou melhor, uma renda camponesa se contrapondo à renda capitalista.

Desse modo, para Chayanov, as opções e estratégias camponesas na busca do equilíbrio interno da exploração familiar não estavam suspensas, porque, de certa forma, elas influenciavam demasiadamente a economia nacional russa. Para ele, as chamadas crises agrícolas, resultado de colheitas fracassadas, podiam desestruturar totalmente o mercado de salários, provocando sua diminuição, como conseqüência do envio elevado de mão-de-obra do campo para a cidade, subordinando "*todo el sistema de la economia capitalista a su equilibrio interno entre la satisfacción de las necesidades y las fatigas del trabajo*" (Chayanov, 1974, p.286).

Outro exemplo em que a busca de equilíbrio da família camponesa interfere na sociedade capitalista, ainda que pontual, refere-se aos anos em que há escassez de forragem e têm-se os preços dos grãos e do feno elevados e, paradoxalmente, o preço da carne baixo na Rússia. Isso se explica, segundo Chayanov, pelo fato de o rebanho bovino representar um capital de reserva (poupança), fruto dos anos de boa colheita. No entanto, quando há necessidade, isto é, a exploração familiar depara com dificuldades, imediatamente dispõe desse capital de reserva. Por isso, "*cuanto más caro es el forraje más barata es la carne*" (ibidem, p.198).

Se, no entanto, sua teoria foi ou não concebida "por fora" do modo de produção capitalista, o importante é que seu estudo representa um legado porque desvenda, mesmo que não a explique satisfatoriamente, a distinção *sine qua non* do campesinato. A sua lógica reprodutiva difere-se da capitalista, mesmo estando a ela atrelada como contradição que representa no processo de reprodução ampliada do capital.

Essa concepção de unidade familiar de trabalho contraposta à empresa capitalista, tão cara ao autor,[5] converteu-se numa das preocupações essenciais de Chayanov, confirmada pela motivação em

5 A procura de Chayanov por um método que possibilitasse a interpretação de todo o material empírico disponível, sob um ponto de vista interno, colocando num segundo plano a análise dinâmica, voltada para o entendimento do desenvolvimento histórico dos processos sociais, rendeu-lhe o título de marginalista. O enfoque na motivação, característica subjetiva do camponês, e o uso constante de termos

explicar o processo de circulação do capital na unidade familiar camponesa, procurando demonstrar que o capital obedece a outras leis e, assim, tem função diferente da que ocupa na empresa capitalista. A inexistência de salário e o fato de a família, além do capital, ser a força de trabalho no processo produtivo (capital e trabalho não se separam) criam um esquema de circulação de capital bem específico. Para Chayanov, essa particularidade faz que o camponês tenha dificuldades em estabelecer divisões na receita bruta, para separar objetivamente os investimentos para manter o capital e para reproduzir a força de trabalho. Portanto, o esquema de divisão obedece a um processo subjetivo, porque a ausência do salário (capital variável) impede o cálculo objetivo. Assim, suas decisões são orientadas pelas necessidades do núcleo familiar.

> *podemos decir que en la unidad económica de explotación familiar los adelantos para renovar y formar capital se extraen del mismo presupuesto y están vinculados con el proceso de satisfacción de las necessidades personales y que, en todos los casos, su importe depende de la medida en la que pueden satisfacerce estas necesidades.* (ibidem, p.238)

Fica evidente que a formação de capital na unidade familiar está subordinada ao equilíbrio interno. Assim, qualquer influência que leve ao desequilíbrio da unidade familiar afeta diretamente a formação de capital; um exemplo típico é a relação consumidor-trabalhador. Chayanov comprova que nas unidades familiares, em que a relação consumidor-trabalhador encontra-se em níveis de inferioridade, ou seja, em que existem mais consumidores do que traba-

---

da escola marginalista (equilíbrio, situação ótima, necessidade etc.) reforçaram essa acusação. Por sua vez, Chayanov procurava defender-se reforçando a idéia de que é impossível compreender a organização da unidade econômica camponesa sem levar em conta uma avaliação subjetiva existente no processo de escolha econômica. Acreditava afastar-se da teoria marginalista ao insistir em negar qualquer interesse em expandir o entendimento da lógica de produção camponesa para o sistema macroeconômico. Contudo, ainda hoje persiste a idéia a ele atribuída de ter construído uma tese "autonomista", fundada numa racionalidade econômica particular da economia camponesa e, portanto, marginal à teoria do valor de Marx.

lhadores, o consumo aumenta na mesma proporção em que diminui a quantidade de capital disponível.

Ainda discutindo o papel do equilíbrio interno, o autor acrescenta que as unidades familiares que se encontram em condições de intensificar o capital, ou seja, ampliar os meios de produção (equipamentos, máquinas, terra etc.), como conseqüência do aumento na formação do capital (situação de mercado mais favorável, ganhos não-agrícolas), farão isso mediante a observância do balanço força de trabalho-consumidor. Por mais vantajoso que possa parecer um determinado investimento, no qual o uso do capital resulta num aumento dos ganhos, isso não representa, necessariamente, um estímulo para o camponês. Ele não trabalha com a lógica capitalista, mas com análises subjetivas, leia-se, necessidades da família. Assim

> *Supongamos que en el área en que está ubicada la explotación existe una extensa área arrendable muy conveniente para ser explotada. La unidad de explotación capitalista que posce recursos explotará esta área lo máximo posible, hasta que se le presenten dificultades técnicas o se haja objetivamente desvantajosa la expansión del área arrendada debido a la distancia y a los costos crecientes del transporte.*
>
> *La unidad de explotación domística, a pesar de la ventaja objetiva de arrendar 50 ó 100 desiatinas, limitará obviamente el área arrendada a unas pocas desiatinas la cantidad que ajuste el balance fuerza de trabajo-consumidor. Porque cada disiatina, sin perder su ventajosa condición objetiva, subjetivamente implica un aumento in la fatigas del trabajo debido simplemente al aumento en la cantidad anual.* (ibidem, p.254)

Como parte desse embate geral de paradigmas, faz-se necessário destacar outro ponto de divergência, desta vez entre a obra de Chayanov e a obra de Kautsky, esse último estudioso da realidade agrária alemã.

Os estudos de Kautsky[6] retratam os intensos debates ocorridos no Partido Social-Democrata Alemão sobre a agricultura capitalista e o

---

6 É sobre sua obra intitulada *A Questão Agrária*, elaborada em 1899, que nossa

campesinato. Embora as condições de elaboração de sua obra sejam diferenciadas das de Lenin, basta lembrarmos que esse último estudou uma Rússia basicamente agrária caracterizada pelo Mir; os resultados não são tão divergentes, poderíamos até dizer que em alguns momentos se completam.

Desse modo, Kautsky (1980, p.28) procura aplicar à leitura da agricultura alemã a teoria marxista do sistema de produção capitalista e, portanto, mostrar que a essência da vida agrária consistia em produzir duas classes sociais antagônicas – proletariado e burguesia.

> sem dúvida alguma – e o admitirmos como provocado– a agricultura não se desenvolve segundo o mesmo processo da indústria. Ela segue leis próprias. Mas isto absolutamente não quer dizer que a evolução da agricultura se coloque em oposição à da indústria e que ambas sejam inconciliáveis. Ao contrário, julgamo-nos com elementos para demonstrar que ambas tendem para o mesmo fim, uma vez que não as isolemos uma da outra, e as consideremos como partes de um mesmo progresso de conjunto.

O eixo central de seu trabalho refere-se à questão da superioridade da grande exploração em relação à pequena exploração territorial por ver, na primeira, a melhor possibilidade da aliança indústria/agricultura. Seus argumentos têm no processo de superação do sistema feudal os elementos explicativos da necessidade constante de evolução da indústria e de seus reflexos sobre a agricultura. Para ele, o desenvolvimento do capitalismo na cidade desestruturou a vida camponesa; a procura de dinheiro levou o camponês a produzir o que a indústria não produzia, passando a se relacionar com o mercado e deixando de produzir apenas para seu lar, rompendo

---

análise se detém. Cumpre destacar que seu estudo, como os demais, não pode ser descontextualizado das lutas políticas travadas dentro da social democracia alemã, em que a crença na evolução da indústria moderna traçava o caminho revolucionário. Por conseguinte, a construção do socialismo passava necessariamente pela indústria e, portanto, pela organização do proletariado e de sua conquista do poder político, impelindo as formas ainda incapazes de se insurgir à transformação.

assim a comunidade de iguais. Como as exigências da indústria não se esgotam uma vez deflagradas, ela, na concepção do autor, é a única capaz de criar as condições técnicas e científicas para o surgimento da agricultura racional que tem como base a grande exploração. Logo, para Kautsky (1980, p.112): "quanto mais o capitalismo progride na agricultura, tanto mais acentua ele a diferença qualitativa entre a técnica da grande e da pequena exploração".

Nos casos em que os números estatísticos (posteriormente trabalhados por Chayanov) atestam não o desaparecimento, mas o crescimento das pequenas explorações agrícolas, Kautsky explica o fenômeno pela auto-exploração ou, nas suas palavras, subconsumo, em que o pequeno lavrador acaba se debilitando fisicamente para resistir economicamente. Diante dessa constatação, isto é, da existência de formas tão bárbaras de sobrevivência, Kautsky chama atenção para o cuidado que se deve ter com os números estatísticos, pois eles podem ocultar uma situação social que em nada engrandece a luta da pequena exploração empobrecida contra o grande capital. Nesse sentido, as idéias do pai-patrão, do sobretrabalho, da auto-exploração, da ociosidade, da migração pendular, consideradas por Chayanov como estratégias de reprodução, são, para Kautsky, formas bárbaras de sobrevivência a retardar o desenvolvimento do capitalismo centrado no avanço das forças produtivas como o caminho necessário na busca do acirramento das contradições.

Contrariamente, portanto, a esse caminho produtivista de Kautsky, Chayanov explica a resistência ao uso do maquinário por parte do campesinato não pelo viés de sua incapacidade, mas por seu modo de vida centrado na manutenção da família, e explica que mecanismos de aumento do grau de auto-exploração ou de ociosidade da mão-de-obra têm liame direto com as necessidades do grupo familiar, ou melhor, da relação consumidores-trabalhadores. Nesse raciocínio, encaixa-se o uso da máquina por parte do camponês, uma vez que esse uso segue os mesmos princípios da organização da unidade de exploração, ou seja, a lógica interna. As observações mostram que, mesmo facilitando o trabalho e liberando mão-de-obra, há momentos em que o uso da máquina não possui significado para a família, principalmente quando a mão-de-obra não tem possibilidade de ser utilizada em outras ocupações, ficando ociosa.

É freqüente, no entanto, o uso de máquinas em situações em que seu custo não é recomendável. Isso se explica pela lógica do trabalho que move o camponês. Assim, a redução na remuneração do trabalho em razão da não-rentabilidade da máquina (área menor/menor uso da máquina por dia/maior o gasto de amortização e manutenção da máquina) é compensada pelo aumento do volume de atividade. Sem dúvida, as unidades de exploração familiar usam máquinas não em razão das vantagens, mas por conta dos riscos a que ficam expostos. Segundo Chayanov (1974, p.223), tal situação serve de modelo ao semearem/cultivarem uma área proporcional à força de trabalho; mas onde a lavoura exige uma colheita rápida, que extrapole as possibilidades de trabalho da família, esta fatalmente será induzida ao uso da máquina:

> *Pero si el campesino no tiene nada que hacer en invierno excepto trilhar su grano, la difusión de trilhadoras mecánicas sólo puede verse como un gasto improductivo del escaso capital del campesino.*

Assim, a resistência ao avanço técnico e cientifico na unidade camponesa, de forma alguma, está ligada à incapacidade ou, nas palavras de Kautsky, à falta de inteligência dos camponeses, mas a decisões ligadas ao balanço consumidores-trabalhadores.

A opção pelas interpretações de Chayanov não implica desconsiderar as contribuições que as obras de Kautsky e Lenin trouxeram ao entendimento do capitalismo no campo, porque o desvendamento da lógica da unidade familiar dentro do modo de produção capitalista só é possível pelo acúmulo teórico propiciado pelos estudos desses autores, os quais, de diversas formas, contribuem para o avanço do conhecimento propiciado pelo embate profícuo em torno de suas teses. Enfim, feitas as considerações, resta afirmar que o possível engano teórico de Lenin e Kautsky foi fazer da diferenciação do campesinato um padrão de desenvolvimento geral e irreversível, derivada da firme convicção de que o operariado era a classe revolucionária.

A especificidade camponesa

"Se os camponeses continuam existindo nos dias de hoje é provável que continuem a existir por muito tempo." (Shanin apud Moura, 1986, p.17)

Falar em especificidade camponesa é necessariamente admitir o não-desaparecimento do campesinato e, em alguns casos como o brasileiro, a "recamponização" do sem terra. Nesse sentido, Wolf (1979) destaca o campesinato não só como uma incógnita no sentido de sua permanência na cena da história, como também pela sua decisiva participação nas revoluções que abalaram o século XX: mexicana (1910), russas (1905 e 1917), chinesa (1921 em diante), vietnamita (1961), argelina (1954) e cubana (1958). Nessa linha de interpretação, destaca-se também o apontamento de Teodor Shanin (1980, p.76-7) que, a respeito da participação camponesa na guerra do Vietnã, escreve:

> Podemos explicar satisfatoriamente a derrota do maior, mais rico e tecnologicamente mais adiantado complexo militar industrial, sem levar em conta a estrutura social especificamente camponesa de 90% dos vietnamitas? ... basta comparar o Vietnã com outras áreas que tentaram desafiar a potência militar imperialista para admitir a importância analítica crucial de se considerar a especificidade camponesa neste caso.

Que fatores explicam tamanha tenacidade e capacidade de resistência do campesinato? A estranheza é ainda maior se considerarmos as características comumente ao camponês atribuídas: isolamento. trabalhador solitário e conservador.

Estudos como o de Wolf apontam como o combustível que impele o campesinato a rebeliões a iminente ameaça de perda da sua condição camponesa. Portanto, paradoxalmente, é a própria tentativa de manter a tradição camponesa que torna o camponês um revolucionário.

É possível, contudo, analisar o campesinato como parte do processo de compreensão da totalidade capitalista ou seria ele um modo de produção?[7]

Primeiramente, falar em especificidade camponesa é dizer que o "campesinato é um processo e necessariamente parte de uma história social mais ampla" (Shanin, 1980, p.63).

Assim, cumpre ressaltar que a especificidade do campesinato não se relaciona ao fato de ele representar um modo de produção,[8] e muito menos ser uma transferência "intermodos" ou um resquício feudal, como pensou Guimarães (1989) e que dispensa comentários. Ainda que os camponeses convivam com desigualdade/diferenciação interna de classe, elas não são maiores que as externas. Dessa maneira, não existe um modo de produção camponês porque eles não possuem uma "estrutura política-econômica relativamente auto-suficiente, isto é, os sistemas mais significativos de exploração e apropriação do excedente têm sido, de modo geral, externos a eles" (Shanin, 1980, p.63).

Desse modo, podemos dizer que o âmago da especificidade camponesa reside no fato de os camponeses não constituírem uma classe "pura" do modo capitalista de produção, já que são, ao mesmo tempo, proprietários de terra e trabalhadores,[9] acrescido ao fato de que a organização do campesinato se funda numa relação não-capita-

---

7 Autores como Garcia Júnior (1975) defendem a concepção do campesinato como modo de produção, contudo um modo de produção subordinado cujo movimento é dado por outro modo de produção, no caso, o capitalista. Vejamos, em suas palavras "Duas qualificações se impõem quanto à concepção do campesinato como modo de produção. Ambas se referem ao status teórico do modo de produção camponês, que não seria um modo de produção como concebemos o capitalismo, mas um modo de produção subordinado, que pode se articular com vários outros modos de produção, ou que se insere em formações sociais diferenciadas cujo movimento é dado por outro modo de produção, dito dominante" (ibidem, p.12).

8 Entendemos por modo de produção o movimento da sociedade para prover as necessidades materiais no decurso de seu desenvolvimento (Martins, 1986b).

9 Agradeço ao Prof. Martins e a ele credito o apontamento a respeito da dupla e contraditória situação do campesinato.

lista. Aceitar tal assertiva implica trabalhar com a noção de formação socioeconômica na concepção marxista, que a emprega para explicar a totalidade do processo do capital, cujo núcleo é seu desenvolvimento desigual. Portanto, apesar de o campesinato ser uma relação não-capitalista, sua reprodução deve ser entendida com base nas diversas contradições do desenvolvimento desigual do capital, e, por isso, trata-se de uma contradição e não de uma articulação de modos de produção.

Dizer, no entanto, que o campesinato é uma relação não-capitalista significa avançar na teoria de Chayanov, ou melhor, acrescentar à lógica camponesa por ele desvendada o lugar a ela reservado na dinâmica de reprodução do capital. Em outras palavras, resolver o eterno problema de como os camponeses se relacionam com a sociedade circundante, tão cara ao autor. Nesse sentido, para esclarecer o lugar do campesinato no capitalismo, a afirmação de Oliveira (1981, p.8) é elucidativa:

> o desenvolvimento do capitalismo tem que ser entendido como processo (contraditório) de reprodução capitalista ampliada do capital. E esta como reprodução de formas sociais não-capitalistas, embora a lógica, a dinâmica, seja plenamente capitalista; neste sentido o capitalismo se nutre de realidades não-capitalistas, e essas desigualdades não aparecem como incapacidades históricas de superação, mas mostram as condições recriadas pelo desenvolvimento capitalista. Em outras palavras, a expansão do modo capitalista de produção (na sua reprodução capitalista ampliada do capital), além de redefinir antigas relações subordinando-as à sua produção, engendra relações não capitalistas iguais e contraditoriamente necessárias à sua reprodução...

Martins (1981) corrobora nessa direção por meio das discussões acerca da renda da terra. Assim, da mesma forma que o capitalismo removeu a irracionalidade que a terra representava à expansão do capital por meio da transformação da renda pré-capitalista em renda capitalizada, também (re)criou relações de trabalho e produção não-capitalista como o campesinato. Todavia, é insuficiente dizer que o capitalismo, ao se reproduzir, reproduz relações não-capitalistas, seja como contradição seja como funcionalidade, porque poderia indicar um determinismo do capital. Portanto, é preciso considerar a luta dos homens, suas utopias, desejos, tradições, não esquecendo que os camponeses são revolucionários por princípio, uma vez que não sofreram o processo desumanizador do capital como os proletários.

Cumpre lembrar, no sentido do erro da unilateralidade do capital, que Lenin[10] chegou a admitir o campesinato como uma relação que representava obstáculos à penetração capitalista. No entanto, ao decretar o seu desaparecimento pela força homogeneizadora do capital, ou melhor, "como tendência básica", não ponderou a luta dos homens e, portanto, a resistência camponesa, inclusive como possibilidade de recamponização (sem terra), como parte contraditória do processo de produção do capital. Logo, a (re)criação do campesinato como uma relação não-capitalista é parte contraditória do modo de produção capitalista, situação que, por sua vez, ao permitir a acumulação do capital, também contém sua negação, seja na luta contra a transferência de renda seja na luta direta pela *terra de trabalho*. Em suma, podemos dizer que o campesinato contraditoriamente é recriado pelo próprio processo de desenvolvimento do capitalismo, e que essa contradição se expressa no fato de que a unidade de produção camponesa representa uma relação não tipicamente capitalista; no entanto, é preciso não esquecer que essa recriação não é funcionalista, por isso ela se faz por meio da luta.

É possível também falarmos de outro avanço em relação aos escritos de Chayanov, uma vez que, ao centrar seus estudos na natureza econômica da família como elo explicativo da lógica de reprodução camponesa, não explorou dimensões outras da vida, como os

---

10 A respeito das dificuldades de penetração do capitalismo no mundo camponês, logo, de desintegração do campesinato, Lenin (1985, p.121) destaca as relações econômicas e sociais baseadas no regime de pagamento em trabalho: "Um outro fenômeno importante da vida econômica camponesa e que retarda a desintegração do campesinato são os remanescentes do regime de corvéia, isto é, o pagamento em trabalho".

laços de compadrio, parentesco, o sentido de família extensa que ultrapassa a distância física e que, na maioria das vezes, ajuda a reprodução de quem ficou a despeito das pesquisas que vêem na saída a desagregação da família e o fim da história do campesinato.

> O camponês que vem do Leste e do Nordeste para o Sul envia à família, que mantém vínculos com a terra, uma parte dos salários obtidos com a venda de trabalho na fábrica, na grande propriedade agrícola, na construção civil, na barragem. Essa atitude cria um fio de conexões permanente entre duas ou mais partes da família, espalhadas pela formação social. As cartas remetidas, as visitas periódicas para as festas natalinas ou de padroeiro ou até mesmo para pagar a conta da venda obedecem a essa lógica. Essas práticas não atingem só os sitiantes; também os posseiros que hoje lutam pela terra na Amazônia adotam esse modo de pensar e viver a realidade familiar. Ao menos no que toca o camponês brasileiro, não é possível confundir distância com rompimento. À separação física da família não corresponde a separação social: quem é parente, ativa, à distância, essa condição. (Moura, 1986, p.28)

Cumpre salientar que o campesinato, depois de um longo ostracismo teórico, ressurgiu, no período pós-Vietnã, como tema em moda. Para Shanin (1980), essa fase foi caracterizada por uma explosão de publicações e debates e "isso significou um rápido aumento da utilização da palavra como truque editorial". Contudo, como todo modismo tende a desgastar o produto pelo uso excessivo e sem profundidade, o resultado é a busca de novos conceitos para inserir à moda. Assim sendo, o ciclo em que vivemos, especialmente no Brasil, é o de substituição do conceito de camponês, fora de moda, por trabalhador familiar, na moda. Nesse sentido, vale a reflexão de Shanin (1980, p.76):

> Um camponês não é uma palavra vazia a refletir os preconceitos do *populus*, as frivolidades lingüísticas dos intelectuais ou, ainda, conspirações de adeptos de uma ideologia, embora às vezes isso possa ser verdadeiro. Se revogado esse conceito (ainda?) não pode ser facilmente substituído por algo de natureza semelhante. Ele tem, assim como os

> conceitos de "capitalismo", "proletariado" e, é claro, "modo de produção", potenciais de reificação, isto é, pode ser enganoso, assim como pode ser usado para enganar, especialmente quando utilizado de maneira ingênua. Tem-se se dito corretamente que "o preço da utilização de modelos é a eterna vigilância". É verdade também que sem tais construções teóricas não seria absolutamente possível qualquer progresso nas ciências sociais.

É, conseqüentemente, nesse contexto de mudança de idéias e conceitos e, portanto, de mistificações, que a reforma agrária vem abandonando o ideário da "segurança nacional" que assumiu no período militar para preconizar o da "segurança alimentar", que, na essência, traz os mesmos enganos porque oculta o sentido político da questão agrária:[11] o embate entre camponeses e latifundiários e, portanto, entre a lógica camponesa e a lógica capitalista da terra.

Desse modo, o entendimento da agricultura brasileira passa a caminhar com destino à viabilidade econômica, ou seja, aos resultados quantitativos do modelo, já que, nessa moderna economia, o agricultor familiar toma lugar do camponês sem terra. Nesse sentido, a interpretação/classificação que Abramovay (1997, p.3) faz das unidades produtivas no campo é sintomática dessa leitura arraigada nos resultados econômicos e, portanto, descolada do universo e da lógica camponesa:

> Mas é interessante observar que mesmo em países com forte peso da tradição latifundiária, ao lado de milhões de unidades que podem ser consideradas a justo título como precárias, pequenas, gerando uma renda agrícola extremamente baixa, desenvolve-se também um segmento familiar dinâmico capaz de integrar-se ao sistema de crédito, cujo comportamento econômico difere da famosa e tão estudada aversão ao risco, que adota a inovação tecnológica e integra-se a mercados competitivos.

---

11 A respeito de um entendimento mais aprofundado dos contornos da questão agrária, ver Martins (1996). Sobre a diferença existente entre reforma agrária e luta pela terra, ver Fernandes (2000a).

Quando se faz a opção pelo uso de trabalhador familiar em substituição ao camponês,[12] o argumento básico é torná-lo límpido, todavia a forma como vem sendo utilizado produz em contrapartida um reducionismo, em razão do esforço para trazer esses homens e mulheres para a moderna economia. Logo, nesse processo, perde-se a dimensão da terra como conteúdo moral, terra de trabalho,[13] e passa-se a trabalhar a partir de uma concepção mercantil da terra. Assim como explicar, operando com a lógica do trabalhador familiar, leia-se do mercado, estratégias camponesas como a *alternatividade*, indiscutivelmente um recurso defensivo que permite às famílias se refugiarem na produção de subsistência nos momentos desfavoráveis às culturas comerciais (Garcia Júnior, 1989). Situação que, no limite, gera uma autonomia e que somente a especificidade camponesa permite, pelo simples fato de essa classe ser a única a ter a terra e a força de trabalho amalgamados num só agente social e, por sua vez, operar a partir de uma lógica não-capitalista que tem como centro o grupo familiar.

É, também, por conhecer o comportamento camponês e sua capacidade de resistência, que se entende a proposta de Oliveira (1994a, p.21) à crise agrícola vivenciada pelo campesinato, que é uma agricultura defensiva como alternativa e caminho possível:

> Entretanto, parece que o rumo a ser trilhado pela agricultura camponesa pode e deve ser outro. Estamos pensando numa alternativa defensiva... Esta alternativa defensiva consistiria na recuperação da policultura como princípio oposto à lógica da especialização que o ca-

---

12 Estratégia nada original, uma vez que já ocorreu, como nos lembra Moura (1986, p.13), quando se pensou em fazer a substituição do conceito de camponês por pequeno produtor.

13 A respeito da distinção "terra de trabalho e terra de negócio", Martins (1991, p.55) escreve: "Quando o capital se apropria da terra, esta se transforma em terra de negócio, em terra de exploração do trabalho alheio; quando o trabalhador se apossa da terra, ela se transforma em terra de trabalho. São regimes distintos de propriedade, em aberto conflito um com o outro" (grifo do autor).

pital impõe ao campo camponês. A policultura baseada na produção da maioria dos produtos necessários a manutenção da família camponesa. De modo que ela diminua o máximo sua dependência externa. Ao mesmo tempo, os camponeses passariam a produzir vários produtos para o mercado, sobretudo aqueles de alto valor agregado, que garantiria a necessária entrada de recursos financeiros.

Nesse contexto de crítica ao campesinato, florescem os trabalhos sobre a *agricultura familiar*[14] e inúmeras pesquisas são realizadas para provar que ela não é sinônimo de pequena produção. Inclusive, com o estranho argumento de que a categoria *agricultura familiar* demarca os limites em termos de classe, ao contrário do conceito de campesinato que se encontra condenado econômica e politicamente. Portanto, trata-se, mais uma vez, do velho discurso que, na aparência, fala da necessidade de um conceito mais puro, claro, mas, na essência, nega o campesinato como classe com demandas conflitivas específicas. Desse modo, com o objetivo de demonstrar que o uso do conceito de agricultura familiar é o mais adequado para explicar a realidade brasileira, Navarro (1996, p.15) é enfático:

> Promissor foi, certamente, a disseminação da categoria "agricultura familiar" e sua explicitação entre os movimentos sociais e suas organizações, nestes anos recentes. Esta é, inegavelmente, uma das mudanças de amplas conseqüências políticas, ainda pouco percebidas, porque a substituição de noções antes existentes como "pequena produção" (e, ainda mais inadequado, "camponeses"), representa um *divisor político* de enorme significação nas possibilidades dos segmentos sociais subalternos do mundo rural. Permite, antes de mais nada, separá-los

14 Segundo essa concepção, as características básicas que definem a agricultura familiar são seis: 1) a gestão é feita pelos proprietários; 2) os responsáveis pelo empreendimento estão ligados entre si por laços de parentesco; 3) o trabalho é fundamentalmente familiar; 4) o capital pertence à família; 5) o patrimônio e os ativos são objeto de transferência intergeracional no interior da família; 6) os membros da família vivem na unidade produtiva (Gasson & Errington apud Abramovay, 1997, p.2). A respeito, ver também Lamarche (1993).

claramente das outras classes rurais ligadas à grande propriedade territorial ... A categoria "agricultura familiar", pelo contrário, é essencialmente política e delimitadora de limites sociais, em termos de classe, o que poderá abrir campos de compreensão e definição de iniciativas mais "afinadas" com os interesses de grupos sociais inscritos neste conceito. (grifo do autor)

Navarro parece não perceber que o importante é entendermos quem é o camponês, como vive, sua lógica e utopia, visto que só assim será possível separá-lo, ou melhor, entender como está separado, "porque ele é socialmente outra pessoa, isto é, pertence à outra classe social..." (Martins, 1991, p.15).

Nesse conjunto de debates que cercam a questão agrária, cumpre destacar os documentos da FAO que insistem em desideologizar a reforma agrária como pressuposto para sua aceleração. Desideologizar aqui entendido no sentido da limpeza do conteúdo político, ou melhor, de classe da reforma agrária. Diante dessa avalancha economicista, resta perguntarmos: por acaso existe possibilidade de uma redistribuição ampla e irrestrita da propriedade da terra no Brasil fora do marco da luta de classes?

Neste início de século, parece ser este o grande nó: insistir no economicismo, na viabilidade econômica dos assentamentos ou assumir o caráter de classe da reforma agrária, isto é, o enfrentamento entre terra de trabalho (camponeses) *versus* terra de negócio (capitalistas). Caso o caminho seja a primeira opção, deixaremos de questionar a estrutura do poder, isto é, a ruptura do pacto terra/capital,[15] fazendo a reforma agrária do Estado que combina o arcaico e o moderno; por conseguinte, agradando a elite fundiária pela possibilidade que cria de ser justa, lenta e com prévia indenização.

Assim, para reiterar a importância do conceito de camponês, acreditamos que a generalização da especificidade camponesa nos

15 Para uma melhor compreensão das implicações do pacto terra/capital, ver Oliveira (1981, p.5-64) e Martins (1994).

possibilita analisá-los como classe. Por sua vez, o debate sobre a existência da classe camponesa não pode ser realizado sem que se faça referência a Marx, uma vez que sua autoridade tem sido com freqüência chamada para fundamentar o discurso contrário, tanto que "A leitura dos textos de Marx – *O Dezoito Brumário de Luís Bonaparte e as Lutas de classes na França de 1848 a 1850* – onde o autor se refere ao campesinato parcelar francês como o 'barbarismo na civilização', tem levado estudiosos a uma absolutização a-histórica desses termos" (Moura, 1986, p.46). Entendemos que a desconsideração da principal preocupação de Marx, qual seja, o estudo da sociedade capitalista e das classes que lhe são fundamentais – burguesia e proletariado –, está na raiz do uso e, portanto, da generalização dessas análises de Marx acerca do "barbarismo do campesinato", o que em última instância acaba por suprimir o contexto em que foram produzidas. E, mais, acrescida da não-observância de que Marx, quando analisou o campesinato, o fez de forma periférica porque não era sua preocupação central.

Esses mesmos autores, que buscam em Marx análises sobre o campesinato, omitem, por exemplo, que o autor em questão, ainda que tenha negado, naquela conjuntura, o campesinato como "classe para si", considerou-o como realidade objetiva, isto é, "classe em si" ou, parafraseando Shanin, "a mais numerosa classe da sociedade francesa". Também não admitem que, segundo Martins (1986b), os fundamentos explicativos da transformação da renda pré-capitalista em renda capitalizada e o fato de que a sociedade dominada pelo capital abre possibilidades de (re)criação de formas não-capitalistas foram dados pelo próprio Marx.

Assim, o campesinato tem representado um papel preponderante no processo de desenvolvimento do capitalismo no Brasil, especificamente na reprodução ampliada do capital por meio da recriação de formas não-capitalistas. Portanto, tal afirmação implica pensar o campesinato como uma classe ou, nas palavras de Shanin, como a generalização da especificidade.

Ainda pensando o caso brasileiro, destacamos as contribuições de Moreira (1999, p.16) e o fato de que em parte concordamos com sua idéia de que estamos vivenciando, nessas últimas décadas, a chamada "autonomização" do capital financeiro-rentista com a conseqüente transformação da sociedade em produtora de várias formas de valor não-capitalista:

> A hipótese é que a escala do espaço da circulação possibilita a conversão pelo capital rentista de múltiplos segmentos de população espalhados pelo mundo (camponeses, famílias urbanas, comunidades indígenas, pesquisadores científicos, profissionais– formas proletarizadas, numa interpretação livre do dizer de Lefebvre: "a classe operária distingue-se do proletariado mundial, este inclui também os camponeses arruinados"), em produtores de valor não-capitalista para o fim da acumulação capitalista (seria isso a expropriação de renda ao pequeno produtor rural realizada atualmente em escala multiplicada?), sua produção e extração em uma forma permanente e contínua.

A ressalva existente ao pensamento de Moreira refere-se à compreensão que o autor apresenta sobre o campesinato. Portanto, para marcamos a diferença, acrescentamos que a "autonomização" do capital rentista apontada pelo autor não é, no caso brasileiro, recente fruto do estágio supremo do capitalismo. Na verdade, a formação e a reprodução do camponês no Brasil sempre foram partes contraditórias do modelo de desenvolvimento, em que a renda da terra é parcela fundamental no processo de acumulação capitalista. Conseqüentemente, a lógica que explica a reprodução camponesa não passa pela interpretação deles (os camponeses) como parte do proletariado mundial, como afirma Moreira (1999), situação que vamos melhor elucidar no decorrer do capítulo.

Acreditamos que, para pensar o campesinato como especificidade, é necessário, acima de tudo, considerar que o "saco de batatas" não existe como determinação social. Por sua vez, a especificidade não se manifesta como modo de produção distinto. A produção camponesa se expressa como produto e contradição da expansão/desenvolvimento capitalista e, portanto, ao contrário do que pensava Chayanov (1974), o camponês é parte inseparável do modo de produção capitalista.

Em face do exposto, é interessante resgatar o fato de que, para Marx, a grande lei da marcha da história era a luta entre classes e que uma *classe em si* pode transformar-se em uma *classe para si* (ter consciência de classe) a partir do momento em que os membros dela estão comprometidos numa luta contra outra classe, isto é, quando criam identidade de interesses e consciência do antagonismo de interesses em relação à classe oposta: "Os indivíduos isolados apenas formam uma classe na medida em que têm que manter uma luta comum contra outra classe; no restante, eles mesmos defrontam-se uns com outros na concorrência" (Marx & Engels, 1982, p.84).

Situação que precisa ser pensada para que possamos entender a própria separação que Marx fez entre camponês revolucionário e camponês conservador. O primeiro morador de Cevènnes – região montanhosa da França – promovia levantes e lutava contra impostos. O segundo, retratado no *18 Brumário,* é formado pela "simples adição de grandezas homólogas". Desse modo, fica evidente nessas análises paradoxais que Marx está retratando acontecimentos conjunturais. No caso mais emblemático, o do *18 Brumário,* tratava-se da aliança conservadora do campesinato com Bonaparte, não do destino histórico dessa classe.[16] Isso significa dizer que, em relação às contribuições de Marx acerca do campesinato, depreendemos duas questões básicas: Marx o reconheceu como "classe em si" e não decretou a sua impossibilidade histórica como "classe para si".

Como forma ainda de alertar sobre o risco da absolutização da análise de Marx acerca da impossibilidade histórica do campesinato, é importante destacar o crescente interesse de Marx (conhecido como último Marx) acerca da realidade russa, especial do campesinato.

É necessário, como demonstrou Shanin (1983), reconhecer a virada narodnista que se operou no pensamento de Marx em seus últimos

---

16 Sobre os problemas de interpretação a respeito do campesinato, ver o comentário sobre a questão irlandesa em Marx, feito por Martins (1989, cap. IV).

dez anos, quando começa a analisar o papel do campesinato no processo histórico e, inclusive, na opinião de alguns estudiosos, é possível detectar a aceitação de determinados elementos dos marcos teóricos esquematizados na orientação teórica do narodnismo como a diversidade de vias para o socialismo e, possivelmente, a existência de uma via camponesa. (Gusmán & Molina, 2005, p.42)

A formação do campesinato brasileiro

> *"Por mais que possamos desejar o contrário, o capitalismo como* modo *e* sistema *de produção constitui uma manifestação tardia da evolução econômica e histórico-social do Brasil. Ele não estava incubado no antigo sistema colonial, organizado de forma capitalista apenas ao nível da mercantilização dos* produtos tropicais*; e ele só se expandiu realmente graças à desintegração do sistema de produção escravista."*
> *(Fernandes, 1979, p.106 – grifo do autor)*

Essa citação de Florestan Fernandes reafirma o que, para nós, será motivo de análise ao longo deste capítulo: o caráter mais rentista do que produtivista no nascedouro do capitalismo brasileiro.

Embora, portanto, nossa análise parta do pressuposto de que o processo de desenvolvimento do capitalismo no campo está marcado pela intensa relação entre a indústria e a agricultura, ela procura não abandonar as especificidades do processo. Ou seja, ao contrário de presenciarmos o desaparecimento das explorações familiares camponesas, o que vemos é o seu contraditório crescimento. O capital expande a produção capitalista no campo, mas gera também o latifúndio e a reprodução dos camponeses. Essa lógica de desenvolvimento é explicada por uma característica que o capitalismo assumiu no Brasil desde seu nascedouro: o predomínio dos latifúndios não representa, em momento algum, entrave para o capital. É, sim, a possibilidade, por meio da especulação, de se produzir capital fora dos circuitos produtivos, o que nos revela a face rentista desse capitalismo.

> Enquanto para o modelo europeu no centro do desenvolvimento capitalista está o capital, no modelo brasileiro, profundamente marcado pela tradição da dependência colonial, a terra é essencial para o desenvolvimento capitalista porque propicia uma acumulação de capital com base no tributo e na especulação, isto é, com base na renda da terra. (Martins, 1994, p.129)

Por sua vez, o crescimento das explorações familiares camponesas tem representado o seguro fornecimento de alimentos à mesa do trabalhador e a transferência de renda para o capital, que passa a ser auferida na circulação da mercadoria. Desse modo, o capitalista ganha duas vezes: pelo envio de alimentos baratos à mesa do trabalhador urbano para sustentar o achatamento geral dos custos da força de trabalho e pela transferência de renda, o que comprova, ou melhor, reforça o caráter rentista do modelo de desenvolvimento em que vivemos.

Martins (1981) coloca a compreensão do processo de formação do capital como elemento primordial no entendimento da contradição terra-capital que, por sua vez, permitirá desvendar a lógica do desenvolvimento do capitalismo no campo, ou seja, a renda proporcionada pela terra.

Assim, o conceito de *renda* é fundamental para compreendermos o desenvolvimento do capitalismo no Brasil, bem como a classe que vive da renda fundiária – os proprietários da terra. Em síntese, a renda da terra é sempre o lucro extraordinário obtido acima do lucro médio. Nesse sentido, Marx (1974, p.728) é claro:

> no modo capitalista de produção, **a renda fundiária é sempre** *sobra acima do lucro*, acima da fração do valor das mercadorias, a qual por sua vez consiste em mais-valia (trabalho excedente). Por isso, erra-se quando então se procura explicar a renda fundiária, aí componente particular e específico da mais-valia, recorrendo simplesmente às condições gerais de mais-valia e do lucro. (destaque em negrito nosso)

A origem da renda fundiária reside no fato de que um grupo de pessoas detém a propriedade do solo em detrimento do restante da sociedade que, por sua vez, necessita pagar um tributo para que essa terra seja disponibilizada para a produção:

> o apropriar-se da renda é a forma econômica em que se realiza a propriedade fundiária, e a renda fundiária supõe propriedade fundiária, que determinados indivíduos sejam proprietários de determinadas parcelas do globo terrestre. (ibidem, p.727)

Finalmente, a renda fundiária aparece de diferentes formas para a sociedade: renda absoluta, renda diferencial I e II, e renda de monopólio.

A origem da renda absoluta advém da existência do monopólio da terra. Seria uma espécie de renda primeira a que todos os proprietários da terra têm direito, pois dá o sentido capitalista da terra. A renda diferencial I está ligada a fatores de fertilidade natural do solo e/ou pela localização e, por sua vez, a diferencial II caracteriza-se pela adição de capital visando aumentar a produtividade do solo. Já a renda de monopólio é aquela gerada pela combinação de determinadas condições edáfico-climáticas que são únicas, como as condições em que é produzido o vinho do Porto cujo preço está diretamente ligado à renda de monopólio.

A discussão da renda fundiária é importante porque permite entendermos a formação das classes sociais a partir da identidade da remuneração com sua respectiva fonte. Assim, para Marx, as três classes fundamentais do modo capitalista de produção são os assalariados, os capitalistas e os proprietários da terra, que vivem, respectivamente, de salário, lucro e renda fundiária.

É mister percebermos que Marx não coloca a classe camponesa nesse esquema das classes fundamentais, no entanto mais importante que essa omissão é o fato de que ela revela a separação que ele faz entre a classe dos camponeses em relação às demais classes. No nosso entender, Marx não coloca o campesinato como uma das classes fundamentais do modo de produção capitalista, porque sua construção de classe fundamental passa primeiramente pela busca da identidade "pura" entre remuneração e sua fonte, por exemplo: a classe dos assalariados vive do salário que provém do seu trabalho; a classe dos capitalistas vive do lucro, fruto da exploração do trabalho; e a classe dos proprietários da terra vive da renda paga pela sociedade derivada da propriedade fundiária.[17] E, no caso do camponês, há um imbricamento de posição no processo produtivo, ou seja, ele é, ao mesmo tempo, proprietário de terra e trabalhador e, sobretudo, um trabalhador que não vive de salário porque o trabalho a ele pertence. Daí a nossa consideração do campesinato como classe *sui generis* do capitalismo.

No caso do campesinato, portanto, essa separação dos instrumentos de produção não é pura como a das outras três classes. O campesinato não vive exclusivamente da renda fundiária, porque a produção é seu meio de subsistência imediato; logo, apenas uma parte do produto de seu trabalho (excedente) assume a forma de mercadoria. Primeiro, para que houvesse apropriação da renda por parte do campesinato, esse teria que produzir para o mercado e, sobretudo, conseguir escapar da sujeição da renda. Contudo, nesse caso, temos dois problemas: parte do que o camponês produz fica para o consumo interno e, quando consegue, em conjunturas favoráveis, produzir para o mercado, o capitalista intermediário fica com a renda. Depreendemos, portanto, como já advertia Marx, que o camponês, só em situações excepcionais, consegue auferir renda.

---

17 Embora façamos um destaque na relação que Marx estabeleceu entre constituição da classe a partir da identidade das rendas e das fontes de renda, não concordamos com Bourdieu (2000) quando diz que a teoria marxista das classes é insuficiente para explicar o mundo social, basicamente porque procura resumi-lo ao campo econômico e aos seus pólos antagônicos. Discordamos, primeiramente, porque pensamos que Marx não se propôs a construir uma teoria das classes, até porque o manuscrito de *O Capital* (volume III) termina justamente onde deveria iniciar a discussão, visto que esse início é marcado pela afirmação em relação à constituição das classes de que "Á primeira vista, a identidade das rendas e das fontes, de renda". Portanto, isso não pode significar uma redução. Segundo, porque vários autores, dentre eles Thompson (1979), já chamaram a atenção para o fato de Marx usar a expressão classe em mais de um sentido (ora como categoria historiográfica, ora como categoria analítica), dependendo do andamento do exercício crítico.

Mesmo assim, nesses casos, é renda não-capitalista, ou melhor, renda camponesa, isto é, remuneração do seu trabalho contido no produto como anteriormente destacamos na explicação de Chayanov.

> Justamente nessa forma de propriedade [a camponesa] deve-se geralmente admitir que não existe renda absoluta, que o pior terreno não paga renda, pois a renda absoluta supõe que, além do preço da produção, se realize um excedente do valor do produto, ou que um preço de monopólio ultrapasse o valor do produto. Mas, *uma vez que a agricultura aí se destina em grande parte a subsistência imediata e a terra é indispensável campo de atividade do trabalho e do capital, para a maioria da população, o preço regulador de mercado do produto só atingirá o valor deste em circunstâncias excepcionais.* (Marx, 1974, p.922 – grifo nosso)

Por sua vez, o camponês não é um capitalista que vive do lucro, como explica o próprio Marx (ibidem, p.923):

> Para o pequeno camponês cultivar a terra para cultivar, não é necessário, como nas condições normais da produção capitalista, que o preço de mercado seja bastante alto para proporcionar o lucro médio, e isto é mais válido ainda para um suplemento, na forma de renda, acima desse lucro médio.

Por conseguinte, o camponês também não é um assalariado. Ele é dono de sua força de trabalho e do meio de produção terra, "o camponês aí é proprietário livre da terra, que se patenteia instrumento principal de produção, o indispensável campo de ação de seu trabalho e de seu capital" (ibidem, p.921). Se radicalizarmos a leitura considerando como classe apenas aqueles que dispõem dos meios de produção por um lado, em contraposição aos que não possuem esses meios, por outro, acabamos por gerar uma dificuldade de compreensão da (re)criação camponesa. Logo, no caso da discussão do campesinato, é preciso considerar a situação dúplice dele como classe e, mais, as conseqüências políticas desse entendimento.

É, portanto, com base no entendimento marxista de renda que Martins desvenda o caráter capitalista da terra e explica porque essa classe camponesa, embora *sui generis*, não pode ser compreendida como pré-capitalista, na verdade, é parte das contradições do capital. Dessa forma, definindo capital como trabalho social acumulado pelo capitalista, ele descarta a possibilidade de a terra ser capital, pois ela não é produto do trabalho. É um meio de produção *sui generis*. No entanto, da mesma forma que o capital se apropria do trabalho, que também não é fruto do trabalho (não tem valor), ele consegue se apropriar da terra, mediante o pagamento de um tributo, a renda. A apropriação capitalista da terra vai transformá-la em equivalente de capital, tornando possível a subordinação do trabalho agrícola. A renda que será paga ao proprietário da terra não nasce na produção, ela somente será transferida a ele no momento da distribuição da mais-valia, considerando que é na produção que a mais-valia é originada, mas é somente na circulação da mercadoria que ela se realiza.

Martins (1981, p.169) consegue desvendar a origem do pagamento da renda da terra: ela é paga pela sociedade:[18]

> A renda da terra também tem a sua dimensão oculta; por isso não posso entendê-la se fico olhando só para o aluguel, quando ele existe. Não posso entendê-la se não vejo que a terra, através do proprietário, cobra no capitalismo renda da sociedade inteira, renda que nem mesmo é produzida direta e exclusivamente na sua terra, que sai do trabalho dos trabalhadores do campo e da cidade, que entra e sai do bolso do capitalista, que é paga por todos e não é paga por ninguém e que, em última instância, é uma parte do trabalho expropriado de todos os trabalhadores dessa mesma sociedade.

---

18 A incorporação da propriedade fundiária pelo capitalismo não eliminou a irracionalidade do pagamento do tributo pelo uso da terra, mas transformou a renda pré-capitalista, aquela que era paga individualmente pelo servo feudal, em renda capitalizada que é paga agora por toda a sociedade, pelo fato de uma classe deter o monopólio da terra. A respeito da transformação da renda pré-capitalista em renda capitalizada e da redefinição das relações não-capitalistas pelo movimento de reprodução ampliada do capital, ver Martins (1986b).

Destarte, o capitalista, para concentrar a exploração capitalista, não precisa concentrar a propriedade da terra, basta apenas pagar a renda e alugar parcelas de terras. No entanto, caso ele imobilize dinheiro na compra de terra, estará comprando o direito de extrair renda da sociedade, renda capitalizada. Por conseguinte, estará deixando a condição de capitalista para se tornar proprietário de terras. Somente se conseguir mais capital para empregar na produção agrícola, ele será proprietário de terra e capitalista.

Conseqüentemente, Martins (1981, p.171) admite que a propriedade da terra é uma contradição do capitalismo, já que ela cobra um tributo do capital, mas não é de forma alguma um resquício, uma excrescência. Ela é uma figura de dentro do capitalismo. A condição capitalista da terra está inerente, oculta. Por isso, acha fundamental separar produção do capital e reprodução capitalista do capital. A primeira nunca é produto de relações capitalistas de produção:

> Portanto, não só relações não-capitalistas de produção podem ser dominadas e reproduzidas pelo capital, como é o caso da produção familiar do tipo camponesa, como também determinadas relações podem não parecer integrantes do processo capital, embora o sejam, como é o caso da propriedade capitalista da terra...(ibidem)

Assim, concordamos com Martins quando ele refuta a existência de sujeição real ou sujeição formal do trabalho na produção familiar. A sujeição real é descartada justamente porque os pequenos proprietários continuam em sua maioria donos da terra e dos instrumentos de trabalho. E naqueles casos em que há um aumento do domínio do capital sobre a produção agrícola, como os camponeses integrados na avicultura, sericicultura etc., não há nem mesmo sujeição formal. É, na verdade, sujeição de renda da terra ao capital. Essa sujeição da renda oculta-se na circulação da mercadoria, no crédito bancário, na transferência de riqueza para as empresas urbanas por meio de alimentos a baixo custo:

> O capital tem se apropriado diretamente de grandes propriedades ou promovido a sua formação em setores econômicos do campo em que

> a renda da terra é alta, como no caso da cana, da soja, da pecuária de corte. Onde a renda é baixa, como no caso dos setores de alimentos de consumo interno generalizado, como os que já foram indicados, o capital não se torna proprietário da terra, mas cria as condições para extrair o excedente econômico, ou seja, especificamente renda onde ela aparentemente não existe. (ibidem, p.175)

Dessa forma, a luta pela terra é algo muito mais amplo; na verdade ela tem que ser luta contra o capital. Não adianta reforma agrária distributiva, pois a renda encontra-se subjugada pelo capital, impedindo o trabalhador familiar camponês de libertar-se do círculo de miserabilidade que isso lhe impõe. E como se dá essa transferência de renda?

> embora as grandes empresas não expropriem diretamente o lavrador, elas subjugam o produto do seu trabalho. Tem sido assim com grandes empresas de industrialização de leite, uva, carne, fumo, tomate, ervilha, laranjas, frutas em geral... É comum os consumidores desses produtos nas cidades queixarem-se do preço exorbitante que têm que pagar por eles, preços que crescem continuamente. Essa queixa está em contradição com as queixas dos lavradores de que recebem cada vez menos por aquilo que produzem. É o que podem constatar facilmente comparando a elevação dos preços dos seus produtos com a elevação dos preços dos insumos de que necessitam nas suas tarefas, como o adubo, a semente, o inseticida etc. Na verdade, estamos diante de uma clara transferência de renda, da pequena agricultura para o grande capital. (p.47-8)

Discutida a forma como o capital domina a agricultura, resta ainda outra indagação: qual é a origem do campesinato brasileiro? Para pensarmos a respeito dessa indagação e encontrar o lugar político do campesinato brasileiro, é necessário entendermos o modelo de desenvolvimento adotado nos primórdios da nossa colonização.

Na produção colonial, que tinha seu sustentáculo na expansão dos mercados, ou seja, num sistema mercantil voltado para a monocultura de exportação, o escravo era renda capitalizada. Dessa feita, emerge a contradição entre produção direta dos meios de subsistência e produção para o mercado. Portanto, cabiam ao escravo as atividades voltadas ao mercado, sobrando aos homens pobres livres as culturas subsidiárias, como explica Franco (1997, p.35):

> Houve mesmo certa regularidade de aproveitamento do trabalho de brancos livres e sem posses nas fazendas. Cabia-lhes as tarefas arriscadas, como as derrubadas de florestas, ou aquelas usualmente não confiadas ao escravo (tropeiro, carreiro), ou, ainda, as ocupações ligadas à criação de gado.

Destarte, nasce o nosso campesinato, homens expropriados, sem vínculos diretos com a produção para o mercado, à margem do sistema colonial. Entretanto, a ele ligado não por funcionalidade, mas por contradição. Nesse sentido, vale a crítica a Franco (1997), pois, ao mesmo tempo que encontra o homem pobre livre na ordem escravocrata, a representar os primórdios do campesinato, não consegue desvendar sua lógica de (re)criação. Daí sua afirmativa de que eram "homens a rigor dispensáveis, desvinculados dos processos essenciais à sociedade. A agricultura mercantil baseada na escravidão simultaneamente abria espaço para a sua existência e os deixava sem razão de ser" (ibidem, p.14). E, mais, interpreta seu desenraizamento, imbuída do preconceito que tem marcado o campesinato, por exemplo, o do jeca-tatu, responsável único pelo atraso brasileiro: "Reclama por não receber o chão para as suas roças, mas também sua instabilidade o leva a não plantar, mesmo quando o recebe. Ademais, os seus hábitos descansados fazem com que o trato das suas próprias roças lhes pareça uma sobrecarga, após o trabalho devido nas fazendas" (ibidem, p.241-2).

Por fim, Franco destaca que a economia colonial, baseada no latifúndio e na escravidão, excluiu das relações de mercado os homens pobres livres, deixando incompleto o processo de expropriação desses trabalhadores; logo, impediu a formação de uma verdadeira sociedade de classes, leia-se, burguesia *versus* proletariado. Desse modo, Franco parece desconsiderar a persistência e resistência camponesa, a luta secular contra a exploração e expropriação capitalista como conquista a impelir a constante (re)criação dos pobres do campo que se negam a desaparecer como classe para facilitar a constituição, no Brasil, das classes sociais modernas, ou melhor, clássicas do capitalismo: burguesia e proletariado.

Assim, diferentemente do camponês europeu, o campesinato brasileiro tradicional foi concebido às margens do sistema escravista-latifundiário-exportador. A ele não foi dado o direito à terra, restando a posse como alternativa. No entanto, a concessão da sesmaria tinha precedência legal sobre a terra dos posseiros, cabendo ao fazendeiro decidir sobre sua permanência ou não na situação de agregado.

> Só posso, pois, compreender as determinações mais profundas da forma de campesinato que se desenvolveu no Brasil no período colonial, e, sobretudo a sua exclusão social, econômica e política, se compreendem que ela se determina fundamentalmente pelo trabalho escravo e só num segundo plano pela forma de propriedade da terra que decorria da escravidão. (Martins, 1981, p.38)

A respeito dessa discussão sobre as origens do campesinato, destacamos também as contribuições de Cardoso (1987), que chama a atenção para a necessidade de aprofundarmos os estudos sobre a história econômica do Brasil no tocante ao abastecimento de alimentos para o mercado interno. Nesse ponto, diverge de Franco (1997), pois defende a tese de que essa produção dos meios de vida da colônia teria ampla participação não só de homens livres, mas do próprio escravo índio e negro. Por conseguinte, teríamos o que ele chama de "brecha camponesa" em pleno período escravocrata. Esse protocampesinato índio e negro existente no Brasil colônia era semelhante ao de outros países da América, daí o caráter estrutural da "brecha camponesa".

Ainda segundo suas formulações, a resistência em admitir a importância das atividades autônomas dos escravos, isto é, a formação de um campesinato desde a colônia, decorre de uma concepção classificatória na qual o escravo é visto a partir das necessidades do capital, não como sujeito social.

> Dizer que não há diferença, que as mesmas relações de produção prevaleciam nos canaviais e nas parcelas dos escravos só revela, em

> nossa opinião, uma profunda ignorância de como funcionava a "brecha camponesa", do sentido que tinha e do próprio conteúdo das fontes mais detalhadas a respeito; revela, também, uma visão dogmática e rígida do que são um modo de produção e uma formação econômico-social como conceitos e como objetos históricos. (Cardoso, 1987, p.122)

A Lei de Terras de 1850 é o divisor de águas desse campesinato. É justamente no momento em que a terra se torna mercadoria, antevendo o colapso do trabalho escravo, que o campesinato toma outra forma. É agora um campesinato que explicita suas diferenças de classe, encobertas pelo sistema escravocrata, e que, em tese, pode tornar-se, pela venda de trabalho, um proprietário de terras. O laço que vai agora subjugar o seu trabalho livre é a propriedade fundiária. Assim, com a iminência da abolição, teremos o oposto do período escravista: no qual a concentração fundiária era produto do comércio negreiro, e, no raiar da República, passa a ser o monopólio de classe sobre a terra o fator principal da sujeição do trabalho.

> Agora, o espaço do camponês passa a ser um e o espaço do fazendeiro passa a ser outro. Em segundo lugar, porque as modificações no regime fundiário abrem caminho para um novo campesinato, que cada vez mais terá menos que ver com o velho campesinato de posseiros e agregados. Trata-se de um campesinato de pequenos proprietários, um campesinato de homens livres, compradores de terra, cuja existência é mediatizada por uma terra já convertida em mercadoria... (Martins, 1981, p.43)

O desvendamento do lado contraditório da expansão capitalista, expresso na constante recriação de formas não-capitalistas de produção, no caso específico, o campesinato, tem na análise da sujeição da renda ao capital a evidência de que este vai assumindo formas cada vez mais elaboradas para subordinar o trabalhador. Desse modo, Martins (1981, p.14) contribui com novos contornos à discussão sobre a luta pela terra e sobre a reforma agrária brasileira, demonstrando que a luta é, acima de tudo, contra o capital:

> não é preciso que as forças produtivas se desenvolvam em cada estabelecimento agrícola ou industrial, em cada sítio ou oficina, a ponto de impor a necessidade das relações caracteristicamente capitalistas de produção, de impor o trabalho assalariado, para que o capital estenda suas contradições e sua violência aos vários ramos da produção no campo e na cidade.

Para compreendermos o papel do campesinato, Martins ensina que é preciso considerar a formação de uma classe camponesa no Brasil, uma classe que, longe de ser resquício feudal, também não pode ser reduzida à condição de assalariada, sendo essa última questão um ponto de divergência em relação ao pensamento de Caio Prado Jr. (1981). Acreditamos também, como o autor, que a ausência de conceituação precisa, bem como a tentativa de escamoteamento de sua formação, é conseqüência da exclusão camponesa do processo histórico brasileiro. O resultado dessa exclusão ideológica é o desmerecimento dos movimentos sociais e a classificação evolucionista que procura concebê-los como pré-políticos, os quais somente uma organização de fora pode transformá-los em políticos.

Desse modo, para resgatarmos a luta política dessa classe, é interessante destacar o impacto que a opção, em 1850, pela mercantilização da terra provocou na vida dos posseiros. É novamente Martins (1981) quem chama a atenção para o fato de que foi justamente nos locais mantidos à margem da economia colonial, onde o processo de ocupação foi bastante irregular, que o advento da terra-mercadoria foi marcado por convulsões sociais. Demarcar terras devolutas, desenvolver programas de colonização, grilar terras etc. significava expulsar posseiros, bem como desrespeitar o direito costumeiro dessas populações. Não é por menos que os movimentos messiânicos tiveram como palco o sertão da Bahia e o sertão do Contestado.

Nessa perspectiva adotada por Martins, o movimento caracteristicamente político veio a ocorrer na década de 1950, com as Ligas e a sindicalização no campo. Contudo, isso não representaria um processo etapista; outras formas de resistência, como o próprio messianismo, continuariam presentes, todavia com menos significado.

O processo de formação das Ligas está diretamente ligado à expulsão/exploração dos foreiros do Nordeste em razão do novo surto do açúcar. O surgimento dos sindicatos é decorrência do futuro assalariamento dos trabalhadores expulsos.

Ante a premissa do papel central que a terra possui no desenvolvimento capitalista brasileiro, favorecendo a acumulação de capital por meio da renda da terra, é revelador o fato de que os vários movimentos surgidos entre o final da década de 1940 e o golpe de 1964 (Teófilo Otoni; Governador Valadares; Trombas e Formoso; Porecatu; regiões de Pato Branco, Francisco Beltrão e Capanema; Santa Fé do Sul; Engenho Galiléia) possuíam um elo: a resistência em pagar a renda da terra.

> Embora tais movimentos não apresentem unidade na forma de sua expressão, de sua organização, de seus objetivos, eles apresentam uma certa unidade quanto à causa. De fato, o que, em todos eles, estava em jogo não era propriamente a propriedade da terra e sim a renda capitalista da terra. (Martins, 1981, p.79)

Para os estudiosos desse período da história, esse é o ponto nodal da questão, isto é, a fusão da figura do burguês com a do proprietário de terras, situação que, por sua vez, foi desprezada por aqueles que se propuseram a orientar a luta camponesa da época, e que consistiu no desencontro do projeto político e no esvaziamento da luta pela terra.

Às Ligas restou o isolamento, conseqüência da opção que fez pela reforma agrária radical, encarando a via camponesa como o motor decisivo no projeto de revolução e, assim, negando-se a compor a Frente Única preconizada pela esquerda brasileira.

Segundo Martins (1981, p.80), o golpe militar de 1964 evidenciou o verdadeiro caráter do processo político brasileiro. Enquanto os grupos que tentavam direcionar a luta camponesa e dar-lhe dimensão política estavam preocupados com a ampliação do mercado interno, visualizando uma aliança com a burguesia nacional para o aumento dos lucros, acreditando haver contradição entre burguesia e latifúndio, os camponeses, dentro do que era possível entender, direcionaram sua luta contra a renda da terra e perceberam que o inimigo era a própria burguesia, metamorfizada em proprietário de terra capitalista, estratégia de que lançou mão para, por meio da renda, aumentar e garantir seus negócios.

> Eles encontraram pela frente uma classe de proprietários de terra que eram ao mesmo tempo capitalistas, numa situação histórica em que o arrendatário capitalista e o proprietário não se personificaram em classes sociais diferentes. Por isso mesmo é que perdia todo sentido lutar por uma aliança de camponeses e operários com a burguesia contra os latifundiários, como se estes constituíssem numa classe antiburguesa pré-capitalista... (ibidem)

A fim de potencializar as discussões apresentadas neste capítulo, afirmamos que a reprodução de relações sociais de produção não-capitalistas, com destaque para o campesinato, tem produzido uma classe que tem seu papel histórico diferenciado em relação ao proletariado e à burguesia. Situação que precisa ser considerada como uma possibilidade e um desafio na construção do projeto político.

Assim, o grande dilema do campesinato parece estar no fato de que sua formação histórica é garantida pela eterna contradição entre a permanência e a inovação e não necessariamente na simplificação: conservadores *versus* revolucionários. Isso significa compreender que sua reprodução e sua luta diária são feitas tendo como base a manutenção de valores considerados tradicionais: família, terra e trabalho. Esse parece ser o limite, mas também o seu possível, uma vez que tem sido capaz, nessa luta, de (re)inventar novas formas de enfrentamento, um novo jeito de lutar, o que tem garantido sua reprodução para muito além das determinações do capital:

> sob certas condições, os camponeses não se diferenciam em empresários capitalistas e trabalhadores assalariados e tampouco são simplesmente pauperizados. Eles persistem, ao mesmo tempo que se transformam e se vinculam gradualmente à economia capitalista circundante, que pervade suas vidas. Os camponeses continuam a existir, correspondendo a unidades agrícolas diferentes, em estrutura e tamanho, do clássico estabelecimento rural familiar camponês. (Shanin, 1980, p.58)

3
O Processo de (Re)criação Camponesa e as Práticas de Distinção nos Campos Sul-Mato-Grossenses

"Em Mato Grosso do Sul
Era uma escravidão danada
Arrendatários e bóia fria
Fé, esperança era nada
Trabalhava ano inteiro
Como uma alma penada

Foi aí que a CPT
Chamada de pastoral
Reuniu os trabalhadores
Orientando o pessoal
prá lutar por seus direitos,
contra latifundiários
os terríveis fazendeiros,
Que eram o nosso mal

Daí nasceu a idéia
De uma grande ocupação
Fazenda Santa Idalina
Era nossa opção
Fazenda grande e bonita
– sem nenhuma exploração –
largada, sem ter cuidado,
precisava de lida, e de carinho da mão,
que agradecesse com planta,
dando vida pra nação."

(Sebastião Arnaldo de Souza - Tião Preto)

PLANO DE COMBATE À POBREZA E À EXCLUSÃO SOCIAL
PROGRAMA DE REFORMA AGRÁRIA
OBRA: ASSENTAMENTO TERRA SOLIDARIA
ÁREA: 922 HECTARES
VALOR DA OBRA: R$ 691.000,00
COORDENAÇÃO
TERRASUL
Governo Popular
pr ve
pantanal
PROGRAMA DE VERTICALIZAÇÃO DA PEQUENA PRODUÇÃO AGROPECUARIA
Unidade de Processamento Agroindustrial: DERIVADOS DE LEITE
APOIO: PREF. MUNICIPAL DE BATAYPORÃ
CUT
COOPERATIVA DE PRODUÇÃO AGROPECUARIA DE ITAQUIRAÍ
COOPASIL
GRUPO COLETIVO CHICO MENDES
ASSENTAMENTO SUL BONITO
ITAQUIRAÍ MS
LOTES 333-334-335-336 337-350-351-353-420
MST

Após as considerações feitas acerca dos caminhos metodológicos da pesquisa, discorreremos a respeito da estruturação do espaço sul-mato-grossense, analisando as especificidades regionais do desenvolvimento do capitalismo e as práticas de distinção em meio ao crescimento da luta pela terra no Estado.

A oligarquia sul-mato-grossense e o Estado "para si"

> *"O senhor não está comprando apenas velharias, o senhor está comprando vidas em ruínas ... O senhor está comprando anos de árduo labor, lides de sol a sol; está comprando uma mágoa que não se pode expressar. Mas olhe, há uma coisa que vai junto com esse montão de objetos que o senhor comprou, junto com esses baios tão lindos – é uma carga de amarguras, que crescerá na sua casa e florescerá um dia."*
> *(Steinbeck, 1972, p.116-7)*

A análise da história agrária brasileira tem revelado que, se nosso passado e nosso presente simbolizam a continuidade de um modelo político concentrador de terra e renda, é também palco de inúmeras batalhas sociais de resistência.

Por conseguinte, tendo como parâmetro essa totalidade determinante no desenvolvimento das relações capitalistas no campo, como o embate *terra de trabalho* versus *terra de negócio*, faz-se necessário compreender as especificidades históricas dessas relações no processo de constituição do Estado de Mato Grosso do Sul. Entendemos também que essas particularidades são a face regional que a divisão social do trabalho impõe ao espaço nacional e que elas aparecem reveladas na concentração fundiária, no mercado de trabalho, na ação do Estado e na atuação dos movimentos sociais.

A história do povoamento do sul de Mato Grosso tem como marco as primeiras penetrações do gado em fins do século XVIII, com a marcha do gado das terras de Minas Gerais para oeste. Os chapadões da Vacaria, definidos a partir da conquista pastoril, no passado percorridos pelos bandeirantes, passaram a ser a região distribuidora dos rebanhos deslocados das Minas Gerais (Bittar, 1997, p.23):

> A denominação Vacaria parece revelar bem a vocação desse núcleo povoador que, enfim, efetivou a ocupação definitiva do sul de Mato Grosso. A região, muito rica, situa-se entre Campo Grande e as fronteiras com São Paulo e Paraná, e era designada nos antigos roteiros sertanistas com este nome por causa do gado Vacum que ali ficara disperso quando os paulistas desalojaram os moradores de Santiago de Xerez, redução jesuíta às margens do rio Miranda, e das cinco aldeias circunvizinhas.

Nesse processo de povoamento do sul de Mato Grosso, é interessante destacar a dimensão paradoxal da Guerra do Paraguai, visto que, no início, ela foi fator de estagnação nos rumos do povoamento. Basta lembrarmos que, a partir de 1856, o sistema comercial da província de Mato Grosso foi articulado a partir da navegação do Rio Paraguai até Corumbá, única via de comunicação entre as cidades platinas e a capital da província, Cuiabá. Conseqüentemente, durante dois anos (1864-1866), a região meridional do Mato Grosso viveu uma fase de abandono. Posteriormente, segundo Bittar (1997), é o contexto da Guerra do Paraguai que permite ao sul de Mato Grosso viver seu mais intenso processo de ocupação.

Valverde (1972, p.99), entretanto, chama atenção para fatos ligados ao povoamento que antecedem a própria Guerra do Paraguai, o que leva à lacuna existente na historiografia brasileira referente aos povos nativos que ocupavam as terras do Centro-Oeste, já que, no caso específico do sul de Mato Grosso, o domínio indígena é anterior à presença branca.

> Ao chegar o homem branco, o Pantanal era povoado por várias tribos indígenas, prevalecendo entre as mais numerosas as pertencentes ao grupo lingüístico guarani. A este grupo pertenciam: os vigorosos Itatins, que habitavam o baixo Apa e terras a oeste e faziam incursões

> nos Andes até Cuzco, de onde mais tarde traziam ouro e prata para trocar com os Espanhóis de Asunción; os Guaicurus que, tendo conseguido cavalos, trazidos do Paraguai para os campos de Maracaju, tornaram-se exímios cavaleiros e puseram em prática a verdadeira guerra de movimento; os Guachis no Pantanal de Nabileque; os Nuares, no vale de Mboteteu, hoje conhecido como Miranda; os Paiaguás, da Baía Negra, que em suas rápidas pirocas faziam incursões guerreiras em todo o Pantanal e só eram detidos pelos Guatôs, também ótimos marinheiros, que habitavam os arredores da Lagoa Gaíba; os Xanés, que viviam na área do atual distrito de Paiaguás, e os Xaraiés, mais ao norte, por volta da lagoa de Uberaba. (ibidem)

Ignorando a presença indígena na região, o povoamento branco no sul de Mato Grosso, principalmente depois da Guerra do Paraguai, tem novo surto com a Companhia Mate Laranjeira e, posteriormente, com a construção da Ferrovia Noroeste do Brasil.

Em relação à Companhia Mate Laranjeira, cuja criação foi desencadeada pelo Decreto Imperial, de 1882, o qual concebeu, por arrendamento, a Thomaz Laranjeira imensas áreas para exploração de ervais, a análise de Bianchini (2000, p.239) acerca da ascensão e crise da empresa e sua relação com o povoamento do sul do Mato Grosso permite-nos compreender a sua importância no processo de inauguração do latifúndio como opção política e econômica da região sul de Mato Grosso:

> desde o início, a exploração dos ervais assumiu um caráter monopolista, até 1916, quando a Matte exercia seu domínio sobre uma área aproximadamente de 4 milhões de hectares. E foi monopolista, na medida em que os moradores que viviam daquela atividade foram proibidos de exercê-la.

A partir da Proclamação da República, em que as terras devolutas passam a ser competência dos Estados, as oligarquias regionais se vêem ainda mais à vontade para estabelecer sua política fundiária: concentracionista e excludente. Situação que não foi diferente no Mato Grosso, como nos conta Alves (1984, p.30):

> Disso se aproveitou a burguesia mato-grossense para estabelecer, segundo suas conveniências, a regulamentação da venda, arrendamento e doação de terras. Foi sensível, então, a formação de uma política fundiária que se desenvolveu sob a égide da concentração.

A opção pelo latifúndio é colocada por Fabrini (1996) como estratégia política necessariamente entendida dentro das rivalidades entre o sul e o norte do Estado de Mato Grosso, bem como as conseqüências consubstanciadas na idéia de separatismo cultivada desde 1900. Portanto, estimular o latifúndio na área meridional de Mato Grosso era também uma forma de inibir o desenvolvimento da região, posição defendida em projeto apresentado em 1909 à Assembléia Legislativa Estadual.

É, também, no fim do século XIX e início do XX que a região do Pantanal sul-mato-grossense entra em situação de crise em razão da decadência das atividades comerciais, e, ao mesmo tempo, Campo Grande assume posição de destaque, alavancada pelos trilhos da ferrovia Noroeste do Brasil.

É, portanto, nesse contexto de reestruturação econômica do espaço sul-mato-grossense que a região do Pantanal, especificamente Corumbá, ratifica sua "vocação" pecuarista, projetando o Estado no contexto nacional como grande produtor de gado magro, com vistas à produção de charque e subprodutos, tendo como base a grande propriedade. Vejamos a análise desse processo por Valverde (1972, p.106):

> Os latifúndios do Pantanal surgiram, pois, em primeiro lugar, por uma tradição latifundiária, que não é só brasileira, mas latino-americana, remontando às origens ibéricas. Por outra parte, a concessão de sesmarias colossais estava de acordo com os objetivos do governo. Já que a soberania política baseava no princípio do *uti possidetis*, convinha entregar a cada um áreas imensas, como fundamento para a dilatação das fronteiras no espaço vazio. É preciso ter sempre em mente que os próprios membros do governo eram também latifundiários.

Destacamos, também, nesse processo histórico de ocupação da região sul-mato-grossense, a presença significativa da colonização privada e estatal após a Primeira Guerra Mundial.

Inicialmente, na política de nacionalização das fronteiras impetrada pelo Estado Novo de Vargas, teremos, na primeira metade do século XX, uma política de colonização estatal voltada a estimular a formação de pequenas propriedades no sul de Mato Grosso, como Colônia Agrícola de Dourados (Cand). Entretanto, o isolamento, aliado à falta de recursos financeiros, levou ao fracasso a maioria dessas colônias agrícolas nacionais.

Assim, ao contrário de enfrentar os problemas estruturais que cercavam a formação e o desenvolvimento da pequena propriedade, o governo, em 1941, resolve mudar sua política de colonização e não mais ver no estímulo à pequena propriedade o caminho da conquista da fronteira (Batista, 1995).

É, portanto, nesse ambiente de crise da colonização estatal voltada à pequena propriedade que vamos ter o florescimento da colonização privada. Dessa forma, companhias como Someco, Viação São Paulo-Mato Grosso e Moura Andrade aportam no sul de Mato Grosso adquirindo terras, ora do Estado ora de particulares, com vistas à colonização por meio de loteamentos. De acordo com Fabrini (1996, p.50), "esse tipo de colonização será feito com base na venda de grandes lotes de terras que mais tarde serão transferidos a fazendeiros pecuaristas de São Paulo e Paraná".

Desse modo, perpetuou também no sul de Mato Grosso uma estrutura fundiária concentradora a despeito dos projetos de colonização impetrados no passado. Esses projetos não abriram brecha para a consolidação da pequena propriedade; longe disso, apenas cumpriram sua função histórica de camuflar a necessidade de redistribuição da propriedade privada da terra no país, como explica Oliveira (1989, p.19):

> Historicamente, a colonização no Brasil tem se constituído na alternativa escolhida pelas classes dominantes para evitar, simultanea-

mente, a necessária reforma estrutural do campo e, ao mesmo tempo, suprir-se de força de trabalho para seus projetos na fronteira.

É, pois, justamente essa possibilidade de *suprir-se de força de trabalho para seus projetos* que vai possibilitar entender a figura do trabalhador sem terra no Mato Grosso do Sul, bem como sua posterior confrontação com o latifúndio. Conseqüentemente, o sem terra é figura de dentro do processo que, utilizado como peão ou arrendatário no amansamento da terra, é depois dispensado à época da formação das pastagens.

Dando continuidade à consideração do fato histórico, evidenciamos o trabalho de Pereira (1998), que, investigando a atuação do Grupo Chamma na região do Pantanal sul-mato-grossense, grupo que em meados dos anos de 1940 inicia atividade siderúrgica em Corumbá, conclui que a empresa envolveu-se em demandas conflitivas com posseiros e, posteriormente, dedicou-se ao latifúndio. Portanto, como explica o autor, a história do Grupo Chamma é marcada pelo conflito com posseiros na região, bem como pelo incentivo à migração nordestina com vistas ao trabalho de retirada da lenha no período de auge da atividade siderúrgica do grupo.

Conseqüentemente, esse processo de ocupação do sul do antigo Estado de Mato Grosso, que privilegiou a grande propriedade e a atividade pecuária, gerou uma classe de grandes proprietários de terra que dominou e dirigiu o Mato Grosso do Sul desde sua fundação, em 1977. O próprio processo separatista, gestado durante décadas e levado a cabo no governo militar de Geisel, foi um projeto político da classe proprietária de terras.

A estrutura agrária calcada na concentração fundiária engendrou, ao longo do século passado, a formação da classe dominante sul-mato-grossense: os grandes proprietários rurais. Poder-se-ia dizer que o seu fortalecimento econômico, aliado ao isolamento físico em relação ao centro-norte do antigo Mato Grosso, levou-a a postular a criação de um estado para si ... Por isso, mesmo quando conquistou espaço significativo naquele governo, que, aliás, não considerava seu, ela não se viu

> realizada. Sua completa realização de classe só ocorreu com a concretização de um sonho, um objetivo histórico do qual ela mais se orgulha: a criação de Mato Grosso do Sul. (Bittar, 1997, p.210)

A classe dos proprietários de terra tratou de açambarcar o poder político no Estado recém-criado e estabeleceu um tipo de revezamento no poder que durou até 1998; inicialmente, em 1979, com a nomeação de Marcelo Miranda e, depois, Pedro Pedrossian (1980-1983). A partir das primeiras eleições, em 1983, assume Wilson Barbosa Martins. Novamente, em 1987, temos Marcelo Miranda; em 1991, volta Pedro Pedrossian. O ciclo fecha, em 1995, com o retorno de Wilson Barbosa Martins.

Infelizmente, esse cenário de controle político exercido pelo latifúndio sul-mato-grossense acabou sofrendo poucas mudanças, apesar de o resultado das eleições, de 1998, ter colocado no governo do Estado um candidato do Partido dos Trabalhadores (PT). Essa realidade é duradoura em virtude da permanência, no Legislativo estadual e federal e nos governos municipais, de representantes das tradicionais oligarquias, nas quais se destacam as famílias Coelho, Pedrossian, Derzi, Barbosa Martins, Miranda, Tebet, Schimidt, Dias, entre outras.

Dessa maneira, a pressão do latifúndio acaba sendo mais duramente sentida pelo governo do Estado na sua política de reforma agrária, haja vista as dificuldades enfrentadas pelo recém-extinto Terrasul.

Nesse sentido, para Bonelli,[1] o mapeamento das terras devolutas do Estado feito pelo Terrasul na sua gestão acabou sendo o estopim de uma disputa de poder que se arrastava nos bastidores do governo e que acabou por levá-lo, em 2000, a pedir demissão do cargo de diretor-geral do órgão.

O momento atual permite afirmar que o ideal de "Estado modelo", sonhado por seus idealizadores, não se concretizou. Passadas

---

1 L. C. Bonelli foi assessor do MST/MS e diretor-geral do Terrasul no período de 1999-2000. Comunicação pessoal, 9.12.2000.

duas décadas da criação do Estado, esse ainda permanece mergulhado numa crise financeira e social.

> A propósito, o relatório macrocenários e tendências mundiais, nacionais e de Mato Grosso do Sul, divulgado em 1996, considera a "crise do Estado com estrangulamento fiscal e financeiro e com baixo nível de eficiência na gestão pública" um grave obstáculo à retomada do desenvolvimento de Mato Grosso do Sul, além de problemas como conflitos agrários; questão indígena; fronteira com a Bolívia e o Paraguai aberta ao contrabando, tráfico e violência; desemprego; subemprego e trabalho infantil. (Bittar, 1997, p.504)

A despeito de suas crises, o Estado de Mato Grosso do Sul passou a ser conhecido na mídia por ser o quarto produtor de soja e o detentor do maior rebanho bovino do país. No entanto, afloram no seio dele os graves problemas sociais, especialmente o conflito agrário como reflexo da luta contra o elevado nível de concentração de renda, aliado à crescente concentração de terras. Nesse sentido, citamos, como exemplo, os estabelecimentos com menos de 10 hectares, que, no Censo de 1985, representavam 0,2% da área cadastrada e passaram, no Censo 1995/1996, para tão-somente 0,1%, como demonstra a Tabela 1.

Cabe ainda destacar, a título de complementação, que nesse período compreendido pelo Censo 1995/1996 houve uma drástica diminuição da condição de arrendatário, posseiro e parceiro no Mato Grosso do Sul. Situação que, possivelmente, pode explicar a queda dos estabelecimentos com menos de 100 hectares.

Como evidencia a Tabela 1, a área média dos imóveis rurais no Mato Grosso do Sul é de 628,3 ha, o que significa mais de oito vezes a área média dos imóveis do Brasil (73,1 ha) e justifica, portanto, o título de Estado latifundiário dado pelos trabalhadores.

Tabela 1 – Estrutura fundiária do Mato Grosso do Sul – 1985 e 1995/1996

4 Grupos de Classes (ha)	Censo Agropecuário (1985)				Censo Agropecuário (1995/1996)			
	Nº de estabelecimentos	%	Área (ha)	%	Nº de estabelecimentos	%	Área (ha)	%
Menos de 10	14.916	27,4	64.490	0,2	9.170	18,6	39.681	0,1
10 a menos de 100	18.750	34,4	670.575	2,2	17.753	36	637.163	2,1
100 a menos de 1.000	14.674	26,8	5.406.315	17,3	15.423	31,4	5.992.676	19,4
Acima de 1.000	6.215	11,4	24.967.434	80,3	6.902	14	24.273.252	78,4
Total	54.555	100	31.108.814	100	49.248	100	30.942.772	100

Fonte: IBGE (1991) e 1995/1996.

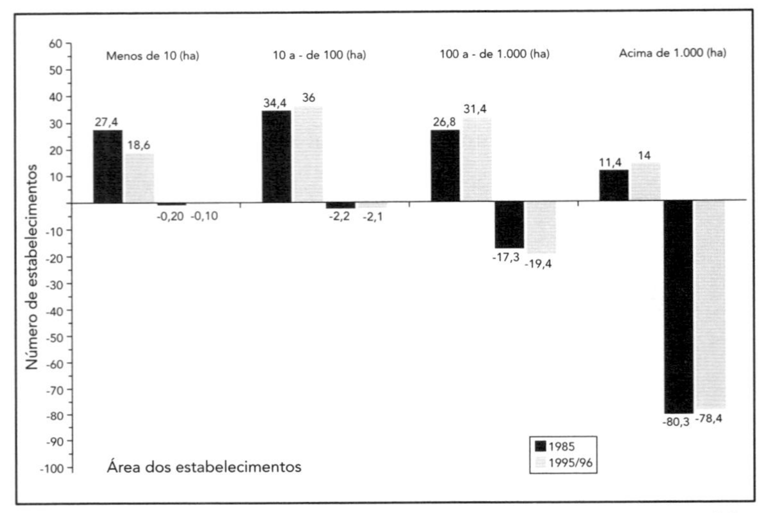

Gráfico 1 – Proporção do número e da área dos estabelecimentos 1985/1995/1996 no Mato Grosso do Sul. Fonte: IBGE – Censo Agropecuário 1995/1996.

A leitura da Tabela 2 contribui para desfazer as mistificações que cercam a pecuarização, uma vez que o Mato Grosso do Sul é conhecido como a terra do boi e da riqueza proveniente dele; no entanto, a pecuária não é a responsável pela maior arrecadação de ICMS no Estado.

Esse monopólio da terra em Mato Grosso do Sul está diretamente relacionado à forma de exploração, em que a pecuária foi historicamente desenvolvida em moldes extensivos, situação de tal modo extremada que, atualmente, o próprio Incra vem denunciando o baixo índice de produtividade das fazendas do Estado, num claro diagnóstico da prática conhecida como *gado para esconder a terra*.

Assim, de acordo com o Censo Agropecuário 1995/1996, da área total dos estabelecimentos (30.942.772 ha), temos apenas 1.383.711 ha destinados à lavoura, enquanto 21.8110.708 ha, à pecuária (pastagens plantadas e naturais) (Gráficos 2 e 3). Destarte, estamos caminhando para um aprofundamento, bastante sensível, na última década, da *pecuarização* do Estado em detrimento das lavouras.

Tabela 2 – Arrecadação anual de ICMS por atividade econômica (2000) – MS

Especificação	Valores a Preços de 2000 (R$)	%
Comércio	617.030.204	59,5
Serviços	174.470.505	16,8
Agricultura	97.491.522	9,4
Pecuária	89.677.422	8,6
Indústria	34.838.797	3,3
Eventuais	23.652.265	2,4
Total	1.037.160.715	100

Fonte: Secretaria de Estado de Receita e Controle do Mato Grosso do Sul, 2002.

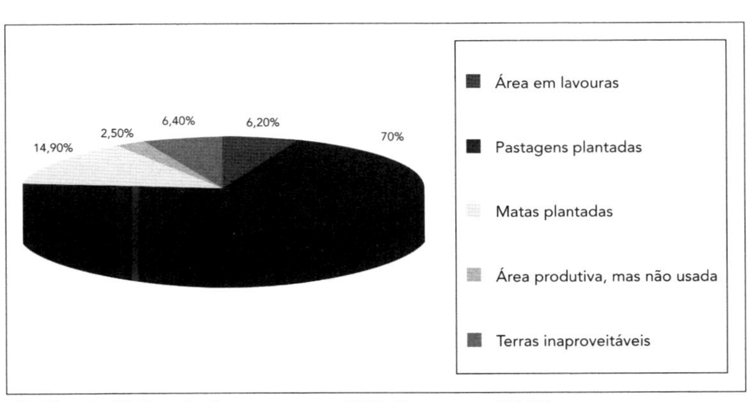

Gráfico 2 – Utilização de terras – MS – 1985. Fonte: IBGE (1991).

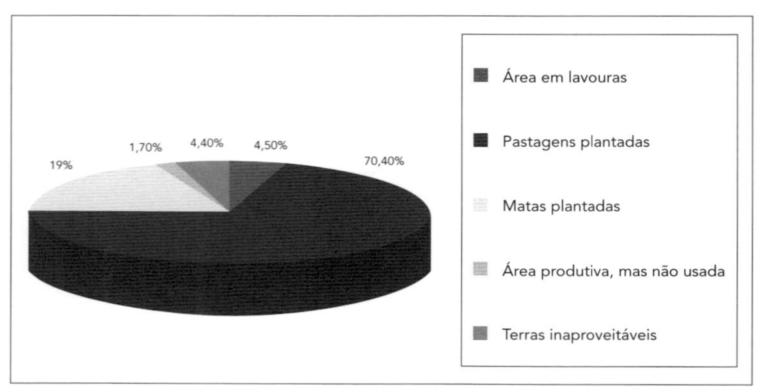

Gráfico 3 – Utilização de terras – MS – 1995/1996. Fonte: IBGE, Censo Agropecuário – MS – 1995/1996.

Assim, contraditoriamente, ao lado da evolução pontual na exploração do gado e da modernização agrícola, da migração vivida entre as décadas de 1970 e 1990 e do aumento da concentração de terras no Estado, temos a multiplicação da luta pela terra, facilmente percebida na longa fila de barracos de lona preta que se espalha na beira das estradas do Estado possuidor de uma das maiores rendas *per capita* do país.

Essa situação de monopólio da terra e do poder político no Mato Grosso do Sul começa a ser questionada de forma mais explícita no final dos anos 1970 e início da década de 1980, pelo movimento dos arrendatários no sul do Estado.

Os primeiros registros dos conflitos entre arrendatários e fazendeiros no Mato Grosso do Sul relacionam-se com os acontecimentos ligados ao rompimento do contrato de arrendamento nas fazendas Entre Rios, Água Doce e Jequitibá, no município de Naviraí. Situação que teve seu estopim, em 1981, com o assassinato do advogado dos arrendatários. Todavia, a luta nesse período não era somente dos arrendatários para permanecerem na terra, pois já havia na região de Batayporã um movimento de reivindicação de terras para reforma agrária por parte do sindicato dos trabalhadores rurais (Comissão Pastoral da Terra, 1993).

A resposta do latifúndio à revolta dos trabalhadores do campo veio com o aprofundamento da violência e com a expulsão dos arrendatários, como é possível perceber no depoimento de Rodrigues:[2]

> Na cidade de Naviraí fomos convidados para ver um caso lá de cerca de umas 300 famílias que eram arrendatários nas fazendas (Entre Rios e a Jequitibá). Era uma situação de término do arrendamento, mas antes de terminar o arrendamento tinha lavoura e o fazendeiro não queria que eles ficassem. Na verdade, essa região sul do Estado ela foi formada, as pastagens, as fazendas com mão humana. O fazendeiro pegava uma área de terra, colocava de 50, 100, 200 famílias, derrubava a mata, plantava por dois anos, pagava uma pequena renda, no final dos dois anos ele tinha que deixar o pasto plantado e ia para uma outra área da fazenda ou tinha que ir embora. E neste caso das fazendas Jequitibá e Entre Rios, o fazendeiro não queria mais as famílias lá, então para forçar uma saída quando estava próximo a vencer (o pessoal estava com algodão, cana, mandioca, batata) o fazendeiro soltou muito gado na roça e destruiu totalmente. Nós fomos convidados para acompanhar esse caso, nós falamos com o advogado da cidade, uma pessoa ligada à Igreja e que quis prestar um ajuda também e fomos verificar no contrato que o Estatuto da Terra diz que seis meses antes de completar o contrato o proprietário tem que notificar por escrito que a partir daquela data de seis meses ele vai ocupar a área. Então nós percebemos que isso não aconteceu e aí o Estatuto diz o seguinte: se isso não acontecer pode entrar com medida judicial. Isso aconteceu em meados de 1980. Aí nós entramos com a medida judicial e conseguimos que as famílias ficassem mais três anos lá dentro com mandato judicial. Mas ao mesmo tempo aconteceu um fato semelhante em Taquarruçu, um grupo menor de famílias, acho que umas 30 famílias e lá realmente quando a gente foi procurado, as famílias já tinham saído da área, já tinha sido destruída toda a lavoura e aí começamos a verificar que em muitas fazendas tinha muitos arrendatários. Nós pensamos: não se trata de uma solução para casos isolados, mas se tratava de uma luta conjunta de um grupo maior de

---

2 Ex-agente da CPT da diocese de Dourados e membro da COAAMS. Comunicação pessoal, fev. 2001.

famílias e uma luta pela Reforma Agrária, para não permanecer ali como arrendatário. Começamos a realizar uns encontros onde participava lideranças de 11 municípios, inclusive algumas pessoas do Paraguai participava desse trabalho de liderança...

Nesse contexto de expulsão e recusa de renovação de contratos de arrendamento, ocorreu a primeira grande ocupação de terras no Mato Grosso do Sul.

> Aproximadamente 800 famílias, de uma forma espontânea e sem prévia organização, entre os dias 4 e 13 de maio de 1981 ocupam a fazenda Baunilha, no município de Itaquiraí de propriedade de Augusto Bulle. A fazenda estava em demanda entre os dois fazendeiros confinantes. Os lavradores na sua maioria bóias-fria que trabalhavam na região percebendo que a terra era devoluta e em questão ocuparam, sem nenhuma organização, foram entrando e iniciando o desmatamento. (Comissão Pastoral da Terra, 1993, p.86)

Os lavradores ficaram pouco tempo na área e, despejados pela polícia militar do governo Pedro Pedrossian, acabaram por montar acampamento na beira da estrada. Passado um ano de acampamento, ficaram isolados da sociedade, "a polícia cercou com arame farpado e montou um posto policial, impedindo a entrada de pessoas estranhas". Houve uma redução de mais de 50% no número de famílias. Mas a via-crúcis não havia terminado, as famílias que resistiram foram sucessivamente transferidas de um lugar para outro até que, em setembro de 1983, parte delas é "convidada" a ir para Braço Sul, em Colider, no Estado de Mato Grosso (Comissão Pastoral da Terra, 1993).

Destarte, mais uma vez a elite agrária sul-mato-grossense sufocava o conflito agrário na região.

Diante desse quadro de violência e omissão do poder público, tem início um trabalho de base visando, por meio das discussões nas comunidades locais, organizar ocupações de terras. Esse trabalho teve decisiva participação da Comissão Pastoral da Terra (CPT) – diocese de Dourados – e também de sindicalistas ligados ao sindicato autêntico. Esse período marcou o nascimento do MST no Estado, como nos narra Ferrari:[3]

> A gente trabalhava criando os sindicatos no sentido do pessoal se organizar, fazer a questão da luta pela terra mais organizada, então ela começa a acontecer de 1983 para frente, de 83 para frente começa a discutir sobre uma primeira ocupação, aí então a discussão já rodava toda a região sul do Estado, nós trabalhávamos em 11 municípios discutindo então a questão da terra... Aí quando foi em abril de 84 a gente faz a primeira ocupação na fazenda Santa Idalina, primeira ocupação organizada que tinha em torno de mil homens e algumas três ou quatro mulheres, eram poucas mulheres naquela época. Essa ocupação ela já veio dentro de uma articulação no sentido de que já tinha alguns grupos organizados. Já tinha a luta pela terra no Paraná, já tinha aqui em Andradina/SP, já tinha uma ocupação na fazenda Primavera em Andradina, no Rio Grande do Sul também. Aí em Janeiro de 84 sai o Primeiro Encontro Nacional de criação do MST no Brasil, foi em Cascavel/PR, aí quando foi em abril de 84, depois desse encontro, sai a ocupação da Santa Idalina, no Mato Grosso do Sul.

Foi também em 1982 que ocorreu o encontro que marcou a criação da "Comissão Estadual dos Sem Terra", realizado em Glória de Dourados. Dois anos depois, em 1984, mais um evento é realizado na busca da construção das estratégias de luta pela terra no Mato Grosso do Sul.

> O Encontro de estudo sobre Reforma Agrária, realizado em Fátima do Sul no mês de março de 1984, com assessoria de João Pedro e Miguel Presburger da CPT nacional, veio ser um fator importante na mudança de luta dos sem terra ... É neste contexto que se fala que uma das formas de se fazer Reforma Agrária é fazendo ocupações de Terra, porque é uma maneira mais fácil de organização e taticamente representa um ataque

---

3 Ex-presidente do STR em Glória de Dourados e um dos fundadores da CUT/MS. Atualmente é assentado em Itaquiraí, militante do MST e presidente da Coopresul. Comunicação pessoal, 24.2.2001.

> aos inimigos. De fato, percebendo que todo trabalho de troca de correspondências e negociações entre o Governo e os sem terra não havia dado resultado, optam pelo caminho da ocupação. E no dia 28 de abril de 1984 ocupam a fazenda Santa Idalina em Ivinhema... (Comissão Pastoral da Terra, 1993, p. 38)

As famílias que ocuparam a área de 8.762 hectares na Santa Idalina, em 28.4.1984, de propriedade da empresa Someco, foram violentamente despejadas pelo então governo de Wilson Barbosa Martins, do PMDB, e acabaram montando um acampamento. A *cidade de lona* foi feita na Vila São Pedro, propriedade da diocese de Dourados. No intuito de pressionar o governo estadual a resolver a questão, uma comissão de sem terra foi acampar em frente à Assembléia Legislativa, em Campo Grande.

Depois de toda sorte de humilhações e privações, inclusive imputadas pelo então prefeito de Campo Grande, Lúdio Coelho, o qual mandou jogar terra e água no acampamento que estava em frente à Assembléia, aproximadamente 476 famílias foram transferidas, em outubro de 1984, pelo governo do Estado para o assentamento provisório, "Padroeira do Brasil", no município de Nioaque (Dellazeri, 1993).

Inicialmente, esse é o quadro agrário no Estado de Mato Grosso do Sul. Assim, daqui por diante, cabe à nossa pesquisa desvendar seu processo de territorialização no tocante aos conflitos envolvendo a terra na perspectiva de seus agentes, partindo do pressuposto de que a luta pela terra apresenta especificidades regionais que, por sua vez, estão ligadas ao processo de incorporação à dinâmica capitalista. Dessa forma, é necessário entendermos como tem se dado a luta pela posse da terra, tanto no plano externo à classe camponesa (latifundiários *versus* camponeses) como interno (o relacionamento entre os diferentes movimentos e organizações existentes), para que, assim, possamos discutir a distinção e a identidade nesse processo de (re)criação camponesa.

Os números da luta pela terra no Mato Grosso do Sul e as marcas da distinção

> *"Está terminando o* tempo da inocência *e começando o* tempo da política. *Os pobres da terra, durante séculos excluídos, marginalizados e dominados, têm caminhado em silêncio e depressa no chão dessa longa noite de humilhação e proclamam, no gesto da luta, da resistência, da ruptura, da desobediência, sua nova condição, seu caminho sem volta, sua presença maltrapilha, mas digna, na cena da História."*
> *(Martins, 1989, p.12 – grifo do autor)*

Utilizaremos, para falar da conquista dos assentamentos no Mato Grosso do Sul, a expressão "luta pela terra" em substituição a reforma agrária, por concordarmos com Fernandes (2001) quando esse afirma que temos em curso no país um processo conflituoso em torno da conquista do pedaço de chão, desencadeado por aqueles que por séculos têm sido impedidos de ter acesso à *terra de trabalho*. Portanto, em suas palavras: "Embora alguns pesquisadores denominem essa política de assentamentos rurais como política de reforma agrária, a existência da imensa maioria dos assentamentos é resultado da luta pela terra" (ibidem, p.20-1).

No sentido do reforço dessa concepção, destacamos que parcelas do próprio Estado, em especial o Incra, já reconhecem que a propalada reforma agrária ocorre, na verdade, a reboque dos conflitos agrários.

> O Incra não tem estrutura para fazer Reforma Agrária em todo lugar, ele é muito pequeno no Estado. Aonde nós vamos então? Aonde a pressão é maior. Nós temos áreas de conflito como no sul do Estado, na região de Itaquiraí, Eldorado, Iguatemi, em que os movimentos sociais como o MST, CUT e Fetagri são fortes e estão lá com milhares de famílias e têm conflitos sociais por terra, envolvendo índios, posseiros, trabalhadores rurais. Então a gente tem que procurar estar onde está mais complicada a coisa, mesmo porque temos uma equipe muito

pequena e não dá para mandar uma equipe para cá e outra para lá. (Echeveria[4])

Para estabelecer um quadro comparativo a título de apresentação da luta pela terra no Mato Grosso do Sul, dividimos a implantação dos assentamentos em quatro períodos, com destaque para a atuação diferenciada das coordenações (MST, Fetagri, CUT e misto), como fica demonstrado nos Gráficos 4, 5, 6 e 7. Os gráficos também evidenciam a heterogeneidade dos sujeitos envolvidos na conquista da terra e, portanto, práticas de distinção[5] como elemento fundamental da luta pela terra, em contraponto ao discurso da homogeneidade do campesinato. Cumpre ainda explicar que o termo misto, o qual aparece nos gráficos, é utilizado para representar o assentamento que não apresenta apenas uma coordenação, porque possui grupos organizados pelo MST, Fetagri e CUT.

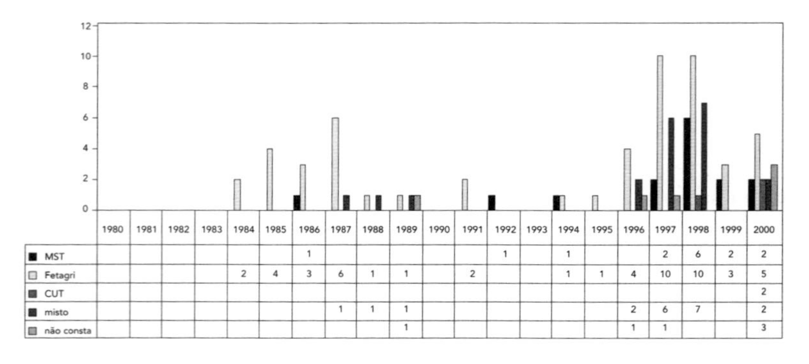

	1980	1981	1982	1983	1984	1985	1986	1987	1988	1989	1990	1991	1992	1993	1994	1995	1996	1997	1998	1999	2000
MST							1						1		1			2	6	2	2
Fetagri					2	4	3	6	1	1		2			1	1	4	10	10	3	5
CUT																					2
misto								1	1	1							2	6	7		2
não consta										1							1	1			3

Gráfico 4 – Coordenação dos assentamentos no Mato Grosso do Sul por ano (1980-2000). Fonte: MST, CUT, Fetagri, 2000.

---

4 Chefe da Divisão de Assentamento do Incra/MS. Seminário "A questão agrária", realizado na cidade de Três Lagoas/MS. (Transcrição *ad literam* retirada da gravação da palestra). Fev. 2002.

5 A análise dessas práticas de distinção na busca de uma compreensão processual será realizada no Capítulo 4.

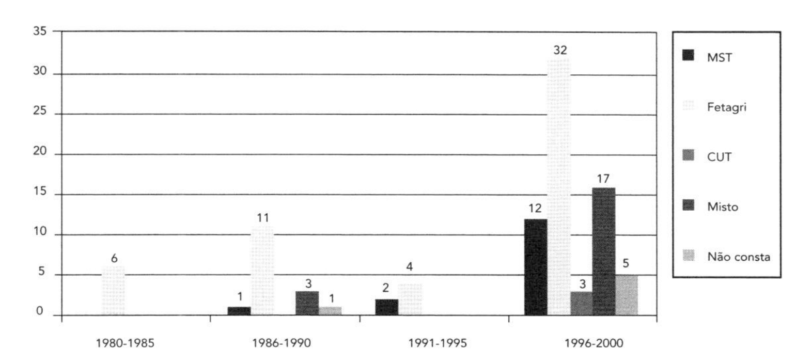

Gráfico 5 – Coordenação dos assentamentos no Mato Grosso do Sul por período (1980-2000). Fonte: MST, CUT, Fetagri, 2000.

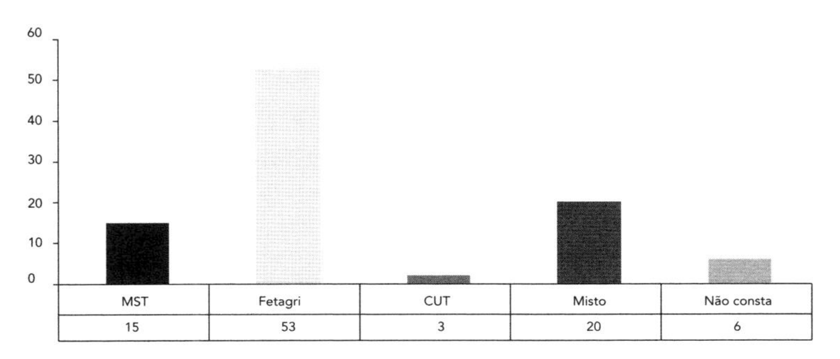

Gráfico 6 – Coordenação dos assentamentos no Mato Grosso do Sul (1980-2000). Fonte: MST, CUT, Fetagri, 2000.

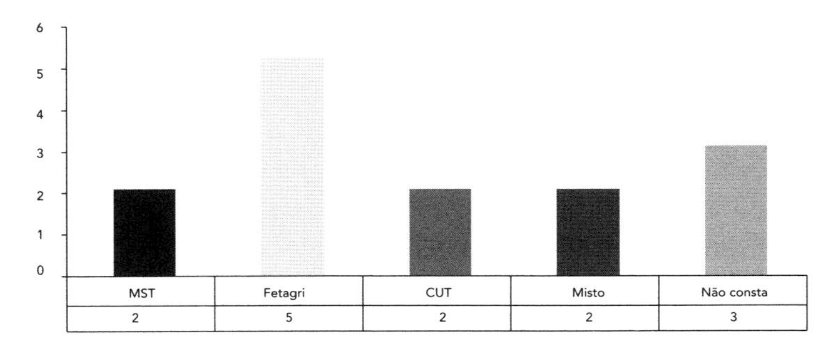

Gráfico 7 – Coordenação dos assentamentos no Mato Grosso do Sul, em 2000. Fonte: MST, CUT, Fetagri, 2000.

Em relação à coordenação da luta pela terra no Mato Grosso do Sul, tanto por período como por ano, destaca-se a Fetagri em termos quantitativos; no entanto, vale registrar que essas informações, quando confrontadas com a realidade do trabalho de campo, revelam controvérsias em virtude das diferenças em torno do conceito de organicidade por parte do MST e dos sindicatos. Nesse sentido, se para o MST estar coordenando o assentamento significa estar presente nele, seja por meio de núcleos de produção, grupos coletivos, cooperativas, associações, o mesmo não se aplica à Fetagri, já que, para essa, ter famílias filiadas ao STR já configura legitimidade para atribuir a si a coordenação do assentamento, principalmente se nesse o MST e a CUT estiverem ausentes. É o caso, por exemplo, de assentamentos que foram conquistados pelo MST e perderam seus grupos de base e núcleos de produção e agora aparecem coordenados pela Fetagri. Os dados fornecidos por essa Federação também não precisam, ao contrário das demais organizações, se essa coordenação se refere ao assentamento como um todo ou a grupos específicos.

Cumpre salientar que a validade da construção desses gráficos referentes à coordenação dos assentamentos está mais na explicitação do conflito em torno da representação legítima dos assentamentos e, portanto, nas práticas de distinção dos sujeitos em luta, do que necessariamente na precisão dos números. Além disso, nem sempre há clareza do significado dessa coordenação, ou seja, se ela serve como possibilidade de autonomia/alternativa ante o Estado ou de mediação junto a ele. É possível perceber ainda que nos assentamentos antigos, em que há uma presença menor do Estado como órgão responsável pela solução das demandas (muitos desses assentamentos são considerados consolidados), a coordenação como mediação é menos reconhecida por aqueles a quem dizem representar: "hoje nem pro lado do sindicato nem pro lado do movimento sem terra. Depois que a gente é assentado tem que lutar sozinho, eles não ajudam mais" (Oliveira[6]).

---

6 Assentada no projeto São João – dez. 2001.

Dito de outra maneira, muitos assentados de áreas mais antigas negaram que o assentamento tivesse coordenação desta ou daquela organização/movimento, situação que aponta para a complexidade que envolve o debate acerca da luta na terra;[7] em contrapartida, cobraram o papel do Incra e a necessidade de um dia receber aquilo que acreditam ser um direito conquistado: o título definitivo do lote, conforme explica o Sr. Pedro.[8]

> Está vindo o título dessa terra e junto a prestação e o prazo para pagar, a terra não é de graça não, o valor da terra eu tenho que pagar e a nossa luta, o tanto que o povo sofreu para conquistar essa terra, o Movimento dizia que era nossa, cadê?

A primeira fase,[9] que marca o início da luta pela terra no Estado, compreende o período de 1980-1985 e representa a conquista de seis assentamentos realizados pelos governos federal e estadual. São eles:

- *Padroeira do Brasil*: criado em 1984 pelo governo estadual (Terrasul), localizado no município de Nioaque, área de 2.200 hectares. O projeto de assentamento Padroeira do Brasil foi conseqüência da luta e ocupação de terra ocorrida em 28.4.1984, na fazenda Santa Idalina, em Ivinhema. Portanto, é fruto da histórica luta dos sem terra do sul de Mato Grosso do Sul. Inicialmente, veio em caráter provisório e recebeu 468 famílias em lotes de 5 a 10 hectares.

---

7 A análise acerca dessa complexidade entre luta pela terra e luta na terra é apresentada no Capítulo 4, quando do debate da formação de communitas.

8 Assentado no projeto Indaiá – fev. 2001.

9 Decidimos citar detalhadamente os assentamentos dessa primeira fase pela relevância do marco histórico. Destaco também que, embora a luta pela terra preceda ao assentamento consideramos, para fins de homogeneização dos dados a data de criação dos assentamentos é divulgada pelo Incra e Idaterra.

- *Tamarineiro I*: criado em 1984 pelo Incra, localizado no município de Corumbá, área de 3.797 hectares. O governo federal optou por adquirir a área do grupo Chama mediante acordo que legalizava para o suposto proprietário (grupo Chama) o restante da área da fazenda que estava em litígio. As famílias que foram assentadas no Tamarineiro I tinham as mais diversas origens, a saber: ex-arrendatários do sul de Mato Grosso do Sul e posseiros da região de Bodoquena que viviam em conflito com os índios kadiwéus.
- *Retirada da Laguna*: criado em 1985 pelo Incra, localizado no município de Guia Lopez da Laguna, área de 2.288 hectares. Esse assentamento foi criado para atender as 89 famílias de ilhéus e ribeirinhos desalojados pela enchente do Rio Paraná em conseqüência do fechamento da barragem de Itaipu.
- *Sucuriú*: criado em 1985 pelo Incra, localizado no município de Chapadão do Sul, área de 16.177 hectares. Esse assentamento foi formado essencialmente por famílias de ilhéus e ribeirinhos de Guairá/PR, expulsos e deslocados para Mato Grosso do Sul pela construção da usina hidrelétrica de Ilha Grande.
- *Nioaque*: criado em 1985 pelo Incra, localizado no município de Nioaque, área de 11.061 hectares. As famílias assentadas, num total de 373, foram formadas por posseiros que estavam na área dos índios kadiwéus, em Bodoquena. A transferência dos posseiros para o assentamento Nioaque visava ao fim de um clima de violência e tensão entre índios, posseiros e fazendeiros que já se arrastava desde o início dos anos 1980.
- *Canaã*: criado em 1985 pelo governo estadual (Terrasul), localizado no município de Bodoquena, área de 4.360 hectares. Esse projeto de assentamento foi fruto de uma ocupação não planejada em 1982, por meio da qual os posseiros permaneceram na fazenda por mais de um ano sem que as autoridades fossem comunicadas. Posteriormente, em face da possibilidade do despejo e mediante acordo com o fazendeiro, as 235 famílias de posseiros foram assentadas na área.

A segunda fase (1986-1990) corresponde à implantação do Plano Nacional de Reforma Agrária (PNRA). Essa fase é identificada pela crescente expectativa de acesso a terra por parte dos trabalhadores rurais sul-mato-grossenses, bem como dos brasiguaios, já que "no dia 14 de junho de 1985 acamparam as primeiras famílias de brasiguaios, na praça de Mundo Novo. Passando mais uma semana estava montada uma verdadeira cidade de lona com aproximadamente 950 famílias" (Comissão Pastoral da Terra, 1993, p.100).

Conforme estabelece o Plano Regional de Reforma Agrária (PRRA), o Estado de Mato Grosso do Sul tinha como meta o assentamento de 41.200 famílias no quadriênio 1986-1989, com a desapropriação de 1.480.000 hectares. Seguindo o mesmo destino do PNRA, projeto que foi engavetado em 1987, sem cumprir nem 10% das metas, o PRRA assentou apenas 10,02% (4.130 famílias) do previsto. Foram dezesseis assentamentos implantados.

O terceiro período (1991-1995) foi, para os trabalhadores rurais, o mais trágico. A política de assentamentos foi reduzida no Estado, apenas seis novos projetos foram implantados e as ocupações de terra, combatidas sistematicamente.

A forma encontrada pelo governo eleito em 1991, Pedro Pedrossian, de reprimir e intimidar os trabalhadores rurais foi a violência institucionalizada. O Mato Grosso do Sul foi disparadamente o Estado da Federação que teve o maior número de trabalhadores rurais presos: foram 74 homens e mulheres presos no período de 1991-1992 e mais dezoito trabalhadores rurais com mandato judicial de prisão preventiva (ver Tabela 3).

Assim, de um lado, o governo da época incriminava os camponeses (Tabela 3) e, de outro, incentivava a modernização agrícola nos campos sul-mato-grossenses, por meio dos seguintes programas de governo: Novilho Precoce, Fronteiras do Futuro e Terra Viva.

O último período estudado é o de 1996-2000, o qual representa a retomada da luta pela terra e da conquista dos assentamentos. No período, foram criados 67 projetos, totalizando 97 assentamentos no Mato Grosso do Sul, 13.921 famílias assentadas e 382.656,5100 hectares desapropriados.

Tabela 3 – Assassinatos e prisões de trabalhadores rurais no Brasil (de 1990 a 1992)

Ocorrência	Trabalhadores assassinados			Lideranças do MST presas		
Estados/Ano	1990	1991	1992	1990	1991	1992
Acre	2	-	1	-	-	-
Alagoas	1	-	1	-	-	-
Amazonas	1	1	-	-	-	-
Bahia	11	8	1	3	2	6
Ceará	1	-	-	2	-	-
Espírito Santo	1	-	1	5	10	5
Goiás	1	1	-	-	-	2
Maranhão	8	6	7	8	2	7
Minas Gerais	3	2	3	15	-	-
Mato Grosso	9	1	1	-	-	-
Mato Grosso do Sul	-	2	2	-	12	62
Pará	20	16	9	-	7	-
Paraíba	1	1	4	-	-	-
Paraná	2	4	3	1	4	-
Pernambuco	2	1	1	4	-	-
Piauí	1	1	1	4	-	-
Rio de Janeiro	6	-	-	-	-	-
Rio Grande do Norte	1	2	-	5	-	5
Rio Grande do Sul	-	1	1	4	11	-
Rondônia	2	1	1	-	-	4
Santa Catarina	-	1	-	7	11	7
São Paulo	1	-	-	-	-	9
Sergipe	-	-	1	-	-	-
Tocantins	2	1	1	-	-	-
Totais	76	50	39	58	59	107

Fonte: MST, CPT e Departamento Rural da CUT.

Em seguida, apresentamos o Gráfico 8 a fim de avaliarmos os números da luta pela terra, ou seja, o resultado dessa conquista no Mato Grosso do Sul no período de 1980 a 2000, bem como a comparação (Gráficos 9 e 10) do seu desempenho estadual no contexto nacional nos últimos cinco anos (1995-2000). Nesse sentido, o Gráfico 8 revela o aumento do número de assentamentos em 1987, período de implantação do IPNRA, seguido de um esvaziamento. Portanto, há um refluxo da luta pela terra no período de 1990-1995 e novamente uma retomada nos anos subseqüentes, tendo como ápice desse período de conquista de assentamentos o ano de 1998.

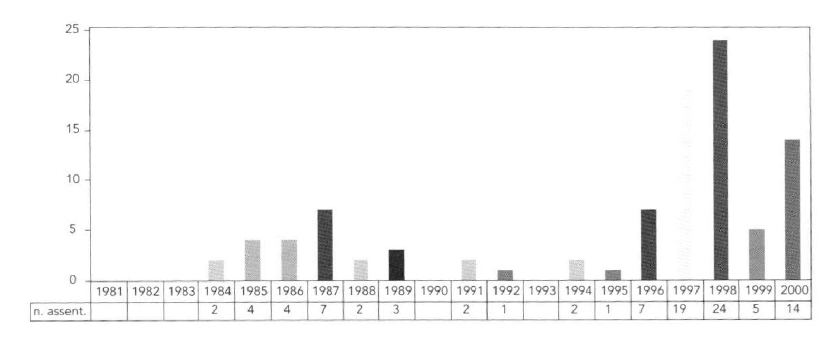

Gráfico 8 – Número de assentamentos no Mato Grosso do Sul por ano (1980-2000). Fonte: Incra, 2000.

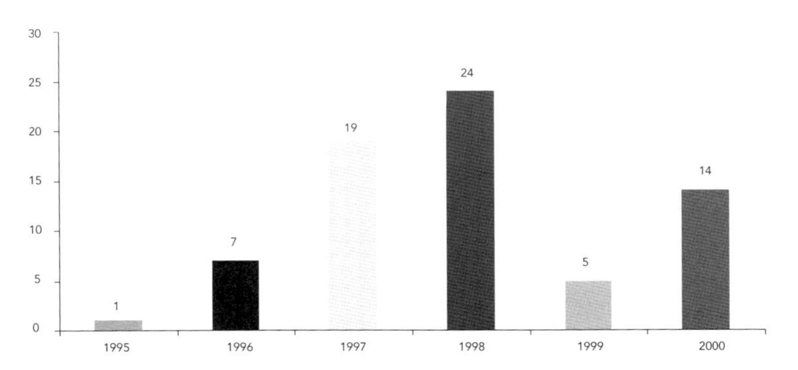

Gráfico 9 – Número de assentamentos no Mato Grosso do Sul por ano (1995-2000). Fonte: Incra,2000.

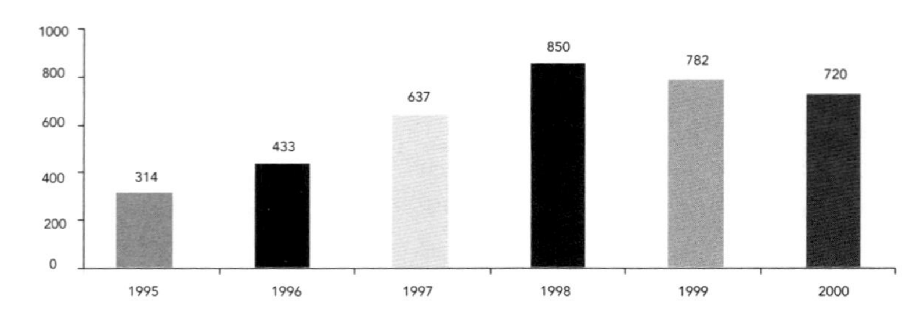

Gráfico 10 – Número de assentamentos no Brasil por ano (1995-2000). Fonte: Incra, 2000.

A análise dos Gráficos 9 e 10 mostra um desempenho articulado entre o Estado de Mato Grosso do Sul e o Brasil, em que o ano de 1998 se firma como destaque dessa sincronia. Por sua vez, os dados revelam também que o final do governo Fernando Henrique Cardoso (FHC) já sinalizava o refluxo na implantação de assentamentos, com repercussão direta no Estado do Mato Grosso do Sul.

A conquista e a implantação desses assentamentos, resultados de um histórico processo de luta pela terra, ainda que entendido pelo Estado brasileiro como uma política de reforma agrária, em que o governo distribui lotes em áreas pontuais geralmente sob pressão e conflito para as famílias organizadas, estabelecem um precedente decisivo no questionamento da estrutura fundiária do Mato Grosso do Sul, bem como permite o retorno do homem ao campo, como fica demonstrado na Tabela 4, visto que em 2000 houve, em termos absolutos, um aumento da população rural em relação ao período anterior.

Tabela 4 – Evolução da população do Mato Grosso do Sul

Ano	Total	Urbana		Rural	
		Número	%	Número	%
1980	1.369.567	919.123	67,1	450.444	32,9
1991	1.756.423	1.403.766	79,9	352.657	20,1
1996	1.927.834	1.604.318	83,2	323.516	16,8
2000 *	2.075.275	1.744.404	84,1	330.871	15,9

Fonte: IBGE (2000).
* Sinopse preliminar.

Em relação às perspectivas de assentamento no Mato Grosso do Sul, é possível que novos projetos sejam implantados, já que os números de famílias acampadas e os conflitos avolumam-se no Estado que se destaca como o primeiro em ocupações de terra no país, como evidencia o Gráfico 11.

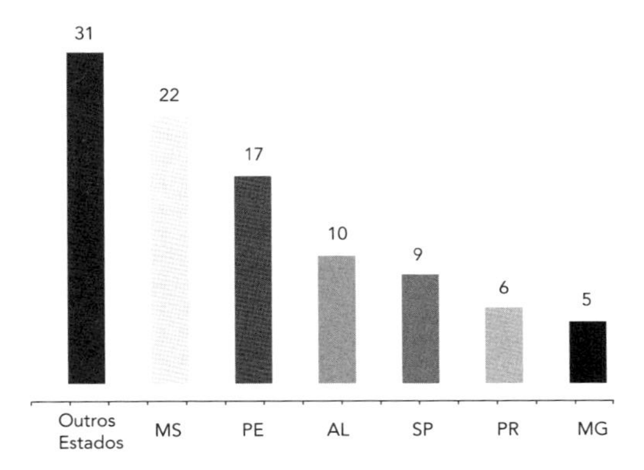

Gráfico 11 – Ocupações de terra no Brasil por Estado (2000). Fonte: Ministério do Desenvolvimento Agrário/Ouvidoria Agrária Nacional e Assessoria de Conflitos Agrários, 2001.

Quanto à reforma agrária do governo do Estado no sentido da retomada da política de assentamentos, a despeito das denúncias da grilagem de terras, a ação existente refere-se exclusivamente à compra da fazenda Itamarati (Ponta Porã) para o assentamento de 1.300 famílias e às discussões a respeito da liberação dos recursos para compra de terras por meio do Banco da Terra.[10]

10 O governo do Estado (do Partido dos Trabalhadores), por meio do secretário de produção e vice-governador, Moacir Kohl, cumpriu, em dezembro de 2001, depois de muita disputa interna com aqueles que eram contra, as exigências burocráticas necessárias à adesão do Mato Grosso do Sul ao Banco da Terra. Desse modo, os recursos para financiar a aquisição de terras foram liberados e a primeira compra ocorreu no município de Jaraguari. O conselho curador do Banco da Terra do Mato Grosso do Sul é composto por várias entidades; dentre elas, temos a Famasul, que representa os produtores rurais, e a Fetagri-MS, representando os trabalhadores rurais.

Paradoxalmente, o balanço sobre a grilagem de terras feito pelo Ministério do Desenvolvimento Agrário, que apontava, em julho de 2001, um total de 62.700 milhões de hectares grilados no país, coloca o Estado de Mato Grosso do Sul como um dos prioritários no que se refere ao aprofundamento das ações com vistas à arrecadação de terras. Assim, conforme demonstra a Tabela 5, o estoque de terras suspeitas de grilagem no Estado ultrapassa 1,5 milhão de hectare.

Tabela 5 – Cancelamento de cadastros de imóveis rurais no Mato Grosso do Sul

Nº de imóveis	Notificados	Compareceram	Falta documentação	Nº cancelados (ha)
363	361	285	75	1.828.748

Fonte: Ministério do Desenvolvimento Agrário, 2000.

O cancelamento do cadastro desses imóveis é, entretanto, apenas uma medida administrativa, cabendo assim ao governo do Estado as ações jurídicas. Desse modo, é imprescindível uma ação conjunta do Incra/MS e do Idaterra para implementar ações discriminatórias, com o objetivo de verificar a devolutividade dessas terras e, em caso afirmativo, a conseqüente incorporação ao patrimônio público com vistas a implantar assentamentos. Essa situação daria um novo rumo à política agrária do atual governo, uma vez que, até o momento, levando em consideração o período de 1994 a 2000, o Idaterra assentou tão-somente 148 famílias[11] das treze mil acampadas no Estado.

Ainda nesse sentido, qual seja, o de uma política de assentamentos do governo estadual baseada na arrecadação de terras devolutas,

11 Depois de uma ausência de seis anos, o governo do Estado de Mato Grosso do Sul cria os assentamentos Terra Solidária, em Sidrolândia (38 famílias) e São Tomé, em Santa Rita do Pardo (110 famílias), ambos com coordenação da CPT, CUT-DTR/MS e Fetagri. Cumpre destacar que a aquisição da área dos referidos assentamentos não foi conseqüência de desapropriação, tampouco de arrecadação de terras, mas da compra, no primeiro caso, e doação por parte da Cesp, no segundo.

cumpre ressaltar que o horizonte não parece promissor, como revela Santos:[12]

> Essas fazendas que o Jungmann fez não têm valor legal, judicial nenhum, simplesmente falou para o Incra não dá documento nenhum, administrativamente ele fez uma suspensão, isso não quer dizer que a fazenda vai para a Reforma Agrária, até porque para a fazenda ir para Reforma Agrária ela tem que passar pelo Judiciário ... ele tomou uma medida administrativa, mas lá na ponta não significa nada, pois ele não tem o poder de anular um registro de terras, quem faz isso é a Justiça. Ele quer agora fazer uma parceria com o Estado não só o Mato Grosso do Sul, com outros também para o Estado fazer ações na Justiça contra estes fazendeiros ... Então veja bem, a história das terras griladas, que é grileiro, gente, tenha paciência, não é nada disso, isso é um jogo de *marketing* na imprensa ... de concreto, nada.

Desse modo, a política do governo do Mato Grosso do Sul para o campo à época da pesquisa se define pela viabilização dos assentamentos criados pelo governo federal, mediante parceria na assistência técnica, na construção de casas, no fornecimento de sementes, na perfuração de poços, nas aberturas de estradas, no programa de cesta básica e na implantação de agroindústrias.

Em relação aos números da luta pela terra e da avaliação desse processo, cumpre destacar o recente relatório feito pelo Incra/MS a respeito dos ex-beneficiários da reforma agrária ou, em outras palavras, a avaliação do grau de esvaziamento dos assentamentos. Dessa forma, o Gráfico 12[13] nos permite adiantar que, de modo geral, o

---

12 Ivan O. Santos, diretor-presidente do Idaterra, abr. 2001). "Seminário sobre a questão agrária", realizado na cidade de Três Lagoas/MS. (Transcrição *ad literam* retirada da gravação da palestra.)

13 A pesquisa foi realizada, em 2001, pelo Incra/MS em 89 assentamentos. Para obter a porcentagem dos que saíram, relacionamos o número de famílias assentadas nesses 89 assentamentos (14 mil) com a soma geral dos ex-beneficiários (901). Nesse sentido, a porcentagem daqueles que deixaram os assentamentos foi de 6,4%, ou seja, muito abaixo dos 10% normalmente esperados. Portanto, se temos, por um lado, 901 ex-beneficiários, por outro, há uma permanência de 13.109 famílias.

número de ex-beneficiários da "reforma agrária" no MS fica bem abaixo dos 10% fixados pela FAO para qualquer situação de assentamento.[14] E, portanto, não justifica as intensas mobilizações em torno do assunto na mídia do Estado com decisiva participação do MST que, publicamente, vem apoiando a política de retomada de lotes implantada pelo Incra/MS e iniciada na região sul do Estado. Desse modo, a adesão do Movimento parece se explicar mais pela concepção de que os "compradores" de lote são empecilho à organização dos assentamentos por parte do MST do que necessariamente a questões ligadas à especulação e à venda de lote.

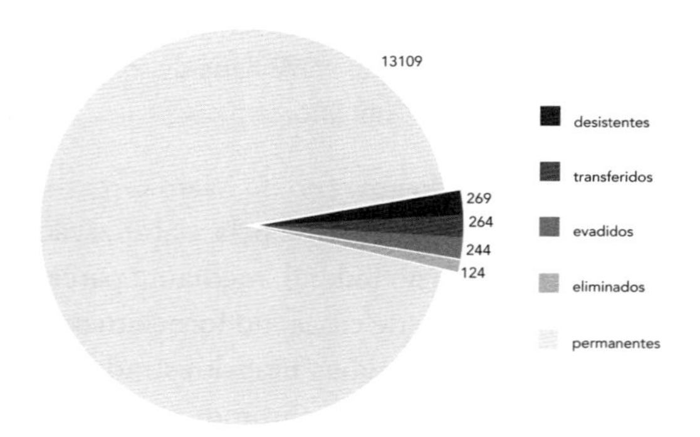

Gráfico 12 – Relação dos ex-beneficiários da reforma agrária no Mato Grosso do Sul (2000).
Fonte: Incra, 2001.

O MST no Mato Grosso do Sul

O principal movimento social e as duas organizações sindicais ligadas à luta pela terra no Mato Grosso do Sul têm sua origem marcada pelo conflito agrário que precedeu o surgimento dos primeiros

14 A FAO realizou pesquisa nos assentamentos de reforma agrária no Brasil a pedido do Ministério da Agricultura, em 1991, e a avaliação foi bastante favorável.

assentamentos: Movimento dos Trabalhadores Rurais Sem Terra (MST), Federação dos Trabalhadores Rurais na Agricultura de Mato Grosso do Sul (Fetagri) e Departamento Estadual dos Trabalhadores Rurais da Central Única dos Trabalhadores do Mato Grosso do Sul (DTRE/CUT-MS). A respeito do assunto, Oliveira[15] comenta:

> O latifúndio domina tudo aqui neste Estado, por isso, é difícil pensar a perspectiva da reforma agrária sem luta. Inclusive, teve um período aqui que foi sangrento, difícil, teve companheiro que ficou quatro meses na cadeia. Toda hora ia gente presa, foi o período mais triste, foi no governo Pedro Pedrossian. Neste período tinha delegado especial só para cuidar de sem terra e tem gente que não sabe disso. Foi terrível e aí ficamos cinco anos sem assentar ninguém no Estado, esse período foi de 1990 a 1995, nele nós não conseguimos avançar. Nosso movimento neste Estado tem 14 anos e neste período ficou sem conseguir avançar por causa do governo do Estado e do Incra que dizia não ter terra para assentar ninguém. Já pensou um Estado desse tamanho?
>
> Hoje nós conseguimos inverter essa situação, a partir de 1995 pra frente o MST começou a avançar na conquista de terras e outros movimentos sociais acompanharam o processo, daí vieram os sindicatos, veio a CUT também fazendo a luta e assim começou a sair os assentamentos no Mato Grosso do Sul. Esse é um pouco da nossa história pra gente não pensar que aqui foi tudo uma maravilha.

A gênese do MST no Mato Grosso do Sul começa no início dos anos 1980 e, de certo modo, já imbricado com os Estados do Sul, juntamente com São Paulo na Região Sudeste. Essa articulação fica bastante evidenciada nos relatos de Stédile (Stédile & Fernandes, 1999), quando, ao resgatar as primeiras reuniões de formação do MST, como o Encontro de Articulação Regional ocorrido na cidade de Medianeira/PR, em 1982, cita como marco os conflitos vivenciados em Naviraí/MS. Papel importante no processo de formação

15 Liderança – direção estadual do MST. "Seminário sobre a questão agrária", realizado na cidade de Três Lagoas/MS, abr. 2001. (Transcrição *ad literam* retirada da gravação da palestra.)

do MST teve também Geraldo Garcia,[16] uma vez que ajudou a criar os setores do Movimento, principalmente compondo a Comissão Nacional dos Assentados, embrião da futura Confederação das Cooperativas de Reforma Agrária no Brasil (Concrab).

A ação que converge para o surgimento do MST/MS, bem como evidencia a sua atuação diferenciada, é, no entanto, a ocupação da Fazenda Santa Idalina, no município de Ivinhema, em 1984. Essa ocupação foi uma das primeiras ações do MST no Estado, porque, antes, o que tínhamos eram as reuniões como a de 1982 que criou a "Comissão Estadual dos Sem Terra", em Glória de Dourados.

Como nos demais Estados, o MST no Mato Grosso do Sul nasce sob forte influência da CPT/MS não só no sentido de assessoria, como também de direcionamento, visto que na ocupação da Fazenda Santa Idalina prevalecem as decisões e as ações da CPT. Situação que começa a mudar a partir desse período no sentido da construção da autonomia do Movimento, que, naquele momento, foi entendida como afastamento em relação à CPT, tendo como referência as decisões balizadas, em 1985, pelo Primeiro Congresso do MST. É, portanto, nesse contexto de construção da autonomia do MST que a ocupação da Fazenda Itasul, em 1989, foi gestada e conduzida com quase exclusividade pelo Movimento.

Destarte, nesses dezenove anos de existência no Mato Grosso do Sul, o MST enfrentou muitos desafios não só externos relativos a seus inimigos clássicos, como o Estado e o latifúndio, mas também internos, como nos conta Dellazeri (1993, p.53):

> A primeira fase é sua origem nas ocupações de terra ... fase esta de muita dependência estrutural e organizativa.
>
> A segunda fase é a que foi marcada por uma cisma entre os agentes pastorais e lideranças dos trabalhadores do MST, além de desentendi-

---

16 Um dos fundadores do MST no Mato Grosso do Sul foi também presidente do Diretório Regional do PT/MS. Geraldo Garcia faleceu em acidente de carro em fevereiro de 1998, no Estado de Roraima.

mentos internos. Ainda com pouca estrutura e lideranças sem muita referência na base, o MST/MS quase que desaparece.

No final dos anos 80 [1980] e início de 90 [1990], a terceira fase se dá com a reorganização e a consolidação do Movimento como organização autônoma, retomando com muita força a luta pela terra nas ocupações da Itassul e Santa Lúcia.

O processo de territorialização do MST acaba por diferenciá-lo de outros movimentos e organizações e se revela basicamente nas seguintes formas de luta:

- *Ocupação/despejo/acampamento*: de forma geral, a direção estadual faz o levantamento da matrícula dos imóveis da região com indícios de devolutividade e também de improdutividade; em seguida, os dados são repassados aos setores, para que seja feita a vistoria, isto é, a verificação em *locus*. Por sua vez, um grupo de militantes, geralmente o setor da Frente de Massa, percorre a região, contatando trabalhadores rurais sem terra. O passo seguinte é organizá-los em grupo, visando à criação de um espaço de diálogo a fim de prepará-los para as ações de ocupação.
- Após uma ação de despejo pela qual as famílias, na maioria das vezes, ficam às margens das rodovias ou próximas de alguma cidade, a orientação a ser seguida é a seguinte: manter as famílias em grupo com seu respectivo coordenador e imediatamente escolher, por meio de assembléia, um membro de cada grupo para formar a coordenação geral do acampamento e este irá então organizar as equipes de trabalho, a saber: finanças, educação, saúde e higiene, animação, segurança etc.

- *Ocupação de órgãos públicos*: o principal objetivo dessa ação é criar um fato político. Às vezes, essa ação é realizada de forma articulada envolvendo vários Estados simultaneamente.

- *Caminhadas, passeatas e atos públicos*: essas ações objetivam consolidar a aliança campo-cidade e ganhar apoio da sociedade. Como exemplo, citamos a realização, em 2001, de uma marcha – foram 32 dias percorrendo 470 quilômetros entre Baytaporã e Campo Grande – que reivindicava a agilização da reforma agrária no Mato Grosso do Sul, o combate aos alimentos transgênicos e o incentivo ao crédito agrícola. Essa manifestação tinha também por objetivo lembrar o Dia Internacional da Luta Camponesa (14 de abril) e o massacre de dezenove trabalhadores rurais em Eldorado dos Carajás/PA.

- *Recuperação de alimentos*: ação que visa matar a fome dos acampados e aumentar a pressão ao governo. Ela é feita contra caminhões que transportam alimentos e trafegam nas rodovias próximas aos acampamentos. Em 1990, foi realizada a primeira ação de recuperação de alimentos pelo MST no Mato Grosso do Sul.
- *Obstrução de rodovias*: é uma atividade de impacto, que visa freqüentemente obter a solução imediata para determinada solicitação, como a libertação de trabalhadores rurais presos. Geralmente, são escolhidas rodovias de tráfico intenso.

Em 2000, o MST contava com 1.610 famílias organizadas em dezesseis assentamentos[17] concentrados basicamente no sudoeste e centro-norte do Estado, e com quatorze acampamentos que estão distribuídos por diversas regiões e abrigam no total 3.885 famílias. Sua principal forma de atuação junto aos assentamentos se dá por meio dos grupos coletivos e das cooperativas (Copac, Copavi e Coopresul).

O sindicalismo rural e a atuação da Fetagri/MS

A história do sindicalismo rural representado pela Fetagri tem início conjunto com a instalação do governo de Mato Grosso do Sul

17 Cumpre ressaltar que, em alguns casos, não se trata de todo o assentamento, mas de grupos organizados. Por conseguinte, nesses casos, a coordenação do assentamento aparece como mista.

em 1º.1.1979, já que nesse período ela possuía, no território do novo Estado, dez sindicatos de trabalhadores rurais (STR), a maioria concentrados na região da Grande Dourados.

Assim, com a divisão do Estado, ocorre a fundação da Fetagri/MS em 13.2.1979, cujo reconhecimento por parte do Ministério do Trabalho acontece nesse mesmo ano (Comissão Pastoral da Terra, 1993).

Ligados à Fetagri/MS, até o período analisado, tínhamos 65 sindicatos de trabalhadores rurais. Para Milan,[18] a Fetagri/MS nasce fazendo a luta pela terra, e, conseqüentemente, a reforma agrária é sua bandeira mais forte. Essa tradição, que começou com os assentamentos Tamarineiro I, Sucuriú e Retirada da Laguna, em 1984, faz que ela esteja, em 2000, presente em 57 assentamentos no Estado e tenha 7.222 famílias espalhadas por 73 acampamentos.

É, contudo, a assentada Teles[19] quem melhor esclarece a territorialização da Fetagri/MS, no tocante à reforma agrária:

> O trabalho da Fetagri é diferente do MST porque na Fetagri ele é pacífico, nós não somos de está ocupando, nem invadindo terras, a gente é mais calmo, procura mais por negociação...
>
> Falando de acampamento, a Fetagri faz acampamento, escolhe as pessoas e leva, mas só que a gente faz diferente. Quando acampei pelo MST [antes ela era militante do MST], a gente morava, ficava ali, morava, não podia sair dali, nós tínhamos um regimento assim, não sai, tem que permanecer, pois só se consegue as coisas se ficar. Eu sofri muito nesse acampamento, na realidade não foi só eu, foi muitas pessoas, pois ali você não tem onde ganhar nada, você não trabalha, e, se não for um parente para te manter, você não consegue... Nos acampamentos do sindicato as pessoas ficam, é claro que eles têm que acampar, você só consegue as coisas se você persistir, só que já é diferente, eles podem

---

18 H. J. F. Milan é assessor de Reforma Agrária da Fetagri-MS, fev. 2001.

19 D. Teles é ex-integrante do setor de saúde do MST (1993-1996) e assentada no projeto Andalúcia/Nioaque. Atualmente é militante da Fetagri-MS, agente de saúde da comunidade e secretária da diretoria da Associação do assentamento Andalúcia, fev. 2001.

> sair, eles saem e vão trabalhar, vão para casa deles quem mora em outras colônias, filhos de agregado, ou casa de pai e mãe ... eles podem ir. Então você vem para o acampamento, pode ir e voltar. Então não é assim obrigado a ficar porque acaba desistindo muitas pessoas ... Não é porque está no acampamento que tem que morrer ali, passar fome. É por isso que nós damos essa trela, tem os acampamentos, mas eles saem, são livres... Mas temos algumas normas também, tem a Associação onde cobramos R$ 2,00 por pessoa, pois, se não tiver dinheiro, as pessoas que tão coordenando não vão poder viajar para negociar. Às vezes a gente leva o nome de pelego, nós somos os pelegos, eles comentam, que nós não lutamos e ficamos esperando que venha, mas não é isso. Nós montamos os acampamentos e acontece os assentamentos ... é mais assim, negociando para conseguir, porque você sabe tem muito conflito, muita morte e acho que isso tem que acabar e se a gente pegar o povo e ficar colocando na frente vai acontecer isso ... Cada um tem uma linha, o MST tem uma linha que todo mundo sabe e a Fetagri tem uma linha também, ela é uma entidade conhecida nacionalmente ... e trabalha de outra forma, nós, sindicalistas, somos pacíficos, nós não queremos guerra, nós não queremos morte, nós não queremos briga, nós queremos que as coisas se tranqüilizem... Critiquem ou não critiquem, mas na realidade quem trabalha com o governo somos nós da Fetagri...

De acordo com Silva,[20] as principais bandeiras de luta dos STR/ Fetagri/Contag são:

- *Reforma agrária*: é entendida como instrumento de uma política agrária abrangente que prioriza o desenvolvimento do modelo familiar de agricultura.
- *Assalariados rurais*: luta pelo cumprimento dos direitos trabalhistas.

---

20 J. N. Silva é presidente do Sindicato dos Trabalhadores Rurais/Fetagri-MS). Comunicação pessoal, abr. 2001.

- *Política agrícola*: o "Grito da Terra Brasil" tem representado a organização dos agricultores familiares, resultando em negociações para a conquista de linhas de créditos como o Programa Nacional de Fortalecimento da Agricultura Familiar (Pronaf).
- *Previdência social*: luta pela Previdência Social Rural.
- *Educação e saúde*: levar cursos de alfabetização para jovens e adultos e estimular a formação de agentes de saúde.
- *Qualificação profissional*: a partir de 1996, a Fetagri/MS passou a atuar na qualificação profissional dos trabalhadores rurais, por meio da parceria com a Secretaria de Estado de Cidadania, Justiça e Trabalho, com recursos do FAT/MTb.

A CUT/MS e a fundação do Departamento Estadual dos Trabalhadores Rurais (DETR)

A fundação da Central Única dos Trabalhadores no Mato Grosso do Sul (CUT/MS), bem como do Departamento Estadual dos Trabalhadores Rurais (DETR), é fruto de um processo de organização que tem início nos anos 1980. Esse período foi marcado pela necessidade de se formar o sindicalismo rural autêntico, um sindicalismo de base comprometido com a luta dos trabalhadores. Havia, contudo, um grupo de sindicalistas insatisfeitos com o rumo que os sindicatos estavam tomando, qual seja, o sindicalismo de cúpula, extremamente voltado à organização da estrutura e ao assistencialismo (Comissão Pastoral da Terra, 1993).

Por causa dessa insatisfação, nasce a idéia de fundar novos sindicatos articuladores entre si que, por se diferenciarem na concepção dos chamados "pelegos", passaram a ser considerados "autênticos".

Por conseguinte, acirra-se a disputa envolvendo a fundação de novos sindicatos dos trabalhadores rurais, em 1985, entre os sindicalistas autênticos e a Fetagri/MS. Os sindicalistas autênticos contavam com franco apoio da Comissão Pastoral da Terra – CPT/MS.

Embora nesse período houvesse discussões acerca da fundação da Central Única dos Trabalhadores (CUT) em Mato Grosso do Sul, inclusive formando uma Comissão Pró-CUT/MS, ela não veio a acontecer, principalmente em virtude de divergências internas que levaram os sindicalistas de oposição a separarem-se em dois grupos: Oposição Sindical e Alternativa Sindical: "Esta divisão serviu apenas para o enfraquecimento da oposição sindical no Estado" (ibidem, p.28). Como resultado de uma análise conjuntural, houve um período de fusão das duas correntes para concorrer à eleição na Fetagri/MS, contudo a adesão dura apenas o tempo da disputa.

A derrota para a chapa da situação levou, posteriormente, o sindicalismo rural autêntico a criar, na cidade de Campo Grande, em 8.7.1988, a CUT/MS. Esse contexto de formação oficial da CUT/MS sela definitivamente a junção das duas correntes, bem como a resolução[21] da principal divergência que naquele momento referia-se à questão da assessoria da CPT, aceita pela Alternativa Sindical e rechaçada pela Oposição Sindical. Como conseqüência dessa fusão, organiza-se, em 1991, o Primeiro Congresso Estadual da CUT/MS e tem início o trabalho de fundação do DETR/CUT, que ocorre em 1992, tendo o seguinte plano de lutas: reforma agrária, luta pela terra, pequena produção (CPT, 1993).

Nos primeiros anos após sua fundação, todavia, o DETR/CUT acaba por dedicar-se exclusivamente, por meio de convênio com a CPT/MS, às reuniões e aos encontros regionais, a fim de discutir a viabilidade da pequena produção.

Nesse período, o trabalho do DETR/CUT, segundo Almeida,[22] ficava restrito, porque era voltado para os associados; por conseguinte, havia um crivo em relação a seu público, situação que colo-

---

21 A resolução das divergências foi entendida como aumento da tolerância às diferenças, já que a influência da CPT continua existindo junto a alguns grupos, como os assentados do projeto Terra Solidária, organizado pela DETR-CUT.

22 W. A. Almeida é coordenador-geral da juventude do DETR-CUT/MS. Comunicação pessoal, 19.4.2001.

cava o sem terra fora de seu espectro de atuação. Entretanto, a partir de junho de 1998, o DETR/CUT muda sua estratégia e passa a filiar e a organizar trabalhadores rurais sem terra com vistas a ações sincronizadas de ocupação de fazendas e formação de acampamentos no Estado, mudança que está diretamente relacionada com a disputa pela representação sindical.

> Para reativar o DETR foi feito uma programação com vários STR e no dia 1° de junho de 1998 estava programado quatorze ocupações no Estado, só que vazou algumas informações entre os próprios companheiros e a GOE na época conseguiu impedir quatro. No dia 1° de junho amanheceu dez ocupações de fazendas no Estado e deu muita notícia, imprensa, polícia, delegado, juiz, promotor de justiça. E no dia 2 de junho, no outro dia, fizemos uma ocupação na Assembléia Legislativa que entupiu de gente dentro e fora da Assembléia, foi entregue vários documentos para os deputados estaduais e daí pra frente chegamos onde estamos na nossa caminhada. Até hoje fizemos várias ocupações e filiamos mais sindicatos de trabalhadores rurais lutando sempre pela terra e o bem-estar de todas as pessoas humildes que trabalhou a vida inteira. E criamos o nosso jeito de trabalhar e lutar. (Almeida)

No período analisado para a pesquisa, o DETR-CUT/MS organizou três assentamentos e 22 acampamentos, com 2.508 famílias. Sua representatividade entre os sindicatos também tem crescido, e, no momento da pesquisa, havia vinte STR filiados (em 1998 eram apenas quatro). Suas formas de luta têm sido aparentemente as mesmas do MST, embora seus objetivos sejam outros. Na verdade, em virtude de sua área de atuação, leia-se organização, ficar bastante restrita à esfera de atuação do STR, sua principal bandeira de luta acaba sendo a disputa pelos STR e pela formação da Federação da Agricultura Familiar do Mato Grosso do Sul (FAF/MS), disputa que se dá necessariamente no marco institucional, ao contrário do MST. Nesse sentido, acirra-se o embate pela representação sindical no campo, visto que a Fetagri mantém-se como oposição à CUT no Estado, a despeito da filiação da Contag a essa Central.

O debate da CUT acerca da criação da Federação da Agricultura Familiar traz consigo a regionalização dos sindicatos como estratégia organizativa. Portanto, os Sindicatos dos Trabalhadores na Agricultura Familiar (Sintraf[23]) seriam a base organizativa da FAF/MS; por sua vez, o sindicato atuaria nas chamadas microrregiões da agricultura familiar, dimensionando a luta sindical, logo, ultrapassando o caráter municipal que ela tem hoje. Assim, a luta pela terra se torna mais um meio do que um fim.

Destarte, além das campanhas de sindicalização e filiação dos STR à CUT/MS, outra ação junto aos assentados tem obtido relevo, haja vista a criação do *modelo de assentamento misto* que concilia área individual e coletiva.[24] Os projetos escolhidos em parceria com o governo estadual são:

- *Assentamento São Tomé*: teve início em 2000 e possui quarenta famílias trabalhando em regime semicoletivo, leia-se, modelo misto.

- *Assentamento Terra Solidária*: teve início em 2000, é composto por 38 famílias e a forma de trabalho tem sido coletiva e semicoletiva. A produção pretende ser orgânica, embora no período da pesquisa essa realidade não tenha se confirmado.

Em resumo, a estratégia de luta, segundo o Relatório de Planejamento DETR/MS (2000), é "consolidar uma organização estadual

23 No término desta pesquisa, um Sintraf estava em exercício na cidade de Campo Grande. Outras iniciativas nesse sentido foram bloqueadas mediante liminares impetradas pela Fetagri.

24 No trabalho de campo, que será mais bem detalhado nos Capítulos 4 e 5, constatamos que, no assentamento São Tomé, não houve trabalho coletivo no sentido pleno do termo, que é divisão dos resultados baseados na igualdade da quantidade de trabalho (divisão de acordo com as horas trabalhadas). No assentamento Terra Solidária, somente o grupo ligado a COAAMS relatou ter realizado trabalho coletivo na acepção do termo.

da agricultura familiar do MS, que lute pela Reforma Agrária e pela construção do projeto alternativo de desenvolvimento rural sustentável e solidário".

Como forma de avaliarmos as principais formas de luta, de acordo com os diferentes agentes, apresentamos os Gráficos 13, 14 e 15. O Gráfico 13 revela a ocupação de prédios públicos, seguida da obstrução de rodovias e de bancos como as principais formas de luta das organizações. Geralmente, a escolha desses locais está ligada à agilização de medidas institucionais e a reivindicações imediatas que necessitam, para sua resolução rápida, de manifestações públicas de impacto que sensibilizem a opinião pública como um todo. A ocupação de bancos ocorre em função basicamente da liberação de créditos para o assentamento.

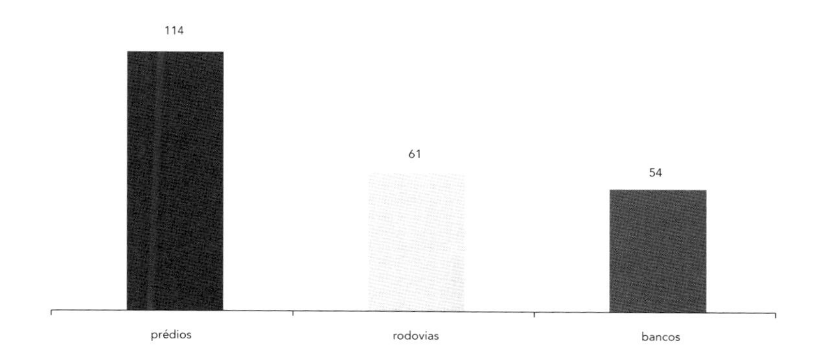

Gráfico 13 – Principais locais de manifestações (2000).Fonte: Ministério do Desenvolvimento Agrário e Ouvidoria Agrária Nacional, 2001.

O Gráfico 14 evidencia a presença hegemônica do MST nas manifestações, e o Gráfico 15 é complementar ao enfatizar as principais reivindicações por organização social, com destaque para o MST. Por conseguinte, como apontam os dados, é a amplitude do entendimento da luta pela terra e, portanto, de suas ações que faz do MST o mais importante movimento da história camponesa do Brasil.

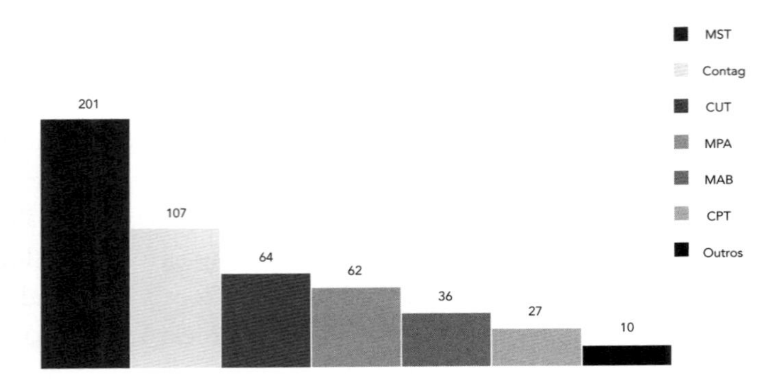

Gráfico 14 – Atuação dos movimentos sociais nas manifestações (2000). Fonte: Ministério do Desenvolvimento Agrário e Ouvidoria Agrária Nacional, 2001.

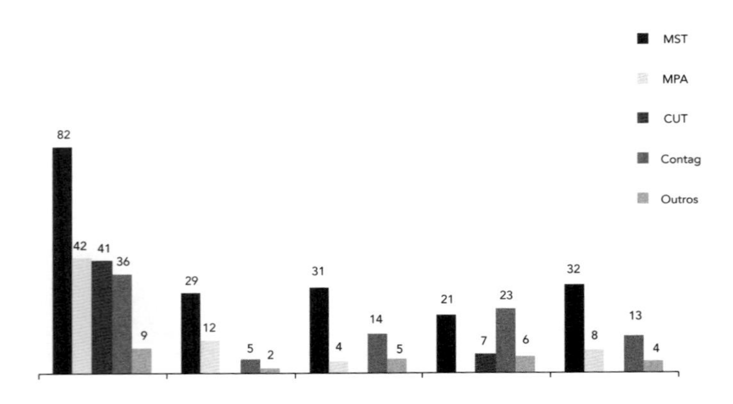

Gráfico 15 – Principais reivindicações por movimento social (2000). Fonte: Ministério do Desenvolvimento Agrário e Ouvidoria Agrária Nacional, 2001.

4
Campesinato e a Distinção como *Habitus*: O Acampamento para Além da Forma...

"Nestes versos simples eu quero relatar
Detalhes das tralhas de um acampado
Já desgastadas de tanto se lesar
Porém para mim muito representam
Porque me ajudaram terra conquistar.

Um machado bueno e um três listras que não entrego
Um maço de prego, um martelo e umas lona preta
Uma caneta e um caderninho para escrivinhar
Quando a conjuntura desta luta dura
Sempre que mudava eu tinha que anotar."

(Clodoveu Ferraz Campos e Amilton de Almeida. "Tralhas de um acampado").

A elaboração deste capítulo não foi balizada por uma necessidade mecanicista de seguir a ordem da razão, contudo não visamos com isso impor uma condição preliminar de leitura; ao contrário. O alerta vem no sentido de esclarecer o caminho adotado, aquele que procura, por meio do pensamento espiralado, no vai-e-vem característico de quem não sabe *a priori* o resultado do exercício no qual

ATENÇÃO
ACAMPAMENTO
SEM TERRA

se lança, trabalhar com todos ou quase todos os aspectos da problemática. Desse modo, o texto, ao não fazer "desaparecer os vestígios da pincelada, os toques e retoques", como diria Bourdieu (2000), acaba por revelar o processo de sua criação e nele as dúvidas e os interesses do autor.

A discussão acerca do acampamento[1] e, por conseguinte, das práticas distintivas tem como pressuposto o entendimento do acampamento não apenas como forma, mas como forma-conteúdo. Não se tem como preocupação fazer uma etnografia[2] do objeto de análise, ou melhor, um estudo de caso. Na verdade, a problemática dos acampamentos foi se incorporando como necessidade ao longo da pesquisa, já que, para entender a luta pela terra e sua territorialização no tempo dos assentamentos, era premente apreender o processo que se inicia, invariavelmente, noutro momento e espaço.

O trabalho de campo e, portanto, as visitas aos assentamentos nos levaram, como ponto de parada obrigatória, aos acampamentos. Com o passar do tempo, a aparente homogeneidade dos acampamentos do MST, da Fetagri e da CUT foi sendo compreendida como heterogeneidade. E isso foi possível porque a forma aparentemente comum é apenas o aspecto padronizado dos objetos geográficos, situação que em si não é reveladora dos conteúdos. Logo, a análise da forma pela forma, ou seja, do aspecto visível não retém a diferença contida nelas, bem como não permite compreender a produção

---

1 Para Comerford (1999), o acampamento na beira da estrada que será analisado neste capítulo insere-se num conjunto de formas coletivas de mobilização e manifestação estabelecidas pelo MST, tais como: ocupações de propriedades rurais, públicas ou privadas; romarias e caminhadas; bloqueio de estradas; passeatas; acampamentos em locais públicos, ocupações de órgãos públicos; grandes celebrações religiosas; assembléias em locais públicos; e festas comemorativas de eventos. Para o autor, essas formas coletivas de ação "por vezes se 'misturam', quando, por exemplo, uma passeata termina na ocupação de um órgão público ou no acampamento em uma praça" (ibidem, p.127).

2 A respeito da preocupação com a descrição da cultura, da religião e das manifestações materiais dos acampados, ver: Turatti (1999, cap. 2).

e ordenação territorial. Desse modo, para apreender os conteúdos, é necessário olhar para além da forma dos objetos geográficos,[3] é preciso relacionar forma e conteúdo, aparência e essência. Com isso, pode-se dizer que a forma como forma-conteúdo está sempre mudando de significação, de acordo com o movimento da sociedade.

Isso posto, podemos então afirmar que a forma-conteúdo acampamento desse período histórico, de redemocratização da sociedade e emergência de novos movimentos sociais, tendo como marco o Acampamento Natalino,[4] constituído no local Encruzilhada Natalino – Ronda Alta/RS, de 1980 a 1983 –, não representa na sua essência uma repetição da forma-conteúdo acampamento inaugurada pelo Master no período militar.

Como esclarece Marcon (1997, p.25-6), os acampamentos organizados pelo Master, na década de 1960, ao contrário do Acampamento Natalino, constituíram-se apenas em instrumentos provisórios de pressão junto ao governo para a desapropriação de terras com fins de reforma agrária.

> No caso do Natalino, porém, o acampamento representou uma forma muito peculiar ... As famílias foram-se instalando, de dezembro de 1980 até junho de 1981, ao longo da rodovia, foram *construindo uma identidade* de movimento que, mesmo com todas as tensões internas,

---

3 A discussão da forma-conteúdo dos objetos geográficos teve como ponto de partida as reflexões de Santos (1992). Cumpre destacar que o referido autor não pensou o conceito para o rural, muito menos para o acampamento, mas para o espaço urbano. Portanto, embora as reflexões de Santos tenham iluminado nosso objeto, sua explicação se deve às nossas tentativas de análise.

4 É mister lembrar que o conflito que originou o acampamento Natalino teve início com a expulsão de quase mil famílias de colonos da reserva de Nonoai, em 1978. Uma pequena parte dessas famílias aceitou ser transferida para o Parque de Exposições de Assis Brasil, em Esteio. Posteriormente, esses colonos tomaram caminhos diferenciados, uma parcela foi assentada no projeto Terranova, em Mato Grosso, e a outra, assentada numa área próxima a Bagé/RS. Portanto, foram aquelas famílias que não aceitaram ficar em Esteio, permanecendo assim nas proximidades da reserva de Nonoai, que, em 1979, começaram a se organizar e a realizar ocupações de terra, originando o histórico acampamento Natalino (Marcon, 1997).

unificou-se em torno da reivindicação de terra no próprio estado. (grifo do autor)

Enfim, a experiência com os acampamentos revelou que, na aparência, as formas podem ser homólogas; todavia, na essência, apresentam consideráveis diferenças que são basicamente de entendimento e condução da luta pela terra por parte dos diversos agentes, como veremos a seguir.

As formas são mediações produzidas nas relações sociais, ao mesmo tempo que são também condição para a reprodução dessas. Logo, uma mesma forma pode receber conteúdos diversos, como é o caso do acampamento organizado pelo MST, pela Fetagri e pela CUT.

A utilização, na década de 1980, por parte do MST, da forma-conteúdo acampamento na organização da luta pela terra despertou em pesquisadores, como Abramovay (1985) e Lisboa (1988), interpretações nas quais essa forma de luta aparece como o elemento novo no processo de resistência. Compreensão que acreditamos equivocada, uma vez que, para os autores citados, o acampamento em si representa o avanço na luta pela terra e não necessariamente os novos conteúdos e interações existentes a partir da forma como, por exemplo, a ocupação. Desse modo, há nessas análises um isolamento da forma acampamento e um aprisionamento em sua aparência, o que gera uma compreensão parcial da realidade. Logo, o *novo* não está na forma acampamento, na forma/objeto em si, como pensou Abramovay (1985, p.55):

> Uma das mais importantes conseqüências do desencadeamento do processo de Reforma Agrária é a aparição de novas formas de luta e resistência por parte dos trabalhadores rurais. Neste sentido, *as dezenas de acampamentos à beira de estradas que têm surgido nos últimos anos ... representam formas inéditas de manifestação* dos movimentos sociais de luta pela terra. (grifo nosso)

Do mesmo modo, ao investigar as condições sociais que têm contribuído para a constituição e reprodução ampliada dos acampamentos, Sigaud (2000) destaca o papel organizativo do MST e do STR/Fetape. Todavia, ao contrário do que pensamos, afirma que o sentido da ação dos que acampam não é necessariamente "lutar pela reforma agrária", mas encontrar uma saída possível para uma situação de desemprego na qual estão inseridos.

> O que quero destacar é que *o acampamento, embora seja uma forma nova, é uma saída como qualquer outra*. Ao buscá-la, os trabalhadores têm contribuído para a proliferação dos acampamentos e, assim, para o que tem sido interpretado como luta pela reforma agrária. (Sigaud, 2000, p.89 – grifo nosso)

Ao não tratar das ocupações como um verdadeiro fato novo na emergência do MST, bem como da diversidade de conteúdo que os acampamentos apresentam, de acordo com a bandeira de luta, a autora acaba, portanto, por não diferenciar a forma acampamento ao tratá-la como um modelo de reprodução ampliada, embora reconheça haver diferenças na concepção de luta dos STR/Fetape e MST. Situação que acaba por fazê-la repetir, no presente, os equívocos de autores que, no passado, analisaram o acampamento levando em conta tão-somente a forma, o que não permite a análise de sua essência, a qual, no caso do MST, tem sido a de explicitar para a sociedade o conflito de classes, bem como "gestar", na perspectiva do Movimento, um "camponês de novo tipo".

Como diz Caldart (2000, p.224): "os sem terra se educam no processo, de modo geral tenso e conflituoso, de *transformar-se como camponês, sem deixar de sê-lo*, o que quer dizer, buscando construir relações de produção (e de vida social) que já não são próprias do campesinato tradicional..." (grifo da autora). Essa situação, por sua vez, tem como pano de fundo uma estrutura específica materializada na aliança terra/capital e na exploração e expropriação daí decorrente, ou melhor, na oposição entre latifundiários e camponeses, em que o processo é a ação que se direciona na busca da acomodação e/ou resistência. Nesse caso, a forma-conteúdo acampamento do MST (espécie de *communitas)* tem representado tanto a continuidade como a possibilidade de contestação dessa estrutura.[5]

Principalmente a partir de 1985, data da criação do MST no Brasil, o acampamento passa a ser para Movimento[6] o resultado da ocupação e da luta de resistência. Ocorre então uma mudança de conteúdo em relação ao período anterior representado pelo Master. Desse modo, a ocupação de terras, num contexto de enfrentamento de classes e recuperação do espaço de diálogo pós-ditadura, é o diferenciador. Logo, a forma-conteúdo acampamento cumpre para o MST o objetivo primeiro de desafiar o poder das cercas e expor à sociedade o conflito de classes. Num segundo momento, ela assume outros significados que posteriormente vamos analisar, mas que são basicamente de construção daquilo que o movimento designa como "identidade sem terra".

No Mato Grosso do Sul, o primeiro[7] acampamento organizado, nesse contexto de enfrentamento político com o latifúndio e o Esta-

---

5 Estamos trabalhando com a noção de estrutura apresentada por Abbagnano (1999, p.376), porque, segundo o autor, na terminologia de Marx, "a estrutura é a constituição econômica da sociedade em que se incluem as relações de produção e asrelações de trabalho, ao passo que a superestrutura é a constituição jurídica, estatal, ideológica da própria sociedade".

6 Em relação à grafia do nome "sem terra", seguiremos o uso construído pelo MST, na medida em que o Movimento utiliza o nome "sem terra" sem o hífen e não usa S na flexão de número, exemplo: os sem terra. Desse modo, tal procedimento acabou gerando um nome próprio que sintetiza a identidade coletiva do Movimento. Da mesma forma, quando utilizar a palavra Movimento (com maiúscula), estarei me referindo ao MST no intuito de destacar sua condição de movimento social, no nosso entendimento, sua mais importante identidade. A respeito do assunto, ver Caldart (2000).

7 Alguns trabalhos, como o relatório da CPT/MS-1993, relatam a existência do acampamento anterior a esse período, todavia com conteúdo diverso da ação coletiva que estamos considerando. Desse modo, eram acampamentos marcados pelo espontaneísmo e imediatismo, situação oposta à ação coletiva de ocupação da Fazenda Santa Idalina, em 1984, que foi organizada pela CPT, pelo Sindicato dos Trabalhadores Rurais (aqueles considerados na época progressistas e que, mais tarde, fundariam a CUT no Estado) pelo e MST com vistas não só a conquistar a terra, mas também questionar o pacto oligárquico presente no Estado.

do personificado, foi resultado da ocupação da Fazenda Santa Idalina, no município de Ivinhema, em 28 de abril de 1984. O acampamento formado após o despejo de aproximadamente oitocentas famílias resistiu durante seis meses até a transferência para o assentamento "Padroeira do Brasil", no município de Nioaque. A partir desse período, houve uma multiplicação da forma-conteúdo acampamento por vários recantos do Estado; no entanto, nesse período a diversidade ainda não estava posta de maneira clara para os distintos movimentos e organizações. Porém, no processo de luta, o conteúdo da forma acampamento foi sendo explicitado, alguns efetivamente novos, em cuja situação destaca-se o MST e seu ideário de "gestação de um novo sujeito", outros apenas retomados,[8] no caso da Fetagri e da CUT, a ocupação "como mecanismo de pressão". Vejamos, respectivamente, nos relatos dos sem terra do MST, da Fetagri e da CUT, esse sentido diferenciado:

> Pra quase todo acampado que você pergunta ele vai dizer que o acampamento é uma escola. Por que é uma escola? Ele aprende desde as linhas do Movimento, os estudos, os cursos de formação, as capacitações. Nós fazemos os cursos massivos com todo o pessoal do acampamento [educação, saúde, conjuntura – o que o governo está fazendo] e *por isso as pessoas falam que o acampamento é uma escola porque aqui tira uma viseira das pessoas e eles vêem uma nova forma de enxergar o mundo lá fora*, não fica mais naquela visão tapada de um palmo do seu nariz. Como diz o Paulo Freire, "Só o coletivo educa o coletivo". (Santos[9])

> Se a gente não acampar, não é sem terra, *tem que acampar pra fazer a pressão*, e outra, pra essas pessoas grandes lá de cima ver ... Então eu acho que o sem terra tem que ter família, ter mulher, crianças, movimento e tal. É isso que a gente precisava mais aqui. ... A pressão vale

8 Nesse sentido, vale dizer que a forma pode manter o conteúdo de estruturas passadas numa espécie de acumulação histórica; logo, nessa recriação, não há necessariamente mudança de conteúdo (Santos, 1982).

9 Militante do MST/acampamento Geraldo Garcia, jan. 2002.

muito ... *Agora sem briga, sem confusão, uma coisa normal,* conversando, procurando as pessoas que entende, que é do Incra, do ramo. Agora se disser: "Nós vamos invadir", então eu estou fora, porque, se for parte de invasão, não conta comigo porque eu não sou pra isso. (Oliveira[10])

A forma da gente trabalhar é a luta mesmo, nós perdemos no ano passado [2001] seis áreas por causa de ocupação, foi um pecado em termos de processo de assentamento, mas aconteceu porque a gente não tinha acordado para a medida provisória. Mas o pessoal tem procurado a gente porque a CUT é a única entidade que está peitando todo mundo, o Estado, o governo federal, independente deste ou daquele governo, a nossa defesa é o trabalhador familiar. *O nosso projeto é trabalhar o Sintraf e a FAF, é um sindicato diferenciado desse atual, por isso nós fizemos essa movimentação.* Nós queremos trabalhar com a Secretaria da Agricultura Familiar. Se a Fetagri fosse filiada à CUT no Estado, não precisaria ter o DTR, ele se extinguiria. Mas nós da executiva optamos por não disputar a Fetagri ... Com o Sintraf a gente já tira o assalariado rural porque ele não é agricultor familiar, porque o STR/Fetagri acaba acumulando todo esse pessoal e acaba não conseguindo dar resposta para todo mundo. Nós vamos abrir edital agora esse ano [2001] e vamos criar aqui em Campo Grande e depois em vários municípios o Sintraf. (Cardoso[11])

A escala do fenômeno, ou seja, a duração do acampamento (alguns se prolongam por anos), e a pluralidade de mediadores envolvida na organização desse campo de força são elementos que se destacam nos campos e estradas sul-mato-grossenses. Como podemos verificar no Gráfico 16, tínhamos, em 2000, 73 acampamentos da Fetagri, 22 da CUT/DTR e 14 do MST.

---

10 Sem terra, Fetagri/acampamento Fazenda Cisalpina, ago. 2002.

11 Liderança, direção executiva da CUT/DTR, jan. 2002.

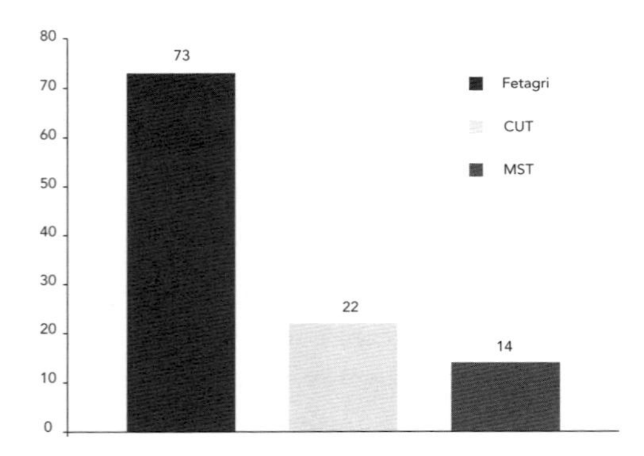

Gráfico 16 – Relação de acampamentos no Mato Grosso do Sul (2000). Fonte: MST, Fetagri, CUT/MS, 2000.

Entrementes, entendemos que permanecer na quantificação é uma simplificação do fenômeno, visto que ela não revela as diferentes condições sociais, nas quais se reproduz a forma-conteúdo acampamento. Não revela, por exemplo, os significados entre ocupação, acampamento e assentamento, e as nuanças que cercam esse movimento socioterritorial.[12]

No Mato Grosso do Sul, até o final da década de 1990, os acampamentos com ocupações de terra foram fundamentalmente realizados pelo MST, e a partir desse período a CUT/DETR passa a ser a principal organizadora. Todavia, a CUT/DETR não segue necessariamente o critério da massividade[13] da ação, um dos princípios fundamentais do MST no tocante a essa forma de luta e resistência, em

12 Extraímos o conceito de Fernandes (2001, p.52), que assim o define: "movimentos socioterritoriais são todos os que têm o território como trunfo".

13 Segundo Fernandes (2001, p.67), "o conceito de ocupação massiva tem como significados: quantidade e extensão. Portanto, considera-se tanto o grande número de famílias envolvidas, quanto a prática de desdobramento da luta, quando a ocupação é organizada não para conquistar uma área determinada, mas sim para conquistar determinadas áreas para todas as famílias".

parte, em razão dos limites territoriais de atuação do sindicato. Situação que se observa com clareza quando relacionamos o número total de acampamentos com o número total de famílias envolvidas nas ações do MST e da CUT.

Assim, ainda que a CUT organize um número maior de ocupações e acampamentos no Mato Grosso do Sul, o número de famílias participantes é inferior ao do MST (Gráficos 17 e 18). Por sua vez, os sindicatos ligados à Fetagri, analisados num contexto geral, não têm a ocupação como estratégia definida e, apenas posteriormente às primeiras conquistas de assentamentos no Mato Grosso do Sul, passaram a organizar acampamentos que, na aparência, assemelham-se às conhecidas "cidades de lona", mas, no cerne, são barracos vazios, porém numerados, a representar famílias cadastradas à espera do lote. Nesse sentido, o depoimento que segue é ilustrativo: "a pessoa vem, monta o barraco e eu coloco o número e mando pra lá para ele fazer a ficha... Morando aqui no acampamento nós temos doze famílias ... Mas aqui é para trezentas famílias".

> Esses números nos barracos é por causa de um cadastramento dos barracos para quando for dividir a terra e até mesmo por outro motivo que é fazer a ficha da cesta básica. Então barraco número um é fulano e assim vai até o trezentos e aí fica mais fácil da gente decifrar. A pessoa vem monta o barraco e eu coloco o número e mando pra lá para ele fazer a ficha... Morando aqui no acampamento nós temos doze famílias, mas no domingo chega a atingir 150 a 200, tem domingo que tem menos, mas tem sempre muita gente. Mas aqui é para trezentas famílias...
>
> Nos domingos, a gente aguarda aqui debaixo dessa árvore o sindicato, alguns líderes que estão junto com a gente, eles vêm para dar as notícias de Campo Grande, de Três Lagoas, de como está andando o processo da fazenda e também alertando os companheiros que chegam, os que estão chegando agora, das normas daqui: não entrar na propriedade, não ficar andando pra lá e pra cá, mexendo, tirando alguma coisa da fazenda. (Oliveira[14])

---

14 Sem terra, Fetagri /acampamento Fazenda Cisalpina, ago. 2002.

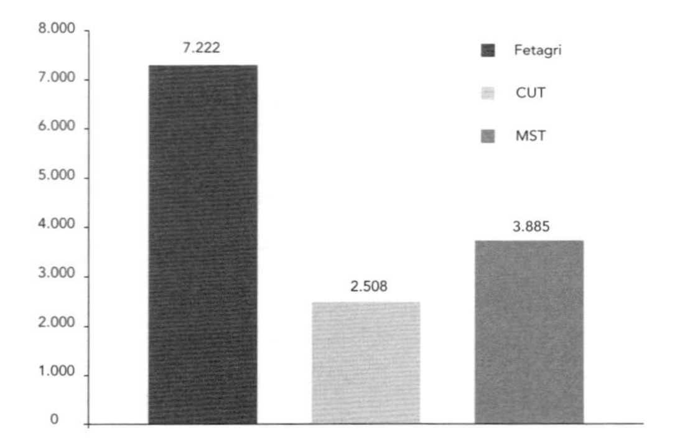

Gráfico 17 – Relação do número de famílias por acampamento no Mato Grosso do Sul (2000). Fonte: MST, Fetagri, CUT/MS, 2000.

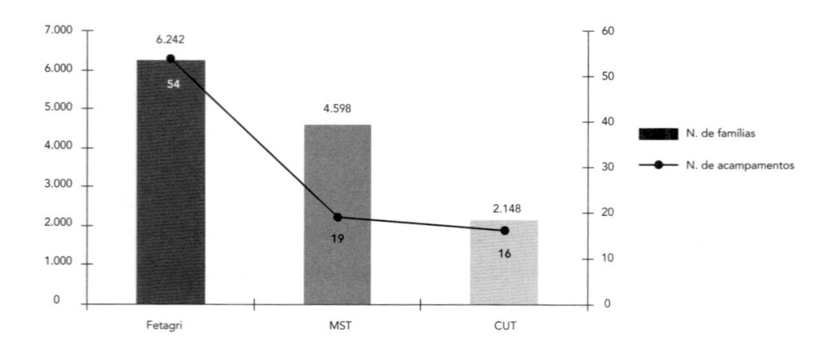

Gráfico 18 – Número de acampamentos e famílias no Mato Grosso do Sul (2002). Fonte: MST, Fetagri, CUT/MS, 2002.

Nessa perspectiva, é interessante assinalarmos que, no Mato Grosso do Sul, a luta que se realiza por meio da ocupação e acampamento como forma de resistência nasceu com forte oposição da Fetagri.[15] Por conseguinte, as condições sociais que levaram, posteriormente, os sindicatos de trabalhadores rurais ligados à Fetagri a utilizarem-se do acampamento relacionam-se a quatro fatores principais, a saber: o reconhecimento da categoria acampado pelo órgão governamental no Estado (Incra), inclusive com a elaboração de cadastros e mapas de localização; a utilização da simbologia do acampamento entre os próprios mediadores como delimitador em relação ao interesse especifico em alguma fazenda; o crescimento dos sindicatos ligados à CUT, fazendo oposição a postura "pacífica" da Fetagri em relação à luta pela terra; e, por fim, a crescente relação entre ocupação-acampamento e a desapropriação de terras.

Caso partíssemos meramente de uma investigação comparativa, centrada no visível, poderíamos iniciar afirmando que a forma de organização da luta pela terra, no Mato Grosso do Sul, caracteriza-se por diferenças de ordem disciplinar: o MST mostra-se metódico: "A diferença entre os acampamentos é visível, no caso do MST é a permanência"; a Fetagri localiza-se no extremo oposto em relação

15 A respeito das nuanças que cercam a relação entre sindicatos de trabalhadores rurais/Fetape e MST, ver também Sigaud (2000, p.73-92). Nesse artigo, encontramos uma análise dos acampamentos organizados nos engenhos pernambucanos a partir de 1992, bem como do surgimento do MST na região da Zona da Mata e de como a partir desse fato deu-se a cooperação entre STR – Fetape e MST na organização de ocupações e acampamentos. Assim, segundo a autora, até a década de 1990, embora os STR, a Fetape e a Contag tivessem como bandeira de luta a reforma agrária, a ocupação dos engenhos não fazia parte das estratégias de luta, situação que foi mudada a partir desse período quando da presença de militantes do MST na Zona da Mata pernambucana. Ainda segundo Sigaud (2000, p.85), a recorrência aos elementos e arranjos permite deduzir que o acampamento segue uma forma, ou seja, um modelo engendrado no sul do país: "Os acampamentos da mata pernambucana aqui tratados têm uma forma que se reproduz, conforme foi observado nos municípios de Rio Formoso e Tamandaré. Essa forma tem aspectos ritualizados e se constitui numa linguagem pela qual os diferentes fazem afirmação simbólica".

às regras de participação na luta, porém com expressivo centralismo: "Nem todos acamparam, ficou uma média só de quinze famílias acampadas". Por sua vez, a CUT/DETR assume a postura intermediária entre os dois pontos considerados extremos: "A norma no acampamento da CUT é doze dias em casa". Analisemos na íntegra os relatos, respectivamente, da CUT, da Fetagri e do MST:

> A norma no acampamento da CUT é doze dias em casa, dezoito no acampamento e doze em casa. Por uma questão financeira, de trabalho, não tem como você prender o cara trinta dias dentro do acampamento. É uma situação meio intermediária. (Silva[16])

> Nem todos acamparam, ficou uma média só de quinze famílias acampadas porque a grande maioria tinha ... (pausa) tinha gado na cidade [criava solto nas ruas], outros estavam trabalhando de empregado em fazenda, e a gente como não tinha cesta básica não podia desempregar alguém pra passar necessidade lá no acampamento, a gente queria resolver o um problema social. Então nós levamos um pessoal que não tinha emprego mesmo, era trabalhador rural, mas não estava trabalhando de empregado e nem de arrendatário, estava trabalhando de bóia-fria e de bóia-fria eles trabalham em qualquer lugar, aí eles foram trabalhar nas periferias das fazendas próximas e graças a Deus os fazendeiros até acataram muito bem os novos vizinhos e deram serviço para eles. (Silva[17])

> A diferença entre os acampamentos é visível, no caso do MST é a permanência; se você chegar num acampamento do MST em qualquer dia, você vai encontrar 80% das famílias. Se o povo tiver em trabalho fora, hoje existe para que ele não fique só acampado esperando cair do céu, ele tem que lutar por um pedaço de terra e lutar também pela sobrevivência. Então existe no acampamento uma organização, tipo uma cooperativa de trabalho que determina as frentes de trabalho que libera de acordo com a demanda, 20%, 30%, 40%, mas não mais de 40% do pessoal por dia para trabalhar. Então, se for época de colheita libera mais,

16 Liderança, CUT/DETR/assentamento São Tomé, out. 2001.

17 Presidente do Sindicato dos Trabalhadores Rurais, de. 2001.

> e então pode baixar o nível de permanência diária no acampamento porque o trabalhador sai de manhã e volta à noite. Um outro caráter é a educação, é impossível você chegar num acampamento do MST e não encontrar um barraquinho lá com a bandeira do movimento hasteada e no mínimo uns bancos lá com umas crianças estudando. A outra questão é a organização em si, a estrutura do acampamento, onde se trabalha a questão da higiene, do alinhamento dos barracos, segurança, disciplina. Tem sempre uma guarita com uma pessoa, ela normalmente não fica armada, fica lá para conversar com as pessoas, identificar quem entra e, se necessário, comunicar ao acampamento que aquela pessoa via esta dentro do acampamento. Outra diferença na organização é o local de reuniões, sempre tem um que geralmente é no centro do acampamento, por que isso? Para já trabalhar a coletividade no acampamento, a aproximação, porque é impossível você fazer qualquer discussão da organização levando o pessoal para fora do acampamento. Então no centro do acampamento fica pra fazer as reuniões e não serve só para isso, serve para fazer uma missa, celebrar aniversários, para a assembléia geral, então ficar no centro próximo a todo mundo e costuma ter um pedaço de ferro, alguma coisa assim que o pessoal bate e o povo já sabe que vai começar a atividade. E quando o acampamento é na beira da estrada, também dá pra fazer isso, geralmente é uma linha reta e você baseia mais ou menos o centro pra aproximar os pontos. (Paula[18])

Acreditamos, contudo, que se faz necessário aprofundar a análise dessas diferenças de conteúdo "disciplinar". Nossa premissa é que elas refletem uma concepção de estrutura e, portanto, de sociedade distinta. Assim, apreender esse movimento parece ser o desafio.

Para refletirmos sobre essa problemática, é preciso adjetivar os sem terra, já que estamos partindo do pressuposto de que somente o MST possui conteúdo novo para a forma acampamento. Por conseguinte, vamos nos deter nas práticas distintivas dos sem terra do MST, para evidenciar a diferença em relação aos demais.

Para trabalhar tais premissas das diferenças contidas na forma–conteúdo acampamento e da subseqüente lógica da distinção que

---

18 Militante, MST/assentado no projeto São Luis, dez. 2001.

tem marcado as ações do MST, utilizaremos fontes coletadas por meio de entrevistas e observações, nos seguintes acampamentos, visitados em 2000, 2001 e 2002:

- *Acampamento* CUT: Rodovia Estadual "MS 141" (liga Naviraí a Itaquiraí) – devereiro de 2001.
- *Acampamento* MST: Dentro do assentamento São Luis, em Batayporã – outubro de 2001.
- *Acampamento Fetagri*: Rodovia Estadual "MS 395" (liga Bataguassu a Anaurilândia) – Dezembro de 2001.
- *Acampamento "Pontal do Faya"/Fetagri*: Rodovia Federal "BR 158" (liga Três Lagoas a Selvíria) – dezembro de 2001.
- *Acampamento "Geraldo Garcia"/*MST: Rodovia Estadual "MS 162" (liga Sidrolândia a Maracajú) – janeiro de 2002.
- *Acampamento Fetagri*: Rodovia Federal "BR 060" (liga Campo Grande a Sidrolândia) – janeiro de 2002.
- *Acampamento* MST: Rodovia Estadual "SP 300" (liga Castilho a Andradina) – janeiro de 2002.
- *Acampamento "Fazenda Cisalpina"/Fetagri*: Rodovia Estadual "MS 444" (liga Selvíria a Inocência) – agosto de 2002.

Utilizamos também relatos acerca da experiência de acampamento coletados nos assentamentos, bem como dados cedidos pela Fetagri, CUT, MST, Incra, Idaterra e CPT. Por fim, destacamos a literatura reunida a respeito do assunto, bem como a experiência adquirida nos acampamentos do Pontal do Paranapanema à época da realização da pesquisa de mestrado.

O Movimento dos Trabalhadores Rurais Sem Terra (MST) e a formação de *communitas*

Para pensar o MST e a forma acampamento como um rito de passagem, faremos uso dos aportes conceituais de liminaridade e *commu-*

nitas trabalhados por Turner (1974). Porém, antes de iniciarmos a análise, cabe explicitarmos que a utilização desses conceitos não implica uma "camisa-de-força", já que o ponto de partida foi a forma como os fenômenos se apresentam no real para então se chegar ao conceito.

Segundo Turner, a sociedade é um processo vital que possui em seu bojo fases que podem ser caracterizadas por uma intensa dinâmica entre estrutura social e antiestrutura social, essa última formadora do que o autor, citando os estudos de Van Gennep (1960), chamou de liminaridade e *communitas*. Embora o estudo de Turner se centralize nas sociedades pré-industriais, ele acredita que a *communitas* ocorre em todos os estágios da sociedade.

O conceito de liminaridade é trabalhado pelo autor como sinônimo de passagem, daí a idéia de ritos de passagem, porque obedece a fases distintas, porém interligadas: separação (pré-liminar), margem (liminar) e agregação (pós-liminar). Logo, entendemos que, para passar da condição de sem terra para assentado, no Brasil, os homens e mulheres do MST têm enfrentado um ritual de passagem (o que faz dele um homem liminar), marcado por essas três fases, visto que a formação do acampamento, a *communitas*, se dá na fase intermediária (a margem) e representa o grande diferenciador. Queremos dizer com isso que o acampamento do MST é o único que possui aspectos de *communitas*, o que constitui um dos fatores iniciais da distinção em relação à Fetagri e à CUT. Essa afirmativa tem como pressuposto o fato de que o acampamento, para a Fetagri e para a CUT, fundamenta-se na estratégia da pressão com vistas à desapropriação de terras, enquanto, para o MST, o acampamento insere-se num projeto mais ambicioso:[19] a gestação de um novo sujeito. Logo, o processo subjacente a eles é distinto.

---

19 Para Caldart (2000, p.114), esse projeto sustenta-se no seguinte tripé: educar e manter mobilizada a base sem terra, sensibilizar a opinião pública para a causa da luta pela terra e fazer pressão sobre as autoridades responsáveis pela realização da reforma agrária.

Os sujeitos liminares, pessoas que se submetem a transições ritualizadas e suas fases rituais, sempre foram normalmente considerados perigosos porque negam a estrutura vigente, isto é, questionam a ordem, o *status quo,* como explica Turner (1974, p.133): "aquilo que não pode, com clareza, ser classificado segundo os critérios tradicionais de classificação, ou se situe entre fronteiras classificadoras quase em toda parte é considerado 'contaminado' e 'perigoso'".

A liminaridade pode ser dividida em dois tipos principais: ritos de inversão de *status* e ritos de elevação de *status*. Entre os sem terra acampados (pessoas liminares), são comuns esses ritos, em que eles, por meio da linguagem simbólica, dominam aqueles que na estrutura ocupam posições hierarquicamente superiores.[20]

O autor destaca ainda que, apesar de a *communitas* estar fundamentada num relacionamento não-estruturado entre liminares, não se trata simplesmente de "uma área de vida em comum", espécie de comunidade. O termo *communitas* (palavra latina) é mais que isso, e implica "reconhecer um laço humano essencial e genérico, sem o qual não poderia haver sociedade" (Turner, 1974, p.119). Como exemplo desse sentido do laço social genérico (condição humana) a unir todos os membros da *communitas,* aparecem a bondade humana e a solidariedade, que são independentes das afiliações ou da ocupação de posições sociais. Assim, passa a ser cultivada como um valor humano acima dos demais, sendo ela o cimento capaz de unir os diferentes, daí sua importância para o MST.

20 Quando ocorre ocupação de órgão público pelo MST, é comum se nomear simbolicamente um companheiro como dirigente do órgão ocupado, ou até mesmo sentar-se na cadeira do diretor. Comerford (1999, p.133), em análise sobre o assunto, conclui: "Em alguns casos, exigem também a destituição de diretores de determinados órgãos (em geral, do Incra estadual). Em dois dos casos mencionados, os ocupantes chegaram a nomear simbolicamente um trabalhador rural como dirigente do órgão ocupado".

> Aqui no acampamento tem convivência, as pessoas passam a ter critérios para conviver numa forma de cooperação, numa ajuda mútua, tudo isso ensina as pessoas, ensina as pessoas a conviver ... Ninguém vai falar que passa necessidade no acampamento, porque não passa, a cesta que vem do governo estadual dá pra se manter, é lógico que tem família maior, mas dá-se um jeito na base da cooperação entre as famílias. (Santos[21])

Conclui-se que a *communitas* é um tipo de relacionamento que procura negar a sociedade vigente que se encontra estruturada hierarquicamente, e, nesse sentido, o acampamento do MST aproxima-se da *communitas* e os sem terra de sujeitos liminares.

Para Turner (1974, p.118-9), os fenômenos liminares são considerados dialéticos por ocorrerem simultaneamente dentro e fora da estrutura social e por guardarem um certo reconhecimento do vínculo social que pretendem superar:

> É como se houvesse neste caso dois "modelos" principais de correlacionamento humano, justapostos e alternantes. O primeiro é o da sociedade tomada como um sistema estruturado, diferenciado e freqüentemente hierárquico de posições político-jurídico-econômicas, com muitos tipos de avaliação, separando os homens de acordo com as noções de "mais" ou de "menos". O segundo, que surge de maneira evidente no período liminar, é o da sociedade considerada como um "comitatus" não-estruturado, ou rudimentarmente estruturado e relativamente diferenciado [*communitas*], uma comunidade, ou mesmo comunhão de indivíduos iguais que se submetem em conjunto à autoridade geral dos anciões rituais.

A *communitas* não pode, contudo, ser considerada uma sociedade arcaica, muito menos uma sociedade fechada, porque, na verdade, potencial ou utopicamente, seu ímpeto é estender a toda a sociedade seus fenômenos de transição: "Meu sonho é constituir

21 Militante, MST/acampamento Geraldo Garcia, jan. 2002.

uma sociedade igualitária que seja a mesma para todos com valores e princípios humanistas. Uma sociedade que se constituísse como uma sociedade socialista" (Santos), embora, na maioria das vezes, isso não ocorra. Circunstância que mais uma vez aproxima o acampamento de uma *communitas*.

O processo de exclusão e inclusão precária, que grande parte dos sem terra vivenciou antes e durante sua participação no MST, caracteriza a fase de separação, afastamento do sujeito em relação à estrutura social, considerada, então, a primeira fase do ritual de passagem.

A segunda fase do processo ritual é a formação do acampamento, ou seja, o período liminar (significando margem), em que as características dos sujeitos são ambíguas e eles tendem a formar a *communitas* que "passa através de um domínio cultural que tem poucos, ou quase nenhum, dos atributos do passado ou do estado futuro" (Turner, 1974, p.117). É também nessa perspectiva que seguem os apontamentos de Caldart (2000, p.116), quando analisa o acampamento dos sem terra do MST:

> Do ponto de vista pedagógico, o acampamento pode ser olhado como um grande espaço de *socialização dos sem terra* que passam a viver um tempo significativo de suas vidas em uma coletividade cujas regras e jeito de funcionar, embora tão diferente da sua experiência anterior, foram eles mesmos que ajudaram a constituir. (grifo da autora)

A formação de *communitas* não é fato novo na história, como relata Turner (1974). Segundo esse autor, os movimentos religiosos, chamados milenaristas, são exemplos notáveis. Na sociedade moderna industrial, a *communitas* também se manifestou no que ficou conhecido como "geração *beat*", o que, mais tarde, originou os *hippies*. Portanto, acreditamos que pensar o movimento social,[22] nesse caso o MST, como *communitas* é uma questão possível.

---

22 Os movimentos sociais populares foram gestados a partir da década de 1970 e trazem uma nova compreensão da sociedade. Esses movimentos sociais diferem-se

Para Turner, a *communitas* divide-se na história de forma não rígida, já que há imbricamentos em três tipos: a espontânea, a normativa e a ideológica. De forma geral, podemos dizer que a espontânea é aquela que se encontra "fora" dos domínios da estrutura, espécie de momento do "perdão mútuo dos defeitos de cada um"; a normativa e a ideológica já se situam "dentro" do domínio da estrutura, apresentando, inclusive, sinais dessa aproximação, como o estabelecimento de normas. Portanto, a importante diferença da normativa em relação à ideológica seria o desejo que os sujeitos da última cultivam de querer expandir para toda a sociedade as experiências vivenciadas internamente.

Dessa forma, a ideológica interessa-nos mais diretamente, por ser ela a mais próxima do acampamento do Movimento, uma vez que suas propriedades centrais fazem parte da linguagem dos acampados do MST.[23] Na *communitas* ideológica, possui especial importância a conexão entre a igualdade de todos, perante Deus e a lei, e a ausência de propriedade, um dos pilares da estrutura social capitalista. São concepções que procuram formular um modo de vida

---

dos antecessores (1945-1960), por apregoarem uma concepção de sociedade pautada pela diminuição do autoritarismo, das estruturas hierárquicas e centralizadas. Destarte, as lutas populares vivenciadas no cotidiano que se desenvolveram pós-1964 inauguraram uma nova concepção de política, experimentando formas organizativas de autogestão, auto-avaliação e centros decisórios múltiplos, sob uma organização mais ou menos definida (direção não espontânea). Sobre os novos movimentos sociais, ver Scherer-Warren & Krischke (1987) e Evers (1984). Para esses autores, as lutas empreendidas pelos movimentos sociais populares não representam para seus sujeitos o desejo de conquista do poder estatal, nem a formação de um partido ou a guerrilha. Mas a possibilidade de criar formas de se viver mais humanamente, realizando atos de solidariedade, quebrando o círculo causado pelas condições socioeconômicas determinantes da alienação. Caso bastante significativo dessa construção de uma identidade coletiva por meio do movimento social foi à eclosão do MST, no final da década de 1980.

23 Quando nos referimos aos "acampados do MST", estamos tratando o Movimento como um todo, sem distinção entre base e liderança, fundamentalmente porque consideramos que a formação da communitas ideológica é produto coletivo, fruto de uma simbiose entre receptor e emissor e inscreve-se, como veremos posteriormente, no habitus de parcela do campesinato. Ela não é considerada aqui

pelo qual os homens podem viver melhor, juntos. A igualdade, ou melhor, a perseguida identidade, tende a agir como fator anulador das diferenças.

> É preciso que a justiça
> E a igualdade sejam mais
> Que palavras de ocasião
> É preciso um novo tempo
> Em que não seja só promessa
> Repartir a terra e o pão
> A hora é essa, de fazer a divisão.
>
> (Martin Cezar R. Gonçalves e Pedro Munhoz.
> "Procissão dos retirantes").

O que buscam, portanto, é uma "experiência transformadora". Contudo, o modelo utópico de sociedade da *communitas* ideológica começa a dar sinais de rotinização e a apresentar fissuras quando os homens, no tempo do acampamento, são obrigados a suprir suas necessidades mediante o trabalho.

Nessa perspectiva, o caminho de retorno à estrutura e superação da *communitas*, ou de sua radicalização, tem começado quando o sentido do laço universal, que pode ser a solidariedade humana, é substituído pela competição na busca da sobrevivência. Desse modo,

> isto implica uma organização social, com seus "fins" e "meios" e a necessária "demora das recompensas", tudo isto acarretando o estabelecimento, mesmo transitório, de relações estruturais ordenadas entre os homens. Desde que, nessas condições, alguns devem ter a iniciativa e

---

ideológica porque é imposição dos "dirigentes" do MST, mas porque seus sujeitos, no momento em que vivem a experiência da *communitas*, pretendem estender para toda a sociedade sua experiência liminar. Portanto, o desencontro entre a prática do MST e a teoria da prática, com o conseqüente rebate no relacionamento entre a base e a liderança, ocorre em outro momento, quando essa experiência transitória (*communitas*) é tomada como "processo de formação da consciência de classe trabalhadora", situação que vamos tratar mais à frente.

comandar, e outros responder e obedecer, um sistema para a produção e a distribuição de recursos contém em si as sementes da segmentação e da hierarquia estruturais. (Turner, 1974, p.165-6)

É interessante relacionarmos essa questão do caminho histórico de um possível esgotamento da *communitas* com a do trabalho. Para tanto, destacamos que as principais dificuldades enfrentadas na manutenção do acampamento como *communitas* ocorrem quando há escassez de alimentos e quando é preciso separar aqueles que trabalham e aqueles que organizam a luta. A pesquisa de Turatti (1999, p.118) sobre sociabilidade e poder em acampamentos do MST retrata, de certa maneira, essa situação de conflito em torno das doações de alimentos e roupas:

> É comum ver grupos de acampados pedindo às visitas que chegam carregadas de doações para que não as entreguem no almoxarifado, mas que elas próprias realizem a divisão de roupas e dos alimentos entre os acampados, pois senão muitos não chegarão a ver o que foi doado.

Acrescenta-se também que "procurar trabalho" significa a inserção obrigatória do sujeito no sistema de relações econômicas e sociais não só como fonte de recursos, mas, sobretudo, como definidor do lugar que o indivíduo ocupa na estrutura de classes, situação "encoberta" na *communitas*.

Essa problemática do trabalho também está presente nas falas dos sem terra da Fetagri e da CUT (Cf. depoimento de Teles, à p. 145 deste livro); no entanto, firma-se justificativa para a flexibilização da vida no acampamento e, portanto, da manutenção do vínculo com a estrutura. Desse modo, é comum o discurso que procura evidenciar que, nesses acampamentos, "é diferente, eles podem sair, eles saem e vão trabalhar, vão para casa deles". A diferença, nesse caso, não é o esgotamento, mas a não-formação da *communitas*.

A *communitas*, para Turner (1974), é um relacionamento consciente de homens e mulheres que manifestam o desejo de emancipação temporária de normas socioestruturais. É uma espécie de modalidade "extra-estrutural" do inter-relacionamento social. Desse modo, percebemos novamente uma aproximação entre o acampamento do MST e a *communitas*, contudo essa proximidade não significa o completo desaparecimento das normas, leis e hierarquias do modelo geral de sociedade a qual questionam, visto que "a '*communitas*' só se torna evidente ou acessível, por assim dizer, por sua justaposição a aspectos da estrutura social ou pela hibridização com estes" (ibidem, p.154).

Assim, o acampamento do MST possui características de *communitas* porque seus moradores se submetem a processos liminares de relacionamento, isto é, a verdadeiros rituais. A liminaridade passa a ser, então, uma manifestação cultural da *communitas*. Portanto, é justamente a dimensão de retiro e questionamento da cultura envolvente que leva a produção teórica do MST a falar em revolução cultural[24] como o caminho da construção de um novo homem, simbolicamente representada pela idéia do "nascer de novo" e do sofrimento.[25]

Algumas dessas propriedades rituais[26] que encontramos nos acampamentos do MST se destacam, mas, neste momento, não en-

---

24 O MST (2001, p.206-7) entende por Revolução Cultural o processo que, inspirado nos escritos de Mao Tsé-tung, pretende mudar o ser dos assentados, militantes e dirigentes, concebendo um novo homem capaz de interligar as questões materiais e ideais, único caminho para superar as práticas equivocadas e oportunistas que comprometem a organização: "A revolução cultural que pretendemos deverá modificar os métodos, as formas estruturais, os conteúdos, os hábitos, os comportamentos, o pensamento, a prática e os valores, e em muitos casos, mudar de lugar social ... Se revolução quer dizer 'revolver' é isto que precisamos fazer: Esvaziar as gavetas do comportamento, das atividades, das rotinas, dos vícios, das práticas insuficientes etc e misturar tudo para daí reconstituir o indivíduo com novas características".

25 O simbolismo do vermelho da bandeira do MST colocada ao centro do acampamento tem significados, ao mesmo tempo, de esperança e de sofrimento. Representa o sangue derramado e a disposição de lutar. A respeito do assunto, ver MST (2000a).

26 Como exemplo, citamos a descrição de um ritual no MST acerca do significado da morte: "Há um cerimonial adotado nos funerais de trabalhadores Sem Terra que morrem ou são assassinados. Costumeiramente no momento do sepultamento lêem-se poesias inéditas feitas para cada ocasião e planta-se na cabeceira da sepultura uma árvore como sinal de renascimento" (MST, 2001, p.235).

traremos na discussão de possíveis desencontros entre prática e discurso, apenas descreveremos a linguagem e os símbolos que indicam características de *communitas* e que se assemelham com as assinaladas por Turner:

- Suspensão de todas as distinções e divisões da ordem social estruturada com forte ênfase na idéia de pobreza, igualdade e ausência de propriedade.
- Formação de um novo homem a partir da negação dos atributos anteriores, daí a idéia de gestação/nascimento que acompanha os símbolos.
- Ausência de uma marcada polaridade sexual (todos são iguais).
- Crença na humildade, no altruísmo, na obediência aos valores comuns e nos "poderes dos fracos", bem como em figuras simbólicas que têm a elas vinculadas esses atributos.
- Obediência/disciplina a todos, sem distinção de posição.
- Forte caráter místico, revestindo as qualidades humanas: lealdade, coragem etc.
- Aceitação de dores e sofrimentos.[27]
- Princípio da inferioridade estrutural; pobreza.

Essas propriedades da liminaridade são consideradas por Turner como "estágio de transição" (qualidades transitórias), próprias de ritos de passagem e apenas, raramente, tornam-se condição permanente, estado institucionalizado. Situação bastante evidente quan-

---

27 A respeito da importância da propriedade ritual da disciplina e do sofrimento, o MST (2001, p.225) escreve: "Todos nós fomos educados por uma cultura individualista na sociedade capitalista, onde nossa vontade pessoal, nosso bem-estar individual, estão acima de qualquer coisa. Daí nasce (assim no original?) os desvios do individualismo, do oportunismo e do egoísmo, que minam a prática da disciplina. É necessário, pois, superar os desvios, nos impor 'sacrifícios' pessoais...".

do pensamos nos sem terra, pois, passada a fase de acampamento, muito do que foi experimentado é superado quando as famílias são assentadas, muitos chegam a não reconhecer a coordenação, já que aquela situação anterior é vivida como transitória, como um caminho necessário para a conquista da terra, do enraizamento e do retorno à estrutura, que se dá, seja por meio da conquista de financiamentos seja pelo simples reconhecimento do seu papel social como assentado. Entretanto, quando o depoente diz que depois de assentado "partiu pro seu canto e acabou" não significa a anulação do processo de ressocialização que os sem terra vivenciam nessa luta para a conquista da terra; na verdade, apenas nos chama a atenção para o retorno à estrutura como superação da fase transitória (liminar) e dos rituais típicos desse período, ou seja, dos conflitos que a não-observância desse fato acarreta junto aos grupos mediadores.

> A luta aqui foi dura, foi um acampamento organizado aqui no MS, mais bem organizado da época. A turma do MST ainda falou pra nós, colocou na nossa cabeça: "Oh gente, a luta agora só está começando, quando vocês entrarem na terra ela só vai estar começando e aí que vocês vão caçar um jeito de se organizar mais ainda". Mas, quando nós entramos na terra, cada qual partiu pro seu canto e acabou. (Amparo[28])

Para Turner (1974), só é possível entendermos a formação de *communitas* se considerarmos que ela irrompe nos interstícios da estrutura, na liminaridade, e que ela não pode ser explicada unicamente por fatores ligados à tradição, mas também à ação consciente que determina um modo de relacionamento social do homem, em que a participação na *communitas* representa uma revitalização do homem e das relações desse com a sociedade:

> nos *ritos de passagem os homens são libertados da estrutura e entram na "communitas"' apenas para retornar a estrutura, revitalizados pela experiência "communitas"*. Certo é que nenhuma sociedade pode funcio-

---

28 Assentada no projeto Indaiá, fev. 2001.

> nar adequadamente sem esta dialética. O exagero da estrutura pode levar a manifestações patológicas da "*communitas*", fora da "lei" ou contra ela. O exagero da "*communitas*", em alguns movimentos políticos ou religiosos do tipo revelador, pode rapidamente ser seguido pelo despotismo, o excesso de burocratização ou outros modos de enrijecimento estrutural ... A "*communitas*" não pode ficar isolada... A maximização da "*communitas*" provoca a maximização da estrutura, a qual por sua vez produz esforços revolucionários pela renovação da "*communitas*". A história de toda grande sociedade fornece provas dessa oscilação no nível político. (Turner, 1974, p. 157 – grifo nosso)

Assim, a terceira fase do rito de passagem é justamente o retorno à estrutura, o que, para nossa pesquisa, significa a conquista do assentamento. Todavia, não acreditamos que esse retorno aconteça tendo o sujeito a mesma condição de outrora. São outros homens e mulheres, suas memórias atestam isso, contudo não constitui, como as lideranças do MST imaginam, uma continuação da fase liminar (leia-se acampamento), muito menos um "desencantamento" (Abramovay, 1994), mas a possibilidade e a potencialidade de outras conquistas e alianças.

O poder simbólico e as práticas distintivas do MST

> *"O poder simbólico é um poder que aquele que lhe está sujeito dá àquele que o exerce, um crédito com que ele o credita, uma* fides, *uma* auctoritas, *que ele lhe confia pondo nele a sua confiança. É um poder que existe porque aquele que lhe está sujeito crê que ele existe."*
> *(Bourdieu, 2000, p.188)*

> *"Nós saímos de casa à noite e levamos mais 35 famílias, eu tinha me pegado muito com Deus, veio gente de São Paulo para me buscar, para eu não ir nessa ocupação da Fazenda Itasul, mas eu pedi a Deus que, se não fosse para eu vir, que ele tirasse do meu pensamento. Aí nós fomos e passamos a noite numa fazenda, de manhã nós seguimos para a ocupação*

> *e lá na estrada estava o capitão Jaime. O capitão disse que não ia deixar o carro passar, que ia atirar nos pneus, aí o Braga que vinha trazendo a gente pediu para não atirar nos pneus porque o carro era o ganha-pão dele. Veio um cabo e falou para pôr a viatura no meio da estrada, aí eu lembrei daquela passagem bíblica de Moisés no Rio Jordão, onde os soldados se afogavam, mas não conseguiam pegar o povo dele, aí veio esse pensamento e eu falei: 'Não põe sua viatura no meio dessa estrada, se você pôr, nós jogamos da ponte e são as mulheres que vão jogar'. Nisso, um policial falou para o capitão que não adiantava que nós íamos passar e quando foi sete horas da manhã nós chegamos em Itaquiraí."*
>
> *(Joana*[29]*)*

Apesar de a forma acampamento estar potencial e idealisticamente próxima de uma *communitas*, como vimos anteriormente, não podemos ignorar o exercício do poder que se dá na vida cotidiana[30] e que, paradoxalmente, é uma das faces da *communitas*. Portanto, apesar de a *communitas* negar a estrutura, ela acontece nos seus interstícios. Situação que leva, na maioria das vezes, a uma confusão dos limites e ao aparecimento de casos em que um sistema de posições sociais e relações de poder, típicos da estrutura social que se procura negar, é fato inegável a sinalizar para a fase pós-liminar, ou seja, de retorno à estrutura.

A consideração desse sistema de posições e relações de poder que ocorrem cotidianamente no *campo*[31] da luta pela terra contraria a idéia de uma sociedade reduzida à esfera econômica, ou seja, ao conflito unidimensional entre detentores dos meios de produção e vendedo-

29 Assentada no projeto Indaiá, fev. 2001.

30 A noção de *vida cotidiana* compreende a produção do homem na sua totalidade, o que seria a produção pelo homem do seu próprio modo de ser e existir. Em suma, "A vida cotidiana é a vida do homem *inteiro*; ou seja, o homem participa na vida cotidiana com todos os aspectos de sua individualidade, de sua personalidade" (Heller, 1985, p.17 – grifo da autora).

31 O uso de *campo, habitus, distinção,* são estenografias conceituais como gentilmente lembrou-me o prof. Dr. Áureo Busetto, ou seja, sinais que só têm sentido quando,

res da força de trabalho. Estamos, portanto, partindo do pressuposto de que a sociedade é um espaço aberto a conflitos que se dão nos diversos *campos* e *subcampos* da vida social, na busca pela detenção do poder, ou melhor, dos recursos, nos seus mais variados aspectos (simbólico-cultural-social, político, econômico). Isso implica reconhecer que temos embates que não são necessariamente conflitos entre o capital e o trabalho, como ocorre, por exemplo, na disputa entre mediadores na luta pela terra, pois o que está em jogo, nesse caso, é a busca pela detenção do poder da representação legítima.

O *campo* é assim um espaço de relações em movimento que, em última análise, representa a estrutura social. A definição de um *campo* obedece a quatro indicativos fundamentais, a saber: interesses específicos, leis e regras de funcionamento, estrutura de luta e interesse em comum (Bourdieu, 2000). Em nossa análise, estamos trabalhando com a luta pela terra com um *campo*, por entender que ela possui todos os indícios que caracterizam o conceito na perspectiva bourdiana.

O acampamento do MST, como *communitas*, embora possua propriedades liminares, não rompe inteiramente com a vida cotidiana de relações e posições sociais conflitivas. A necessidade de organicidade social defendida pelas lideranças, ou seja, o imbricamento do caráter de movimento social e de organização social, leva o acampamento a reproduzir, no seu interior, os elementos estruturais e as relações de poder dele decorrentes, já que as relações de comunicação dos sujeitos sociais se fazem com base nessas posições sociais existentes.

---

com base na pesquisa empírica, demonstramos e definimos o que são esses conceitos. Portanto, nesse caso o *campo* que estudamos é o da luta pela terra, com seus subcampos acampamento e assentamento. Ainda a respeito do conceito de *campo*, podemos dizer que é "o *lócus* onde se trava uma luta concorrencial entre atores em torno de interesses específicos que caracterizam a área em questão" (Bourdieu, 1983b, p.19 – grifo do autor). O *habitus* é uma disposição adquirida. A distinção, uma lógica, uma estratégia do habitus para afastar-se do comum. Cabe destacar que, na pesquisa, demos maior relevo aos conceitos de habitus e de campo por entender que são eles que formam a espinha dorsal da teoria da prática de Bourdieu.

Segundo Caldart (2000), o MST constrói sua história como um *movimento de massas* (movimento social) e uma *organização social*. Em termos de referência cronológica, esse período em que o MST é desafiado a construir-se também como organização social, a autora indica como início os anos de 1986 e 1987, sendo um processo que caminha até nossos dias. Ainda para Caldart (2000, p.86), o perfil de organização social não implica mudança de caráter, contudo ela afirma que o MST passa "a assumir características organizativas e de atuação na sociedade que extrapolam o caráter temporário e o perfil comum a um movimento social de massas". Por fim, o reconhecimento de que ainda hoje

> permanece uma tensão entre duas lógicas organizativas distintas: a necessária para fazer avançar a luta pela terra, enquanto mobilização das massas sem terra, e a necessária para fazer avançar a produção nos assentamentos, enquanto empreendimento social que implica em qualificação profissional, planejamento a longo prazo, permanência de estruturas; na linguagem do MST, trata-se da *lógica do rolo* (ou do movimento) *versus* a *lógica da empresa social* (organização, planejamento). (ibidem, p.89 – grifo da autora)

É justamente nesse embate de lógicas distintas, em que a lógica de organização social tem forte impulso, com base nos ensinamentos de Clodomir de Moraes (1986) com seu texto "Elementos sobre a teoria da organização no campo", a razão da existência de alguns desencontros, que se expressam, na maioria das vezes, no assentamento. Desencontro explicitado quando, nas ocupações e nos acampamentos, o movimento social constrói representações[32] intimamente li-

32 Estamos chamando de representações sociais o ato significante, o sentido que alguém dá a um objeto ou a um indivíduo. Desse modo, segundo Jovchelovitch (1998), a representação social é uma construção e um construído, ou seja, ela nunca é igual ao objeto, portanto, não podendo esgotá-lo. A representação simbólica do objeto não é puramente subjetiva, ela se constrói e é construída na relação com a objetividade do outro porque "ao ato significante de um sujeito (ou grupo social) existem os limites de outros sujeitos (ou outros grupos sociais) que também querem significar. Representações são construções sempre ligadas a um lugar a partir

gadas aos interesses dos homens e das mulheres que lutam por um pedaço de terra, enquanto a outra lógica, a da organização social, tece projetos coletivos para, nessa terra, fazer brotar a consciência política. Todavia, os projetos de educação básica no campo, a luta pelo crédito agrícola, pela assistência técnica, entre outras, têm, por sua vez, representado os encontros possíveis.

No acampamento, as formas organizativas do MST se materializam por meio de grupos de famílias, setores, equipes e coordenadores. Os grupos de base ou grupos de famílias são compostos de dez a quinze famílias, cuja organização é feita pelo critério proximidade de vizinhança. O objetivo é buscar a maior participação popular em atividades relacionadas com o acampamento e o MST. Cada grupo de base deverá ter um coordenador e um secretário.

Os núcleos são constituídos por setor e as equipes de trabalho são organizadas a partir da existência dos grupos de famílias, devendo ter como critério, na sua formação, a afinidade entre as pessoas. As equipes de trabalho dão praticidade às discussões feitas nos núcleos de setor, são elas que executam as tarefas. Os principais núcleos de setor que funcionam no acampamento são: educação, finanças, saúde, alimentação, segurança, disciplina, liturgia, animação e higiene.

Por sua vez, os conjuntos de coordenadores dos grupos de base formam a coordenação do acampamento, instância responsável pela convocação e pelo encaminhamento da Assembléia Geral.[33]

---

do qual sujeitos representam, estando, portanto, intimamente determinadas por identidades, interesses e lugares sociais" (Jovchelovitch, 1998 p.77). Por essa perspectiva é que dizemos que a representação da terra, o sentido que o movimento social MST confere a terra na fase das ocupações e do acampamento, é o sentido da terra como vida que emana da identidade camponesa de seus participantes, significado distinto da lógica da organização social, em que a terra passa a significar mercadoria, viabilidade econômica, reflexo de interesses estranhos ao outro, neste caso, ao campesinato. Daí a resistência ativa do outro nos assentamentos e também a esperança, porque, como já dissemos, a representação do objeto é sempre uma forma particular de construção do objeto, jamais a única.

33 Nos textos do MST, a Assembléia é considerada um momento de festa e confraternização e não, necessariamente, o espaço privilegiado das decisões. Nesse sentido,

Como maneira de exemplificar o sistema de posições sociais e o poder simbólico que dele se origina, elaboramos um organograma do acampamento:

Estrutura política e socioterritorial dos acampamentos

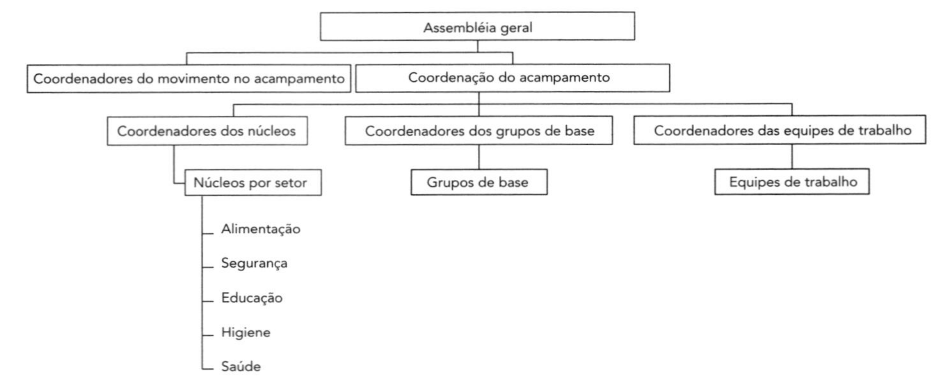

Em princípio, o sistema de posições sociais e suas relações de poder não se revelam de forma desnuda, porque as posições no organograma nada representam além delas, e, conseqüentemente, o poder, ainda que simbólico, manifesta-se "onde ele é mais completamente ignorado" (Bourdieu, 2000, p.7). Desse modo, é fato comum no acampamento os visitantes serem recebidos por uma comissão ou por uma pessoa específica designada, autorizada e que, por isso, tem o poder para falar em nome do grupo.

Não há, contudo, violência, isto é, não há opressão nessa relação, por mais que o ambiente de intrigas e a invalidação circular existam, porque o poder simbólico "é um poder quase mágico que permite

---

vejamos o que escreve o Movimento acerca do assunto: "Devemos estimular sempre a realização de assembléias gerais, que reúnam toda a base de um acampamento ou assentamento. Mas devemos ter muito cuidado. As assembléias devem ser momentos de confraternização. Devem ser bem preparadas. E mesmo as votações são mais simbólicas do que reais. As decisões mais importantes devem ser debatidas antes, nos grupos de famílias amadurecidas" (MST, 1995, p. 14). No entanto, para construção do organograma, a despeito do entendimento do MST, consideramos a assembléia como espaço decisório principal, daí sua colocação na parte superior do organograma.

obter o equivalente daquilo que é obtido pela força (física ou econômica), graças ao efeito específico de mobilização, só se exerce se for reconhecido, quer dizer, ignorado como arbitrário" (Bourdieu, 2000, p.14).

Isso significa reconhecer que o poder simbólico é uma espécie de crença, e sua eficácia depende disso, ou melhor, das condições sociais do *campo* no qual ele será exercido. Portanto, ele cessa a partir do momento em que é percebido como opressão.

Assim, os coordenadores do acampamento e a própria militância retiram sua força da confiança que a base e a massa[34] acampada depositam neles. Essa crença é extremamente vulnerável às suspeitas, às denúncias, a tudo o que abala a confiança. Portanto, o poder das palavras, inclusive as palavras de ordem do Movimento, tais como "Sem reforma agrária não há democracia", "Ocupar, resistir e produzir", "Reforma agrária: uma luta de todos" e "Reforma agrária: por um Brasil sem latifúndios", sustenta-se na legitimidade (crença) daquele(s) que a(s) pronuncia(m) e não no significado semântico ou político.

É com base nessa lógica do poder simbólico que entendemos a afirmação de Frei Betto, em 2002, no Encontro Nacional do MST, ao falar sobre a ética da militância: "Quem perde a moral não tem volta. Quando se descobre que um dirigente é corrupto não tem volta. Ele pode se penitenciar, se converter, mas jamais merecerá a confiança que tinha antes por parte de seus companheiros e companheiras" (p.3).

---

34 O uso do conceito "massa" por parte do MST, para referir-se às diferentes metodologias de trabalho, recebeu, em 1992, críticas de Fernandes (1994, p.153). Naquele momento, o autor condenou o uso do conceito por parte das lideranças do Movimento, por entender que "os conceitos de massa carregam das mais diversas formas, um sentido pejorativo, ou seja, tiram a qualidade, a essência, a própria vida da população a que se referem ... entendemos que na história recente dos novos movimentos sociais, entre estes o MST, não cabe o conceito de massa ... quando se utiliza a palavra massa, conhecendo ou não os seus significados, parece existir uma certa contradição entre a história e o sujeito da história".

Há também a possibilidade de esse poder simbólico, espécie de simbiose entre quem exerce e aqueles que lhe são submetidos, ser utilizado de forma personalista. Desse modo, todo o recurso e, portanto, o poder social acumulado coletivamente passam a ser projetados individualmente na figura do líder.[35] A respeito dessa questão, Bourdieu (2001, p.69) comenta que os grupos organizados costumam delegar o poder construído socialmente a todos os seus membros, mas em graus muito desiguais, situação que pode gerar concentração num agente singular que o individualiza "e que, embora tenha todo seu poder oriundo do grupo, pode exercer sobre o grupo (e em certa medida contra o grupo) o poder que o grupo lhe permite concentrar".

Outrossim, por que a mística possui um poder? Na verdade, não é a mística em si que tem o poder de mobilização, mas as condições sociais objetivas do *campo* onde ela é gerada que faz que ela funcione.[36] Não é por acaso, por exemplo, que a mística do MST se utiliza do ritual litúrgico, ou seja, da instituição religiosa. Na verdade, isso é possível porque a relação de comunicação está assegurada por meio da religiosidade (*habitus* religioso) que os receptores sem terra possuem.

---

35 Acreditamos que o papel que José Rainha Jr. desenvolveu nos anos 1990 no Pontal do Paranapanema, época da nossa pesquisa de mestrado, aproxima-se um pouco dessa questão, em que o líder projeta para si como qualidades individuais, um poder gerado coletivamente.

36 Podemos depreender dos escritos do MST esse reconhecimento da imbricação do campo com o *habitus* quando neles é afirmado: "a mística no MST não nasce do nada, nem é usada demagogicamente para atrair a solidariedade externa. Ela tem origem na essência da vida de seres humanos, que aprenderam ao longo dos tempos, manifestarem na realidade seus sonhos e sentimentos, sem ter vergonha de cantar, emocionar, chorar e abraçar àqueles que junto vão em busca do mesmo sonho" (MST, 2001, p.237). Em outro momento, mais uma vez, o MST revela a origem da mística: "O camponês por natureza é um ser místico. Carrega em si seus mistérios e os relaciona com os mistérios da natureza. Consegue manter diariamente a expectativa da realização do futuro imediato, orientando-se geralmente pelos ciclos da natureza"(ibidem, p.233). "Em todos os seus aspectos aparece a mística como herança da natureza da existência camponesa" (ibidem, 236).

> Não são as palavras que agem por uma espécie de poder mágico. O que ocorre é que, em dadas condições sociais, certas palavras têm força. Tiram sua força de uma instituição que possui sua própria lógica, os títulos, o arminho e a toga, o púlpito, a palavra ritual, a crença dos participantes, etc. ... há sistemas que funcionam inteiramente através da crença e não há nenhum sistema (nem mesmo a economia) que não deva uma parte de seu funcionamento à crença. (Bourdieu, 1983a, p.26)

A mística é o próprio poder simbólico se realizando por meio da linguagem ritual, dos vocabulários da luta, dos gestos, da postura.

> Quando o MST se organiza, esta característica misteriosa dos camponeses vem junto com os Sem Terra, que irão neste cenário desenvolver a mística vinculada aos símbolos, aos cantos... Ao mesmo tempo em que a música leva alegria, também cria a unidade política porque as pessoas se identificam com as mensagens. (MST, 2001, p.235)

Com efeito, ela possui sua eficácia porque antecipa os efeitos que pode causar. Ela sabe que possui um *campo* (definido pelo *habitus)*, numa perfeita simbiose entre receptor e emissor. Todavia, na maioria das vezes, há um desconhecimento de que o princípio de sua eficácia não está no emissor, ou nas palavras e gestos, mas nas condições objetivas de recepção. Esse equívoco muitas vezes aparece em textos do MST quando reconhecem o poder da mística, no entanto destina sua elaboração como atributo da direção: "*Mística é tarefa para dirigentes desenvolverem*, pois pela lógica são os dirigentes que possuem esta visão do futuro claramente e vivem esta esperança com maior intensidade" (MST, 2001, p. 247 – grifo nosso).

Insistimos, entretanto, que não se trata de uma relação hierarquizada. É nesse momento, por excelência, que as ações do MST não se separam em massa, base e direção. É nessa hora que ocorre um processo de imbricamento, de identidade extremamente rica, o qual, se não for considerado, em nome de interpretações e práticas dicotomizadas que diluem o sociocultural em nome da organização econômica e política, corre o risco de não ser compreendido. Isso ocorre porque o símbolo não é uma coisa descolada do mundo, ele é uma representação construída pelo grupo, para representá-los como sujeitos. Portanto, quando retirado da vida que o originou, ele perde a conexão, o seu sentido histórico, porque "o símbolo é referencial – ele evoca uma ausência que o necessita para fazer-se presente. Se a objetividade sendo representada é erradicada da equação, o símbolo torna-se uma entidade onipotente" (Jovchelovitch, 1998, p.71).

É por isso também que as práticas distintivas do MST (e seus símbolos correspondentes) atingem determinados grupos e outros não, pois a lógica dessa realidade está no fato de que a representação dos objetos é sempre um fenômeno parcial. Não é única, porque é regida por uma pluralidade de relações que envolvem o *outro*, embora muitas vezes certas representações dominem e anulem outras, que se encontram intimamente determinadas por uma forma de identidade, por um *habitus* específico. Portanto, é no próprio processo de fazer-se Movimento, na adoção de marcas de distinção que o MST atrai e também repele frações do campesinato, bem como fomenta a formação de outros movimentos.

Assim, nas palavras de Borborema,[37] muito mais que uma bravata, o que está em jogo é a prática da distinção: "*O MST não é para qualquer um*". Nesse sentido, projeta-se para o MST a característica fundante de sua prática de movimento social: o *habitus* específico representado pela luta de enfrentamento dos seus participantes. Logo, o que atrai e também repele é o significado da sua ação, significado implícito e explicito nas falas dos que, de formas diferenciadas, conquistam a terra: "Ficamos sabendo que o MST lutava bem para o benefício do povo, lutava de verdade e aí foi onde nós passamos para o MST e estamos bem, já vimos resultado". E as outras famílias? "Elas ficaram com medo, elas disseram pra nós: 'O MST é violento, não sei o que', e ficaram com o sindicato."

---

37 Liderança estadual do MST/MS assentado no grupo coletivo, projeto Sul Bonito/Itaquiraí-MS. Foi candidato a deputado estadual, em 1998, e candidato a vice-prefeito nas eleições municipais de Itaquiraí, em 2000, pelo Partido dos Trabalhadores (PT).

> Nós éramos do Sindicato [Fetagri], mas nós passamos para o MST faz uns dois anos. Quando nós éramos do sindicato, era direto fazendo reunião, dando dinheiro para o pessoal viajar e conversar atrás de nosso benefício da terra, mas ninguém corria atrás, era só mentira. Aí, lá a gente tinha conhecimento do MST, ficamos sabendo que o MST lutava bem para o benefício do povo, lutava de verdade e aí foi onde nós passamos para o MST e estamos bem, já vimos resultado. Lá, bem longe do nosso acampamento [MST], tem um da Fetagri. Tem quatro barraquinhos assim: passa uns 50 metros mais quatro barraquinhos e não tem ninguém nos barracos, lá não para ninguém. Ontem eu e minha mulher passamos lá de bicicleta, inclusive as quinze famílias que estão lá eram com nós, mas com esse negócio de nós passarmos para o MST, elas ficaram com medo, elas disseram pra nós: "O MST é violento, não sei o quê", e ficaram com o sindicato. Mas o sindicato não tem briga, sindicato não briga por causa de terra, ele pode até brigar por causa de dinheiro e outras coisas, mas por terra não. Ah, eu já desacorçoei com o sindicato, agora estou sossegado, graças a Deus, e agora já vi o benefício, a coisa, a luta por terra já está bem adiantada, a gente vê que os homens do MST são da luta. (Bezerra[38])

Mesmo aquele, *o outro,* que refuta a ocupação de terras como forma de luta, tem a terra de trabalho como utopia. Na distinção, na singularidade, eis a identidade, eis o *habitus* de classe camponesa:[39] "*Eu nunca tive um pedaço de terra para morar em cima, então eu vou teimar um pouco*". Se a ocupação não tem para ele o mesmo significado que tem para o sem terra do MST, isso não denota que o *outro* não seja um sujeito legítimo, merecedor de reconhecimento, de possibilidades. Para Jovchelovitch (1998, p.75), citando Arendt, essa diversidade infinita de perspectivas diferentes e únicas produzidas pela interação entre os homens é possível em virtude da pluralidade e da correlata singularidade da condição humana: "a pluralidade humana é a paradoxal pluralidade de seres singulares".

---

38 Sem terra, MST/acampamento 20 de Janeiro, nov. 2001.

39 A discussão acerca do *habitus* específico e do *habitus* de classe será realizada mais adiante neste capítulo.

> Eu quero uma coisa assim, uma terra que seja uma coisa por lei, eu acho bonito. Depois, a gente está aí e alguém pergunta como foi que você entrou na terra, e a gente diz foi através do Incra, do sindicato e outras pessoas. Poxa, então beleza. Então a gente tem aquela boa-fé ... Agora se disser "Nós vamos invadir", então eu estou fora, porque, se for parte de invasão, não conta comigo porque eu não sou pra isso.
>
> A gente pára uma vida para entrar em outra. Eu quero tentar essa vida aqui [acampamento], pois eu estou com 54 anos e eu nunca tive um pedaço de terra para morar em cima,[40] então eu vou teimar um pouco. Eu vou ser durão agora, honestamente. (Oliveira[41])

Assim sendo, para que haja a eficácia, a compreensão da mística, tem que haver um *campo* receptivo capaz de decifrá-la. Criar uma mística em que a cruz mistura-se com a bandeira vermelha da luta não produz o efeito esperado num acampamento da Fetagri. Na verdade, representa um sacrilégio, pois é uma violência simbólica na mesma proporção que a ocupação de terra é para o fazendeiro. A mistura de *habitus* específicos, por exemplo, o religioso e o da luta de enfrentamento, só tem sentido junto àqueles que interiorizaram e incorporaram as duas disposições. Situação que não está ligada ao fato de ter mais ou menos consciência de classe, porque a participação é uma disposição que o indivíduo traz e que se revela no encontro com as condições objetivas favoráveis ou, como prefere Bourdieu (2001, p.111), no "encontro entre um agente predisposto e prevenido, e um mundo presumido, isto é, pressentido e prejulgado".

Quando nos referimos às práticas do MST como estratégias de distinção, estamos dando a elas tanto um sentido consciente como

40 A expressão "morar em cima da terra" utilizada comumente pelos sem terra é, para Costa (1993, p.86), uma metáfora da vida, pois o sentido de estar vivo contrapõe-se a estar morto, ou seja, debaixo da terra. Para a autora, o uso da expressão denota que o sentido da terra vai muito além da propriedade jurídica, confunde-se com vida.

41 Sem terra, Fetagri/acampamento Fazenda Cisalpina, ago. 2002.

inconsciente. A fração inconsciente deve-se ao fato de que as condutas que geram uma distinção em relação ao comum inscrevem-se no *habitus*, ou seja, a eficácia da ação distintiva está diretamente ligada ao *campo* e ao *habitus*. Além disso, há um ganho, uma parte consciente nesse processo que advém do fato de que a distinção não é algo neutro, uma vez que ela "proporciona a diferença, o distanciamento, que separa do comum" (Bourdieu, 1983a, p.9). Isso quer dizer que a prática distintiva é possível porque existe um *campo* favorável; todavia, sua concretização não é naturalmente descompromissada, na verdade tem um caráter intencional porque dela se extraem resultados.

De forma a relacionar com nossa pesquisa, podemos dizer que o MST consegue uma ação distintiva, principalmente por meio das suas formas coletivas de luta, porque há um campo favorável, receptivo, ou seja, homens e mulheres que possuem *habitus* da luta de enfrentamento. Por sua vez, essa situação, que parece brotar naturalmente, tem em torno dela questões ligadas ao interesse, basicamente porque, nesse caso, ser um movimento distinto dos demais traz ganhos, porque projeta o movimento como algo novo, respeitado, tanto pelos opositores quanto pelos aliados. Logo, isso nos retira do reino da espontaneidade que o *habitus* por ventura poderia nos levar e abre espaço para pensar o MST com toda complexidade que lhe é inerente. Caso contrário, a luta seria apenas uma conseqüência do *habitus*, uma relação mecânica desprovida de racionalidade.

Desse modo, podemos dizer que o MST atrai (e também repele) ao trabalhar (no sentido da representação) o *habitus* da luta de enfrentamento. Portanto, suas práticas distintivas, como a ocupação de terras, estabelecem uma comunicação que se instaura entre corpos de *habitus* do emissor e do receptor, daí a expressão comum entre os sem terra: "A gente está na luta". Expressão que tem apontado para a disposição adquirida (portanto, para a potencialidade) e não necessariamente, como mostrou a pesquisa, para conscientização política de classe trabalhadora na busca da superação do capitalismo.

> A gente está na luta. Voltei para o Brasil porque lá no Paraguai[42] a gente tem sempre uma pulga atrás da orelha, muda o governo, as leis. É bom estar na casa da gente, estar tranqüilo, sossegado no território da gente, no país da gente.
>
> ...
>
> O que precisa da terra é aquele que ocupa e que está dentro do barraco. Aquele que está no barraco é porque tem precisão, ele é fraco, ele é pobre, ele precisa. Mas conseguir terra pelo sindicato é difícil. A melhor coisa pra quem é fraco é ir por Movimento Sem Terra, ir pro barraco. Meus filhos foram pro barraco, entrou na luta pelo Movimento, bateu, bateu, com um ano e oito meses saiu a terra pra um, o outro também está no Movimento, ele está acampado, mas os lotes já estão cortados, tá quase saindo a terra. (Almeida[43])

Nesse sentido, há também entre os sem terra do MST outros *habitus* específicos, como o lingüístico que tem nas palavras ocupação, enfrentamento e conflito, entre outras, uma lógica da distinção que se inscreve no *habitus* de parte da classe camponesa. Isso implica dizer que certos grupos, que vivem as mesmas condições de vida, tendem a incorporar as mesmas disposições que, ao se interiorizarem, transformam-se em verdadeiros traços de personalidade, em *habitus*. No caso em discussão, como vimos, o gosto pela luta de enfrentamento é um *habitus* daqueles que fazem parte do MST. Dessa maneira, a construção de um *habitus* lingüístico só faz sentido para aqueles que são capazes de entender, sentir o seu significado; nesse caso, *habitus* da luta de enfrentamento e *habitus* lingüístico se completam. Enfim, vale dizer que toda a simbologia do MST, portanto, sua mística, vai ao encontro daqueles que podem decifrá-la, porque "a ca-

---

42 O movimento de retorno e luta pela terra dos brasileiros que moravam e trabalhavam no Paraguai (brasiguaios) teve início na década de 1980, atingindo o seu auge em 1985, quando 950 famílias acamparam de forma organizada na praça de Mundo Novo/MS. Fruto desse acampamento, surge então o assentamento Novo Horizonte e deflagra-se a discussão da questão dos "brasiguaios". Sobre a organização e luta dos brasiguaios no Mato Grosso do Sul, ver Batista (1990).

43 Assentado no projeto São Luís, dez. 2001.

racterística específica de tais bens simbólicos consiste do fato de que o consumo de tais bens encontra-se restrito aos detentores do código necessário para decifrá-los..." (Bourdieu, 1992, p.198).

A distinção não é nada mais do que a revelação da "comunidade de iguais", forjada a partir de um *habitus* específico, que oculta, porém, diferenças internas que não desaparecem, apenas ficam sufocadas para não cingir a "ética comunitária" e resvalam para o espaço das intrigas, da invalidação circular, da dissimulação, que são tão importantes quanto a união, o consenso vivido publicamente (D'Incao & Roy, 1995).

Como resultado dessa prática da distinção, é corrente depararmos com expressões que são verdadeiras classificações sociais. As práticas simbólicas, ou o aspecto simbólico das práticas, produzem sempre classificações sociais que exprimem o lado político da produção simbólica. Essas classificações sociais se apresentam como marcas de distinção, de hierarquia, próprias da estrutura social. Desse modo, para Bourdieu (2000), as ações simbólicas revelam a posição do agente no *campo* segundo a lógica que lhe é própria, a da distinção. No caso da luta pela terra, a posição do MST, na disputa entre os mediadores pelo "modo de percepção legítimo", fica evidenciada por meio da linguagem distintiva, classificatória: "Os sem terra do MST são radicais", "Os sem terra da Fetagri são pelegos", "Sem terra do MST é consciente" etc.

Por sua vez, os elementos distintivos são também revelados como forma de fortalecer a comunidade, supostamente, de iguais, o que torna o acampamento do MST uma realidade ambivalente: no plano interno vive-se a identidade, a *communitas*, com forte apelo comunitário e ênfase na solidariedade sem que com isso descarte os mecanismos de representação formadores de lideranças. No externo, cabe ao MST dar visibilidade à diferença, à distinção (em relação ao outro), que ocorre quando a luta se torna pública, quando os atores saem da esfera privada para a pública no necessário diálogo com a sociedade e o Estado. Nesse plano, os outros são todos aqueles que não fazem parte dos iguais, ou melhor, que não possuem os mesmos *habitus*. Ocorre, nesse momento, uma clara confusão entre *habitus* em si e *habitus* de classe, o que impede, na maioria das vezes, a construção da aliança entre aqueles que possuem a mesma posição de classe e, portanto, mais identidade que distinção.

Distinção e identidade: *habitus* específico e *habitus* de classe

Nesta fase da análise em que a discussão sobre o *habitus* começa a tomar forma na compreensão da luta pela terra no MS, faz-se necessário apresentar nosso entendimento desse conceito-chave, extraído da sociologia bourdiana.[44] Cabe também explicar que o arcabouço teórico que vem sendo construído não se encontra desconectado, ou seja, todos os conceitos trabalhados têm o interesse de tecer as explicações contidas na problematização que dá sentido a este capítulo, qual seja entender o conteúdo da luta pela terra, logo a diversidade do campesinato como condição de sua unidade.

A teoria do *habitus* elaborada por Bourdieu tem suas raízes na noção aristotélica de *hexis* (convertida pela escolástica em *habitus*), que enfatiza o aprendizado do passado. Entrementes, retoma esse pensamento na perspectiva de superá-lo e ultrapassá-lo; portanto, o propósito é repensá-lo.

Esse repensar implicou dar ao *habitus* um entendimento muito mais profundo que o de "tradições familiares", uma vez que essas são prisioneiras, para sua permanência, da invariabilidade e da rigidez. Por sua vez, a palavra hábito (entendido como transferência) também não consegue pôr em evidência a capacidade criadora do *habitus* e do agente, daí a necessidade da contraposição e elaboração de um novo conceito com vistas a dar ao *habitus* uma forma dinâmica e não uma forma estática de dominação do presente pelo passado.

---

44 Lembrando que Bourdieu não escreveu especificamente sobre o campesinato, porém sua sociologia da prática nos oferece conceitos fundamentais para a compreensão da (re)criação camponesa.

> O *hábito* é considerado espontaneamente como repetitivo, mecânico, automático, antes reprodutivo do que produtivo. Ora, eu queria insistir na idéia de que o *habitus* é algo que possui uma enorme potência geradora. Para resumir, o *habitus* é um produto dos condicionamentos que tende a reproduzir a lógica objetiva dos condicionamentos mas *introduzindo neles uma transformação*; é uma espécie de máquina transformadora que faz com que nós "reproduzamos" as condições sociais de nossa própria produção, mas de uma maneira relativamente imprevisível, de uma maneira tal que não se pode passar simplesmente e mecanicamente do conhecimento das condições de produção ao conhecimento dos produtos. (Bourdieu, 1983a, p.105 – grifo nosso)

Acreditando ter encontrado a mediação indivíduo e sociedade, Bourdieu apresenta o conceito de *habitus* como um entendimento que alia memória coletiva (práticas herdadas) e capacidade criadora do indivíduo. Dessa forma, o *habitus* é o sistema de disposições adquiridas por meio da aprendizagem do sujeito que, diante de situações novas, pode gerar estratégias práticas. Isso significa dizer que ele é capaz de inventar novas formas de desempenhar velhas funções. Entendimento que o afasta do pensamento estruturalista, já que Bourdieu (1983a) insiste que o conhecimento das condições de produção, ou seja, das relações objetivas, não implica o conhecimento dos produtos – entenda-se, ação. Há em seus estudos um esforço em dar ao agente autonomia mediante uma desautorização do primado das estruturas.

Esse poder dinâmico do *habitus*, em contraposição ao imobilismo, faz-se sentir nas situações novas, as quais exigem soluções que são verdadeiros ajustamentos, assimilações do *habitus* ou até mesmo, em casos excepcionais, uma conversão radical. Mudanças, portanto, que não são dedutíveis diretamente de suas condições de produção, e também não são instantâneas por exigirem tempo. Por conseguinte, concordamos com Trigo (1998, p.48) quando, a respeito do *habitus*, afirma que a situação determina sua dinâmica:

> É possível pensar a partir disso que a permanência e a mudança obedecem a uma mesma lógica: sendo o *habitus* uma experiência cumulativa, sua interação com as condições conjunturais resulta em uma

constante necessidade de adaptação e ajustamentos, ainda que toda a experiência passada seja acionada a cada nova opção.

As disposições duráveis (formas de agir, pensar, falar, perceber) interiorizadas pelos agentes na maneira de *habitus* são geradas nos *campos* não como processos interativos entre indivíduos (ações individuais), mas, sobretudo, como um sistema de relações objetivas, socialmente estruturadas e permeadas por relações de poder. Por conseguinte, a relação dialética entre as estruturas (sistema de relações objetivas) e as disposições estruturadas nas quais elas se atualizam é o ponto central de sua teoria (Sampaio, 1993). Isso significa dizer que o *habitus* é produzido (estruturado) historicamente e que, pela prática, reproduz (estruturante), daí dizer que ele é estruturado e estruturante.

Dessa maneira, como o *habitus* é produto histórico de um espaço social objetivamente determinado, ele está articulado a uma condição social e também a uma posição social específica; portanto, ele não é um espírito universal, mas um agente em ação que, por meio das ações estratégicas próprias de sua condição e posição social, faz a reprodução do todo, ainda que implique conflitos, lutas e transformações.

Como o *habitus* contém a história individual, e também a coletiva, ele faz que os agentes (operadores práticos) tenham um "sentido de jogo" (causalidade do provável), ou seja, uma forma de agir/pensar não necessariamente produzida por ele por meio de um cálculo racional/consciente. Podemos dizer que "o *habitus* define a percepção da situação que o determina", é uma espécie de *modus operandi*.

Entendemos também que esse "sentido de jogo", essa antecipação prática, fruto da experiência acumulada historicamente, não é uma regra, uma lei derivada das condições de produção que permite decifrar a ação. Na verdade, embora haja uma certa previsão da ação do grupo, da classe, ou da fração de classe, não há possibilidades de se saber a dimensão dessa ação (Sampaio, 1993). Portanto, a prática dos sujeitos não é um jogo de cartas marcadas, há sempre espaço para a improvisação, ou melhor, para a transformação criadora.

Como forma de reiterar nossa afirmação, selecionamos de Bourdieu (2001, p.111) um trecho em que destaca:

> Matriz geradora de respostas previamente adaptadas (mediante uma improvisação permanente) a todas as condições objetivas idênticas às condições de sua produção: guiando-se por índices que está predisposto a perceber e decifrar, e que, de certo modo, só existem para ele, o *habitus* engendra nesse caso, práticas que se antecipam ao futuro objetivo ... *As práticas são o resultado desse encontro entre um agente predisposto e prevenido, e um mundo presumido, isto é, pressentido e prejulgado.* (grifo nosso)

Essa dimensão indeterminada da prática, fruto de improvisação permanente, que nos é apontada por Bourdieu e não raramente ignorada por seus interlocutores, é o caráter de vir-a-ser que ela carrega. Por conseguinte, o *habitus* representa o indivíduo e o ser social, logo é a incorporação da mesma história partilhada pelo grupo e também aquilo que permite reconhecer o indivíduo entre todos os outros. Ao compreendermos, contudo, que o *habitus* é a repetição das experiências concretas vivenciadas ao longo do tempo pelos sujeitos de uma mesma classe que vão se estruturando em práticas e representações, não estaríamos postulando uma teoria do imobilismo das classes? Ou pior, uma teoria reprodutivista? Essa questão tão angustiante é por Bourdieu (1983a, p.106) esclarecida:

> Princípio de uma autonomia real em relação às determinações imediatas da "situação", *o* habitus *não é por isto uma espécie de essência ahistórica*, cuja existência seria o seu desenvolvimento, enfim um destino definido uma vez por todas. Os ajustamentos que são incessantemente impostos pelas necessidades da adaptação às situações novas e imprevistas, podem determinar transformações duráveis do *habitus*... (grifo nosso)

Assim, podemos afirmar que o *habitus* permite, ao mesmo tempo, a reprodução das relações sociais e a criação do novo. Isso é possível porque, nos *campos* em que se forma e funciona o *habitus*, o conflito é a forma permanente de relacionamento entre os agentes.

Conseqüentemente, toda vez que as condições objetivas da situação não permitem a realização do *habitus*, este dá lugar a forças explosivas que tanto podem ser de mudança como de acomodação. Portanto, a mesma lógica que reproduz também dá lugar à transformação.

Destarte, quais são os fatores que interferem na definição final dessa lógica? Acreditamos que é a prática, visto que é ela a responsável pela atualização do *habitus* que, percebendo a situação que o determina estrategicamente, também capta as modificações ocorridas no *campo*, modificações que podem ser para conservar a ordem social ou subvertê-la.

Pensamos que, ao discorrer sobre o poder criativo do *habitus*, bem como sobre as possibilidades de sua transformação na relação com a história, podemos contribuir em direção ao avanço do seu entendimento pelo caminho não de reter a diferença, a crítica, mas do percurso pelo conceito, colocando-o em prática para testar seus limites.

Na prática, vamos percebendo que o *habitus* não anula a história, já que abre possibilidades para mudanças no todo social, podendo gerar sublevações. Basta pensarmos na luta pelo *direito costumeiro* que tem colocado os camponeses em uma situação de conflito, desde os quilombos até o MST de nossos dias.

Assim, vale dizer que o campesinato possui um *habitus* de classe (que será motivo de nossa análise no próximo capítulo). Contudo, isso não impede as variações, as heterogeneidades, isto é, a manifestação de *habitus* cotidianos específicos, como o *habitus* da luta de enfrentamento, o *habitus* religioso, o *habitus* lingüístico etc.

E como se formam esses *habitus*? Como apreendê-los? Vejamos o exemplo dado por Bourdieu (2000, p.88-9) sobre o criado de café:

> O seu corpo, em que está inscrita uma história, *casa-se com* a sua função, quer dizer, uma história, uma tradição, que ele nunca viu senão encarnada em corpos ou, melhor, nessas vestes "habitadas" por um certo *habitus* a que chamamos criados de café. O que não significa que ele tenha aprendido a ser criado de café imitando outros criados de café ... Ele identifica-se com a função de criado de café, como a criança se identifica com o seu pai (social) e adopta, sem querer precisar de "fingir", uma maneira de mexer os ombros a andar, que lhe parece constituir o

> ser social do adulto perfeito ... E basta que ponhamos um estudante na posição dele (como se vê, hoje em dia, à testa de certos restaurantes de "vanguarda") para este marcar, por muitos sinais, a distância que pretende manter, fingindo precisamente desempenhá-la com um *papel*, em relação a uma função que não corresponde à idéia (socialmente construída) que ele tem do seu ser, quer dizer, do seu destino social... (grifo do autor)

Dessa maneira, tecemos a apreensão do *habitus* da luta de enfrentamento a partir dos relatos de acampados e assentados do Movimento, já que há em suas falas, no próprio processo de rememorização, referências constantes à luta pela terra, ao gosto pelo enfrentamento e à conseqüente identificação com as formas de luta do MST, daí a disposição contida na frase "eu parti pra cima, eu acampava, ia ocupar. Enfim, fazer tudo que fosse, partir para a briga mesmo para querer a terra". Entretanto, depreende-se também desse relato o fato de que o *habitus* não é uma essência a-histórica, uma camisa pronta e acabada à espera do manequim. Na verdade, nessa disposição adquirida é passível a introdução de mudanças, ou seja, novas respostas produzidas diante dos obstáculos do real, situação facilmente perceptível quando Sales diz: "eu achava que se fizesse um cadastro e ficasse esperando igual ao meu pai, aí eu ia morrer também falando em terra". Portanto, se Sales herdou o *habitus* de classe camponesa, a ele incorporou o específico da luta de enfrentamento, disposição política então desconhecida por seu pai, que morreu esperando o cadastro do Incra.

> Eu sempre fui criado assim, falando da terra, o meu pai sempre dizia alguma coisa da terra, meu pai fez um cadastramento em 1964 e aí ele morreu falando em terra: puta merda, eu tinha que pegar uma terra, eu tinha que pegar uma terra. Esse cadastramento, ele falou que fez e foi aprovado, fez no Incra, mas naquele tempo o Incra não era o Incra, era outro nome e até não era do Brasil, era a nível de Estado. Então, assim, eu achava que se fizesse um cadastro e ficasse esperando igual ao meu pai, aí eu ia morrer também falando em terra, então por isso eu parti pra cima, eu acampava, ia ocupar. Enfim, fazer tudo que fosse, partir para a briga mesmo para querer a terra e não fazer que nem o meu

pai que ficou mais ou menos uns quarenta anos esperando a terra. Se eu ficasse que nem ele, eu ia também ficar mais quarenta anos e morrer falando em terra, por isso que a gente foi pro acampamento e eu fui para a luta para ter a terra.

Meus filhos saíram de casa, mas foram para a Santa Rosa [assentamento], todos têm um lote lá, todos os filhos, não, tem uma que mora na vila em Itaquiraí, mas nós temos cinco filhos que têm lote no Santa Rosa. Eles ocuparam também, quer dizer, nós ocupamos então, pois eles foram e nós fomos juntos eu e a esposa, brigamos lá também mais ou menos a briga que nós fizemos pra conquistar o Indaiá. (Sales[45])

Quando em conversas pedíamos aos sem terra que descrevessem as diferenças entre os acampados do MST, da Fetagri e CUT, muitos sorriam ao responder: "Só pelo tipo de conversa da pessoa, pelo jeito dela a gente já sabe".

Posteriormente, fomos percebendo que essa antecipação é possível porque o *habitus* é uma postura que se revela nos gestos, na maneira de ficar de pé, no andar e no falar.

O *habitus* expresso no falar, por exemplo, produz um vocabulário da luta próprio do MST (ocupação, movimento, mística, despejo, sem terra, barraco, caminhada etc.); estamos com isso chamando a atenção para a formação de um *habitus* lingüístico que gera identidade e distinção, produção que foi possível pela sintonia entre receptor e emissor. Reciprocidade responsável pela grande oxigenação e vitalidade do MST.

O *habitus* lingüístico se distingue de uma competência pelo fato de ser o produto das condições sociais e pelo fato de não ser uma simples produção de discursos, mas uma produção de discursos ajustados a uma situação, ou de preferência, ajustados a um mercado ou a um campo. (Bourdieu, 1983a, p.95)

Nesse processo de construção de um *habitus* lingüístico, a partir das condições sociais da luta, o MST cria novos significados e funções

45 Assentado no projeto Indaiá, fev. 2001.

para as palavras, mas também recupera o significado social de algumas, com base na observância do *habitus*. Como exemplo, podemos pensar na palavra de ordem das ligas camponesas largamente utilizada pelo MST nas ocupações: "Reforma Agrária na lei ou na marra".

Inclusive, como parte desse processo, destacamos que o MST produz "instrumentos de percepção e de expressão do mundo social" (Bourdieu, 1983a, p.203) e das lutas dos sem terra. Essa produção se revela por meio de cadernos, cartilhas, jornais, revistas, músicas etc., e é eficaz porque produz, de certa maneira, uma linguagem na qual eles se reconhecessem, são aceitos como são, uma vez que fala de sua condição, ou seja, um instrumento que percebe o *habitus* específico (o da luta de enfrentamento) e a ele se dirige. Daí sua grande aceitação no acampamento, ambiente perfeito para sua divulgação. Digamos que esses instrumentos de expressão encontram perfeita sintonia quando o assunto é a luta pela terra.

Com efeito, são também responsáveis pelo processo de formação, ao longo desses anos de luta, de um *habitus* lingüístico já incorporado por grande parte dos sem terra, fato de extrema importância que tem passado despercebido. Portanto, estamos passando por uma fase de gestação de um *habitus* específico, ou seja, uma forma de comunicação bastante própria de pelo menos parte do campesinato, prova de que o *habitus* não se resume apenas ao resgate de disposições existentes, mas estende-se à criação de novas formas de agir, pensar e se expressar.

O que faz as pessoas decidirem fazer parte do MST preterindo outros movimentos e organizações no Mato Grosso do Sul não é necessariamente a escolha moral, mas o *habitus* específico, no caso o *habitus* da luta de enfrentamento. Como forma de explicitarmos como chegamos a essas conclusões, escolhemos, entre tantos, apenas um relato, por pensarmos que a transcrição excessiva neste momento poderia incorrer no prolixo, que narra um pouco dessa disposição incorporada a que chamamos *habitus* específico.

> Então eu estava na frente porque cada noite era um grupo que saia, nós éramos do grupo de Sete Quedas [brasiguaios]. Então estávamos

> nós ali e nós sabíamos que eles [a polícia] vinham. Aí nós trancamos com motosserra derrubando paus até lá embaixo, de lá pra cá fizemos valetão também para a polícia não entrar. Tranquemos todas as estradas, mas mesmo assim a polícia rodeou por lá e pularam o valetão. Veio uma tropa de 1.200 policiais. Então chegava nas valetas, uns pulava na frente com enxadão e já foram cobrindo e os outros foram passando e já chegaram. Na verdade, das 7 horas eles foram chegar mesmo lá pelas 5h30 [17h30]. Aí eles entraram, começaram lá em cima, aí deram um tiro na barriga de um primeiro, um tal de J., e aí já foram descendo o cacete [batendo], e já começaram a atirar por cima assim [faz gestos]. Eles desciam o cacete em quem não queria deitar, então a turma tinha que deitar, fazer o quê? Então, quando deitava uns duzentos, chegavam aquelas caçambas de ré e ali eles gritavam pra turma pular na caçamba, tinha que sair correndo e pular em cima senão eles metiam o pé na b., muitos eles pegaram e meteram o cacete. Até que despejaram nós todos na Casa Verde [assentamento]. Ali naquele primeiro despejo, muita gente apanhou, apanhou bastante, mas eu graças a Deus não apanhei, quando eles mandaram deitar, aí fazer o quê? A tropa já foi deitando, nós estávamos na frente, então não tinha como, tinha que obedecer. Era sofrido mesmo. E a hora que a gente foi saindo, a gente falou: "Tem que pegar o barraco!", mas que barraco o quê, eles chegaram lá e meteram fogo, foi aquele fumaceiro, mas, olha, foi uma tristeza, a gente foi subindo nas caçambas e aquele fumaceiro subindo; vixe Maria do céu, foi feio, foi triste. Esse vizinho aí da esquina tem três fios de costela quebrados do tempo de lá. Mas, se não for assim na luta, fica difícil pegar terra. (Almeida[46])

O *habitus* específico é, portanto, essa espécie de lógica que brota do inconsciente e busca incessantemente sua satisfação, reproduzindo, nesse ínterim, práticas de distinção (classificações sociais), sem perder, contudo, a sintonia com o *habitus* de classe. Desse modo, pode-se ter dentro de uma mesma classe, no caso a classe camponesa, *habitus* diferenciados de acordo com o *campo* de ação, todavia sem invalidar a identidade mais ampla com o *habitus* de classe que é o

---

46 Assentado no projeto São Luís, dez. 2001.

corte necessário na sua configuração. Isso significa dizer que o sem terra do MST, embora se faça reconhecer pela distinção, ou seja, pela projeção de *habitus* específicos como o da luta de enfrentamento, quando a questão é o sentido de classe, essa distinção não possui força capaz de anular a identidade, o *habitus* de classe, que se desnuda no sonho da terra, do trabalho e da família no assentamento, como nos mostram as seguintes narrativas de ex-acampados do MST, agora assentados:

> Graças a Deus, pra comer a gente tem bastante, a gente se governa. Porque a senhora sabe a gente planta o que quer e trabalha a hora que a gente acha que dá para trabalhar e quando achar que a gente está meio doente, não vou trabalhar e ninguém vem encher o saco. Então trabalhar a gente tem que trabalhar mesmo, mas a gente trabalha por conta, então é muito melhor porque a gente se governa, é livre e o empregado eu sei que não é fácil. Então eu estou muito contente, eu e a família. (Almeida)

> Olha, nós acampamos pelo MST, inclusive eu falo a realidade, nós entrou na terra pelo MST, mas hoje já acabou tudo, todo mundo foi embora [as lideranças], ninguém aqui liga pro MST não; acabou tudo porque os líderes que tinha o MST era o seguinte: tem uma parte do MST que eu acho bom, mas tem uma parte que castiga o pessoal um pouco e o pessoal desaba pro outro lado; porque eles têm umas leis deles...[pausa], eu não falo mais nisso. Eles têm um regime muito forte, quer castigar a gente assim com um tipo de dominar e assim fica ruim pra gente, se tem aquela ordem tem que cumprir a ordem deles e uma pessoa velha, da minha idade, não vai...[pausa]. Então é o caso da turma aqui, a metade desistiu deles por causa disso, não é que eles são maus, mas é que eles têm um regime assim, uma ordem que hoje em dia no assentamento ninguém acompanha. Mas assim no ponto de lutar eles são boas pessoas. O pior pra mim é aquele coletivo, então esse problema não é comigo, não mexe comigo. (Araújo[47])

47 Assentado no projeto Indaiá, fev. 2001.

Para retomarmos a discussão sobre a distinção, indagamos: é possível a leitura da classe camponesa pelo viés da diversidade como expressão de *habitus* específicos? Não estaríamos fragmentando ou superando a idéia de classe e consciência de classe?

A resposta negativa a tais indagações vem do entendimento do *habitus* específico e do *habitus* de classe, bem como das possibilidades dessa mediação no *campo* da luta pela terra.

Segundo Bourdieu (2000), a discussão do *habitus* de classe supera necessariamente a visão de classe estática, pronta. Para o autor, a classe vai ser sempre uma possibilidade, uma probabilidade em vez de ser um dado que o observador procura objetivamente por meio da classificação. Daí sua incessante crítica àqueles que chama de classificacionistas da classe, afirmando que a concepção que tem sido adotada sobre as classes, na maioria das vezes, tem se resumido à posição do indivíduo nas relações de produção.

> Na tradição marxista há uma luta permanente entre uma tendência objetivista que busca as classes na realidade (*daí o eterno problema: Quantas classes existem?*) e uma teria voluntarista ou espontaneísta que diz que as classes são uma coisa que se faz. De um lado, fala-se da condição de classe e, de outro, de consciência de classe. De um lado, fala-se de posição nas relações de produção. De outro, em "luta de classes", de ação, de mobilização. A visão objetivista será antes de tudo uma visão do cientista. A visão espontaneísta será antes de tudo uma visão do militante. (Bourdieu, 1983a, p. 71 – grifo nosso)

Nesse sentido da crítica, vale também a leitura de Thompson (1979), quando ele repudia a classe como um dado objetivo a ser constatado, uma evidência estática, mero exercício do pensamento:

> *há quedado claro em años recientes que clase como categoria estática há ocupado también sectores muy influentes del pensamiento marxista... De un modelo estático de relaciones de producción capitalista se derivan las clases que tienen que corresponder al mismo, y la conciencia que corresponde a las clases y sus posiciones relativas. Es una de sus formas (generalmente leninista), bastante extendida, isto proporciona una fácil justificación para la política de "sustitución": es decir, la "vanguardia" que sabe mejor*

que la clase misma cuáles deben ser los verdaderos intereses (y conciencia) de ésta. Si ocurriera de "ésta" no tuviera conciencia alguna, seo lo que fuere lo que tengo, es una "falsa" conciencia.(Thompson, 1979, p.35-36)

Para Bourdieu (2000), embora o indivíduo possa ocupar posições diferenciadas nos diversos *campos* do todo social e suas ações sejam reflexo desse espaço multidimensional, há a possibilidade de existência da classe social. Conseqüentemente, essa posição de classe é fruto da mediação do *habitus*, porque é ele que fundamenta as formas de agir e pensar nos sujeitos nos variados *campos*, dando-lhes unidade, *habitus* de classe. Assim, independentemente da diversidade de recursos, existiriam disposições gerais, um *estilo*,[48] uma história incorporada, dando identidade a esses grupos. Enfim, para além da distinção, que não é nada mais que a continuidade física e psíquica do indivíduo, haveria a possibilidade da identidade de classe.

É, portanto, o *habitus* de classe que dá unidade, que organiza o pensar e o agir do sujeito nos diversos campos, que cria a identidade, que possibilita a leitura relacional entre os *campos*, criando a classe provável, aquela que possui a maior condição de se organizar. Ou seja, existe uma história incorporada que permite uma identificação mútua, mesmo que o sujeito ocupe posições diferentes nos *campos*. Por exemplo: o latifundiário pode até ter um *habitus* cientifico (ser um professor universitário), porém ele tem um comportamento, um *habitus* de classe que permite identificá-lo em qualquer *campo*. Assim, o *habitus* gera a distinção, mas também a identidade, o *estilo*.

O grande problema, portanto, é que o MST trabalha somente no marco da distinção, algumas inerentes outras construídas, não trabalhando contraditoriamente as possibilidades da identidade de classe do campesinato (leia-se *habitus* de classe) como uma poten-

48 Conjunto sistemático dos traços distintivos que caracterizam todas as práticas e obras de um agente singular ou de uma classe de agentes (Bourdieu, 2001, p.117).

cialidade que está muito acima dos agentes mediadores. Nisso há o seguinte agravante: ao insistir na distinção para fora, acaba jogando todo o peso na identidade para dentro como legitimadora e anuladora das diferenças, que inevitavelmente existem, fazendo que as distinções internas, ou seja, nos acampamentos do MST, resvalem para o circuito da invalidação. Portanto, a distinção e a identidade são pares indissociáveis, e apostar numa como anuladora da outra parece ser o limite, ou melhor, o grande impasse a se desnudar nos assentamentos, tanto entre os considerados diferentes (Fetagri e CUT) como nos supostamente iguais (MST).

Ainda, como explica Bourdieu (2000), o conhecimento da posição ocupada nesse "espaço multidimensional", nesse "espaço de relações", comporta a informação das possibilidades de classe, em termos de movimentos organizados, de sujeitos que têm mais potencialidades para ações de mobilização do que qualquer outro grupo. Dessa forma, para ele, é conhecendo o provável que podemos pensar o possível. Nesse sentido, Bourdieu é contumaz na crítica feita ao entendimento de classe, que põe um mundo unidimensional, organizado a partir da oposição entre proprietários dos meios de produção e vendedores da força de trabalho, a clássica oposição capital *versus* trabalho. E, mais, acusa certa vertente do marxismo de identificar e distinguir a classe, fazendo uma mecânica oposição em *classe em si* e *classe para si*, sendo a primeira uma determinação histórica, um dado objetivo, e a segunda, uma transição lógica, uma "maturação das condições objetivas" ou, pior, no caso dos voluntaristas, uma "tomada de consciência". Logo, nesse pensamento, não há espaço para o *fazer-se* da classe, muito menos para a consciência de classe como possibilidade e potencialidade. Vejamos a crítica a essa vertente nas palavras de Bourdieu (2000, p.138):

> Com efeito, esta identifica, por vezes, sem outra forma de processo, a classe construída com a classe real ... outras vezes, distinguindo-as pela oposição entre "classe-em-si", definida na base de um conjunto de condições objectivas, e a da "classe-para-si" radicada em factores subjectivas, ela descreve a passagem de uma à outra, sempre celebra-

da como uma verdadeira promoção ontológica, em termos de uma lógica ora totalmente determinista, ora, pelo contrário, plenamente voluntarista.

Desse modo, o desafio no tocante às classes, segundo Bourdieu, é outro, que visa compreender como se dá a passagem do sentido prático da posição ocupada para a manifestação propriamente política. Dito de outra maneira, como a classe no "papel" (classe objetiva) pode transformar-se em classe real (movimento organizado)? A resposta vem por meio do que ele chama de homologia de posição, espécie de semelhança na diferença, que pode oferecer os instrumentos de ruptura por meio das alianças entre classes. Esse pensamento analógico, muito parecido com a "consciência do exterior" de Lenin, porém sem nenhuma relação com a idéia de "vanguardismo" dessa teoria, tem sua base de sustentação na concepção do espaço multidimensional de posições e, portanto, na crítica ao espaço marxista do "trabalho *versus* capital", que Bourdieu chama de unidimensional.

Bourdieu insiste em que a ruptura, a mudança social, é possível se considerarmos essa homologia de posição que acontece dentro do próprio *campo*, ou até mesmo a partir dos *campos* diferentes. No caso de *campos* diferentes, isso quer dizer que os agentes, por ocuparem no seu interior posições dominadas, estão predispostos a fazer trocas, tendo como liame essa homologia de posição política e não necessariamente o *habitus* ou sua condição econômica. Todavia, ele adverte que no caso de *campos* diferentes essa aliança é ambígua e muito suscetível de traição, podendo haver uma usurpação do objeto de luta de um grupo pelo outro. Essa ambigüidade, em grande parte, deve-se às diferenças de *habitus* e interesse e ao fato de a homologia de posição não significar a identidade de condição.

A homologia de posição entre os intelectuais e os operários da indústria – os primeiros ocupam no seio do campo do poder, isto é, em relação aos patrões da indústria e do comércio, posição que são homólogas dos que são ocupadas pelos operários da indústria no espaço so-

> cial tomado no seu conjunto – está na origem de uma aliança ambígua, na qual os produtores culturais, dominados entre os dominantes, oferecem aos dominados, mediante uma espécie de desvio do capital cultural acumulado, os meios de constituírem objectivamente a sua visão do mundo e a representação dos seus interesses numa teoria explícita e em instrumentos de representação institucionalizadas – organizações sindicais, partidos, tecnologias sociais de mobilização e de manifestação, etc. (Bourdieu, 2000, p. 153-4)

Voltando à questão do *habitus* lingüístico para falar da classe, acrescentamos que, ao querer estabelecer uma possível identidade entre a linguagem e a consciência, as lideranças introduzem mudanças no *habitus* lingüístico, principalmente quando o assunto é assentamento, que não encontra *campo* receptor porque é revelador de um *habitus* de classe que não é o do camponês, mas sim da classe trabalhadora. Nesse caso, também o aparelho simbólico perde a eficácia.

Quando muda o discurso da luta pela terra (ocupação, acampamento, solidariedade, justiça, moral) para discurso das transformações sociais (trabalho coletivo, divisão de tarefas, cooperativa, viabilidade econômica, desenvolvimento das forças produtivas etc.), ou, nas palavras do Movimento "Precisamos contribuir nas lutas do MST e do conjunto da classe trabalhadora. Só assim conseguiremos ir acumulando as forças necessárias para a transformação da sociedade" (MST, 1998a, p.28), a fala não encontra receptividade, pois o poder simbólico já não é mais possível, já que a linguagem não é feita a partir das condições objetivas da recepção, mas por uma linguagem na qual os receptores não se sentem reconhecidos. É aí que a teoria perde em relação à prática, principalmente porque, nesse caso, a distinção é ideológica.

> A aceitabilidade supõe que as palavras estejam conformes não apenas as regras imanentes da língua, mas também as regras intuitivamente dominados, imanentes a uma situação, ou melhor, a um mercado lingüístico. Existe mercado lingüístico sempre que alguém produz um discurso para receptores capazes de avaliá-lo, de apreciá-lo e de dar-lhe um preço. (Bourdieu, 1983a, p.96)

- Falarmos que é a existência de *habitus* específicos como da luta de enfrentamento que faz que as pessoas escolham fazer parte do MST, e não o amadurecimento de sua consciência de classe, não é tarefa fácil, visto que as publicações sobre o assunto insistem na consciência de classe como o diferenciador do campesinato. Entendemos que a consciência de classe não pode ser medida, classificada para mais ou para menos. A própria discussão sobre a existência de classe também precisa superar a idéia de que classe se resume a algo objetivo, dado, pronto. Concordamos com Bourdieu que a classe real, entendida como consciência de classe, é probabilidade. Daí ser perigosa a análise que confunde a classe recortada no papel, derivada das condições objetivas de produção, com a classe real, isto é, a classe organizada.

- Classes no papel, para Bourdieu, são aquelas que nós podemos identificar a partir do conhecimento do espaço de posições dado pelas relações de produção, portanto são conjuntos de agentes que possuem posições semelhantes e que, colocados em condições semelhantes, têm, com toda probabilidade, atitudes e interesses semelhantes. Entretanto, em termos reais de grupo mobilizado para a luta, não é realmente uma classe, é uma possibilidade, uma classe provável. Por sua vez, esquecer essa diferença é querer determinar a história, é, em nome da teoria da classe, anular a ação própria dos agentes.

> É preciso afirmar, contra o realismo do inteligível (ou reificação dos conceitos), que as classes que podemos recortar no espaço social (por exemplo, por exigências da análise estatística que é único meio de revelar a estrutura do espaço social) não existem como grupos reais embora expliquem a probabilidade de se constituírem em grupos práticos, famílias (homogamias), clubes, associações e mesmo "movimentos" sindicais ou políticos. (Bourdieu, 2000, p.136-7)

Enfim, a heterogeneidade dos agentes na luta pela terra e na terra no Mato Grosso do Sul, como MST, Fetagri e DETR/CUT, tem apontado para o fato de que os acampamentos e assentamentos são um *campo* de conflito permanente que se manifestou, até 2000, em diferentes territorializações, consubstanciadas em 95 assentamentos e 109 acampamentos. Contudo, essa aparência imediata, dotada de extrema diversidade e, portanto, complexidade, comporta também experiências que apontam a possibilidade de termos um sentido de classe, ou melhor, um *habitus* de classe camponesa. Isso significa dizer que, apesar das distinções que são produzidas a partir de *habitus* específicos, é possível a existência da identidade nessa distinção, ou seja, da formação de uma classe de *habitus* (ou *habitus* de classe) que será motivo de análise no próximo capítulo. Assim, enquanto no acampamento a luta pela terra é marcada pelas classificações distintivas, construídas a partir de *habitus* diferentes, na luta na terra do assentamento a distinção dá lugar ao *habitus* de classe, isto é, à identidade camponesa que independe e, por vezes, ultrapassa os mediadores.

> Quando nós entramos aqui, nós éramos do MST, agora nós somos tudo unido, não tem esse negócio de separação [MST e Fetagri), agora é tudo unido. Foi assim: quando a gente entrou, nós estávamos reunidos com a turma do MST porque na luta eu acho que o MST luta mais, ele vai lá e invade aquela área; se é despejado, ele dá um tempo e torna a voltar de novo e vai lutando ... Mas, no assentamento, a gente prefere assim ter união com todos, se o vizinho está com a roça para passar veneno, vamos lá ajudar a passar veneno... Então onde nós moramos é assim... [pausa]. Ali tem uma vizinha, meu marido vai lá com meu rapaz e passa veneno na roça dela e ela arruma o animal dela pra gente chapiar também aqui, é assim. (Oliveira[49])

Desse modo, quando admitimos a territorialização como distinção, não descartamos o entendimento do campesinato como o horizonte no qual é possível compreender a luta política e o sentido de classe desses agentes. A classe camponesa que se reproduz no capitalismo é diametralmente oposta ao camponês servo. Sua (re)criação

---

49 Assentada no projeto São João, dez. 2001.

se faz contraditoriamente como uma relação não-capitalista, na medida em que o capitalismo convive com sua expansão. Todavia, esse mesmo capital cobra seu tributo subordinando a renda da terra e recebendo do campesinato a resposta por meio da luta de resistência.

Como conseqüência dessa realidade objetiva, desde as Ligas Camponesas à Confederação das Cooperativas de Reforma Agrária do Brasil (Concrab), algumas disposições, *habitus* de classe, têm dado unidade às diferentes lutas travadas pela conquista da e na terra: a organização na busca de garantir a terra, os frutos da terra e a renda a quem nela trabalha.

É interessante lembrarmos, como forma de situar o leitor, que a pesquisa caminha sobre dois eixos de conflitos: num primeiro plano, o da luta pela terra, e, num segundo plano, o conflito entre os movimentos e organizações envolvidos nessa luta.

O primeiro plano, que contempla uma análise mais ampla, procura entender o desenvolvimento do capitalismo na agricultura e, por conseguinte, o papel que a renda da terra e a reprodução camponesa possuem nesse processo.

No segundo plano, enfocamos, porém numa perspectiva micro que foge ao conflito clássico camponeses *versus* latifundiários, os conflitos presentes na cotidianidade da luta entre os próprios aliados, ou seja, entre os mediadores pelo "modo de percepção legitimo", bem como as classificações distintivas decorrentes do *habitus*, como ensina Bourdieu (2000). Situação que, por sua vez, não invalida a leitura da identidade de classe do campesinato, porém partindo do marco da diversidade.

A existência desses conflitos faz sentido na medida em que o espaço social é composto por uma teia de *campos* e posições que fazem as relações de poder estarem em toda parte, daí o propósito de apreendê-las onde menos parecem existir. Dessa maneira, por meio da apreensão da complexidade de condições e relações sociais existentes, acreditamos poder contribuir para o entendimento dos avanços e recuos da luta pela terra.

O MST e a formação da consciência de classe trabalhadora: ideologia[50] política ou realidade camponesa?

> *"O acampamento deve ser visto como um período de aprendizado. E por isso devemos aproveitar ao máximo, para que cada companheiro perceba a importância da organização, dos grupos de base, dos setores e dos princípios de direção."*
> *(MST, 1995, p. 22).*

> *"os intelectuais sonham amiúde com uma classe que seja como uma motocicleta cujo assento esteja vazio. Saltando sobre ele, assumem a direção, pois têm a verdadeira teoria. Esta é uma ilusão característica, é a 'falsa consciência' da burguesia intelectual. Mas quando semelhantes conceitos dominam a inteira intelligentsia, podemos falar em 'falsa consciência'? Ao contrário, tais conceitos terminam por ser muito cômodos para ela."*
> *(Thompson, 1998, p.106).*

A discussão que cerca o processo de formação da consciência dos sem terra do MST faz parte de uma prática de distinção mais apurada, mais elaborada, que faz do boné, da bandeira, das músicas e palavras de ordem o suporte visível. Na verdade, é uma classificação que se constrói na perspectiva de dar um sentido de *classe para si* aos sem

---

50 De acordo com Chauí (1994a), o discurso ideológico procura ocultar o real pela confusão entre o pensar, o dizer e o ser. Contudo, como mostra Löwy (2002, p.12), essa concepção marxista do termo em que ideologia tem uma conotação pejorativa não é a única existente: "Para Lenin, existe uma ideologia burguesa e uma ideologia proletária ... Ideologia deixa de ter o sentido crítico, pejorativo, negativo, que tem em Marx, e passa a designar simplesmente qualquer doutrina sobre a realidade social que tenha vínculo com uma posição de classe". Cumpre destacar que o uso do termo ideologia para o MST aproxima-se dessa concepção leninista, logo, nos seus escritos, o emprego recorrente de expressões como: "concepção político-ideológica do Movimento" ou "ideologia do Movimento". Entretanto, para nós, "A definição de ideologia...como uma forma de pensamento orientada para a reprodução da ordem estabelecida nos parece a mais apropriada porque ela conserva a dimensão crítica que o termo tinha em sua origem (Marx)" (Löwy, 1987, p.11).

terra. A questão, então, é discutirmos com qual pressuposto de classe a teoria do Movimento trabalha,[51] bem como pensarmos como o debate proposto até agora acerca da diversidade camponesa como conseqüência de *habitus* específicos é interpretado pelo Movimento.

Nosso interesse em discutir a "formação da consciência política" e seu processo subjacente, de "elevar o nível de consciência da massa", ou melhor, o que vem a ser isso, advém da importância que essa reflexão tem nos escritos do MST e na forma como essa discussão intervém no objeto de pesquisa de modo mais amplo.

A análise da produção teórica do e para o MST[52] é, a nosso ver, reveladora do obstinado empenho de trazer os camponeses para uma ideologia política da classe trabalhadora com vistas à transformação da sociedade.[53] Por que falarmos em ideologia política? Porque, caso

---

51 Agora, ao tratar das contradições Movimento/organização, não estaremos nos referindo ao Movimento como um todo, mas aos desencontros da prática coma teoria da prática, ou seja, dos desencontros entre a base, a liderança e os assessores. No entanto, nem sempre é possível fazer a identificação do interlocutor porque muitos textos aparecem tendo como referência de autoria o MST. Por essa razão, em certos momentos de nossa análise, somos levados a atribuir ao Movimento como um todo a responsabilidade pela teoria.

52 Objetivando fazer a crítica ao pesquisador que em nome da imparcialidade não assume nenhum compromisso com o objeto de estudo e, por conseguinte, com os resultados da pesquisa, Fernandes (2001, p.17) sugere o termo pesquisador-militante para identificar aqueles que, ao contrário dos primeiros, têm compromisso com a realidade estudada. Portanto, para o pesquisador-militante, "a ciência tem como significado a perspectiva da transformação das realidades estudadas, bem como da sociedade. Desse modo, há um intenso compromisso com as pessoas que são os sujeitos de seu objeto de pesquisa...". Nessa perspectiva, os teóricos do MST, dentre eles Fernandes, seriam pesquisadores-militantes.

53 Acreditamos que essa premissa, embora tenha sido mais acentuada no primeiro período, ainda é válida para o momento atual, na medida em que o Movimento, apesar de reconhecer a especificidade camponesa, continua a negar-lhe o *status* de classe camponesa, como veremos nas discussões que se seguem. Ainda nesse sentido, vale destacar que uma das tarefas do SCA-MST é desenvolver uma consciência nacional a partir dos interesses da classe trabalhadora: "Precisamos desenvolver a consciência de nação e de pátria a partir dos interesses da classe trabalhadora" (MST, 1998a, p.18).

seja verdade, mesmo que de forma parcial, essa afirmativa, todo o esforço da transição com vistas à *classe para* si é equivocado por ignorar a visão de mundo do campesinato, por imputar-lhe um ideário político de classe que não corresponde à sua realidade de classe.

Voltando à análise da produção teórica, podemos dizer que a primeira fase é representada por Clodomir de Moraes, que elaborou um verdadeiro manual dessa ideologia missionária, em 1986, no qual enumerou os vícios do campesinato e sua defasagem em relação ao operariado. Embora o próprio Movimento considere parte de suas idéias superadas pelo radicalismo contido, principalmente na metodologia do chamado "Laboratório Experimental", ainda encontramos comumente, nas explicações sobre o fracasso dos grupos coletivos nos assentamentos, a alusão aos vícios do campesinato como o responsável pelo insucesso, fato que podemos perceber na fala de Ferrari:[54]

> É difícil pra cabeça do camponês essa discussão que o Movimento puxa da questão do coletivo. Quando você pega essa questão do trabalho coletivo, é pior que tudo, pior porque ele vem de uma história de individualismo, que ele faz tudo sozinho, ele domina a produção e toda a cadeia de produção lá no sítio dele. E tem uma outra coisa que é da própria sociedade, ela acaba meio que formando uma cultura, impondo sobre as pessoas que você não pode confiar em ninguém, você não pode acreditar em ninguém, é você e você. Então veja só, na cabeça do camponês que sai lá de uma origem individualista e essa coisa toda [de coletivo] ele não entende, ele não consegue fazer essa ligação da terra com o projeto. Pegar o dinheiro, por exemplo, e botar em comum para que alguém coordene e aplique. Olha só então, tem alguns bloqueios o camponês.

Passada essa fase mais contundente de ojeriza e de negação do campesinato, nota-se um novo momento na produção teórica do

54 Liderança estadual do MST/MS, presidente da Coopresul e assentado no grupo coletivo do projeto Sul Bonito, em Itaquiraí-MS, 2000.

MST, o de reconhecimento e "tolerância" com relação ao camponês. Contudo, esse camponês aparece como fração de classe, e, assim, fala-se em camponês, nunca em classe camponesa. Desse modo, o campesinato passa a ser entendido como fração da classe trabalhadora, o que na essência não muda muito o papel clássico dado a ele pelos intérpretes de Marx, o seu desaparecimento como classe camponesa.[55]

Quando afirmamos que, nos anos 1990, houve uma tolerância maior por parte do Movimento acerca do comportamento do campesinato, isso significa dizer que houve uma flexibilização quanto à forma de se chegar à sua "conscientização política". Situação que fica exemplificada na "lição" apresentada por Bogo (1999, p.138):

> Pregar o coletivismo pelo simples fato de que é a propriedade social da terra que fará o *avanço da consciência* e do caráter da ideologia dos camponeses não é correto, se as condições para o desenvolvimento não estão criadas e se há resistências por parte dos camponeses à organização do trabalho coletivo. Buscam-se, neste caso, *passos intermediários* que levem ao objetivo desejado por caminhos menos conflituosos, e que garantam a unidade interna da comunidade e organização. (grifo nosso)

---

55 Caldart (2000), por exemplo, ao propor que a história da formação do sem terra produz uma pedagogia, um modo de produzir gente, um novo sujeito social que tem na dimensão cultural sua principal dinâmica, sua identidade, fala num novo sujeito social, uma forma nova de campesinato, um "novo estrato da classe trabalhadora". O que fica evidenciado na análise de Caldart é que sua pertinente e engajada interpretação da identidade sem terra acaba não cumprindo o papel de expor esse novo sujeito social, sua real diferenciação – que é de ação, de experiência, de consciência, de utopia, limitando-o a uma nova fração da classe trabalhadora, retirando dele a sua contemporaneidade, a sua contradição de classe camponesa. No entanto, se discordamos em parte de sua análise, por outro lado, acreditamos, assim como a autora, que "os sem terra não surgiram como sujeitos prontos ... Sua gênese é anterior ao movimento e sua constituição é um processo que continua se desenvolvendo ainda hoje..." (ibidem, p.63).

Bogo, ao falar em "passos intermediários", evidencia que a obstinada tarefa de fazer avançar a consciência do campesinato não foi abandonada; na verdade, o que ocorre é a opção por um caminho menos conflituoso.[56]

O final dos anos 1990, como parte dessa "tolerância" em relação ao campesinato, assiste a uma significativa mudança em relação ao entendimento da matriz produtiva do camponês.[57] Todavia, se, por um lado, parece haver uma aceitação da singularidade no marco do comportamento econômico do campesinato, por outro, em termos do debate político e do papel de classe desses sujeitos, não se observa avanço,[58] uma vez que o campesinato é entendido como uma parte

---

56 É, talvez, essa lógica da tolerância que explique a contradição presente nos escritos do Movimento quando, ao destacar o respeito pelas manifestações culturais do povo, em seguida, enfatiza a necessidade de superação: "deve-se compreender e respeitar as manifestações culturais que estão no dia-a-dia do povo, em seus hábitos, em seus costumes, em suas tradições. E através deles, *apreender e depois superá-los*" (MST, 2001, p.119 – grifo nosso).

57 Quando afirmamos que no final da década de 1990 houve uma (re)interpretação da prática produtiva do camponês no sentido da valorização da chamada economia familiar, expressa sobretudo na teoria das comunidades de resistência, temos como referência a postura expressa no início da década de 1990 que insistia no necessário desenvolvimento das forças produtivas e, portanto, na opção pelo processo de modernização dos assentamentos, como evidencia Stédille (1990, p.8): "De vez em quando nós temos atritos com alguns agrônomos e com alguns setores da Igreja mais basistas, que ainda confundem desenvolvimento com capitalismo ... Nós optamos e defendemos por desenvolver ao máximo o processo de mecanização, de tecnologia e da agroindústria. Se pudermos comprar o último modelo de trator, nós compramos ... É a única maneira de se desenvolver enquanto assentamento e se colocar como uma contraposição ao modelo da burguesia. Mesmo o processo de produção integrada é possível ... A diferença é que o resultado do frango fica para nós..." (ibidem, p. 8).

58 Segundo Stédile, o termo camponês sempre foi elitizado, expressão que teve seu uso restrito ao espaço da academia, sem possuir, portanto, muito lastro entre os trabalhadores rurais. Desse modo, não faria sentido, por carecer de legitimação, usá-lo para representar o Movimento Sem Terra (Stédile & Fernandes, 1999). Essa argumentação de Stédile deixa, no mínimo, dúvidas históricas, visto que, em 1950, as Ligas Camponesas tiveram ampla aceitação no campo nordestino. E, mais, embora o conceito de camponês tenha sido importado pelo Partido Comunista na

da classe trabalhadora. Situação que, no limite, produz uma interpretação frágil da realidade camponesa.

Esse paradoxo não resolvido, o da negação da diferença de classe do campesinato e recente valorização do *habitus* econômico do camponês, pode ser depreendido pela recente discussão das "comunidades de resistência",[59] quando a contradição do imbricamento Movimento-organização aparece na fala dos militantes, na medida em que ora eles denunciam a conhecida concepção dos vícios do campesinato e da necessidade de superá-los por meio da formação da consciência político-organizativa ora destacam a retomada dos valores do homem do campo centrados na família, no trabalho, na terra, comunidade e religião. Nesse sentido, o relato de Santos[60] é revelador:

> Nós estamos mudando hoje as nossas táticas de recuperação de alimentos, de matar boi, porque a gente percebeu que essa tática está furada porque não nos traz o apoio da sociedade. A forma como a gente trabalha é difícil para o camponês, ele é um pouco acomodado. A gente

---

década de 1950, o seu uso ainda hoje no Brasil se explica pelo efeito de unidade que carrega, ou seja, é o único capaz de dar visibilidade à classe, ao contrário de trabalhador que é genérico. Não podemos, contudo, esquecer que falar em classe camponesa é apenas uma estenografia conceitual, porque é no trabalho empírico que demonstramos e definimos quem são os camponeses. Lembramos também que o mesmo vale para o proletário, ou seja, nossos trabalhadores urbanos dificilmente se identificam como proletariado, trata-se também de uma estenografia conceitual.

59 As comunidades de resistência são para Carvalho (2000) a possibilidade de recuperação da autonomia do pequeno produtor rural familiar (fração de classe social) por meio da produção de sua subsistência, bem como da reativação dos laços culturais baseadas nas relações comunitárias. Nas palavras de Carvalho (2000, p.3): "*As comunidades de resistência* poderão tornar-se um meio para a retomada da identidade cultural do *pequeno produtor rural familiar*, alicerce para qualquer ação de rompimento da tendência à anomia para a qual caminha essa *fração de classe social*. Os núcleos de base dos assentamentos de reforma agrária e daquelas comunidades sob a hegemonia do MPA poderão iniciar essa mobilização político – ideológica de resgate da identidade cultural da pequena propriedade rural familiar". (grifo nosso)

60 Liderança do setor de educação do MST/MS. Assentada no projeto Andalúcia/Nioaque-MS, nov. 2000.

percebe assim que temos uma dificuldade de fazer ele ter uma consciência organizativa, você consegue criar uma consciência crítica nele, de você mostrar o problema e ver, ele consegue ser crítico. Ele critica o governo e tudo mais, mas na hora de mostrar que tem que se organizar pra mudar a situação, aí nós não consegue dar esse passo junto com eles. Na produção é a mesma coisa, a gente não pode ficar plantando só o algodão e criando umas vaquinhas, nós temos que ter linha de produção definida, nós temos que pensar grande, só assim a gente consegue avançar. Esta é uma das coisas que eu vejo assim que é onde as pessoas acabam se afastando, não enfrenta. Uma outra coisa que a gente está levando minimamente seria a questão da saúde, da saúde preventiva, de voltar a usar as ervas medicinais, de voltar a ter prevenção. Então, essa é uma das coisas que a gente está trabalhando, a farmácia viva, as plantas medicinais e a prevenção, outra coisa é essa questão de produzir alimentos que possa garantir a sobrevivência no lote.

É, portanto, nesse cenário em que o camponês não tem lugar político, econômico, social e cultural assegurado pela sua singularidade de classe e condição que a discussão de uma "Revolução Cultural" é inserida pelo MST como alternativa de superação da crise do cooperativismo que, em "função de um desvio economicista, teria gerado aspirações pequeno burguesas de acumulação no seio da base assentada" (Carvalho, 2000, p.5). Portanto, a tarefa da "Revolução Cultural" é construir "um homem novo eivado de valores éticos, sociais que reafirmassem a solidariedade e a convivência social democrática".

A cooperação desenvolvida nos assentamentos de reforma agrária teve como propósito não apenas viabilizar economicamente a pequena produção rural familiar, mas, sobretudo, construir um homem novo eivado de valores éticos e sociais que reafirmassem a solidariedade e a convivência social democrática. Entretanto, talvez a partir de um *desvio economicista*, o cooperativismo (principal produto da cooperação) pode ter contribuído para gerar um produtor com aspirações *pequeno burguesas* de acumulações a partir de uma suposta inserção no mercado capitalista oligopolizado de produtos agropecuários. (ibidem, p.5 – grifo nosso)

Entrementes, embora considere outros aspectos das relações sociais que não apenas o econômico, a referida "Revolução Cultural" não supera na essência a fase anterior, a dos Laboratórios Experimentais, de Clodomir de Moraes, porque contém o germe do preconceito com referência ao modo de vida camponês, conforme se verifica na fala de Bogo (2001) quando invoca a ciência no campo como meio de libertar o camponês da ignorância: "Nós precisamos fazer o que está sendo feito aqui, discutir a Reforma Agrária e levar a ciência para o campo. Nós não podemos acreditar que a ignorância leve a gente à libertação". Perde-se com isso a possibilidade de desvendar o *habitus* de classe do campesinato e, conseqüentemente, a potencialidade contida nele.

> Nós acreditamos que a reforma agrária é mais do que isso que está sendo feito porque nós precisamos fazer uma coisa que no movimento [MST] a gente discute muito, nós precisamos fazer uma revolução cultural e não só uma reforma agrária. Temos que fazer uma revolução na cultura, no jeito de se pensar as coisas, de fazer as coisas, de desenvolver as atividades. Nós precisamos fazer uma junção da força dos braços com a força da cabeça, o camponês não pode acreditar que ele só tem braços pra trabalhar porque ele recebeu uma cabeça que não é só pra levar chapéu e carregar os olhos pra ver onde tem cobra pra não pisar em cima. Nós precisamos acreditar que é possível colocar na nossa memória idéias que sejam resgate de velhas idéias e complemento com idéias novas. Nós precisamos fazer o que está sendo feito aqui, discutir a reforma agrária e levar a ciência para o campo. Nós não podemos acreditar que a ignorância leve a gente à libertação; então quando a gente pressiona o governo e diz que um médico tem que ser assentado junto com um sem terra, que um advogado tem que ser assentado junto com um sem terra, o agrônomo, o economista, administrador de empresas tem que ser assentado, o governo diz que não, que está fora dos critérios de assentamento. Ora ele quer que a gente faça uma reforma agrária de quê? (Bogo, 2001)

Ainda nesse sentido, a "Revolução Cultural" almejada pelo Movimento é compreendida como o primeiro passo para a construção de um "camponês de novo tipo", aquele que é capaz de resistir aos aspectos alienantes da cultura camponesa, bem como aos aspectos ingênuos que prejudicam a formação da consciência política. Partindo do pressuposto de que ele possui um estilo de vida mais afeto ao isolamento, à relação intrínseca com a natureza, ele tenderia a desenvolver uma explicação mistificada da vida, daí oriunda a necessidade de uma ação política programada visando retirá-lo desse ostracismo. No texto intitulado "A formação ideológica dos camponeses", Bogo (1998, p.5) é taxativo a respeito das dificuldades do camponês em razão de sua "natureza complexa-ingênua":

> mas a cultura camponesa produzida através das relações, mais com a natureza do que com as pessoas, vem assumir características muito particulares que estão vinculadas ao mito, à superstição, à tradição, à contemplação e ao raciocínio associativo, caracterizando assim a formação do caráter do camponês através de aspectos espontâneos. Ao *contrário do operário* que estabelece relações de produção através da programação do trabalho. Desta forma é que se deve estabelecer uma relação no processo de formação política, que "transforme essa natureza" *complexa-ingênua*, em uma natureza "descomplexa", "desmitificada", a partir de novos referenciais e padrões de vida e de convivência. Isto somente será possível através de uma organização política e social que atue, conscientemente, sobre a realidade humana, social e natural. (grifos nosso)

É por isso que freqüentemente a interpretação da conquista da propriedade da terra, por exemplo, apresenta-se como limitadora da consciência camponesa, como depreendemos nos escritos de Bogo (1999, p.137): "Sabemos que a propriedade privada da terra é um fator determinante que facilita e empurra os camponeses para o isolamento. Isto é prejudicial para a formação da consciência de classes".

Em outros momentos, o trabalho coletivo, a divisão de tarefas e a cooperação agrícola são apregoados como o caminho de superação do individualismo camponês e, por conseguinte, de elevação do nível de consciência. Assim, acredita-se que a participação nessas atividades coletivas...

> contribuirá para que o indivíduo dê os primeiros passos na formação de uma nova consciência social a partir da prática de novos hábitos e

valores e, posteriormente, através da organicidade e de sua própria participação, adquira a consciência política, fazendo com que se empenhe, agora não mais para transformar os aspectos da realidade que o cerca, mas de toda a realidade que concentra injustiças e opressões dos seres humanos. (Bogo, 1999, p.137-8)

Essas proposições acerca da tarefa de formar ou elevar a consciência do campesinato nos remetem às seguintes indagações: quem são os camponeses? Quais são suas particularidades em termos de classe social? Teriam os camponeses e os operários o mesmo lugar e as mesmas possibilidades de consciência do processo de desenvolvimento do capital?

Inicialmente, colocamos que nosso pressuposto explicativo do descompasso, ou melhor, do desencontro da teoria de organização social em relação à prática de movimento social do MST, se faz em virtude de uma confusão entre as possibilidades históricas da classe operária e da classe camponesa, ou melhor, uma tendência em incutir no campesinato, por meio da teoria da organização social, uma consciência política típica do operariado. Por que falarmos na construção de uma teoria de organização social? A resposta vem das próprias preocupações das lideranças do MST que, a partir de 1986, passaram a defender a construção de princípios organizativos como forma de continuidade do movimento de massas. Desse modo, em 1995, os textos do MST, já com mais clareza, começam a discutir a estratégia de luta como movimento social e organização social:

> Não podemos criar uma estrutura burocratizada que atrapalhe o movimento de massas ... Mas não podemos deixar tudo solto pois a falta de organização transformaria o MST em apenas um movimento agitador, mobilizador que atenderia apenas necessidades imediatas ... o futuro da reforma agrária e da luta pela terra, depende de construirmos uma organização duradoura... (MST, 1995, p. 8)

Como desdobramento dessa premissa, ou seja, da necessidade de ser uma organização com característica "popular, sindical e política" e, portanto, perene, nasceram, segundo Stédile & Fernandes (1999), os seguintes princípios organizativos: direção coletiva, divisão de tarefas, disciplina, estudo, formação de quadros, luta de massas e vinculação com a base. É interessante resgatar que essa polêmica sobre a questão de ser ou não um movimento social é um fato que comparece com freqüência nos escritos do MST, tanto que Stédile & Fernandes (1999, p.44) não se furtaram a tratar a problemática na perspectiva de admitir que as referências que temos de movimento social são insuficientes para pensar o MST:

> Acredito que quando o professor José de Souza Martins diz que nos transformamos num "partido" camponês, embora discorde da expressão, acho que ele pode estar influenciado pelo fato de que, como movimento social, aplicamos esses princípios organizativos. Na minha opinião esses princípios não têm natureza partidária. Têm natureza de organização social. Talvez aí sim coubesse uma polêmica: até que ponto o MST deixou de ser apenas um movimento social de massas para ser também uma organização social e política. No fundo queremos ser mais que um movimento de massas...

Entendemos, entretanto, que a questão não se resume na leitura que pode ser entendida como maquineísta do tipo movimento social *versus* organização social, mas nas conseqüências do desencontro da prática de movimento social que tem como cerne a *luta pela terra* e da teoria de organização social que tem como centro a luta pela *transformação social.*[61] Logo, essa questão é ambígua, porque ela não comparece de forma estanque; na verdade, há momentos de imbricamento dessas lógicas, o que impede leituras dicotômicas como a apresentada por Navarro (2002a, p.195) que assim adverte quando faz análise do MST:

---

61 Nessa direção, vale destacar a postura do SCA no tocante à sua missão político-ideológica: "Nós do MST/SCA entendemos que a cooperação agrícola, sem dúvidas vai contribuir para o desenvolvimento das forças produtivas na tarefa de acumularmos forças, tanto econômica como política, para a luta pela transformação da sociedade que, só assim vamos buscar resolver os problemas econômicos, políticos e sociais do conjunto da classe trabalhadora" (MST, 1994, p.73).

O foco central deste capítulo dirige-se, quase exclusivamente, à organização e seu corpo diretivo, sua história, estratégias de ação e seu repertório de escolhas e decisões ao longo do período analisado, mas *não aos sem terra sob sua órbita*, inclusive porque, como se argumentará, muitas vezes é significativa a distância entre a base social e a agenda discursiva e as formas de ação social escolhidas pela direção... (grifo nosso)

Por conseguinte, a existência dessa ambigüidade e os momentos de reconhecimento dela por parte do MST, ao contrário do que concebe Navarro (2002a) ao discutir a problemática como se ela fosse totalmente estranha ao Movimento, é a responsável pela produção de tensões na própria base de sustentação do MST (1993b, p.50), como há tempos já se anunciava: "Ainda não conseguimos superar a contradição entre promover o desenvolvimento econômico dos nossos assentamentos e contribuir no avanço da luta do MST pela Reforma Agrária".

A existência desse conflito no seio do Movimento fortalece a idéia de que o MST tem uma estrutura descentralizada,[62] concepção inversa, portanto, à de Navarro (2002a) que entende o MST como uma cúpula que dita e controla a massa.

Isso, no entanto, não descarta a preocupação e a necessidade da crítica, principalmente porque, embora o Movimento afirme a constância do conflito: "Sempre haverá uma tensão (contradição) entre as duas faces do SCA:[63] fazer a luta política e ser uma empresa econômica" (MST, 1998a, p.12), tem havido uma certa predominância da face da empresa econômica, ou melhor, da sua teoria que, na essência, faz

62 Nesse sentido, destacamos a entrevista do Prof. Ariovaldo U. de Oliveira publicada no jornal *O Estado de S. Paulo*, disponível em: <http://www.estado.com.br/editoriais/2003/03/09/pol017.html>.

63 Tendo em vista os últimos acontecimentos, como a decisão por parte do MST de retirar de pauta o Sistema Cooperativista dos Assentados (SCA) substituindo-o pelo Setor de Produção, Cooperação e Meio Ambiente, podemos deduzir a proporção do conflito entre essas diferentes lógicas (luta pela terra e luta na terra) e, mais, a inversão do até então predomínio da lógica da empresa econômica (luta na terra).

a negação política dos sujeitos da luta, ou seja, da sua utopia da terra prometida como *morada da vida*.[64]

A lógica da empresa econômica, produto da teoria da organização social, não considera o *habitus* de classe camponesa centrado na família, no trabalho e na terra e na sua potencialidade anticapitalista, porque acredita que "Os assentamentos devem buscar uma cooperação que traga desenvolvimento econômico e social, desenvolvendo valores humanistas e socialistas. A cooperação que buscamos deve estar vinculada a um projeto estratégico, que vise a mudança da sociedade" (ibidem, p.22). Concepção inquietante, porque não é nova, é reiterada, daí a idéia de que ela tem predominado, visto que já foi apresentada em 1991, quando lideranças do MST escrevem que a cooperativa...

> quando organizada entre pequenos agricultores, pequenos proprietários ou assentados, pode ser um fator, não só de desenvolvimento econômico e social da comunidade, mas para enfrentar e diminuir os níveis de exploração que o pequeno agricultor sofre no modo de produção capitalista, e *assentar as condições para o desenvolvimento de formas superiores de produção socialista*, que advirão no modo de produção socialista, quando a classe trabalhadora tiver sob seu controle o Estado e as leis do país. (Gorgen & Stédile, 1991, p.147 – grifo nosso)

Insistimos, no entanto, que essa predominância da teoria da organização social à qual nos referimos não pode ser concebida como absoluta, algo que não produz seu contrário como condição do que é ambíguo, já que, nos assentamentos, como se discute no capítulo seguinte, tem prevalecido a utopia do movimento social, do *habitus* camponês em luta pela *terra de trabalho*, que muitas vezes se dá não como negação do MST, mas como afirmação da força daqueles que são efetivamente o MST.

---

64 Paráfrase de Heredia (1979).

Nesse sentido, não podemos minimizar o impacto que essa situação traz para o futuro do MST, ou melhor, para a classe camponesa, porque ela anuncia uma discrepância em relação à prática e à teoria interpretativa de sua própria prática ou, nas palavras de Martins (2000c, p.22), "a prática que eles têm é mais rica do que o entendimento que eles têm da sua prática". É também no sentido de dar visibilidade a essa deformação da esquerda brasileira e, portanto, da assessoria que presta aos movimentos sociais que lutam por terra, que Martins (2000b, p.159) escreve:

> Em nossa tradição de esquerda, que é muito frágil, difundiu-se a suposição equivocada, e nem um pouco marxista, de que só o operário faz a História e de que a fábrica é o cenário privilegiado da ação operária e da revolução. A consciência verdadeira seria, assim, a consciência operária. Isso é relativamente verdadeiro só em termos filosóficos ... Mas o próprio Marx já havia demonstrado, cientificamente, que há uma enorme distância entre o sujeito filosófico e o sujeito da revolução. Por quê? Porque entre um e outro se interpõem as mediações...

Como o acampamento possui conteúdo e significado diferente, de acordo com a bandeira de luta, as expressões de classificação, como "Sou sem terra da CUT"; "Aquele é um acampamento do MST" e "Somos da Fetagri", revelam muito mais que a identificação dos sem terra. Elas nos contam que para os acampados do MST é a possibilidade de materialização da "comunidade de iguais", já para as lideranças "uma espécie de laboratório onde pudesse trabalhar o processo organizativo", enquanto para a Fetagri e a CUT "um mecanismo de pressão". Nesse contexto, o relato que transcrevemos a seguir, da liderança do MST, desnuda as diferenças de significado do acampamento:

> O acampamento não deve ficar parado, é igual água quando fica parada, muito parada, você sabe o que é que vira, né? Então não pode ficar muito tempo sem ser assentado, mas também tem que ter um período, uma espécie de laboratório onde pudesse trabalhar o processo

> organizativo, da conscientização, da valorização do ser humano, dos objetivos, das estratégias do MST que é conquistar a Reforma Agrária, a transformação social. (Batista[65])

O resultado dessa diferenciação de conteúdo é o fato de que não há acampamentos mistos, ou seja, não foi encontrada, nem relatada, nenhuma experiência de acampamento que mantenha, no plano interno, sem terra ligados a mais de um movimento ou organização, há evidentemente um controle territorial, um poder simbólico diretamente relacionado com o território e que tem na distinção, na hierarquia, seu marco. Esclarecedor dessa realidade é o depoimento do Sr. Paula.[66]

> O MST não tem restrição a nenhuma organização, ele quer conversar com todas, estamos abertos a qualquer debate no sentido de avançar. Mas no acampamento não há possibilidade de ter mais de uma organização, quando isso acontece vem o racha, cada grupo vai para um lado, não é possível mais de uma liderança.

O acampamento expressa, portanto, o lugar do poder simbólico e da luta pelo poder. Poder no sentido de legitimidade, de crença naqueles que o representam, situação que é produzida no *campo*, leia-se, no acampamento a partir de condições sociais específicas. Logo, a separação dos acampamentos é parte dessas condições sociais de garantia do poder simbólico e de reafirmação da distinção, funcionando como proteção contra todo tipo de abalo do poder, ou melhor, da confiança que as interferências podem suscitar.

O acampamento do MST vale-se de uma tendência histórica de parte do campesinato, qual seja, viver na liminaridade e, por isso, nos momentos transitórios, criar *communitas* como forma de luta e resistência, para engendrar um processo de "formação da cons-

---

65 Liderança, direção estadual do MST, dez. 2001.

66 Militante, MST/assentado no projeto São Luis, dez. 2001.

ciência política" de classe trabalhadora que tem, no trabalho coletivo, na divisão de tarefas, na formação das cooperativas o cenário por excelência. Contudo, por ser ideológico, ou seja, fruto de uma distinção imposta, embora fomentada muitas vezes desde os tempos do acampamento, esse processo não tem conseguido imperar nos assentamentos.

Desse modo, para buscar a "formação da consciência", a ocupação de terra tem para as lideranças do MST um conteúdo pedagógico que faz dela a principal forma de luta, aquela que prepara o sujeito para mudanças mais profundas: "as formas superiores de produção". Para Caldart (2000, p.209), o processo educativo da ocupação tem três dimensões: a primeira é formar o sujeito para a contestação social; a segunda dimensão relaciona-se à formação da consciência de classe a partir do enfrentamento com o latifúndio; e, por fim, o reencontro com a vida, o desejo de enraizamento:

> A ocupação pode ser considerada a essência do MST porque é com ela que se inicia a *organização* das pessoas para participar da luta pela terra (Stédile, 1997). Nela está contida o que talvez se possa chamar de *matriz organizativa* do MST e, por isto, se constitui também como uma *matriz educativa* das mais importantes. Começa pela construção do conceito de *ocupar* em oposição ao de *invadir*. (grifo da autora)

Quando anteriormente afirmamos que a ocupação e o acampamento são para o MST momentos indissociáveis para a "formação da consciência", estamos nos referindo à dimensão pedagógica da luta pela terra, isto é, ao objetivo de construir um novo homem eivado de valores humanitários e fortalecido na utopia da terra coletiva, anticapitalista, socialista.

Por conseguinte, na análise de Caldart acerca do acampamento, há um destaque importante para a solidariedade como cimento na construção de uma ética comunitária rumo a uma ética coletiva. Todavia, esse tipo de pressuposto revela uma concepção evolutiva da luta, ou seja, o acampamento seria um estágio, daí o caráter transitório, em que as pessoas devem evoluir para formas mais plenas de participação e atuação política.

Para a autora, ao contrário do que muitos afirmam, não é necessariamente a pobreza, a falta de opção que faz o sujeito participar do MST e fazer ocupações e acampamentos, mas a escolha moral. Para tanto, Caldart (2000, p. 40) propõe a seguinte reflexão:

> embora continue sendo verdade que o *ser social determina a consciência* (Marx), o processo histórico real nunca prescindiu de *escolhas morais*, afinal de contas as únicas capazes de formatar, em cada tempo e em cada espaço social, a própria luta de classes... Participar do MST foi e continua sendo para cada trabalhador e trabalhadora sem terra uma escolha, condicionada por uma circunstância social, esta sim, não escolhida. (grifos da autora)

Essa reflexão exposta por Caldart é uma tentativa de buscar uma ponte entre os determinismos sociais e as escolhas do indivíduo, suas vontades, utopias e profecias. Segundo a autora, para que essas "escolhas" se tornem conscientes, perpétuas, é preciso um trabalho de formação das pessoas, tarefa do MST, a fim de de "ajudá-las a perceber conscientemente, a que *pressionam* as novas circunstâncias que criaram através da sua participação na luta, e na sua identificação como Sem Terra" (ibidem), cuja reflexão reforça o caráter educativo-evolutivo do acampamento como lugar de formação de pessoas conscientes.

Essa dimensão pedagógica é por Caldart (2000, p.116-9) resumida em cinco grandes aprendizagens, a saber:

- Passagem de uma ética do indivíduo a uma ética comunitária que poderá se desdobrar em uma ética do coletivo.
- Valorização como pessoa pela vivência em uma organização coletiva, aprendendo a ser cidadão por meio da participação.
- Construção de novas relações interpessoais que representam uma revolução cultural.
- Compreensão de que faz parte da história e, portanto, é também protagonista do fazer história.

- Aprendizado da vida em movimento, do processo, em contraposição à lógica da estabilidade.

Para Caldart (2000, p.114), o processo de socialização do sem terra ou de ressocialização tem no acampamento o seu espaço privilegiado de existência:

> o acampamento traz para nossa reflexão o sentido pedagógico do cotidiano da organização e da vida em comum das famílias sem terra debaixo de lonas em situação de extrema precariedade material e, ao mesmo tempo, de muita riqueza humana, seja antes ou depois de uma ocupação de terra. Um sentido que nos remete ao processo através do qual um conjunto de famílias que mal se conhece, e que, na maioria das vezes, porta costumes e heranças culturais tão diversas entre si, acaba por reconhecer-se em uma história de vida comum, e em sentimentos compartilhados de medo, de dor, de fome, de frio, mas também de convívios fraternos e de pequenas alegrias nascidas da esperança de uma vida melhor, que aos poucos lhe identifica como grupo: o acampamento como espaço social de formação identitária de uma *identidade* em luta (Schmitt, 1992, p. 32), e que se descobre com uma nova perspectiva de futuro. (grifo da autora)

Assim, entendemos que a busca pela formação da identidade sem terra se faz pela distinção, leia-se classificação. Há, por parte do Movimento, uma preocupação em formar uma comunidade coesa, leia-se com consciência de classe, em que a identidade revele seu par contrário, a distinção. Sendo assim, a ocupação é a estratégia e o acampamento o *campo* privilegiado dessa transição. Conseqüentemente, ser sem terra do MST contém um significado social que se insere na lógica da busca da distinção, distinção de *classe para si*. A questão, portanto, passa a ser: qual classe, camponesa ou trabalhadora-operária?

É, portanto, inseridos nessa lógica indagativa que ousamos querer entender o que subjaz na seguinte e recorrente afirmativa do MST: "Transformar a ideologia do camponês: substituir o 'meu' pelo 'nosso' e mudar o jeito artesão de trabalhar e enxergar o mundo" (MST, 1998a, p.13). A resposta nos leva à compreensão de que essa ideologia missionária tem suas raízes no preconceito em relação ao campesinato e, mais, na crença de que seu destino é a descamponização. Daí a necessidade de transformar sua consciência artesanal numa "consciência organizativa de proletariado rural" como se pode depreender nessa análise do comportamento do campesinato feita pela Concrab. Ainda que a citação seja um pouco longa, justifica-se por trazer elementos significativos dos desencontros da teoria com a prática do MST:

> o camponês, no caso, está acostumado a trabalhar sozinho... Porém essa ideologia artesanal pode ser substituída aos poucos pela ideologia obreira, característica de um processo produtivo socialmente dividido... Como até hoje temos poucos mecanismos para resolver estes problemas, temos que trabalhar muito a consciência, e sabemos que vamos ter extrema dificuldade em construir cooperativas com ideologia artesã de camponês. Temos que ir transformando a consciência dos associados numa consciência organizativa de proletário rural e isto só vai se dar num processo permanente que temos de ir implementando... Mas o pior é que mantendo esta consciência de artesão, ajuda manter uma relação de patrão e empregado na cooperativa. Nossos companheiros guardam resquícios de amor à propriedade privada e ainda não se sentem donos da cooperativa ... Portanto é preciso que as direções das CPAs e do MST, tenham mais claro estas questões e temos que trabalhar a consciência de nossos companheiros... (MST, 1994, p.48-9)

Retomando a análise de Caldart (2000), afirmamos que ela corrobora no sentido de entendermos que há uma diversidade na forma-conteúdo acampamento, questionadora da idéia de modelo, uma vez que essa diferença deve-se, no caso do MST, à revelação de *habitus* específicos do campesinato e à manifestação de um projeto político-ideológico de transformação social das lideranças. Isso significa dizer que o acampamento cumpre papel diferenciado de acordo com a bandeira de luta responsável pela sua organização, porque a trajetória de formação do MST e conseqüentemente o papel que as ocupações-acampamentos têm na sua história de luta pela terra e no ideário de "transformação da sociedade" são os maiores indicadores do conteúdo diferenciador, bem como de sua história de oposição à estrutura. Para darmos os contornos desse projeto político-ideológico das lideranças, transcrevemos o relato que se segue:

> Então lutar por terra é uma coisa, lutar pela reforma agrária é outro sentido. Eu estou querendo dizer que muita gente, que inclusive foi assentada por outras organizações, só luta pela terra, chegou na terra acabou a luta. Então eu acho que o que difere nós [MST] em relação a outras organizações, além do método de trabalho, de organização, de princípio, são os objetivos, é a estratégia, aonde a gente quer chegar. O Movimento Sem Terra é aquele movimento que difere porque luta pela terra, que é um dos pontos centrais, mas luta também pela reforma agrária, luta pela transformação da sociedade é onde o pessoal fala: "Como é que o Movimento Sem Terra está contribuindo nas lutas lá com o pessoal do MAB, junto com outras organizações, ajudando o pessoal dos correios, os professores a fazer determinada manifestação". É por causa do nosso caráter de organização de massa, temos caráter político porque o nosso objetivo é a transformação da sociedade, é isso que difere nós de outra organização, porque lutar por terra é uma coisa, é só juntar um grupo aí e fazer a luta, agora você continuar esse processo organizando o povo, criando consciência, é outro. (Batista[67])

No caso dos STR-Fetagri, por exemplo, o acampamento tem sido utilizado como mecanismo de cadastro e pressão, sem a necessária presença/convívio das famílias na área do suposto conflito, e, nessa prática, não há liminaridade. Desse modo, não se trata de questionamento da ordem, de oposição à estrutura, apenas de inclusão.

A CUT/DETR, embora procure criar um espaço de socialização política por meio do trabalho de mobilização com vistas à ocupação de terras e formação de acampamentos, tem ficado presa ao ideário da modernização da produção e aos limites territoriais do sindicato, o que tem gerado ações menores e localizadas, marcadas pelo isolamento. Não conseguindo, assim, propor à classe camponesa nada além da conquista da terra e algumas tentativas de traba-

---

67 Liderança, direção estadual do MST, dez. 2001.

lho coletivo nos assentamentos, com o ideário da agricultura familiar e todo o corolário do preconceito em relação ao campesinato já tão bem conhecido.[68] Por conseguinte, a maior bandeira de luta tem sido a disputa, nos marcos da institucionalidade, pelo controle dos STR, bem como a tentativa de criação da Federação da Agricultura Familiar no Mato Grosso do Sul, com franca oposição à Fetagri.

Outrossim, para Stédile & Fernandes (1999, p.115), a ocupação de terras é a essência do MST, pois ela permite criar a unidade em torno da luta, o que também se aplica ao acampamento:[69] "Passar pelo calvário de um acampamento cria um sentimento de comunidade, de aliança. Por isso é que não dá certo ocupação só com homem".

Percebe-se que, na fala de Stédile, não há separação entre ocupação e acampamento, uma vez que são formas imbricadas, as quais se completam e têm na família o centro aglutinador, ou melhor, o laço social genérico de solidariedade que permite o trabalho organizativo.

É também por causa dessa força aglutinadora das ocupações, bem como do seu caráter de enfrentamento ao *status quo*, que o

---

68 Parte significativa das lideranças entrevistadas da CUT/DTR/MS apresentou uma história de vida que tem nas CEB o espaço privilegiado de socialização. Como parte dessas reflexões, destacamos que o principal assentamento da CUT no Estado, "Terra Solidária" (nome sugestivo do ideário religioso), reflete um esforço conjunto dessa entidade, juntamente com a COAAMS, na implantação do projeto da terra coletiva. Com efeito, o principal articulador da COAAMS (ex-agente da CTP no Estado), ao discorrer sobre o projeto "Terra Solidária" e o futuro da agricultura, afirma: "Hoje a pequena propriedade está sujeita à extinção porque o processo de globalização da agricultura faz com que os produtos da cesta básica sejam desvalorizados ... Hoje há a necessidade de que esse produto produzido no assentamento seja industrializado na própria propriedade para que seja agregado valor para que aquilo que no capitalismo fica na indústria possa ficar com o agricultor. Se os agricultores ainda persistirem naquela agricultura que chamaríamos de primária, que é a produção de alimentos, a agricultura familiar não vai, a pequena propriedade vai ser extinta, as famílias não conseguem sobreviver" (Rodrigues, fev. 2001).

69 Rapchan (1994, p.73) define o acampamento como uma condição emergencial que objetiva a negociação com o Estado e a mobilização da opinião pública e acrescenta que "o acampamento significa também o ápice da unidade do grupo, que é ritualizada e reafirmada através das celebrações e festas religiosas, vigílias, caminhadas e manifestações públicas".

governo vem tomando medidas coercivas, como a Medida Provisória nº 2.109-52,[70] que visa criminalizar os sem terra, ao mesmo tempo que incentiva as organizações que optam pela negociação via reforma agrária de mercado (Banco da Terra) e o cadastro pelos correios,[71] como é o caso da Fetagri.[72]

Dessa maneira, cai o número de ocupações de terra no Mato Grosso do Sul, ao mesmo tempo que continua expressivo o número de acampamentos, isto é, mantém-se um número considerável de pessoas cadastradas e acampadas sem ocupação de terras (ver Gráficos 19 e 20). Objetiva-se com o bloqueio às ocupações fragmentar e enfraquecer o processo de territorialização da luta e daqueles que a realizam, impedindo as ocupações, esfera pública por excelência do conflito, com conseqüente isolamento do acampamento.

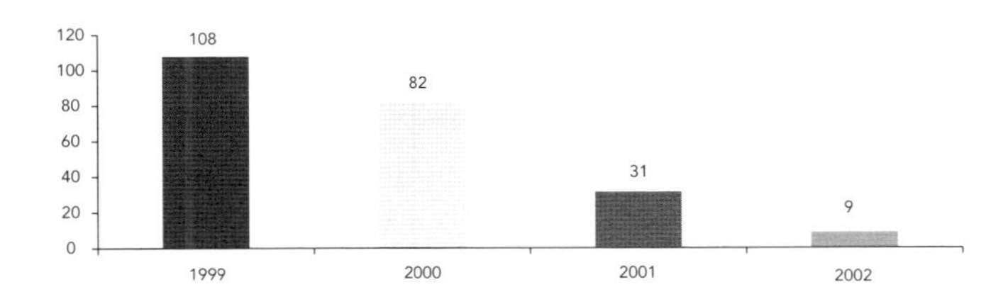

Gráfico 19 – Ocupações de terras no Mato Grosso do Sul (1999-2002). Fonte: MNP, 2002.

---

70 Em 24 de maio de 2001, o governo federal editou a Medida Provisória nº 2.109-52 que beneficia o imóvel rural, objeto de ocupação com a não-desapropriação por dois anos, bem como exclui do Programa de Reforma Agrária do Governo Federal as pessoas que forem identificadas participando de ocupação.

71 Até 31.10.2001, segundo dados do Incra/MS, 31,7 mil famílias já tinham se inscrito, pelos correios, para a reforma agrária; dessas, apenas 229 famílias foram assentadas.

72 A Fetagri é a única organização representativa dos trabalhadores rurais que faz parte do conselho curador do Banco da Terra no Mato Grosso do Sul. O programa Banco da Terra, em agosto de 2000, já contava com 12 mil famílias aguardando financiamento (*Correio do Estado*, 12.8.2000).

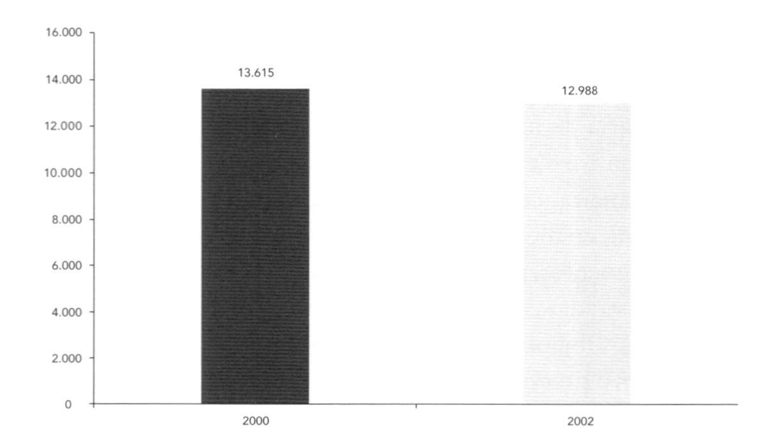

Gráfico 20 – Número de famílias acampadas no Mato Grosso do Sul (2000 e 2002). Fonte: MNP, 2002.

Acrescenta-se a isso a escolha do Mato Grosso do Sul como área especial para reforma agrária para reverter as estatísticas que, em 2000, colocaram o Estado no topo em relação ao número de ocupação de terras no país (ver Gráfico 21). Dessa maneira, em abril de 2000, uma parte do Estado foi enquadrada como área especial de ação governamental para fins de reforma agrária.[73] Ainda a respei-

73 A portaria do Ministério do Desenvolvimento Agrário n.110, de 6 de abril de 2000, definiu parte de Mato Grosso do Sul como área especial para fins de ação governamental, em razão dos conflitos sociais relacionados a terra. A área especial abrange os seguintes municípios: Amambaí, Anaurilândia, Angélica, Antônio João, Aral Moreira, Bataguassu, Batayporã, Bela Vista, Caarapó, Coronel Sapucaia, Corumbá, Deodápolis, Eldorado, Guia Lopes da Laguna, Iguatemi, Itaquiraí, Ivinhema, Jardim, Japorã, Maracaju, Mundo Novo, Naviraí, Nioaque, Nova Alvorada do Sul, Nova Andradina, Paranhos, Ponta Porã, Rio Brilhante, Sete Quedas, Sidrolândia e Tacuru. A medida instituiu, também, na superintendência regional do Incra de MS, a gerência especial com o objetivo de elaborar diagnóstico dos problemas específicos das populações dos 31 municípios da área especial. O plano de ação previa ainda o lançamento do projeto piloto de arrendamento de terras destinado aos sem terra, ao meeiro e ao próprio arrendatário, com opção de compra (*Correio do Estado*, 19.1.2001).

to das ocupações, o Gráfico 22 destaca o mês de abril como o de maior mobilização no Brasil, fato que está relacionado com a escolha das ocupações pelos trabalhadores como uma das formas de rememorar as lutas históricas ocorridas nesse período, como o massacre de Eldorado dos Carajás/PA.

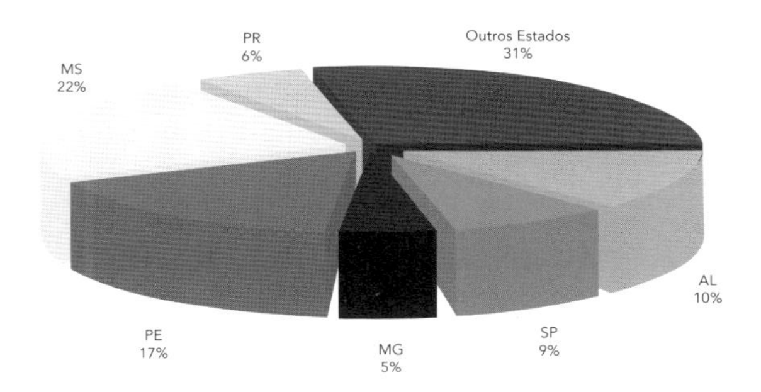

Gráfico 21 – Ocupações de terras no Brasil por Estado (2000). Fonte: Ministério do Desenvolvimento Agrário/Ouvidoria Agrária Nacional e Assessoria de Conflitos Agrários, 2001.

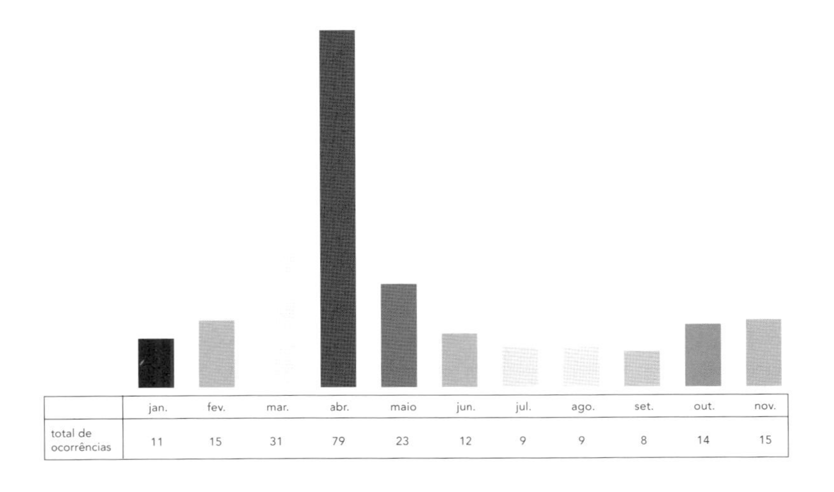

	jan.	fev.	mar.	abr.	maio	jun.	jul.	ago.	set.	out.	nov.
total de ocorrências	11	15	31	79	23	12	9	9	8	14	15

Gráfico 22 – Ocupações de terra no Brasil (2000). Fonte: Ministério do Desenvolvimento Agrário/Ouvidoria Agrária Nacional e Assessoria de Conflitos Agrários, 2001.

Na luta pela terra, a construção do espaço de socialização política é, para Fernandes (2001), um processo de formação política que permite às pessoas a "construção da consciência de seus direitos, em busca da superação da condição de expropriadas e exploradas" (ibidem, p.56) que, por sua vez, insere-se "numa perspectiva de transformação da sociedade" (ibidem, p.46).

Ainda para Fernandes (1994), a construção e a conquista desse espaço de socialização política são partes fundamentais no processo de formação do MST e se iniciam numa fase anterior à ocupação e ao acampamento. Para o autor, esse espaço de socialização política possui uma multidimensionalidade em constante interação: o espaço comunicativo, o espaço interativo e o espaço de luta e resistência.

O espaço comunicativo é a primeira dimensão do espaço de socialização política, seu conteúdo é definido, segundo Fernandes (1996), pelas ações políticas dos sujeitos. A comunicação é entendida como uma "atividade da organização social que se realiza como experiência de tempo/espaço", que pode ser, portanto, o da igreja, o do sindicato etc., em que é elaborada uma forma de linguagem, isto é, matrizes discursivas que espelham as idéias construídas no processo de luta.

Como desdobramento desse primeiro momento, é construída a segunda dimensão: o espaço interativo. Esse espaço constitui um estágio mais avançado da luta, pois possui um determinado conteúdo, oriundo das experiências acumuladas. Por sua vez, "é fundamental entender que o espaço interativo não é o espaço consenso, é um espaço político e, portanto, de enfrentamento das lutas e das idéias" (Fernandes, 1996, p.174).

A terceira dimensão do espaço de socialização política, o espaço da luta e resistência, "é a manifestação pública dos sujeitos e de seus objetivos" (ibidem, p. 177). Para Fernandes, é nessa terceira dimensão que ocorre a territorialização da luta e a demonstração da forma de organização do Movimento: "O acampamento é na sua concretude o espaço de luta e resistência, é quando os trabalhadores partem para o enfrentamento direto com o Estado e com os latifundiários" (ibidem, p. 178).

Ainda segundo Fernandes (1998, p.43-4), é a ocupação e o acampamento, espaço de luta e resistência que permitem a territorialização do MST:

> A ocupação é a condição da territorialização... Este processo dimensionado cria uma série de necessidades. Durante o período de acampamento surgem novas necessidades, como por exemplo: cuidar da educação das crianças, que por estarem em uma situação de transição, não têm escola... Como agora essa população faz parte de uma forma de organização social, construindo uma práxis, surge também o interesse pelo seu próprio desenvolvimento social.

Embora possamos dizer que tanto nos estudos de Fernandes (1998) como de Caldart (2000) há uma preocupação com os espaços pedagógicos de formação da consciência e identidade sem terra, existem diferenças, digamos, temporais e geográficas em suas interpretações. Enquanto Caldart privilegia o tempo da ocupação e do acampamento como primordiais na formação desses novos sujeitos, para Fernandes esse processo inicia-se anteriormente, no próprio trabalho de base que antecede as ocupações e os acampamentos, sendo, por sua vez, parte da dimensionalidade do espaço de socialização política.[74]

O ponto central na análise desses pensadores da prática do MST é, contudo, a posição homóloga em relação à existência de um espaço e de um processo em andamento de formação da consciência de classe do campesinato. Por sua vez, o grande entrave parece surgir quando os autores dão os contornos dessa classe – ela é fração da classe trabalhadora, como se pode depreender de suas falas:

---

74 Em 1999, Stédile faz referência à mudança que estava em curso na "metodologia" de trabalho do MST em algumas regiões. Desse modo, ao lado do tradicional trabalho prévio de organização de base típico dos primórdios do MST, com reuniões envolvendo pequenos grupos de famílias, nascia uma outra forma de trabalho, a organização de massa que, por meio da discussão em amplas assembléias, tinha por objetivo atingir um número maior de famílias. Essa mudança desloca para a ocupação/acampamento o trabalho de base propriamente dito. Parece ser, portanto, neste primeiro contexto, do trabalho de base anterior as ocupações, em que Fernandes (1998) discute o espaço de socialização política com suas três dimensões.

> Minha hipótese é a de que, dadas as condições históricas de nosso tempo, e o modo como estão vivenciando e conduzindo sua luta e organização, os sem terra do MST representam hoje este novo sujeito social, ou este novo estrato da classe trabalhadora... (Caldart, 2000, p.30)

> Ter terra é o primeiro passo. Dessa condição nascem outras necessidades... E, evidentemente, essas lutas estão representadas em uma luta mais ampla pelo poder, que não é só dos sem terra, mas de toda a classe trabalhadora. (Fernandes, 2001, p.39)

O propósito aqui, portanto, não é questionar a existência desse espaço pedagógico, mas o ideário interpretativo dessas experiências, ou melhor, os seus significados para o futuro histórico do campesinato, como o fato de esse ser considerado uma fração da classe trabalhadora, tendo com isso sua singularidade, inclusive de consciência, diluída na categoria genérica de trabalhador.

Ainda a respeito desse questionamento, vale também destacar o pensamento de outro importante teórico do Movimento: Horácio M. Carvalho. Se, por um lado, esse autor não faz referências ao sem terra como classe trabalhadora, por outro, corrobora a assertiva de que os sem terra são uma fração de classe, quando afirma "Sou levado a supor que os pequenos produtores rurais familiares (neles compreendidos os assentados) estão vivenciando a mais grave crise estrutural da sua história como fração de classe social" (Carvalho, 2000, p.3). Nesse mesmo texto, o autor esclarece a classe à qual os "pequenos produtores rurais familiares" pertencem: são "fração da classe burguesia rural". Concepção cara ao autor, porque gera em seus escritos um paradoxo, visto que, ao mesmo tempo que reconhece a contribuição camponesa na luta pela terra, atribui a ela um destino pequeno-burguês muito próximo da vertente leninista:

> Esses setores político-ideologicamente atrasados das classes populares no campo, em particular aqueles que pertencem *à fração pequenos produtores rurais familiares*, têm como base de indução dos seus comportamentos sociais conservadores, por vezes reacionários, não apenas a cooptação política que lhes remete para a situação de estar sempre ao lado dos governos não importando o seu caráter de classe, mas determinações econômicas que de certa forma facilitam essa ade-

> são à direita. Essas determinações econômicas são de duas ordens: a primeira poderia ser denominada de tendência histórica dominante do pequeno produtor rural familiar de transformar-se num pequeno burguês a partir dos processos gradativos (quando ocorrem) de acumulação; a segunda, a dependência das políticas públicas compensatórias, logo, dos governos. (Carvalho, 2000, p.2 – grifo nosso)

Segundo Carvalho (2002), a solução para a tendência conservadora dessa "fração de classe", bem como para a crise econômica em que o capitalismo a lançou na atualidade, é o desenvolvimento da consciência crítica na busca de caminhos para superar as causas estruturais da opressão capitalista:

> seria necessário que os pequenos produtores rurais readquirissem novas esperanças e vislumbrassem uma nova utopia. Seria fundamental, então, que a reafirmação da identidade social camponesa fosse revivificada não pela volta à comunidade camponesa utópica pré-capitalista, mas segundo outros referenciais sociais capazes de constituírem uma ou várias identidades comunitárias de resistência ativa à exclusão social e de superação do modelo econômico e social vigente. Seria necessário que os novos referenciais sociais desse campesinato renovado, e inserido de maneira diferente da atual na economia capitalista, lhes permitissem desenvolver níveis mais complexos de consciência para que esta não comece nem acabe na vizinhança. Eis o objetivo último da Comunidade de Resistência e de Superação – CRS. (ibidem, p.7)

Em virtude dos rumos que este estudo vem tomando, mister se faz salientar que, na luta pela terra, embora haja muitos sujeitos envolvidos, destaca-se indubitavelmente o MST como um novo sujeito social que agrega duas dimensões importantes: a permanência e a mudança do *habitus*. Esse caráter de novo sujeito social expressa-se tanto pelo estilo de sujeito coletivo que dá visibilidade ao movimento social[75] como pelo processo de formação do sujeito como ser individual.

---

75 Para Martins (2000a, p. 73-85), o MST não é um movimento social justamente porque não esgota seus objetivos. Para esse autor, o MST tornou-se uma organização

É, portanto, o reconhecimento da importância do MST na história recente da luta pela terra no Brasil que nos motiva a pensá-lo a partir de dois prismas: o primeiro refere-se às práticas do movimento social, ou seja, dos homens e mulheres que cotidianamente fazem a luta; o segundo refere-se ao trabalho intelectual e interpretativo que tem orientado teoricamente seu futuro histórico. Enfim, os desencontros entre essa prática e a teoria dessa prática. Queremos assim descartar qualquer vestígio de neutralidade e, mais, marcar nosso lugar: ao lado daqueles que fazem e também daqueles que acreditam na importância histórica da luta pela terra no Brasil.

Queremos, portanto, contribuir em duas frentes: uma visa entender a diversidade camponesa por meio do *habitus* específico e do *habitus* de classe camponesa, a outra, mais de cunho político, quer uma intervenção no objeto por meio da exposição dos desencontros que a negação desse conteúdo produz junto aqueles que têm orientado a luta camponesa.

A forma como é apresentado o problema da formação da consciência nos cadernos do MST é sintomática da incorporação de uma ideologia política estranha ao campesinato. Tais fontes se aproximam de manuais para querer resolver o insolúvel problema que persegue o processo de formação da consciência em Lenin: a consciência da base é suficiente para pensar e organizar a luta ou somente é

---

com burocracia própria, perdendo sua novidade e criatividade, bem como a capacidade de afirmação do poder da sociedade em face do Estado. Para entender o desencontro entre a prática e a ideologia dessa prática nos movimentos sociais e organizações populares, o autor trabalha com o conceito de anomia. Consideramos, porém, que o debate não está encerrado, ao contrário, a partir destas inquietações de Martins é possível pensarmos que o MST pode ser o marco de mudanças no conceito que tínhamos de novos movimentos sociais, em que pese para isso não uma idéia de "aparelhismo" dos movimentos sociais, mas o conteúdo de modernidade que o crescimento quantitativo e qualitativo das lutas impõe, exigindo para seu funcionamento formas organizativas (que entendemos serem diferentes da concepção de organização social porque não traz perda do caráter autônomo e criativo). O que implica um elemento a mais a ser considerado na conceituação desses movimentos apontando, quiçá para uma noção de rede como já escreveu Scherer-Warren et al. (1993).

consciência suficiente para delegar essas funções para a direção, a vanguarda?[76]

> Mesmo que o povo não tenha consciência disso, o que vai resolver seus problemas é a transformação da sociedade... Hoje o povo não sabe a força que tem. Por isso, para começar um trabalho, é preciso de alguém ou de um grupo [trabalhadores ou não] que anime o povo a sair da humilhação e da ilusão em que vive. (MST, 1987, p.9)

Esse dilema também é percebido, por exemplo, na cartilha "Vamos organizar a base", de 1995, que apresenta diferentes níveis de formação a compor a organização social do MST, os quais materializam as instâncias de decisão e de poder da estrutura organizativa e refletem as linhas políticas do Movimento:

- *A direção*: núcleo dirigente responsável pela coordenação do movimento de massa. Deve ser local, estadual e nacional.
- *Os militantes*: dão organicidade ao movimento de massa e são o elo entre a direção e a base.
- *A base*: os trabalhadores que se identificam com a organização, ou seja, com o MST.
- *A massa*: todos os trabalhadores que dão representatividade ao Movimento e que podem ou não se mobilizar.

Em relação ao destino da massa, o caderno explica: "a massa não vai sem direção":

> Tem gente que fala da massa com pena, por desprezo ou tática. A finalidade de nossa militância é despertar a massa e organiza-la. É verdade que o fermento põe a massa em movimento, porque a massa não vai sem direção. Mas é ela que faz a mudança. Por isso, a massa que é a

76 Para o MST (1987, p.12), "Dirigente de vanguarda é aquele que multiplica muitos companheiros iguais a ele".

> maioria deve ser sempre a parcela mais importante das nossas atividades. (MST, 1987, p.11-2)

Admitimos, contudo, que a análise desses materiais elaborados pela direção e assessores do MST se torna complexa na medida em que encontramos uma diversidade no discurso em relação ao saber do povo, ou seja, parece não existir uma linha teórica única, há momentos, por exemplo, de verdadeira canonização deste saber popular: "É preciso estar sempre no meio do povo. O povo nos ensina. O povo nos educa". Em outros, a massa precisa "elevar seu nível de consciência":

> A massa não é ignorante. Ela pode ser desinformada e desmobilizada ou servir como massa de manobra de espertalhões. Mas isto não significa que não possa assimilar conhecimentos e elevar seu nível de consciência. (MST, 1989b, p.29).

Em outro trecho, percebe-se também o papel determinante da vanguarda na definição do papel político da massa:

> Muitas vezes as aspirações do Dirigente não são as mesmas aspirações da massa. Neste caso, é preciso desenvolver um trabalho ideológico para fazer com que as aspirações da massa adquiram um caráter político e revolucionário. (ibidem, p.23)

Acreditamos, entretanto, que, para encontrar a raiz dos desencontros do MST, é necessário buscar com maior nitidez as concepções políticas que influenciaram e influenciam sua construção desde o seu nascedouro. Nesse sentido, a contribuição dada por Clodomir de Moraes[77] é o marco principal, especificamente no período de 1986 a 1990, não só pela construção de uma "teoria da organização" (ou teo-

---

77 O papel de assessor dos movimentos socais desempenhado por Clodomir de Moraes não se restringiu ao MST, como evidencia a fala de um membro da CPT/MS que vivenciou ativamente o período das primeiras ocupações de terras, organização de acampamentos e assentamentos no Mato Grosso do Sul: "Quando a gente era da Pastoral da Terra nacional eu recebi um livro Comportamento do campesinato na

ria da cooperação agrícola), mas fundamentalmente pela concepção política da luta pela terra e do lugar político do campesinato nesse processo, bem como pelo fato de ter introduzido na concepção das lideranças do movimento social características de organização social.

Para corroborarmos essa assertiva, destacamos que Clodomir de Moraes foi o idealizador do cooperativismo no MST, por meio dos Laboratórios de Campo. Em seu texto "Elementos sobre a teoria da organização no campo", publicado pelo MST, em 1986, o autor descreve os "vícios do campesinato" como conseqüência de sua produção econômica como trabalhador individual: "O processo produtivo individual (unifamiliar) que o camponês desenvolve, determina a visão personalista como uma das características de seu universo cultural e das superestruturas sociais que abarca" (ibidem, p.13-4). Conseqüentemente, para superação dessas atitudes isolacionistas, propõe que o camponês seja estimulado a participar de grupos, cooperativas.

O texto apresenta também uma leitura da agricultura pelo viés da industrialização do campo e da diferenciação social do campesinato, dividindo assim os "produtores" em quatro extratos: o artesão camponês, o assalariado, o semi-assalariado e o lúmpen. O primeiro (o artesão camponês) figura como o resquício a ser superado na luta pela conscientização política.

O centro das preocupações de Clodomir de Moraes é a consciência de classe, e, por isso, seus esforços procuram provar que o

---

América Central, do sociólogo Clodomir de Moraes, nós fizemos alguns estudos desse livro, ele nos ajudou muito. Esse sociólogo tem muitas reflexões nas quais ele mostra que o camponês tem dificuldade no processo coletivo. Aí ele faz a comparação com o operário de fábrica. Um operário na fábrica de calçados sabe intelectualmente, culturalmente que ele depende do outro para construir um sapato... Na agricultura familiar, o camponês domina todo o processo desde o começo até o fim. Então intelectualmente, culturalmente está na cabeça do camponês que ele é uma pessoa única, que não depende do outro. Isso faz com que ele se torne uma pessoa, diria, individualista porque não depende do outro para produzir, para viver na pequena propriedade. Então pra que Associação, pra que Cooperativa, pra que coletivo, se eu sei fazer tudo..." (Rodrigues, ex-agente da CPT da Diocese de Dourados e membro da COAAMS). Comunicação pessoal, fev. 2001.

amadurecimento da consciência de classe do campesinato depende do desenvolvimento das forças produtivas, ou seja, da apoteose do desenvolvimento industrial que tem nas teses de Kautsky e Lenin[78] seu sustentáculo teórico. Preocupação que, por sua vez, não passou despercebida pelo MST, como mostra Stédile & Fernandes (1999, p.100):

> o método do Clodomir teve uma grande utilidade ao nos abrir para essa questão da *consciência do camponês*. Ele trouxe um conhecimento científico sobre isso. O seu livro sobre a teoria da organização mostrou com clareza como a organização do trabalho influencia na formação da consciência do camponês. (grifo nosso)

A crise do sistema cooperativista do MST pode ser considerada o ápice do questionamento da teoria do cooperativismo agrícola e da apoteose do desenvolvimento das forças produtivas apregoado por Clodomir de Moraes como o caminho para o desenvolvimento da luta política. Pensamento que, por sua vez, apesar de relativamente revisado no final dos anos 1990, como demonstra a citação anterior de Stédile & Fernandes (1999), foi a mola mestra, por muito tempo, da ação oficial do MST, como se pode depreender desta outra fala de Stédile (1990, p.8):

---

78 Os estudos de Kautsky (1980) e de Lenin (1985) foram concebidos num contexto de amplas discussões a respeito das propostas de transformação da sociedade alemã e russa e, particularmente, do papel reservado à agricultura e ao campesinato nesse processo. De forma geral, podemos afirmar que o eixo condutor dessas obras fundamenta-se na concepção de que o desenvolvimento capitalista não poderia comportar outras classes além da burguesia e do proletariado, opondo-se assim à teoria da reprodução do trabalho familiar camponês. Desse modo, para os autores, a desintegração do campesinato era uma conseqüência necessária e inevitável para que o capitalismo pudesse se desenvolver via mercado e divisão do trabalho, abrindo caminho para a revolução socialista. Pode-se dizer que tais concepções têm igualmente influenciado outros teóricos do MST, como Görger & Stédile (1991, p.140): "O principio da divisão do trabalho já foi desenvolvido no modo de produção capitalista, e vem se desenvolvendo desde o século XVIII ... E essa tendência continua cada vez mais veloz. Na agricultura, essa divisão do trabalho, apesar de ser mais lenta do que na indústria, também se desenvolve permanentemente".

> Todos os casos de assentamentos que têm uma boa produção, uma alta produtividade e um crescimento econômico são coletivos. A política oficial do movimento é estimular o máximo a cooperação agrícola... É muito difícil conseguir que um camponês atrasado politicamente adira à cooperação agrícola. Com a cooperação agrícola há crescimento econômico nos assentamentos, e o resultado em vez de vir pelo aburguesamento, como muita gente poderia pensar, com o trabalho político, ele rende em militância. É mais fácil pegar militantes dos assentamentos que vão se dedicar em tempo integral às atividades políticas. Eles não dependem mais da roça porque o coletivo garante a produção.

No sentido do questionamento desse pensamento que enxerga o trabalho político, o amadurecimento organizativo como resultado do desenvolvimento das forças produtivas, via cooperação agrícola, o trabalho de Fabrini (2002) pode ser considerado um marco de interpretação, uma vez que o autor, ao tratar dos avanços e recuos do cooperativismo agrícola do MST, no caso específico da Cooperativa de Trabalhadores Rurais e Reforma Agrária do Centro-Oeste do Paraná (Coagri), vê com preocupação a priorização econômica da cooperativa e afirma:

> A rapidez com que a Coagri se construiu e expandiu enquanto empresa econômica, capaz de realizar importante intervenção no espaço, foi a mesma com que se distanciou da base de sustentação, refletindo no enfraquecimento e desmantelamento de parte dos núcleos de produção.(ibidem, p.12)

Sobre esse pensamento único em defesa da cooperativa como caminho da organicidade do MST, vale diferenciar a posição de Carvalho (1999) que se inscreve nesse quadro diversificado de influências até certo ponto paradoxais que o Movimento encerra. Desse modo, a posição do MST não é um bloco monolítico, logo é possível encontrarmos nos seus escritos teses antagônicas. Como exemplo, recorremos às criticas de Carvalho (1999, p.33) que, de forma lúcida e oportuna, escreve: "Minha suspeita é de que o MST ainda não conseguiu desenvolver ou decidir sobre uma teoria que fundamentasse o papel que os núcleos de base desempenhariam para o próprio movimento social". Num outro momento, sentencia:

> A contradição interna principal deveu-se, então, ao fato de que as demais formas possíveis de cooperação historicamente vivenciadas pelos trabalhadores rurais assentados foram literalmente ignoradas... O discurso sobre a organicidade, preocupação constante nesse período e, em 1999, alcançando o nível do fetichismo ... Ademais, nenhum dos documentos deu conta das experiências históricas concretas de cooperação entre os trabalhadores rurais, nos diversos planos sociais das suas existências, nem a elas referiram-se, numa preocupante omissão sobre a experiência histórica popular no campo. (ibidem, p.30, 34-5)

Observações que, de certa forma, se aproximam da situação, posteriormente, analisada por Fabrini (2002) que, ao desmistificar o papel da cooperativa como o instrumento por excelência de intervenção social e política, descobre outros espaços de luta e resistência construídos pelos assentados. Portanto, a formação de núcleos e grupos de assentados (muitos não vinculados à cooperativa e ao MST) se destaca como o elemento novo a ser considerado nesta análise que procura superar o pensamento apoteótico do primado da economia e da dissolução do sociocultural.

Fabrini (2002), contudo, ao propor que o amadurecimento da consciência de classe do campesinato se faz no processo de luta e resistência, e que essa luta não depende do desenvolvimento das forças produtivas, não questiona o papel que o MST, como organização social, vem se atribuindo nesse processo de "amadurecimento da consciência de classe do campesinato", como também não discute a ideologia política de transformação social apregoada pelo MST.

É nesse ponto que a crítica atingiria a raiz, porque, Clodomir de Moraes, ao materializar a sua "teoria da organização no campo", imprimiu não só um modelo de cooperativismo ao MST (agora em crise), mas uma concepção política de que o campesinato não possui lugar na história, ou seja, uma concepção da superioridade do operariado e da necessária aliança operário-camponesa a conduzi-lo à libertação.

Ao descobrir o espaço cotidiano da política no assentamento, Fabrini (2002) permite-nos inverter o papel da "teoria da organização no campo" que foi concebida de "cima para baixo" e, conseqüentemente, daqueles que vêem na existência da vanguarda[79] política o caminho inexorável do fazer política.

Com efeito, a crítica ao pensamento de Clodomir de Moraes tem sido feita pela metade, como se pode observar nesta reflexão de Stédile & Fernandes (1999, p. 99): "não deu certo [o método do Clodomir] porque, em primeiro lugar, o método é muito ortodoxo, muito rígido na sua aplicação. Em segundo, porque ele não é um processo, é muito estanque". A questão não é ser mais ou menos rígido, coercivo; o problema está em negar a potencialidade da classe camponesa, em imputar-lhe um individualismo que desconhece a tradição dos trabalhadores rurais voltada para a comunidade familiar e para os laços de vizinhança e tão bem estudada por Antonio Candido, em *Parceiros do Rio Bonito,* na década de 1950.

---

79 Nessa discussão acerca da necessidade da vanguarda, isto é, da necessidade de uma elite política, intelectual, enfim, da consciência do exterior que possa orientar e dar direção ao movimento político, bem como a conscientização dos membros do grupo, dentre os marxistas clássicos, Lenin foi o maior representante. Sua tese a respeito do vanguardismo aparece, em especial, na obra *O que fazer?*, referência importante para as lideranças do MST, como se pode notar, por exemplo, nas citações textuais de Lenin no livro do MST *Construindo o caminho* (2001). Vale lembrar que em *O que fazer?*, Lenin (1978, p.55) denuncia aqueles que defendem o espontaneísmo das massas, o basismo que impede o avanço da luta política, sentenciando que "a elevação da atividade da massa operária será possível unicamente se não nos limitarmos à 'agitação política no terreno econômico", e propõe assim que as "revelações" políticas sejam feitas em todos os aspectos, já que só elas podem formar a consciência política da massa. Portanto, para o autor, "a consciência política de classe não pode ser levada ao operário senão do exterior, isto é, do exterior da luta econômica, do exterior da esfera das relações entre operários e patrões" (ibidem, p.62). Logo, a imensa maioria dos reveladores, a vanguarda, "deveria pertencer a outras classes sociais" (ibidem, p.70), pois a "luta espontânea do proletariado não se transformará em uma verdadeira 'luta de classes' do proletariado enquanto não for dirigida por uma forte organização de revolucionários" (ibidem, p.104). Para Lenin, "as massas jamais aprenderão a conduzir a luta política, enquanto não ajudarmos a formar dirigentes para essa luta" (ibidem, p.125).

O mutirão, por exemplo, é uma forma de solidariedade das mais antigas existentes no campo brasileiro e, segundo Candido (1982), é elemento integrante da sociabilidade do grupo, constituindo um dos pontos importantes da vida cultural, em que a "obrigação bilateral" é entendida como questão a decidir a unidade do grupo, inscrevendo-se como um valor mais de ordem moral do que econômica. Nesse sentido, o pagamento do serviço prestado não é em dinheiro, de acordo com o que explica o autor:

> Geralmente os vizinhos são convocados e o beneficiário lhes oferece alimento e uma festa, que encerra o trabalho. Mas não há remuneração direta de espécie alguma, a não ser a obrigação moral em que fica o beneficiário de corresponder aos chamados eventuais dos que o auxiliaram. (Candido, 1982, p.62)

Pensamos que essa crítica por inteiro está por fazer e torna-se urgente, porque pode lançar luzes sobre a teoria da organização social do MST, a qual tem se apresentado, por vezes, limitada em relação à sua prática, vivenciada cotidianamente pelos homens e mulheres que enriquecem e oxigenam o movimento social para além da teoria de organização social de parte de suas lideranças e assessores.

> O MST, em sua teoria da organização, entende que deve ter uma dupla estrutura: ser um movimento de massas amplo, mas, dentro deste, ter uma estrutura organizativa que dê sustentação ao movimento, transformando-se assim numa "organização de massas". Esta organização é para melhor assimilar as idéias e pô-las em prática. Daí a constituição das instâncias, dos setores, dos núcleos. (Bogo apud Caldart, 2000, p.87)

Como parte desse paradoxo de ser movimento social e organização social, afloram outros como a já comentada dificuldade de aceitar a existência do campesinato como classe, passando a entendê-lo como uma fração da classe trabalhadora. Logo, sua linguagem e sua mística são reveladoras muitas vezes desse contra-senso que coloca em choque a teoria da organização social e a prática do movimento social que, em tese, é o confronto da prática com a teoria da prática. Confronto que existe porque a teoria tem sido construída com base em concepções que não admitem a (re)criação camponesa como um processo autônomo de luta e resistência.

Possivelmente, a permanência desse paradoxo explique por que a letra do hino do MST, feito em 1989 por Bogo, um de seus símbolos mais importantes na conformação da mística camponesa, traga em seus versos, quanto à luta pela construção da pátria livre, a expressão "operária camponesa". Não seria de esperar de um movimento que cotidianamente se constrói na luta pela terra uma proposta de aliança camponesa operária? O que está implícito nessa frase é apenas um problema semântico ou os camponeses não seriam capazes de conduzir a luta? E, mais, qual luta: pela posse da terra ou por transformações sociais? Quais são os referenciais teóricos (e as evidências práticas) explicativos dessa crença política no poder da classe operária na condução do processo?

Dessa maneira, a questão central ainda está por ser respondida: a luta do campesinato pode ter como referência uma consciência de classe trabalhadora própria do confronto capital *versus* trabalho?

Procurando seguir o caminho dessas indagações e nos apoiando nas contribuições de Oliveira (1981, 1991) e Martins (1981, 1991, 2000 e 2002), lançaremos alguns pontos que consideramos fundamentais para a compreensão das diferenças de classe de camponeses e operários na tentativa de contribuir para a elucidação de alguns equívocos teóricos que têm acompanhado a interpretação da prática do MST.

O pressuposto inicial é o de que as experiências de vida e as posições sociais dos indivíduos no espaço social geram diferentes visões de mundo,[80] portanto *habitus* específicos a nortear projetos históricos também distintos.

---

80 Extraímos o termo "visão de mundo" de Löwy (2002). A respeito do conceito, ele diz: "Visões sociais de mundo seriam, portanto, todos aqueles conjuntos estruturados de valores, representações, idéias e orientações cognitivas. Conjuntos esses unificados por uma perspectiva determinada, por um ponto de vista social, de classes sociais determinadas" (ibidem, p.13).

Desse modo, tentando buscar esse conjunto de relações sociais que estão na base da formação do campesinato no desenvolvimento do capitalismo brasileiro, destacamos que o camponês se insere na divisão do trabalho, ou seja, na realização do modo capitalista de produção pela sujeição da renda da terra, pois o que ele vende no mercado não é seu trabalho como mercadoria, mas o produto do seu trabalho, ao contrário do operário que vive uma sujeição real de seu trabalho ao capital (Oliveira, 1991).

Assim, sua reprodução, em tese, não é mediada pelo mercado, ou seja, por ser proprietário, ele assegura a independência de seu trabalho porque seu produto é acabado e porque, mesmo quando integrado à agroindústria, preserva a terra e o saber necessário à produção. É por isso que Martins (2002a) afirma que "o camponês se situa no mundo através de seu produto", ou seja, seu trabalho não aparece separado do seu produto, seu trabalho não aparece como relação de trabalho; existe, portanto, um ocultamento na relação com o mercado. Questão fundamental porque de diversas formas esse ocultamento acaba por determinar a constituição de sua consciência que, na maioria das vezes, não tem clareza dos fundamentos econômicos e sociais de sua condição dúplice: é proprietário de terra e trabalhador. É uma consciência ambivalente, mística, em que o dinheiro e a mercadoria aparecem como forças do mal a atravessar sua vida e, muitas vezes, determinar seu perecimento como classe.

Se o centro de suas relações imediatas não é o mercado, no que consiste a essência de suas relações sociais? A essência, o centro, como explica Martins (2002a), é a família, porque, embora ele seja um trabalhador responsável único pela produção, ele não se manifesta como indivíduo, mas como um corpo familiar de pertencimento natural e afetivo que vê na vizinhança, na comunidade, no bairro sua "comunidade de destino".[81] É por isso também que, embora tenha consciência do processo antagônico com o capital,

81 Ecléa Bosi (1981) utiliza-se da expressão "comunidade de destino" para referir-se ao processo irreversível de pertencimento ao destino de um grupo.

sua consciência é ambígua,[82] por não ser mediatizada por relações de mercado. Sua exploração não é vivida de maneira cotidiana e permanente, ou seja, em cada momento do processo de trabalho como a do operário.

O empresário capitalista da agricultura, ao colher os frutos da terra, antes de lançá-los ao mercado, calcula a estrutura das despesas que fez para produzir e acrescenta ainda a taxa de lucro, equivalente, pelo menos, ao lucro médio do sistema capitalista. Já o camponês produz e vende, mas não discrimina os custos de sua produção, basicamente porque o seu "salário" não ganhou consistência própria no processo de produção e não se desprendeu dos outros custos. Logo, ele sabe que seu trabalho tem que ser pago, mas não sabe, nem pode saber, quanto (Martins, 2002-2003). Desse modo, ele não sabe exatamente onde "é enganado, lesado, de onde está saindo sua contribuição como produtor de mais-valia". Na maioria das vezes, sua compreensão da alienação capitalista, como já dissemos, acontece de outra forma, é uma modalidade de consciência mística em que não é rara "a figura do demônio aparecer relacionada ao mundo da mercadoria".

A percepção da realidade por parte do camponês, portanto, é fruto da sua condição de classe, o que o faz se situar no mercado por meio de seu produto e não de seu trabalho, ter seu trabalho oculto no seu produto. Por isso, Martins (2002a,p.74) afirma que a "consciência camponesa faz um contorno 'por fora' da realidade imedia-

82 Segundo Chauí (1994a, p.178), a ambigüidade não é falha, defeito, mas a forma de existência dos objetos da percepção e da cultura, constituídos não de elementos separados, mas de dimensões simultâneas. Situação que, por sua vez, faz que tenhamos uma consciência trágica: "aquela que descobre a diferença entre *o que é e o que poderia ser* e que por isso mesmo transgride a ordem estabelecida, mas não chega a constituir uma outra existência social ... Diz sim e diz não ao mesmo tempo...Mas justamente porque essa consciência diz não, a prática da cultura popular pode tomar a forma de resistência e introduzir a 'desordem' na ordem, abrir brechas, caminhar pelos poros e interstícios da sociedade brasileira" (ibidem, p.178, grifo da autora).

ta para perceber o poder alienador da mercadoria e do dinheiro, seu equivalente geral". Situação que o difere como "pessoa e consciência do operário".

Quando, porém, sua reprodução é ameaçada pela expropriação, quando a exploração do seu trabalho se evidencia na venda de produtos e pagamentos de juros, o campesinato, ou melhor, a parte diretamente atingida desse campesinato se coloca de forma antagônica ao capital. No entanto, esse antagonismo se apresenta no plano da resistência mística/ambígua e não da transformação social pelas razões ditas anteriormente. Isso significa dizer que o conflito do camponês com o capital ocorre em dois momentos: na luta pela posse da terra quando se vê na situação de expropriação (definitiva ou em processo) e na luta contra a transferência de renda que se dá na depreciação de seus produtos no mercado, no pagamento de juros bancários e na compra de máquinas e insumos.

Entrementes, o mais importante desses conflitos do campesinato, em virtude de nosso interesse de pesquisa e das diferentes interpretações, é o da luta pela terra, que se difere completamente da luta entre o capital e o trabalho e da possível resolução das contradições que estão na sua base (leia-se transformação social). Essa diferenciação ocorre porque...

> ela não propõe a superação do capitalismo, mas a sua humanização, o estabelecimento de freios ao concentracionismo na propriedade da riqueza social e à sua privatização sem limites. Ela propõe o confronto entre a propriedade privada e a propriedade capitalista. (Martins, 2002a, p.89)

Embora a luta camponesa pela terra não vise diretamente à superação do capitalismo, como Martins a princípio admite na citação, ele mesmo reconhece sua potencialidade quando explica que somente ela é portadora de um caráter anticapitalista, porque a classe camponesa é a única que pode visualizar por meio da expropriação, da liminaridade, ainda que de forma trágica, a expansão e a acumulação capitalista na sua totalidade e desumanidade. Portanto, "o anticapitalismo do lavrador é expressão concreta das suas condições de classe. Seria um absurdo exigir dele, senão em nome de uma postura autoritária, que pense como um operário de fábrica, que desenvolva uma concepção proletária da transformação da sociedade" (Martins, 1991, p.19)

Logo, as lutas camponesas, mesmo se fazendo por meio de uma consciência ambígua, costumam trazer componentes radicais como o questionamento da propriedade capitalista pela visão globalizante que possuem. Esse é o limite de sua consciência, mas também sua potencialidade. Essa situação lembra a discussão de Bourdieu acerca da classe real, ou seja, o fato de a classe com maior potencial de mobilização ser sempre uma probabilidade.

Podemos, portanto, dizer que a classe camponesa, embora exista como dado objetivo (classe no papel), sua consciência de classe é uma potencialidade não como derivação da consciência operária moldada no confronto capital *versus* trabalho, mas na contradição camponesa que, no limite, pode fazer de sua resistência contra a expropriação uma luta anticapitalista.

Assim, podemos dizer que a consciência política esperada dos camponeses, ou seja, aquela fundada na superação da contradição entre o caráter social do trabalho e o caráter privado da apropriação dos resultados do trabalho, isto é, a superação da contradição capital *versus* trabalho e da exploração do trabalho que nela se funda, não é possível; é, portanto, ideológica.

E essa impossibilidade se deve ao diferente vinculo social que o camponês tem com o capital e com o capitalismo, porque o seu trabalho não aparece separado do produto resultante dele, como é o caso do operário. Diferente porque sua sujeição é da renda e não de seu trabalho, pois seu trabalho aparece como trabalho da família e não como trabalho social explorado.

Superar essas diferentes possibilidades históricas e sociais por meio de esquemas explicativos que busquem, depois da conquista da terra, continuar a luta "quebrando" o isolamento das famílias assentadas, estimulando o trabalho coletivo, desenvolvendo as "forças produtivas", é equivocado, porque se funda em uma visão e posição de mundo que não é do *habitus* camponês.

Por fim, estariam os camponeses, como totalidade, irremediavelmente confinados a uma sociabilidade marcada pela distinção ou é possível falarmos da identidade, e, em caso afirmativo, quais seriam os elementos e as relações identificatórios em curso? É possível uma superação dos *habitus* específicos numa aliança camponesa a partir do *habitus* de classe?

As respostas a tais questões pretendemos ensaiar no capítulo que se segue; todavia, adiantamos que, embora se tenha clareza quanto à importância das problematizações, por isso nos eximimos de discutir a pertinência delas, o mesmo não se aplica aos resultados, porque esses estão à espera de julgamento.

5
Identidade no Assentamento: O *Habitus* de Classe

"Quando nós chegamos aqui no Indaiá, em Itaquiraí, só tinha mato, foi em 1989. Não existia o Jardim Primavera, não existia a Avenida Três de Maio. A rua que desce e hoje passa no hospital só tinha colonhão e de formas que, quando a gente veio pra cá habitar, aqui para o acampamento, o fazendeiro que era o Semir. Ele era o dono dessa terra aqui, ele falava que ia fazer um mangueirão de boi onde é hoje a fonte luminosa, que é o centro de Itaquiraí. O fazendeiro dizia que o futuro de Itaquiraí era fazer um mangueirão de boi que a terra era dele. Aí veio o assentamento e mudou a história".

(Silva[1])

"Sinto-me pobre por viver numa sociedade em que índios e camponeses precisem proclamar de voz viva que são humanos, que não são animais, e menos ainda animais selvagens. Por identificar-me com eles, fico em dúvida sobre o lugar que ocupo, na escala que vai do animal ao homem, numa sociedade que não titubeia em proclamar a animalidade de seres que não são considerados pessoas unicamente porque são diferentes – falam outra língua, têm outra cor, outros costumes. Uma sociedade que, no final, não tem clareza sobre a linha-limite que separa o homem do animal".

(Martins, 1993, p.63)

---

1 Assentado no projeto Indaiá, fev. 2001.

SITIO S. PEDRO
PROP:
GILMAR PEREIRA
DA SILVA.
LOTE Nº 29
JOÃO GRANDÃO
1311

Em princípio, a construção deste capítulo seguia um outro caminho, o da análise dos assentamentos em separado, o que de certa forma permitia um estudo mais aprofundado dessas diferentes realidades; no entanto, o exame dos relatos fez que mudássemos o plano inicial, em virtude da riqueza que a abordagem do conjunto das questões apontava, ou seja, ao mesmo tempo que lidávamos com a diversidade, percebemos que era possível entrever, a partir da identidade, o *habitus* de classe camponesa. Desse modo, o capítulo foi edificado tendo em vista a forma como a problemática estudada foi se apresentando, sem nos preocuparmos se a análise era deste ou daquele assentamento. O foco deixou de ser o assentamento em si para ser o processo de territorialização da luta pela terra, o entendimento do assentamento como unidade territorial.

A palavra assentamento, segundo Esterci et al. (1992), surgiu no âmbito da burocracia estatal brasileira, na década de 1980, para referir-se a diversas etapas da ação do Estado no sentido da alocação de populações e da resolução de problemas de ordem socioeconômica. Portanto, em princípio, seu conteúdo está amalgamado às instâncias em que foi formulado. Nesse sentido, vale a observação de que, se, por um lado, o assentamento é sinônimo de área de terra destinada a famílias sem terra ou famílias deslocadas de suas terras por projetos hidrelétricos, logo de reordenação da estrutura fundiária, por outro, é também um termo que indica a intenção do governo de resolver o problema referente à fixação das populações, principalmente no tocante à moradia urbana.

Dessa maneira, destaca-se a elaboração da agrovila, motivo de amplas polêmicas entre a população assentada, mediadores e os técnicos do Estado, na medida em que para os últimos a concepção da agrovila inscreve-se no quadro da racionalidade, da modernidade de estender ao campo os avanços conquistados na cidade (nem sempre cumpridos): telefone, poço artesiano, luz, posto médico e odontológico etc. Já para a maioria dos assentados, esse entendimento de dar contornos urbanos para o rural fere sobremaneira o *estilo* de vida do campo, basicamente porque se contrapõe à concepção de trabalho e vida camponesa que não tem na separação dos espaços seu fundamento. Para o campesinato, o lugar de morada está intrinsecamente relacionado com o lugar de trabalho. Logo, não são raros os casos, inscritos na lógica da resistência, de abandono do terreno e da casa construída com os parcos recursos do Estado, para surpresa e indignação dos técnicos, e a transferência definitiva para o lote. Situação que muitas vezes já se encontra anunciada na época do pré-assentamento, como podemos perceber na insatisfação contida no relato que se segue.

> Morar na agrovila é o seguinte: a gente vai passando uns dias por ali até terminar o meu barraco no lote [risos]. Eu queria era fazer a casa no lote, mas eu vou fazer um barraco com tábuas velhas, eu tô satisfeito não é por isso não. Lá [na agrovila] chega um filho, uma nora, já tem onde morar, né? (Lima[2])

Nesse depoimento, o que vem à tona ainda é a questão da família extensa no lugar da família nuclear.[3] Nessa acepção, a agrovila passa a ter um novo significado, ela é concebida como o lugar onde se devem acomodar os outros membros da família para mantê-los próximos, assim, quando "chega um filho, uma nora, já tem onde morar". Nesse contexto, é comum, tanto nos novos como nos antigos assentamentos, encontrarmos os beneficiários originais ausentes da agrovila, porém a casa está sempre ocupada. Ainda em relação à problemática dos diferentes significados da agrovila, a divisão dos espaços e o caráter urbano são com certeza o núcleo central dos desencontros. Evidencia-se, nesse sentido, a pergunta tantas vezes registrada: "Onde vou colocar minha criação?"; por sua vez, o conhecimento daqueles que sabem que terão que encontrar o lugar: "Mas dá certo, sim, a gente já é acostumado a trabalhar, tem força de vontade pra trabalhar":

---

2 Assentado no projeto São Tomé, out. 2001.

3 Sobre a diferença na concepção de família operária e família camponesa, ver as considerações de Martins (2002a, cap. 2).

> Eu tenho lá meus três alqueires bem longe, tem que estar saindo da agrovila pra trabalhar dois a três quilômetros longe de casa, fica ruim, né? Ficaria bom se fosse tudo junto, aí você estava dentro do seu lote, você levantava de manhã cedo e já estava dentro do seu lote trabalhando. Mas aqui ficou assim: dentro da agrovila a casa, depois o lote de três alqueires e mais o coletivo, então quer dizer ficou três lugares para você mexer, estar zelando. Ficou muito desorganizado, porque a gente não tem um costume com esse trabalho assim [pausa]. Mas dá certo sim, a gente já é acostumado a trabalhar, tem força de vontade pra trabalhar. (Freitas[4])

Na perspectiva discutida no início deste capítulo, a do uso multifuncional da palavra assentamento, tanto no sentido da política de reordenação fundiária como de solução do problema populacional relacionada à moradia, acrescentamos também a confusão acerca das diferenças nas políticas para o campo que a palavra vem propiciando. Até porque seu uso, mesmo quando restrito à questão fundiária, tem aglutinado distintas concepções da política governamental, tais como: assentamentos rurais frutos da luta pela terra, reservas extrativistas, regularização fundiária, transferências de população ribeirinhas (nesse caso, alguns são chamados de reassentamento) e colonização. Por conseguinte, o que se evidencia nessa concepção, digamos estatal, é o caráter de homogeneidade no tratamento dessas populações. Situação essa que tem gerado conflitos tanto de ordem externa como as discussões em torno das estatísticas da "reforma agrária" brasileira, em que, por exemplo, regularização fundiária é tratada como desapropriação de terras no intuito de inflacionar os números da "reforma agrária" do Estado, como de ordem interna a qual se resume no ocultamento da diferenciação política e social existente entre os assentados. Destarte, em razão do exposto, acreditamos que o respectivo termo não deve ser indicativo de reforma agrária, isto é, sinônimo de política de democratização da propriedade da terra.

---

4 Assentado no projeto São Tomé, out. 2001.

Por sua vez, na proposição de tal concepção de assentamento, o que aparece na esfera visível é o aspecto técnico das ações estatais, porque nessa óptica é que são operados os "critérios técnicos de seleção dos beneficiários", ocultando-se o desdobramento político de tal ação, qual seja a destituição do papel ativo dessas famílias na reconstrução de suas vidas. Nesse sentido, Esterci et al. (1992, p.5-6) escreve: "Passando ao Estado toda a iniciativa, as populações pensadas como 'beneficiários' dessas ações... jamais são lembradas como 'ocupantes', grupos que lutaram pelo acesso a terra e que podem ser entendidas como agentes transformadores de suas condições de vida".

É, portanto, em resposta a essa postura unilateral que homens e mulheres assentados vêm expondo as diferenciações existentes nos assentamentos, inclusive no âmbito das ações "técnicas" do Estado e, mais, fazendo o contraponto para entender o assentamento como um processo histórico de conquista do chão de morada, sinônimo de terra conquistada, livre.

Por conseguinte, deriva dessa nova compreensão o papel determinante dos diversos mediadores que, sentindo as insatisfações que o atual modelo tem gerado, formulam propostas de assentamento tendo como lógica a observância do direito de participação negado pela concepção tecnicista dominante. Isso, porém, não significa dizer que a insatisfação tenha sido plenamente interpretada e nem que essas formulações sejam as mais adequadas, como veremos posteriormente, mas que a sua existência inscreve-se num quadro de questionamento do papel do Estado como instância decisória central, como condutor do processo de assentamento.

O chamado modelo quadrado (Figura 1) é com certeza o traçado técnico estatal mais encontrado nos assentamentos do Mato Grosso do Sul, e é o tipo de planta conhecida como o modelo oficial. Como o nome já evidencia, os lotes são cortados, quando a topografia permite, em grandes quadrados margeados por travessões. A agrovila geralmente fica localizada no centro do assentamento, e, dependendo do tamanho da área, pode-se ter mais de uma. A grande crítica ao modelo do Estado, principalmente do MST quando diz que "se ficarmos no quadrado burro, nós vamos isolar o trabalhador", é a distância que ele gera entre as famílias e, também, entre essas em relação à agrovila.

> Nós temos que mudar o modelo de parcelamento dos lotes, nós temos que aproximar nossas moradias porque aproximando elas nós vamos conseguir resistir. Nós já temos a política de trabalhar os grupos internos, os núcleos de base e nós morando perto vamos também conseguir fazer isso melhor. Agora, se ficarmos no quadrado burro, nós vamos isolar o trabalhador, nós não conseguimos fazer uma reunião. (Oliveira[5])

A proposta do MST, de um modelo circular (Figura 2), tem como princípio diminuir a distância entre os lotes e distribuir, em oposição à agrovila centralizada, núcleos de moradia no meio dos círculos.[6] Por exemplo, um assentamento para oitenta famílias poderá ter quatro círculos de vinte famílias, tendo cada um deles um núcleo de

---

5 Liderança, direção estadual do MST, abril 2001. (Transcrição *ad literam* retirada da gravação da palestra no Seminário "A questão agrária", realizado em Três Lagoas/MS.)

6 À época da pesquisa (fev. 2001), visitamos o assentamento Guaçu e Santa Rosa (conquistados em 1997), em Itaquiraí, no intuito de compreendermos o funcionamento do modelo circular do MST. Contudo, encontramos poucas famílias nos núcleos, e esses se encontravam quase sem nenhuma infra-estrutura. Em termos de organização produtiva, principal objetivo da aproximação dos lotes, os mesmos problemas já verificados no modelo quadrado foram a mim relatados: grupos coletivos desfeitos, desavenças em torno dos destinos do patrimônio coletivo, abandono dos núcleos de moradia, críticas ao MST e ao Estado, em razão do abandono que julgavam estar vivendo. A respeito da crise do coletivo que existiu no assentamento Santa Rosa, Leal (assentado no projeto Santa Rosa) assim sintetiza: "Eram tantas divergências que o regime interno nós não conseguíamos aprovar, aprovamos coisas só de imediato. Aí quando o pessoal começou a sair, nós fizemos um regimento no sentido de criar a cooperativa mesmo e a gente falou: "Você vai sair? Só que o seu lote é nós que vamos escolher onde acharmos melhor, você não vai levar nada, só vai levar o que trabalhou". Quando a gente fez isso, a maioria saiu. Aí o pessoal veio receber o que eles tinham, aí ficou naquela: que moral nós tínhamos se o coletivo estava todo rachado? E foi quando nós dividimos tudo, as vacas, o trator e cada um foi pro seu lote".

moradia. Esse modelo, também conhecido como raio de sol, objetiva convergir os lotes em direção ao núcleo de moradia e é visto como um fator decisivo, na avaliação do Movimento, para a organização das famílias.[7] Como adverte Ferrari, "o trabalho pra sustentar a articulação política dos grupos é muito mais fácil para as pessoas que estão morando perto":

> Este modelo de assentamento que está hoje do ponto de vista de facilitar a vida do assentado como um todo não facilita muito, é o quadrado burro porque espalha o pessoal que antes estava organizado no acampamento. A nossa proposta são os núcleos de moradia, não é agrovila, é núcleo de moradia porque tem um ponto onde seria o centro do núcleo de moradia e os lotes vão pra aquele ponto, num sistema radial, converge pro centro e não separa as pessoas. Então, não é que toda área que você tem condições de fazer esse sistema, mesmo no Santa Rosa [assentamento] você não consegue fazer, tipo um ponto central e

---

7 Na discussão acerca do papel do território na aceleração da história, Santos (2001, p.165-6) destaca os efeitos de vizinhança como decisivos para a emergência das massas e do seu projeto, uma espécie de cultura da vizinhança que valoriza, ao mesmo tempo, a experiência da escassez e a experiência da solidariedade: "Na cidade – sobretudo na grande cidade – os efeitos de vizinhança parecem impor uma possibilidade maior de identificação das situações, graças, também, à melhoria da informação disponível e ao aprofundamento das possibilidades de comunicação. Dessa maneira, torna-se possível a identificação, na vida material como na ordem intelectual, do desamparo a que as populações são relegadas, levando, paralelamente, a um maior reconhecimento da condição de escassez e a novas possibilidades de ampliação da consciência". Extraímos essa reflexão de Santos para situar nossa crítica em relação à discussão acerca do modelo circular de assentamento defendido pelo MST. Nesse sentido, não se trata de ficar debatendo vizinhança *versus* isolamento das famílias, o que está no cerne é a diferença de sociabilidade da família camponesa e da família operária. Se, para Santos, o efeito da aglomeração nas cidades pode ser um ponto positivo para a organização das famílias, o mesmo não pode ser dito em relação ao campo, logo a mera transposição dessa análise sem a observação e respeito ao *habitus* camponês é autoritário. Autores como Candido (1982), Queiroz (1973) e Woortmann (1995), por exemplo, há muito propuseram que a sociabilidade camponesa é alicerçada no bairro rural, nas relações vicinais, muitas delas de parentesco e compadrio, e que a existência dessa solidariedade de vizinhança não é tributária da aglomeração e, muito menos, da padronização das casas.

os lotes convergindo pra aquele ponto, então sempre fica uma beirada que, às vezes, tem lá quatorze/quinze lotes que não têm como por vários motivos ... Agora nós estamos avançando na experiência, começamos com isso aqui no Estado e avançamos um pouco mais, não é preciso ser redondo, não é preciso, porque o objetivo é que as pessoas morem mais próximas pra facilitar a vida, então pode ser retangular, nós estamos agora discutindo um modelo que está sendo colocado em Ponta Porã [assentamento Dorcelina Folador], então da primeira casa do grupo até a última vai dar 1.500 metros, o máximo, quer dizer então que não é tão longe, é próximo, se você racha no meio fica 600 metros. Então, digamos assim, o ponto de encontro ficando no meio, esse ponto seria o salão de reuniões ou a igrejinha ou a escola, o poço semi-artesiano vai ser colocado no centro e então 600 metros de rede de água pra cá, 600 metros de rede pra lá e pronto tá resolvido o problema. As pessoas vão morar em cima do seu lote, mas vai estar 50/60 ou 70 metros de uma casa da outra; e daí é engraçado, porque as pessoas que é contra a organização, digamos assim que ele quer acabar com qualquer tipo de organização, então ele começa a levantar coisas que não têm fundamento, tipo não quero isso aqui porque as minhas galinhas vai no quintal dos outros, do vizinho, eu não gosto de ser incomodado e não gosto de incomodar ninguém, ou seja, umas coisas tão miúdas. Por outro lado, o trabalho pra sustentar a articulação política dos grupos é muito mais fácil para as pessoas que estão morando perto, facilita a participação de todo mundo, porque tá todo mundo próximo e a organicidade não fica perdida, o assentamento continua organizado por grupos, por coordenação, por setor.

A gente já tem algumas experiências de cooperação, inclusive por causa disso, por exemplo, no Chico Mendes [assentamento Tamakavi] tem um dos grupos que já fez um poço semi-artesiano, já estão no processo de instalação da caixa d´água, quer dizer, nem energia eles têm, o motor é a gasolina e está tocando um girador que está puxando água, isso só foi possível porque eles estavam morando próximos; o gasto é menor do que você, por exemplo, ter um grupo de quinze famílias e eles estarem morando em lotes de 200 metros de distância cada um, então vai dar 3.000 mil metros e você vai ter que fazer uma rede de água de 3.000 mil metros, então não tem jeito, né? E ali não, ali não gasta 500 metros de rede, olha a economia, né? A planta da Santa Rosa ... nós temos críticas por conta de que ficaram muito estreitos e compridos os

> lotes, não teve avaliação na época de que em grupo muito grande você faria mais de um núcleo de moradia. Na Tamakavi, a gente já fez com o grupo de vinte famílias dois grupos, então os lotes já ficaram mais largos. No início foi uma resistência enorme, mas agora eles mesmos estão se dando conta não pelo lado da convivência das pessoas, mas sim pelo lado econômico, eles estão convencidos que têm que fazer isso aí, o assentamento Dorcelina Folador, em Ponta Porã, está com o desenho todinho assim e aí tem grupos maiores, tem grupos menores, dependendo da geografia da área. (Ferrari[8])

Esse relato é bastante revelador daquilo que chamamos desencontros da prática com a teoria da prática que amiúde tem ocorrido no MST. No intuito, como esclarece o entrevistado, de dar continuidade à organização que outrora as famílias vivenciaram no acampamento e que aparece como atribuída ao fator proximidade dos barracos, o modelo de assentamento circular é elaborado também como instrumento da organização. Ele aglutinaria as famílias, agora dispersas no assentamento, principalmente as resistentes ao trabalho coletivo, e assim poder-se-ia conseguir, ao menos, coletivizar o núcleo urbano onde não tem sido possível coletivizar a terra. Por conseguinte, os interesses "político-ideológicos" condensados na luta pela "transformação da sociedade" agem para diluir o sociocultural, e a resistência das "pessoas que são contra a organização" é tratada como "coisas tão miúdas". Como parte dos argumentos para sustentar essa solução eficaz, conhecida como modelo circular, uma espécie de pensamento economicista aparece como motivador a convencer os reticentes: "agora eles mesmos estão se dando conta não pelo lado da convivência das pessoas, mas, sim, pelo lado econômico, eles estão convencidos que têm que fazer isso aí".

Como é possível pessoas que têm sua sociabilidade definida por um conjunto de valores intrinsecamente relacionados à família, a terra e ao trabalho serem convencidas a trocar a utopia da *terra de*

---

8 Liderança, direção estadual do MST. Presidente da Coopresul e assentado no projeto Sul Bonito, fev. 2001.

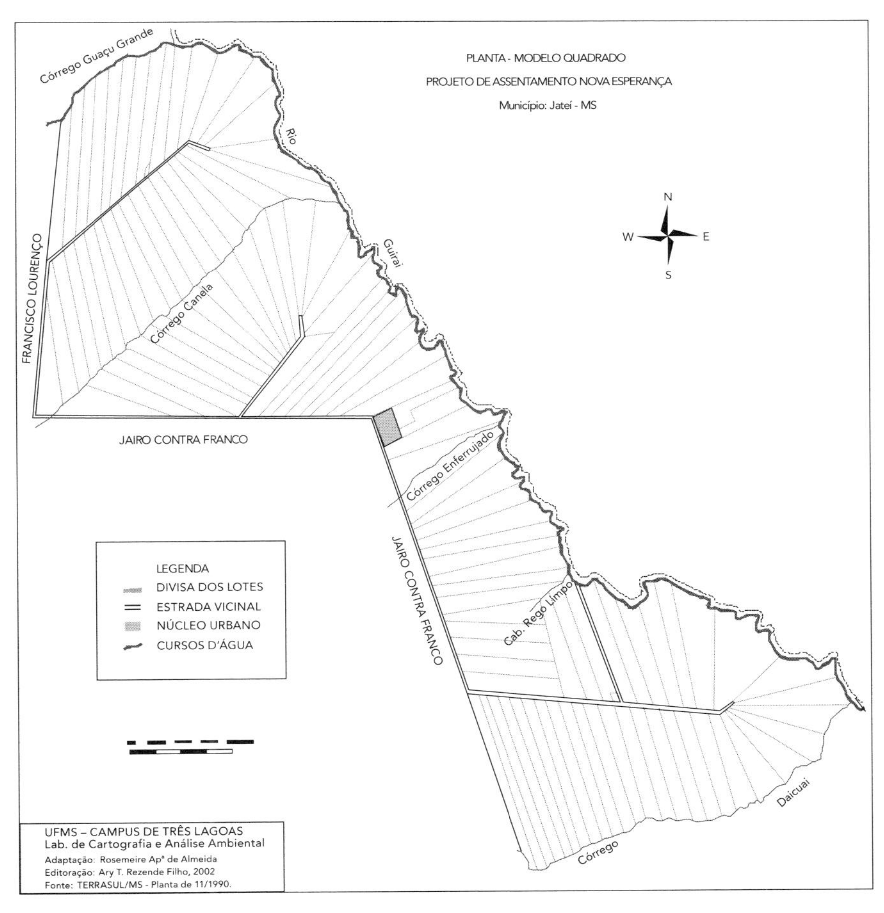

Figura 1 – Planta – Modelo quadrado.

trabalho, da terra como morada da vida,[9] pela terra mercadoria, pela racionalidade custo-benefício? A essas inquietações acrescenta-se o fato de que o camponês se situa no mundo por meio do seu *produto*, ou seja, ele não vive o processo cotidiano de alienação do trabalho como o operário, pois sua inserção social se faz como pessoa e não como indivíduo, seu vínculo com a sociedade não diz respeito só à questão do trabalho, na verdade, ele se situa por inteiro. Na roça e em casa, o camponês representa a família e ele não está sozinho, porque, nesse sentido, sua sociabilidade é completa. Corroborando nessa direção, destacamos as reflexões de Paulino (2003, p.416-7):

> é o trabalho que dá ao proletariado a noção de pertencimento, ao mesmo tempo que seu trabalho sempre se manifesta como parcial, como fragmento que adquire consistência tão somente no conjunto da produção, na qual a sua participação está diluída.
>
> ...
>
> Por não viver o processo de alienação do trabalho, o camponês se integra ao mundo como pessoa, que assim se reconhece mesmo diante do empobrecimento provocado pela interdição ao próprio usufruto da renda da terra gerada pelo trabalho da família.

Como complemento a esse debate acerca do *habitus* de classe camponesa, acrescentamos que, para a maioria dos assentados entrevistados, o ideário camponês está presente e se manifesta no *habitus*[10] baseado no trabalho da família e construído histórica e socialmente. As concepções da casa e da organização do lote são evidências empíricas desse *estilo* de vida (Bourdieu, 1983a). É evidente que concordamos que as condições materiais influem na organização da casa e do lote. Mas também entendemos, como Brandão[11] (1999), que a diferenciação do lugar de morada obede-

9 Paráfrase de Heredia (1979).

10 A respeito da discussão do *habitus*, ver Capítulo 4.

11 Nesse livro, o autor discute as relações entre a cultura camponesa e a educação rural.

ce à forma como as pessoas percebem esse lugar. Não é raro notarmos que, independentemente das condições materiais do camponês, sua casa e seu lote são representados como partes inseparáveis do todo, em virtude de não percebê-los de forma diferenciada. A casa é sempre extensão do trabalho familiar e seu interior reflete a hierarquia típica do *habitus* camponês, no qual a cozinha é sempre o lugar feminino e a visita se recebe na sala, local onde o chefe da família, por exemplo, faz questão de conceder a entrevista. Afora essa divisão que obedece mais aos critérios de gênero, o restante da casa camponesa faz parte de um conjunto indivisível. Portanto, é essa concepção de lugar que faz que em nossas pesquisas encontremos no canto da sala camponesa objetos de trabalho, como uma sela, "tralha" ou até mesmo produtos da lavoura empilhados numa linguagem simbólica a sinalizar a fartura,[12] o "*tempo bom*", conseguido por meio do trabalho. Esse *habitus* camponês perpassa inclusive a diferenciação do campesinato e pode ser observado em qualquer situação econômica em que se encontre o assentado (cf. Brandão, 1999).

O mesmo se dá com o chamado quintal da casa, uma vez que ele é organizado para ser útil em termos de produção para a família. O lugar da horta, do pomar, do cachorro, do gato, da galinha, do porco, do paiol, enfim, é o prolongamento do trabalho cotidiano. Assim, por mais que se professe um espaço da distinção (casa, quintal, pasto e lavoura), a lógica de sua representação obedece a um *habitus* de classe refletivo na unidade produtiva camponesa, em que família, trabalho e terra não se encontram divorciados. Situação

---

12 Cabe lembrar que a importância da noção de fartura como referência de vida em contraposição à noção de pobreza no mundo camponês já foi exemplarmente registrada por Oliveira (1998, p.141) quando, em pesquisa junto a sitiantes na região de Cáceres, escreve: "Nos vários relatos dos sitiantes, não houve referências à noção de pobreza no sentido de se sentirem despossuídos; a referência era sempre à noção de fartura: ter mais ou menos fartura está sempre relacionado com a condição de vida em geral, tem sempre incluída a idéia de 'tempo bom'. O tempo de hoje limita a fartura por imposições vindas de fora, uma vez que essa noção não se refere apenas aos bens materiais, mas envolve as condições gerais de existência".

que, por sua vez, confere as marcas da territorialização camponesa no território, como pudemos verificar no trabalho de campo. Portanto, o assentamento é uma unidade territorial, parcela do território capitalista sob domínio camponês e, quando existente, é inequívoca sua distinção em relação à grande propriedade, ao uso que o capitalista faz de sua parte do território. Nesse sentido, D'Aquino (1996, p.9-10) observa que a concepção do lote como sítio é a construção, por parte dos assentados, de seu estilo de vida. Assim, "Ao controle pessoal do tempo, associam a liberdade de organizar o espaço, que constroem paulatinamente, afastando-se ... de qualquer semelhança com a concepção urbana das casas dispostas ao longo de uma rua".

A despeito dessa realidade e condição camponesa, os textos do MST defendem a idéia da urbanização/homogeneização dessa fração camponesa do território, diferentemente da concepção de unidade territorial dos camponeses que não subtrai a diversidade; logo, essa idéia de homogeneização não tem encontrado acolhida no assentamento, universo não-separável da vida camponesa.

> A urbanização, que representa a construção de moradias mais próximas, permite quebrar o isolamento social das famílias, cria laços de maior integração social, comunitária e permite o desenvolvimento de inúmeras atividades comunitárias e culturais, de forma permanente. O que não se promove em casas isoladas distantes, ao contrário, até impede. (Görgen & Stédile, 1991, p.142)

Outro exemplo que apresenta notórios equívocos em relação ao *habitus* camponês refere-se à defesa da padronização das casas ou separação casa e lote, ou até mesmo dedicar parte do "quintal" para o embelezamento com o plantio de flores. É, portanto, essa negação do mundo camponês que está por trás de concepções como esta que diz que é preciso "buscar um consenso entre todas as famílias para elas *pintarem as casas de uma mesma cor*, mesmo naquelas que ainda não foram rebocadas" (MST, 2001, p.101 – grifo nosso). Mais adiante, o documento complementa: "Em cada casa ter a bandeira do MST. Seja ela pintada na parede, hasteada ou emoldurada. Não importa a forma, mas ela deve se fazer presente no cotidiano de todos os moradores da comunidade" (ibidem, p.102).

Acreditamos que esse discurso nega a diversidade e especificidade camponesa presente nessa unidade territorial chamada assentamento e, por sua vez, nega também a coesão, a possibilidade de organização que muitas vezes está no diferente. Desse modo, a necessidade de se fazer presente a identidade objetiva no assentamento, por meio da padronização das casas dos assentados, acaba por negar o que foi seu maior trunfo na luta pela terra: a criatividade, as vontades, os gostos, a mística, enfim a subjetividade humana.

A utilização do discurso economicista visando aproximar as famílias para facilitar o trabalho "político-ideológico" é uma ação que não tem respeitado esse universo peculiar de práticas e representações simbólicas, por isso gera conflito e, por conseguinte, o objetivo contrário. O Movimento, quando acredita estar inovando ao contrapor os núcleos de moradia à agrovila do modelo oficial, tem reproduzido os mesmos problemas históricos em relação à compreensão do lote/sítio camponês praticados pelo Estado. Problemas que têm sua raiz na desconsideração da sociabilidade camponesa que tem, com maior ou menor variação, nas relações vicinais, no bairro rural, sua lógica organizativa. É, pois, reconhecendo essa outra dimensão do tempo e do espaço que propomos a possibilidade de o assentamento como unidade territorial aproximar-se do bairro rural. Essa similitude toma contornos mais nítidos quando analisamos a descrição de bairro rural, apresentada por Queiroz (1973, p.134):

> Estas são as características sociológicas principais de um bairro rural, que se configura então como um grupo de vizinhança de "habitat" disperso. Acompanhando estes elementos puramente sociológicos, há um traço psicológico que também é típico: o "sentimento de localidade". Os habitantes de um bairro conhecem e pertencem a ele, sentem-se a ele ligados, pleiteiam benefícios e vantagens em seu nome, enfim, demonstram uma consciência grupal patente.

Um terceiro modelo de assentamento, conhecido por modelo misto (ver Figura 3), tem sido implementado pelo governo estadual

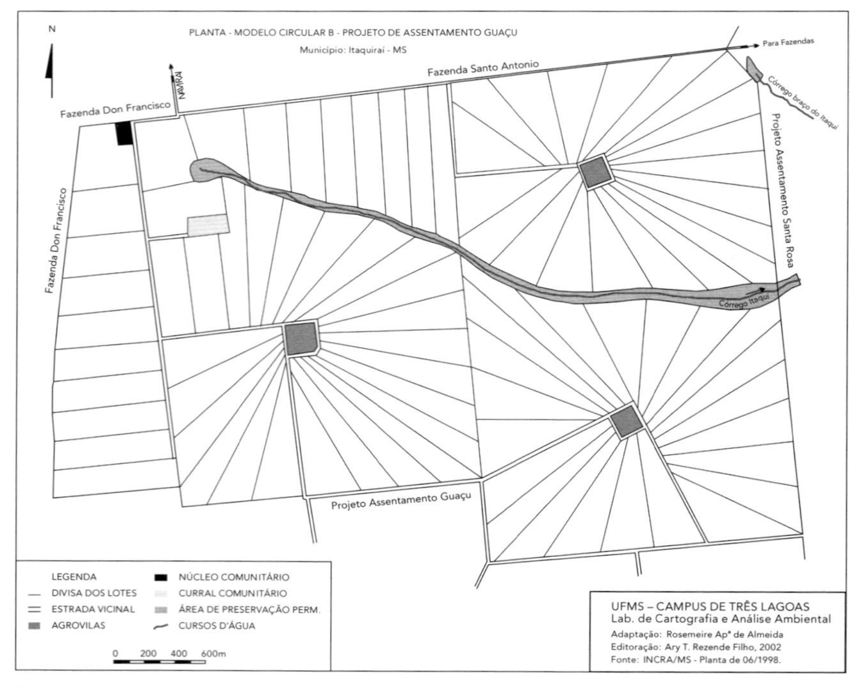

Figura 2 – Planta modelo circular.

do Mato Grosso do Sul, mais especificamente pelo Idaterra. Esse tipo misto, considerado pioneiro pelos idealizadores, foi implantado até 2000 em dois assentamentos do governo popular 1 – São Tomé e Terra Solidária – e tem como fundamento propor uma nova concepção de trabalho e da propriedade da terra. A preocupação central não é com a disposição dos lotes, isto é, o ponto de convergência desses. A inovação parte de outra perspectiva, introduzir a propriedade e o trabalho coletivo reconhecidos pelo Estado. Fato realmente incomum e decisivo no sentido de tentar impedir os casos de desistência do coletivo pela indefinição que a situação cria, pois em tese ninguém sabe onde fica sua parte, já que, na planta do assentamento, foram criados lotes coletivos como fica demonstrado na Figura 3. Situação inédita logo que todas as experiências anteriores de trabalho coletivo no Mato Grosso do Sul foram realizadas na contramão da ação governamental, ou seja, não eram reconhecidas pelo Estado. Nessas experiências coletivas do passado, os lotes eram concebidos e entregues pelo Incra individualmente às famílias, independentemente da existência do grupo coletivo, o que, de certa maneira, facilitava, para o assentado desistente do coletivo, a retomada do lote. Como exemplo dessa "subversão", citamos o grupo coletivo do assentamento Sul Bonito, em Itaquiraí, uma vez que, embora o grupo tenha sido concebido desde o início do assentamento, os lotes continuam figurando no Incra como individuais.

Esse modelo misto de assentamento proposto pelo Estado, contudo, não tem despertado no MST interesse, apesar da experiência acumulada do Movimento na questão do trabalho e propriedade coletivos. Quem tem declarado expressivo interesse e patenteado o modelo misto é a CUT/DTR/MS, inclusive declarando que "a proposta do semicoletivo é nossa [CUT/DTR], a gente já vinha discutindo isso" (Cardoso[13]).

A explicação para o interesse de uns e renúncia de outros se liga ao mesmo fato, à existência de uma situação intermediaria, isto é,

---

13 Liderança, direção da CUT/DETR/MS, jan. 2002.

nesse tipo de modelo, o assentado tem direito a uma área individual e outra coletiva, já que a segunda, na maioria das vezes, é um pouco maior que a destinada ao lote individual. Enquanto para o MST esse tipo de experiência está fadado ao fracasso, pois o semicoletivo (como é chamado esse modelo misto pelo Movimento) permite ao assentado uma fuga, ocorrendo indubitavelmente uma priorização do lote individual em detrimento da parte coletiva, já CUT/DTR vem reafirmando ter encontrado a saída para o trabalho coletivo no campo, como podemos verificar no depoimento transcrito.

> A proposta do semicoletivo é nossa [CUT/DETR], a gente já vinha discutindo isso e para acontecer a gente tinha que ter alguma experiência e como com o Incra era mais difícil fazer o projeto e o Estado [governo estadual] apoiou nosso projeto, começamos primeiro com eles.
>
> O semicoletivo vai ter maior aceitação só quando os companheiros, os futuros parceleiros, começarem a enxergar que o sistema tradicional não funciona. Até então não é bem-aceito ainda, eu acho que a gente tem que ser bem sincero ao colocar as coisas. A gente dá uma segurada para ver se a gente reverte esse quadro, mas nem o semicoletivo é bem-aceito. A cultura nossa não é para isso, é para o individualismo aonde a gente vai afundando cada vez mais. Eu não sou favorável ao coletivo 100%, eu nunca fui porque eu vejo que dá muito problema, mas o coletivo parcial tem que ter porque nosso povo vai ter que aprender, não que a gente esteja impondo, mas é o que o mundo está oferecendo hoje em termos de competição, a sociedade faz com que a gente faça isso ou morre sozinho. (Cardoso)

Por conseguinte, interessa-nos pensar as diferenças e as similitudes entre o modelo circular do MST e o modelo misto da CUT/DETR. Acreditamos que a grande divergência fica por conta dos objetivos em relação à organização produtiva dos assentamentos. Se para o MST ela se insere num quadro mais amplo, com vistas à transformação social, isto é, ao socialismo,[14] para a CUT nada poderia

---

14 Discussão tratada no Capítulo 4.

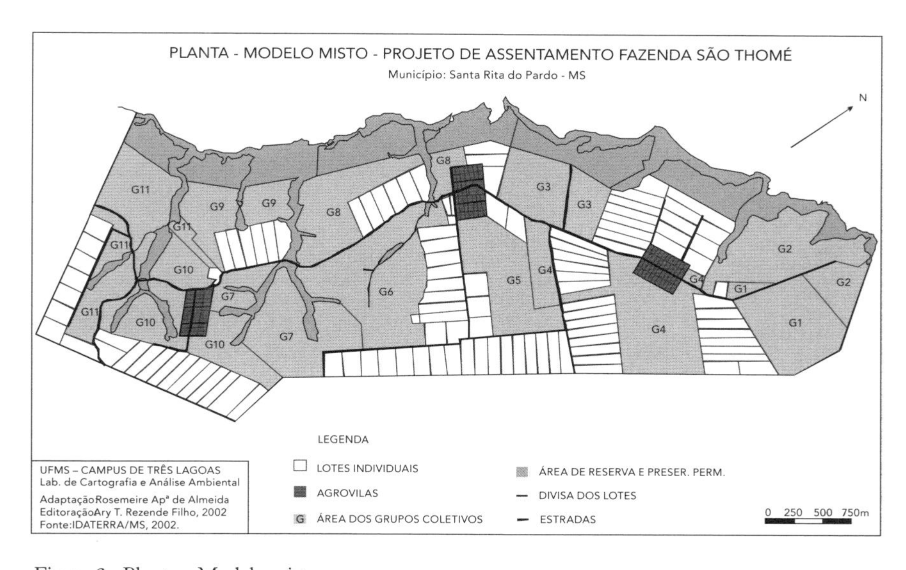

Figura 3 - Planta – Modelo misto.

estar mais longe disso, porque sua estratégia produtiva tem se inscrito, principalmente no âmbito sul-mato-grossense, no ideário da agricultura familiar.[15] A inserção no mundo da mercadoria via modernização dos agricultores familiares é o ponto limite dessa teoria, situação desprezada no relato de Cardoso quando declara que os assentados vão ter que aprender porque é o "que o mundo está oferecendo hoje em termos de competição, a sociedade faz com que a gente faça isso ou morre sozinho". Limite também em relação à sobrevivência dessas famílias, visto que a resistência da agricultura camponesa historicamente tem se dado no sentido contrário à inserção aos mercados. Na perspectiva da similitude MST e CUT/DETR, destacamos, guardando as nuanças do processo, o preconceito em relação ao campesinato, bem como a ideologia missionária a conduzi-lo à libertação, nesse contexto, de si mesmo.

A essa imposição de modelos que não representam na essência os anseios da condição camponesa, ainda que oculta à época dos sorteios dos lotes, os assentados têm apresentado formas de resistência, na maioria das vezes, ambíguas por conterem o sim e o não; mas justamente porque também representam o não, como explica Chauí (1994a), abrem brechas para contestação. Nessa direção, destacamos o relato de Noronha,[16] que revela as formas encontradas para fazer acontecer o sonho da terra como propriedade camponesa daqueles que, por ora, se calam diante do "peso" do projeto do outro, no caso da CUT/DETR e do governo estadual, apresentado como seu, porém lutam, mesmo quando dizem "que é coletivo e está tudo bem", fazendo prevalecer, ainda que na margem por eles tão bem conhecida, a utopia da recriação camponesa: "muita gente já está tocando o coletivo como individual, é só você olhar":

---

15 A respeito das reivindicações e mobilizações da Frente Sul da Agricultura Familiar (FSAF), ver Boletim do Deser, n.119, jun. 2001. Ainda a respeito dos objetivos da Federação dos Trabalhadores(as) na agricultura familiar, especificamente no Mato Grosso do Sul, consultar "Cartilha da Federação dos trabalhadores (as) da agricultura familiar do MS", DETR/MS, 2002.

16 Assentado no projeto São Tomé, jul. 2002.

O coletivo igual ao que foi colocado pelo Idaterra não tem nenhum funcionando. Um coletivo como esse, eu discordo, tem mesmo é que acabar e deixar do jeito que o povão está querendo. Alguma coisa tem que ser feita pelo Idaterra porque todo mundo está tocando, é individual, vou falar que a idéia geral é dividir o coletivo, vou ti dizer que é a vontade de 100%. Na verdade, muita gente já está tocando o coletivo como individual, é só você olhar. Eu converso muito com a associação pra gente se juntar e chegar lá no Idaterra e conversar com eles, como é que vamos fazer, porque nós não queremos chegar aqui e cortar com corda. Mas tem companheiro aqui que está cortando lá no fundo e cercando por conta de corda. O pessoal da CUT, não vou dizer 100%, mas 99% já cortaram.

Muitos companheiros falaram: "Vamos cortar, mas vamos cortar quietinho", mas eu acho que não pode, eles [Idaterra] é que têm que resolver. Ontem encontrei um companheiro, ele já estava de cordinha na mão, falou que tinha ido medir uma roça, mas ele estava na verdade medindo o sítio dele. Então ele disse: "Não podemos falar pra eles [Idaterra] que nós estamos cortando. Quando eles chegarem, nós falamos que é coletivo e está tudo bem, na hora que eles forem embora a gente chega o milho [corta o coletivo] e vamos cada um cuidar do seu". Aí eu falei: "Rapaz, pára com isso". Vamos ser realistas e acabar de vez com isso, seja o que Deus quiser. Só sei que estamos aí pra vencer. (Noronha)

Independentemente de o modelo ser quadrado, circular ou misto, as *imagens territoriais*[17] do assentamento revelam a identidade dando sentido à unidade territorial, a produção camponesa do território. Isso não anula, porém, a referência às distintas formas de se chegar à terra, bem como os diferentes mediadores presentes no processo. Nesse sentido, ouvimos relatos em que os assentados se consideram do MST, embora o assentamento do qual fazem parte não configure na lista dos organizados pelo Movimento que, para isso, tem se pautado pela presença de grupos organizados. Desse modo, fica a indagação referente ao limite das classificações sociais,

17 Paráfrase de Raffestin (1993).

das diferenças. A palavra luta, por exemplo, é comum vê-la associada às formas de atuação dos sem terra do MST, no entanto fomos percebendo que os camponeses atribuem diferentes significados a ela, sem que isso tenha impedido, no assentamento, a possibilidade da continuidade no entendimento da luta, da articulação a partir da visualização de elementos identificatórios essenciais a seu *habitus* de classe.

Ocorrência, por sua vez, já apontada por Comerford (1999) quando, no estudo sobre trabalhadores rurais no oeste da Bahia, o termo *luta* assume diferentes significados de acordo com a situação vivida pelos agentes. Nesse sentido, ele pode ser utilizado para representar as atividades cotidianas, a luta pela sobrevivência, ou seja, a do dia-a-dia do pobre. Pode também tomar contornos de luta específica, bem como luta de classe, já que essa última propõe um conjunto de enfrentamentos políticos.

Alerta ainda o autor sobre as inúmeras possibilidades de continuidades nesses discursos diferentes, como a representação do sofrimento inerente a todos eles e responsável, possivelmente, por boa parte da força que a noção de luta impõe; logo, seu uso é extremamente variado. Há descontinuidades porque, quando

> o dirigente sindical fala sobre a *luta* na qual todos os trabalhadores devem participar, nem sempre encontra ressonância junto àqueles que se concebem como "lutando para viver", ou mesmo entre aqueles que se concebem como "lutando por terra". (ibidem, p.45)

É, portanto, a partir desse universo de possibilidades que também entendemos o significado do uso da palavra luta para os assentados, pois muitos a empregam para falar da luta para suprir as necessidades de sua família "trabalhando, lutando mais de vinte anos pro fazendeiro, até que o Incra desapropriou a fazenda e a gente pegou essa terrinha aqui" (Ribeiro[18]). Outros contam sobre a luta para entrar na terra, do enfrentamento com a polícia e com o latifún-

---

18 Assentada no projeto Mercedina, dez. 2001.

dio, inclusive evocando essa luta como superior à luta pela sobrevivência: "Tem gente que entrou aqui sem sofrimento, sem luta, nunca ficou embaixo da lona de um acampamento, caiu de pára-quedas, eu acho que a terra é pra quem está acampado e não para o pessoal sem sofrimento nenhum" (Silva[19]). Há também os discursos, principalmente por parte da liderança do MST, em que o ideário da classe trabalhadora figura como o horizonte da luta: "A luta não pode ser só por terra, a luta pela terra é um degrau só de luta, ela é só um passo da luta de classe" (Borborema[20]). Entretanto, na terra do assentamento, essa diferença de significados do uso da palavra luta se encontra e a possibilidade da descontinuidade vir a ser continuidade se anuncia no relato do Sr. Noronha:

> No meu modo de ver, eu não conheço mais esse nó de falar CUT e Fetagri, não existe mais essa linguagem no assentamento, não do modo como existia antes, porque era uma febre brava, era feio mesmo a coisa, era não sei o que a CUT, não sei o que a Fetagri. Antes tinha esse negócio porque a CUT era um povo que veio de fora, era um povo diferente e nós da Fetagri muitos não aceitavam esse negócio, tinha receio de se encontrar e se embolar. Sei lá o que era. Hoje não, é tudo amigo, começou aquele conhecimento: "Oh, fulano não era aquilo que nós pensávamos", "Oh, ele é bom", "Siclano não é aquilo, é tudo companheiro, é tudo trabalhador". E nós estamos aqui porque lutamos, somos tudo trabalhador, senão não estava encarando a boca, não. Aí montamos uma chapa pra a Associação, uma chapa CUT e Fetagri. No começo o pessoal da CUT não queria, eles não trabalhavam com Associação, aí perceberam que aqui precisava de Associação, mas isso partiu deles e concordaram em montar uma Associação junto com a Fetagri, foi a partir disso que os dois povos se uniram.

Essa rivalidade vivida anteriormente, à qual o Sr. Noronha se refere, é, na verdade, a descontinuidade em relação ao entendimento do processo de luta. Assim, enquanto os assentados da CUT empu-

---

19 Assentado no projeto São Tomé, out. 2001.

20 Liderança do MST, assentado no projeto Sul Bonito, fev. 2001.

nham os anos de acampamento, buscando no sofrimento vivido a legitimação de possíveis diferenças de tratamento – "as casas deveriam ser feitas primeiro pra nós da CUT porque nossa luta já vem de três anos e esse pessoal da Fetagri sempre morou na cidade, eles não têm luta nenhuma" (Alencar[21]) –, os assentados da Fetagri descredenciavam seus esforços ao desconfiar de suas trajetórias de trabalhadores rurais: "eles me contam coisas que nunca vi, eles entravam na fazenda e atiravam no boi e comiam, cercavam um caminhão de mercadoria e tomavam".

> Nós sempre trabalhamos na terra, não somos acostumados igual esses meninos da CUT que ficaram cinco anos na beira da estrada, eles me contam coisas que nunca vi, eles entravam na fazenda e atiravam no boi e comiam, cercavam um caminhão de mercadoria e tomavam, nós nunca precisamos disso, nós estamos limpos, não temos inimizade com ninguém, agora, esses meninos, eles não podem nem voltar lá na terra deles. (Alves[22])

Mesmo, no entanto, territorialmente separados, logo que os assentados da CUT se agruparam numa parte do assentamento e mantiveram a porteira que separava os antigos retiros construídos pelo fazendeiro, a continuidade contida na palavra foi construída quando as dificuldades começaram a atingir a todos indistintamente: estavam sem água, a construção das casas interrompida, a estrada que ligava ao município mais próximo interditada pela chuva etc. Entretanto, o efeito identificatório consolidou-se em razão da recusa ao lote misto (parte individual e parte coletiva). Eles foram percebendo que tinham muito em comum: o sonho da terra individual, da *terra de trabalho*.

Como parte das diferenciações que cercam as ações dos técnicos do Estado, no tocante à organização dos assentamentos, a oposição *lote-sítio* é, com certeza, outra reveladora manifestação das diferen-

---

21 Assentado no projeto São Tomé, out. 2001.

22 Assentado no projeto São Tomé, out. 2001.

tes concepções em relação a terra. Assim como Woortmann (1990), acreditamos que o significado do termo sítio está intrinsecamente ligado a uma ordem moral camponesa.[23] Dessa forma, o uso das palavras lote e sítio no assentamento revela valores sociais distintos. Se para o Estado o beneficiário é identificado pelo número do lote, daí a cobrança constante em relação à necessidade de exposição do número à entrada, para o assentado o sítio tem um nome, na maioria das vezes, representativo da sua história familiar de luta. É comum ouvirmos no assentamento explicações acerca do histórico referente à escolha do nome: " aqui é sítio Nossa Senhora Aparecida porque meu marido fez a promessa. Caso ele pegasse um pedacinho de terra para trabalhar, ele colocava o nome de Nossa Senhora Aparecida, e ele pôs porque ele enfrentou uma guerra" (Oliveira[24]). Já outros nomes dispensam explicação "Aqui é sítio 'Sonho da família'" (Alves).

Assim, enquanto o Estado insiste no termo lote como forma de explicitar o seu papel como proprietário jurídico da área, mensagem compreendida pelos assentados, como se percebe no relato de Silva:[25] "por enquanto é lote, a gente fala lote porque ainda é do Estado, ainda não temos a escritura". Esses assentados constroem o termo sítio legitimado não pela condição jurídica da terra, mas pelo trabalho na terra.[26]

---

23 A ordem moral camponesa fundamenta-se, segundo Woortmann (1990, p.12), não no valor-trabalho, mas no trabalho como um valor ético.

24 Assentada no projeto São João, dez. 2001.

25 Assentada no projeto Mercedina, dez. 2001.

26 Os apontamentos de Bombardi (2001, p.195-6) a respeito da construção do sítio em oposição ao lote corroboram nessa direção, vejamos o que diz a autora: "O lote, palavra utilizada pelo Estado para definir as pequenas propriedades do Núcleo Agrário Capivari, passou a deixar de ser lote e tornar-se sítio à medida que as famílias foram chegando, cultivando-o e chamando-o de sítio, numa perspectiva de que esse processo se deu a partir da transformação que nele fizeram através do trabalho da família, ou seja, trabalho de 'formar' um sítio: o trabalho da transformação do território".

> Agora eu sinto que sou dono daqui, não sou mandado por ninguém, ninguém manda em mim aqui, no modo de eu pensar. A gente colhe, prepara a terra e planta ... Aqui eu trabalho com algodão e feijão, tiro o algodão e coloco o feijão. Aqui no sítio são quatro alqueires de roça para três famílias, tem nós e mais dois filhos casados. Nessa terra eu tenho quatro homens para trabalhar, mas meu terreno é muito pequeno, estamos esperando se os outros dois meninos pegam um lote [fizeram cadastro pelo correio] para maneirar mais. Agora mesmo estamos todos parados, porque plantamos, limpamos a roça e depois não arrumamos serviço fora. Então estamos parados. (Silva[27])

Por conseguinte, o assentado se sente dono pelo trabalho por ele realizado na terra, independentemente da condição jurídica. Portanto, em "Agora eu sinto que sou dono daqui, não sou mandado por ninguém", há o encontro da família, do trabalho e da terra, daí o orgulho em falar que é sítio porque é sinônimo da *terra de trabalho*. Nesse relato, para referir-se ao trabalho da família, o termo lote dá lugar a sítio: "Aqui no sítio são quatro alqueires de roça para três famílias". Na luta, conquista-se o lote; pelo trabalho, constrói-se o sítio. É também o aumento da família e a ociosidade de braços que indica a necessidade de "pegar outro lote".

É certo que nem todos os assentados concebem o sítio como *terra de trabalho* que independe da condição jurídica, ao contrário, alguns insistem na necessidade de ter a propriedade jurídica da terra, inclusive com interesses especulativos, reproduzindo a aspiração comum presente no sistema capitalista, qual seja, a propriedade capitalista da terra. Situação que gera incompreensão e estranheza entre os assentados, como se pode depreender da narrativa do Sr. Almeida:[28] "Tem gente como eu que pega a terra e dá graças a Deus, não vende, não troca, é para morar com a família sossegado, mas tem um outro que dá ela a troco de nada. Então eu fico me perguntando como uma pessoa que trabalhou de bóia-fria pode vender a terra".

---

27 Assentado no projeto São Luís, dez. 2001.

28 Assentado no projeto São Luís, dez. 2001.

Cumpre também acrescentar que o ato de assentar alguém não significa transformá-lo, da noite para o dia, em camponês. Assim sendo, é com base nesse pressuposto de entendimento que situamos os assentados especuladores, ou seja, são aqueles que foram assentados, mas não possuem *habitus* de classe camponesa.

Neste momento, cabe observar que nosso trabalho não tem como objetivo pensar a condição de bóia-fria, experimentada num passado recente por muitos assentados, para responder se eles são menos camponeses ou, pior, se têm mais propensão à venda do lote. Portanto, dizer que o *habitus* camponês é o responsável último pela continuidade do campesinato não significa desconsiderar os deslocamentos por baixo e por cima que, aliás, nos obrigam a refletir no sentido de que, contraditoriamente, ter experimentado a negação do ser camponês por meio da proletarização muitas vezes, como os relatos atestam, tem sido a força que alimenta a luta pela permanência no lote. Essa mesma complexidade, bem como a recusa em adotar uma leitura linear, é defendida por D'Aquino (1996) quando em seus escritos analisa as diferenças existentes entre os assentados de Promissão/SP. Segundo a autora, não é possível afirmar que famílias assentadas que passaram pela vida urbana e assimilaram as formas racionais de organização e controle da vida oferecem menos resistência à divisão entre vida pública e privada e ao controle do tempo que a cooperativa exige. Para D'Aquino (1996, p.6), a pesquisa mostrou o contrário, ou seja, "muitos assalariados que moravam nas cidades, manifestam grande resistência ao 'relógio ponto' e referem-se à terra própria como meio de comandar a sua vida. Para esses assentados a terra simboliza a realização do sonho da fartura e autonomia".

Autores, como Woortmann (1983), acreditam que atualmente a categoria sítio encontra-se em oposição à propriedade não apenas no sentido de se ter ou não a propriedade jurídica da terra, já que muitos sítios têm, mas principalmente como contradição, uma vez que a propriedade teria seu significado diferencial ligado à acumulação do capital enquanto o sítio, à reprodução da vida. Nesse sentido, as reflexões que transcrevemos em seguida parecem nos dar a medida da definição do sítio: "Essa terra é sonho da gente de poder plantar, colher, ter as criaçãozinhas e fazer fartura pelo menos pra gente se manter".

> Eu penso que a terra é o mundo. É uma riqueza você poder plantar num pedacinho e saber que é seu, que ali ninguém vai ti tirar. Você pode plantar, colher sem ter ninguém pra falar alguma coisa contra. Essa terra é sonho da gente de poder plantar, colher, ter as criaçãozinhas e fazer fartura pelo menos pra gente se manter. Esse é o nosso desejo, não é ficar rico, mas é poder se manter, já tá bom demais. (Silva[29])

A articulação de diferentes espaços (o mato, a capoeira, o chão de roça e/ou a malhada, o pasto, a casa de farinha, a casa e o quintal) revela o sítio, para Woortmann (1983, p.201), como um *sistema* multifuncional de partes que possui como finalidade "minimizar os gastos monetários com a produção, mantendo internos ao mesmo o maior número possível dos supostos dessa produção". Entretanto, a organização atual dos lotes não permite pensarmos na construção do sítio com base nesses pressupostos sistêmicos integrados e interligados. Por exemplo, o *mato*, fundamental no sítio camponês de outrora como fonte de "madeira, estaca e a lenha", bem como reserva futura para a *terra de trabalho*, tornou-se restrito no assentamento. Na verdade, ele é sinônimo de área de reserva legal que, muitas vezes, em razão do tamanho diminuto dos lotes, acaba sendo equivocadamente explorada[30] pelos assentados. Outra mudança é o chão de roça que, em vez de estar associado ao descanso, ao pouso necessário quando então se transformava em capoeira, acaba sendo corrigido com adubo químico ou virando pasto, situação na qual a *terra de trabalho* dá lugar à pastagem. Portanto, nessa última opção, a conseqüência, como já havia alertado Woortmann (1983), é a roça ir para fora do sítio, ou seja, no caso do assentamento ela acaba sendo praticada em áreas arrendadas ou no pequeno espaço da casa-quintal.

---

29 Assentada no projeto São Tomé, out. 2001.

30 Situação que, lamentavelmente, podemos presenciar no assentamento São Tomé.

A própria noção de sítio acaba se redefinindo, logo que outrora era o chão de roça, e era a lavoura que definia o sítio.

As mudanças no lote/sítio, no entanto, vão muito além da introdução das pastagens, pois elas nos contam também sobre o desenvolvimento de atividades geradoras de renda fora do lote, situação que guarda estreita relação com a ociosidade de braços que a troca da lavoura pela pastagem gera e que tem na crise da agricultura brasileira[31] seu cerne explicativo. Portanto, os apontamentos de Woortmann não devem ser tomados no comparativo, principalmente porque ela trata de uma realidade (semi-árido nordestino) cujas condições edafo-climáticas, históricas, econômicas e culturais são bastante diversas.

Indagamos, no entanto, se essa redefinição do sítio com a expansão da "pecuária" nos assentamentos, com declarado incentivo do Estado por meio dos projetos de financiamento da linha investimento em detrimento da linha custeio do Pronaf,[32] pode nos indicar uma tendência à descaracterização do lote/sítio camponês, principalmente no sentido da *terra de trabalho* e do seu universo de sociabilidade correspondente.

---

31 É interessante lembrar que parte significativa da estabilidade do Plano Real, no governo FHC, se deveu à chamada âncora verde que basicamente restringiu o controle da inflação à cesta básica. Sabendo-se que os camponeses são os principais produtores de alimentos, pode-se ter uma noção de quanto foram afetados por essa situação de controle de preço.

32 Em pesquisa que realizamos, em 1998, a respeito do funcionamento do hoje extinto Procera nos assentamentos do Mato Grosso do Sul, a diminuição das operações de custeio e aumento das operações de investimento caracterizou-se como uma das tendências em andamento, situação atribuída, naquele momento, a uma questão central: a situação de risco que o custeio de lavouras representava tanto no sentido das intempéries como de garantia de preço, o que em última instância aumentava a possibilidade de inadimplência nesse tipo de financiamento. Logo, a operação investimento para compra de gado era a preferida aos olhos do Estado, aqui representado pelos órgãos de assistência técnica responsáveis pela elaboração dos projetos para financiamento. Situação que parece não ter mudado, como tem revelado esta pesquisa.

Para refletirmos sobre essa indagação, é necessário discutirmos outra distinção presente na fala dos assentados: o uso do termo criação no lugar de pecuária.

A presença do gado nos assentamentos e, em muitos casos, a diminuição da lavoura comercial são algo crescente e irreversível, apesar de entendermos que essa estratégia se inscreve na lógica da busca de equilíbrio da unidade de produção camponesa, agindo muitas vezes como mecanismo de defesa/reserva. Vale a pena aprofundarmos a compreensão acerca dos diferentes significados que essa atividade econômica possui de acordo com os agentes, neste caso, assentados e técnicos do Estado. Assim, por parte dos assentados entrevistados, é constante o uso do termo criação para referir-se à aquisição de gado leiteiro, situação inversa quando a questão é o preenchimento do PDA pelos técnicos, porque se utiliza pecuária leiteira. Para compreensão dessas diferenciações, é necessário lembrar que nos últimos anos tem aumentado o discurso em torno da necessidade de uma racionalidade econômica aplicada à produção familiar, muitas vezes escondida no *slogan* da viabilização da "reforma agrária", em que a pecuária tem aparecido como a possibilidade de aumento da renda familiar por parte dos assentados; logo, o termo tem sido empregado como possibilidade de acumulação. Mas não é este necessariamente o conteúdo que orienta os assentados quando fazem "opção" pelo financiamento para aquisição de vacas leiteiras ou na compra do gado branco. Podemos dizer que os relatos têm revelado outra função para a criação, a de reprodução camponesa.

> O que é de comer a gente tem que plantar, não vou dizer pra negócio porque para negócio é meio complicado. O que está melhorando, o que está defendendo é uma criação. Na hora que se apura, vende uma novilha, uma vaquinha, um boizinho, então o dinheiro é na hora, não vai vender tudo. Assim a gente se defende melhor, porque a lavoura está um negócio muito complicado, só dá pra gente grande que tem maquinário e produz bastante. (Almeida)

Acreditamos que a frase "o que está defendendo é uma criação" dá a dimensão dessa distinção, ou melhor, do papel que a criação possui para o campesinato. Cumpre lembrar que essa função já foi estudada e definida por Heredia (1979, p.139):

> Em termos do uso da terra, o gado está subordinado ao *roçado*. Entretanto, a existência de gado é uma *fonte de reserva* de considerável importância, representando uma forma de garantir reprodução de novos ciclos agrícolas através da possibilidade de acesso a novas terras. (grifo da autora)

Embora a autora considere que o gado funciona como mecanismo de reserva, como estratégia para melhoria das condições de existência da unidade familiar, constituindo-se em tese como instrumento de acumulação, essa realidade não é contraditória com aquilo que falamos anteriormente, ou seja, que para o campesinato o gado tem função de garantir a reprodução do grupo familiar, porque, para ele, acumulação tem sentido de melhoria das condições de vida, situação esperada por qualquer grupo social, caso contrário, seria idealismo.

Cumpre ainda destacar que um certo aumento da riqueza entre os camponeses não deve ser confundido com acumulação capitalista. Decorre disso a idéia de que uma economia defensiva não é novidade no modo de vida camponês, na verdade, para resistir é preciso defender-se. Portanto, reserva é defesa para garantir a reprodução do assentado como camponês; que, em última instância, significa não perder a terra e, se necessário ao grupo familiar, adquirir novas terras.

A criação tem como função garantir a reprodução do grupo familiar e não propiciar a acumulação capitalista (apropriação do sobretrabalho de outrem). É também uma espécie de poupança para os dias menos afortunados, pois ela permite uma certa garantia de consumo e renda monetária. Ela teria, por essa perspectiva, um papel complementar à lavoura, tanto no sentido do consumo direto como de renda monetária para a família, derivando dessa lógica a não-classificação, ou melhor, a não-separação agricultores e criadores. Na verdade, a grande maioria entrevistada tem ou gostaria de ter "uma criaçãozinha" para o gasto, ao mesmo tempo que se consideram agricultores. Por sua vez, o estranhamento em relação ao termo pecuária não se trata de uma irracionalidade, mas dá-se pelo fato de que a atividade pecuária se liga à idéia da grande propriedade, enquanto a criação é um componente básico da reprodução camponesa, espécie de binômio roça-criação (Woortmann, 1983).

> Geralmente a roça está sendo uma bomba, mas você tem que plantar nem que for pra sua despesa, para você não ter que comprar. Tendo o arroz, o feijão e o milho, já está bom. Agora o certo é você ter também o gado, umas vaquinhas de leite. Eu tenho umas criaçãozinhas aí, eu tiro leite pra mim beber, mas não compensa vender, só se você morar perto da cidade, aí você vai vender na rua, neste caso compensa porque você vende a R$ 0,50 centavos, mas tirar o leite para vender a R$ 0,18 centavos para o laticínio não paga nem o sal pras vacas.
>
> Então veja, o projeto aqui no assentamento vai ser bacia leiteira, para agricultura não sai financiamento, não, só um pouquinho pra despesa. Então esse negócio de bacia leiteira não tem cabimento, é uma bomba que nós estamos entrando dentro e tem que aceitar o projeto porque o rapaz que fez o projeto [técnico do Idaterra] não aceita mudar. A gente falou de pegar outro gado, não precisa ser uma vaca que dê dez litros de leite porque senão a gente vai pagar de R$ 800,00 a R$ 1.000,00 reais nela. Agora se pegar uma vaquinha comum, você paga de R$ 500,00 a R$ 800,00 reais. Quer dizer, se ela não der leite ou ela morrer, o prejuízo é pouco. Ah, agora se você pega uma vaca de R$ 1.000,00 reais, não vende o leite ou perde ela, você perde um ano de serviço. Então eles não pensam nisso, querem empurrar esse gado leiteiro. Vaca de quatro ou cinco litros de leite já está bom pra nós, é criação habituada aqui, não vai gastar com ração, cocheira. (Freitas)

Analisando o depoimento do Sr. Freitas, muitas questões emergem; dentre elas, a discordância na comunicação com o técnico do Estado refletido no descontentamento com a imposição do projeto de financiamento para aquisição de gado leiteiro: "bacia leiteira não tem cabimento, é uma bomba que nós estamos entrando dentro e tem que aceitar o projeto porque o rapaz que fez o projeto [técnico do Idaterra] não aceita mudar". É evidente o choque entre o projeto racional, o da viabilidade econômica de gabinete e o projeto de vida acumulado pela experiência. Logo, o *habitus* camponês ensina que, junto com a lavoura, "o certo é você ter também o gado, umas vaquinhas de leite", na concepção de gado como complemento, pois, caso contrário, ou seja, o gado como opção econômica, o que se tem é o risco, já que "se você pega uma vaca de R$ 1.000,00 reais, não vende o leite ou perde ela, você perde um ano de serviço. Então eles não pensam nisso, querem empurrar esse gado leiteiro".

Esse desencontro do saber é, na essência, a desconsideração do *outro* no processo dialógico. Na verdade, ao ignorar o *outro* como sujeito portador de um projeto próprio, o que se produz é a sua redução e a imposição dos interesses do *eu*. No sentido do necessário reconhecimento de pontos de vista diferentes e, portanto, do papel que o *outro* representa para o conhecimento de nossa própria prática, Jovchelovitch (1998, p.74) escreve:

> O *outro* não está simplesmente lá, esperando para ser reconhecido pelo sujeito do saber. Ao contrário, o *outro* está lá, ele próprio, enquanto *eu*, com projetos que lhes são próprios, desejos que lhe são próprios, perspectivas que lhe são próprias. Ele não é redutível ao que o *eu* pensa ou sabe sobre ele, mas é precisamente "outro", irredutível na sua alteridade ... Não basta, portanto, admitir a realidade do *outro*. É necessário reconhecê-la como a realidade de um sujeito legítimo...

A herança da terra como *habitus* de classe camponesa

> *"Quando a herança se apropriou do herdeiro, como diz Marx, o herdeiro pode apropriar-se da herança. E esta apropriação do herdeiro pela herança, esta apropriação do herdeiro à herança, que é a condição da apropriação da herança pelo herdeiro (e que nada tem de mecânico nem de fatal), realiza-se pelo efeito conjugado dos condicionamentos inscritos na condição do herdeiro e da acção pedagógica dos predecessores, proprietários apropriados. O herdeiro herdado, apropriado à herança, não precisa* querer, *quer dizer, deliberar, de escolher, ou de decidir conscientemente, para fazer o que é apropriado, aquilo que convém aos interesses da herança, da sua conservação e do seu aumento."*
>
> *(Bourdieu, 2000, p.84 – grifo do autor)*

> *"Eu vou pegar o passado lá em baixo, quando meu pai era vivo. Quando ele trabalhava e morava em São Paulo, na capital, ele arrendou um alqueire de terra lá em Suzano, município de São Paulo, era ele e mais três amigos que vieram da Bahia, cada um tocava um alqueire em arrendamento, todo sábado e domingo eles iam lá trabalhar... Então, veja, isso é muito enraizado na cultura daquele que já produziu roça, você pode ver o processo, o meu pai tinha quase vinte anos morando em São Paulo, mas aquela coisa dele de roça não apaga, resiste".*
>
> *(Leal[33])*

A formação do campesinato brasileiro, como discutimos no Capítulo 2, é marcada pela mobilidade espacial, isto é, por um intenso caráter migratório. Desse modo, é um campesinato que teve o acesso à terra historicamente bloqueado; assim, sua luta para entrar na terra, seu desejo de enraizamento,[34] tem sido a marca de sua diferenciação em relação ao campesinato de origem no feudalismo, portanto parcelar, do tipo europeu. Dessa maneira, falarmos em herança da terra parece constituir-se num contra-senso em relação à situação em que ele se encontra, a de luta pela terra. Entretanto, se pensarmos a herança da terra como sendo muito mais que a transmissão do patrimônio, na verdade, como um *habitus,* ou seja, "um conhecimento adquirido e também um *haver*..." (Bourdieu, 2000, p.61), a discussão passa a ser, a nosso ver, a chave que permite entendermos a permanência da classe social a que chamamos campesinato.

---

33 Assentado no projeto Santa Rosa, fev. 2001.

34 Bosi (1992) considera o enraizamento um direito humano vital, porém esquecido, logo, a constante busca daqueles que foram desenraizados (migrantes) pelo direito à raiz. Citando Weil, a autora escreve: "O enraizamento é talvez a necessidade mais importante da alma humana e uma das mais difíceis de definir. O ser humano tem uma raiz por sua participação real, ativa e natural na existência de uma coletividade que conserva vivos certos tesouros do passado e certos pressentimentos do futuro" (ibidem, p.16).

Numa perspectiva diferenciada, todavia não paradoxal, a questão da herança da terra também aparece nas reflexões de Woortmann (1983); contudo, a autora privilegia, na discussão da sobrevivência camponesa, a análise do regime de morgadio, destacando que, se esse regime – comum no século XIX –, o qual impedia o parcelamento das terras, cristalizando formas de sucessão baseadas no parentesco ainda vigentes no plano consensual, limitou a formação de um campesinato parcelar detentor legal da terra, permitiu, principalmente com o uso comum de terras e o principio de parentesco, a sobrevivência da tradição camponesa. Como diz Woortmann (1983, p.167): "Duas figuras jurídicas – a sesmaria e o morgadio – impediram que se constituísse um campesinato parcelar que detivesse a propriedade jurídica da terra, mas não impediram a constituição de um campesinato de posseiros".

A herança da terra como um *habitus*, como uma disposição adquirida, aparece também nos relatos quando os pais se referem aos filhos. Portanto, impedidos de deixar uma herança em terra, com um lote que já não comporta a segunda geração, desiludidos com a cidade (muitos dela retornaram), é comum encontrarmos na fala do pai o apoio dado ao filho para conquista de outro lote de terra, seja via casamento, acampamento seja via compra. Esse comportamento pode ser considerado o meio encontrado pelos pobres da terra para desviar-se daquilo que Oliveira (2001, p.40) já havia advertido: "Mas o capital – talvez mais sabiamente – expropria as possibilidades de os filhos dos camponeses possuírem terra para continuar camponeses".

> Muitos filhos de assentados estão na luta. Ali, meu vizinho, compadre C., estão em quatro para trabalhar em cinco alqueires, tem dois filhos casados e mais um que está querendo casar, é um alqueire para cada um tocar uma rocinha, por isso que é obrigado a ir lutar porque é muito pouco a terra. Mas, graças a Deus, os meus estão tudo encaminhado pra ficar assentado, já tenho três assentados e dois que estão na luta. Tem um assentado em Bataguassu, um na São João e outro na Mercedina. Os outros dois estão no acampamento, eu sempre apóio, a gente não faz grande coisa, mas a saída que existe hoje para o pobre é um pedacinho de terra. A luta não termina, continua, primeiro são

> os pais, depois os filhos. Só vai aumentando porque eles colocam o chefe, o pai, depois os filhos vão se formando, casando e tem que ir lutando. (Santos[35])

Ao dizer "A luta não termina, continua, primeiro são os pais, depois os filhos", Sr. Santos nos faz pensar um pouco na tese daqueles que fazem as contas da possível clientela da reforma agrária, acreditando que, depois de assentada, o problema estaria resolvido. Esquecem-se eles da latência, da herança da terra a impulsionar vidas na busca de um pedacinho de chão. Essa herança conta também com o peso do sofrimento, da exclusão, da lembrança do pai que, impedido de voltar à terra, transmite ao filho o legado. Nesse sentido, o relato de Santos[36] é revelador:

> Quando meu pai foi conseguir o lote dele, ele já tinha passado da idade, foi passado para o nome do meu irmão. Logo em seguida, ele e minha mãe morreram. Ele lutou tanto, batalhou tanto e não conseguiu chegar no objetivo dele que era uma vida digna. Muitas vezes eu paro para pensar, analisar nossas vidas, eu fico pensando: será que vamos herdar o que nossos pais herdaram, de não conseguir chegar no objetivo, pelo menos ter uma casa para morar? Sempre a nossa vida foi assim, morar em barraco de lona, mas eu consegui estudar meus três filhos, as duas meninas e o menino que é técnico agrícola formado. Consegui na luta e sofrimento no assentamento, então se a gente for parar e analisar não dá para dar um basta na vida. O que falta é a gente se organizar mais aqui no assentamento porque agora a gente tem o direito de falar, porque muitas vezes nós não tínhamos o direito de falar nada. É por isso que nós estamos nessa luta, lutando pela terra, lutando pela vida.

A indagação da senhora Santos, "será que vamos herdar o que nossos pais herdaram de não conseguir chegar no objetivo, pelo menos ter uma casa para morar?", é um pouco da saga contida na herança da terra. Entrementes, como diz Bourdieu (2000), "o her-

---

35 Assentado no projeto São Luis, dez. 2001.

36 Assentada no projeto Terra Solidária, jan. 2002.

deiro pode apropriar-se da herança", e esse apropriar-se significa dizer que o herdeiro não é passivo diante da herança, um receptáculo dela; na verdade, herdeiro e herança interagem e o herdeiro pode introduzir mudanças no legado da herança. Portanto, a indagação da depoente é por ela mesma respondida quando diz: "mas eu consegui estudar meus três filhos, as duas meninas e o menino que é técnico agrícola formado". Nessa perspectiva, aponta os desafios e as conquistas: "O que falta é a gente se organizar mais aqui no assentamento porque agora a gente tem o direito de falar, porque muitas vezes nós não tínhamos o direito de falar nada". Ainda, nesse sentido, fica a resistência que se expressa quando afirma "se a gente for parar e analisar não dá para dar um basta na vida".

Ao propormos a compreensão da identidade na territorialização da luta pela terra no Mato Grosso do Sul, temos consciência da complexidade do conceito, bem como das tendências de debate em processo de amadurecimento. Não obstante, caminhamos no sentido de definir sua compreensão pela formulação que nega a identidade pensada como unificação, isto é, com conteúdo fixo e permanente, mas *identidade ao lado de uma gama de outras diferenças* (Hall, 2001). Até porque, como complementa Arendt (2000, p.196):

> O erro básico de todo materialismo político – materialismo este que não é de origem marxista nem sequer moderna, mas tão antigo quanto a história da teoria política – é ignorar a inevitabilidade com que os homens se revelam como sujeitos, como pessoas distintas e singulares, mesmo quando empenhados em alcançar um objetivo completamente material e mundano. Eliminar essa revelação – se isto de fato fosse possível – significaria transformar os homens em algo que eles não são.

No momento em que vivemos mudanças substanciais nos conceitos de identidade nacional, em vista das conseqüências do processo de globalização[37] que o mundo capitalista experimenta mais

---

37 Para M. Santos (1996, 2000), embora a globalização seja antiga, ela como realidade só começa a mostrar-se linearmente depois da Segunda Guerra Mundial,

intensamente, falar em identidade, inclusive a identidade clássica ligada a questões de classe social, é aceitar a complexidade humana, ou melhor, aceitar que a ação identificatória incide sempre sobre uma teia de relações já existentes, até mesmo como premissa para que possamos entender a formação de novas identidades costuradas a partir de outros ou somando-se a outros referenciais, tais como feminismo, lutas ecológicas e antinucleares, lutas negras e indígenas etc.

Ao assumirmos a identidade como algo cambiante, no lugar de uma identidade fixa, de contornos bem delineados, passamos também a concebê-la politicamente, isto é, com um caráter *posicional* e *conjuntural*, já que ela pode ser construída ou desconstruída de acordo com "a forma que o sujeito é interpelado ou representado" (Hall, 2001). Nesse sentido, a identidade passa a ser histórica, formada e transformada continuamente em oposição à identidade estável, acabada, fechada às pressões da diferença, seja ela étnica, racial, nacional etc., podendo assim o sujeito assumir diferentes identidades em diferentes momentos, inclusive articulando identidades contraditórias.[38] Para Hall (2001, p.13):

---

conseqüência da confluência entre novas condições técnicas e novas condições políticas, dentre elas o fato de o planeta Terra tornar-se conhecido, ou seja, o progresso técnico permitiu que o mundo fosse conhecido no seu conjunto e no seu detalhe. Pode-se dizer então que a globalização é o estágio supremo da internacionalização do capital, logo, do estabelecimento da mais-valia no nível global. Todavia, segundo o autor, embora os progressos técnicos, principalmente na informação, estejam criando uma globalização perversa, eles contêm, em germe, a "promessa da possibilidade de saber o que é o acontecer dos outros. E tudo isso permitirá um dia uma ação globalizada no interesse coletivo, diferente do que se passa atualmente, quando a possibilidade efetiva da ação é seqüestrada por um pequeno número de empresas e de Estados" (M. Santos, 2000, p.28).

38 A respeito da problemática da identidade, Thompson (2002, p.20) escreve: "A identidade social de muitos trabalhadores mostra também uma certa ambigüidade. É possível perceber no mesmo individuo identidades que se alternam, uma diferente, a outra rebelde. Adotando outros termos, esse foi um problema que preocupou Gramsci".

> A identidade plenamente unificada, completa, segura e coerente é uma fantasia. Ao invés disso, à medida em que os sistemas de significação e representação cultural se multiplicam, somos confrontados por uma multiplicidade desconcertante e cambiante de identidades possíveis, com cada uma das quais poderíamos nos identificar – ao menos temporariamente.

Por conseguinte, a identidade não anula todas as outras formas de diferença e tampouco as contradições internas; na realidade, o que se tem é a articulação, de acordo com o momento, das diferenças numa única identidade. Nessa perspectiva, Scherer-Warren et al. (1998, p.72-3) destacam, ao analisar as ações coletivas rurais, que identidades construídas em torno dos movimentos sociais podem articular múltiplas posições e identificações dos sujeitos e, citando Mouffe, acrescentam que

> uma abordagem que nos permita compreender como é construído o sujeito, através de vários discursos e posições de sujeitos, será mais adequada do que outra que reduza a nossa identidade a uma única posição – seja a classe, a raça ou o gênero.

Dessa forma, os assentados apresentam-se como diferentes, mas no encontro na terra do assentamento percebem-se iguais em suas diferenças, visto que sonham o mesmo sonho e partilham as mesmas esperanças de "ver a vida melhorar". Ousamos dizer que esses homens e mulheres chegaram à terra marcados pela distinção, por um *modus operandi* representado simbolicamente pelo MST, a Fetagri e a CUT, mas descobriram no processo presente de vivência no assentamento aspectos de identificação, *habitus* de classe. Nessa perspectiva, de pensar a identidade na terra, Borges (1997, p.132-3) salienta:

> Há um traço em comum que lhes confere uma identidade enquanto grupo – o nascimento na terra, o trabalho na terra, a peregrinação por outras terras, a expulsão da terra, a vida na cidade e a volta à terra, onde era o seu lugar. Violência? Talvez nem sentida, mas sempre presente, arrancando raízes, obrigando a andar mais, para frente, para trás, tentando arrancar a esperança de um dia tudo vai mudar. Capitalismo?

> Exploração? Mas o que é isso? Trabalho sim, muito trabalho. E fome; na cidade, onde tudo tem que pagar. E a lembrança do tempo de fartura, que um dia vai voltar. Já está voltando, com a terra!

É, pois, tendo em vista esse pressuposto que passamos a entender o desenrolar da história no assentamento e, mais especificamente, os encontros entre histórias de vida singulares, diferentes, porém amalgamadas num mesmo sentido: o assentamento como conquista da *terra de trabalho, morada da vida*.

Ainda, segundo Borges (1997, p.22), do latim *identitas*, a identidade "se traduz inicialmente pela percepção do mesmo, do igual, daquilo que imprime *caráter do que é idêntico*". Contudo, destaca a autora, devemos pensar que a identidade não é fechada no *eu*, na verdade ela se faz na descoberta do *outro*, no reconhecimento das diferenças:

> Ao pensar em identidade, não podemos, pois, pensar apenas em termos das homogeneidades, mas também em termos da distinção, da diferença que se expressa e que traduz a riqueza da experiência do ser humano. É do confronto com o *alter* que surge a consciência do *ego*, donde resulta que só podemos trabalhar a identidade dentro de um contexto social em que se privilegie o homem na sua complexidade enquanto individualidade e enquanto ser social, portanto, ser de relações. (ibidem, p.24)

Dessa forma, essa *teia de* relações, essa identidade formada e reformada nos desdobramentos da chegada a terra, não anula as oposições, porque propicia aquilo que Hall (2001) chama de deslocamento das diferenças. Portanto, é uma identidade tecida na terra sonhada, perdida e reconquistada. Um elo que se constrói a partir da conjugação de fatores sociais, culturais, econômicos, políticos erigidos na chegada a terra, no momento de consolidação do sonho da propriedade familiar, e por que não dizer de novas lutas, ou melhor, da luta contra a expropriação que como fantasma permanece nas entranhas do capitalismo, que tem na apropriação da renda do camponês uma de suas molas mestras de sustentação, fantasma que o camponês parece intuir a presença quando chega a terra. Daí a sua cautela a orientar seu projeto familiar calcada na sua condição de vida, qual seja, produzir "um pouquinho de comida e criar um gadinho pra hora do aperto", opondo-se ao projeto do Estado da bacia leiteira, da viabilidade econômica e do risco que ela representa.

É, portanto, uma identidade de sentido, de direção, de defesa, própria do *habitus de classe*.[39] Desse modo, é ao mesmo tempo uma identidade nova e velha porque resgata a identidade inicial, qual seja, de camponeses que se inserem no mercado pelo seu produto e tem com ele um saber integral, um domínio do processo de trabalho, e adiciona novos elementos, como a expropriação, a migração campo-cidade-campo etc.

É, conseqüentemente, nesse processo de identificação que a classe é possível, classe camponesa se *fazendo* a partir da identidade com a *terra de trabalho* em oposição a outra, a *terra de negócio*. O encontro é possível, a identidade se faz possível pela comunhão de sentido em torno do que a terra representa, ou seja, a partir da objetividade-subjetividade comum a todos eles. Espremidos em assentamentos que se constroem na contramão da política sacramentada de concentração de terra e renda no país e desassistidos pelo Estado, que ora apresenta projetos mirabolantes de viabilidade econômica e ora nega-lhes o poço para beber água, eles caminham forjando resistências para na terra ficar, defendendo-se a partir da identificação com seus iguais e fazendo aquilo que sabem fazer: produzir "nem que for só pra despesa da casa".

A identidade como processo impõe como condição a relação com o *outro*, por ser esse necessariamente o momento em que descobrimos aquilo que não somos. É nessa perspectiva que Jovchelovitch (1998, p.69) afirma que para "ser o portador de uma identidade, o

---

39 Cabe destacar que temos conhecimento de que em seus estudos Bourdieu procurou diferenciar *habitus* de identidade, todavia ousamos trabalhar o conceito de identidade como expressão do *habitus* por entender que a crítica de Bourdieu ao conceito refere-se ao entendimento de identidade como supressão da distinção que não é o caso em questão.

sujeito precisa reconhecer aquilo que ele não é, e mais do que isso, vai ter que estabelecer uma relação com aquilo que ele não é". Nas entrevistas dos ex-arrendatários e empregados do fazendeiro, agora assentados, foi possível percebermos as condições da construção dessa identidade que se faz como processo em que o sujeito reconhece *aquilo que ele não é*, ou seja, pelo reconhecimento e rejeição àquilo que é externo à sua condição de classe, no caso, da diferença objetiva materializada na figura do fazendeiro. Assim, quando da iminência de se tornarem donos de um pedaço de chão, esses sujeitos entenderam qual era o seu lugar: ao lado dos sem terra.

> O fazendeiro pelejou, pelejou para reconquistar a fazenda, mas não teve jeito e chegou o dia. Aí ele falou para o administrador levar o pessoal para acertar a conta, pagar tudo porque a fazenda era do Incra. Aí, quando foi de madrugada, meu marido viajou mais o administrador, e, quando chegou no escritório, o fazendeiro disse para o meu marido: "Olha, seu C., a fazenda agora é do Incra e eu fico muito satisfeito do senhor pegar o seu pedacinho de terra porque o senhor trabalha há vinte e tantos anos pra nós". É verdade, vinte e tantos anos que nós trabalhamos, mas, vou falar, era a troco da bóia, a roupinha tudo fraquinha, teve ano de meu marido colher três mil arrobas de algodão e não sair com nenhum centavo. Graças a Deus, estamos de barriga cheia, acabou aquele sufoco, pode dizer que estamos no céu.
>
> Eles primeiro ocuparam a Fazenda São Luis, foi aquela bagunça, veio a polícia e tiraram os coitados, depois eles entraram de novo, eles tiraram de novo. Eu torcia por eles, mas perto do fazendeiro a gente não dizia, pois quem tem tanto filho pequeno, dez filhos, entende? A gente não ia falar. A gente dizia que era contra que não queria e o fazendeiro dizia: "Eu sei que vou perder minha fazenda". A gente dizia: "Ah seu doutor, ninguém tem culpa, o que a gente vai fazer". Ele dizia: "Minha fazenda é tão boa, eu não queria perder". Aí a gente dizia: "Mas, meu Deus do céu, o que a gente vai fazer?". Mas não tinha o que fazer, se não era dele mesmo!
>
> Os lideres da terra, eles mesmo falavam: "Fica tranqüilo, seu C., o senhor não precisa falar que é do lado nosso, o senhor estando com eles fala que é do lado deles e estando com nós é do nosso lado". E aqueles coitados que estavam acampados, eles pediam água e o povo da fazen-

> da não queria que ajudasse com nada. A gente ajudava com leite escondido e eu falava: "Olha gente, quando o fazendeiro chegar que vocês verem o avião baixar, pelo amor de Deus, não venham aqui, vocês não venham nem buscar a água, mas quando o avião sair vocês podem vir". (Ribeiro[40])

A solidariedade tinha que ficar oculta, mesmo quando se dizia "Eu torcia por eles". A manifestação desse sentimento de pertença ao destino comum dos que estavam lutando por terra era oprimida pelo reconhecimento de que se estava diante do *outro*: "mas perto do fazendeiro a gente não dizia, pois quem tem tanto filho pequeno, dez filhos, entende? A gente não ia falar". A resistência, então, se fazendo pela confluência das diversas formas de luta, umas abertas outras nos interstícios, porém todas movidas pelos efeitos da identificação: "E aqueles coitados que estavam acampados, eles pediam água e o povo da fazenda não queria que ajudasse com nada. A gente ajudava com leite escondido".

É, pois, na busca de entender como se dá essa identidade, isto é, os contornos dessa conjugação de fatores econômicos, sociais, culturais, morais, políticos, definindo uma unidade territorial à classe camponesa nas áreas de assentamento que fomos desvendamos o *habitus* de classe.

A pesquisa tem mostrado também que essa identidade não é fator novo, autores como Woortmann (1990), por exemplo, há muito tempo tem destacado esse princípio unificador do campesinato por meio do conceito de campesinidade. A campesinidade é, para o autor em questão, uma qualidade comum a diferentes grupos específicos, presente em maior ou menor grau em distintos lugares e tempos. Daí que,

> Na Amazônia, convivem concepções sobre a terra que chamo de morais (terra enquanto valor-de-uso) com concepções utilitaristas mercantis. Não encontramos então camponeses puros, mas uma cam-

---

40 Assentada no projeto Mercedina, dez. 2002.

> pesinidade em graus distintos de articulação ambígua com a modernidade. (ibidem, p.14)

Essa campesinidade e a ética na qual se sustenta teriam como núcleo algumas categorias, como trabalho, família, terra, liberdade, comida etc. Por sua vez, essas categorias centrais comuns às sociedades camponesas têm sua importância baseada não necessariamente no fato de serem comuns a diferentes grupos camponeses, mas, sim, em virtude de serem nucleantes e interligadas. Nessa direção, Woortmann (1990, p.25) afirma:

> Nas culturas camponesas, não se pensa a terra sem pensar a família e o trabalho, assim como não se pensa o trabalho sem pensar a terra e a família. Por outro lado, essas categorias se vinculam estreitamente a valores e a princípios organizatórios centrais, como a honra e a hierarquia.

Logo, na concepção desse autor, o campesinato possui uma ordem moral que se opõe às sociedades modernas regidas por uma ordem econômica, centrada no indivíduo e no mercado. Por sua vez, a constituição dessa ordem moral camponesa tem sentido, fundamentalmente, na articulação da terra, da família e do trabalho, situação que expressa uma relação moral entre os homens e deles com a natureza. Porém, a campesinidade pode extrapolar essa objetividade por meio de um *contínuo*, podendo ser encontrada em grupos e pessoas que há muito tempo deixaram o campo, inclusive morando e trabalhando na cidade. Assim, a explicação da permanência de traços camponeses em populações vivendo em cidades, para Woortmann (1990), estaria relacionada à campesinidade que seria então a responsável pela continuidade do campesinato.

Em outras palavras, para Woortmann a campesinidade e, portanto, a ordem moral camponesa (*éthos* camponês) persistem como representação social mesmo naquelas situações em que a terra deixou de ser uma realidade objetiva, podendo, pois, ser "despertada", principalmente nos momentos de agudização, como crise social do grupo ou sujeito. A fim de chamar a atenção para o poder criador da tradição, Woortmann (1990, p.17). afirma: "a tradição, então, não é o passado que sobrevive no presente, mas o passado que, no presente, constrói as possibilidades do futuro".

Não concordamos, no entanto, com essa afirmativa de Woortmann acerca da tradição, por entendermos, ao contrário do autor, que a tradição é prisioneira, para sua permanência, da rigidez. Portanto, se admitirmos que é a tradição que perpetua a campesinidade, incorremos no risco de retirar o vir-a-ser, ou seja, a possibilidade de transformação da realidade.

Analisando os relatos nos acampamentos e assentamentos, passamos a perceber que o conceito de campesinidade não dava conta de explicar a permanência e a mudança, por entender que o conceito aponta para um modelo que tem na rigidez e na sua naturalização o alicerce explicativo. Portanto, se admitirmos que é a tradição/continuidade que perpetua o campesinato, incorremos no risco de retirar a história como possibilidade de transformação da realidade. O uso do conceito de campesinidade acaba por dar um caráter reprodutivista às relações sociais, ficando impossível pensar a luta pela terra no sentido de uma teoria da mudança social, objetivo maior da pesquisa.

É nesse contexto, enfim, que entram as contribuições do sociólogo Bourdieu, porque acreditamos que a visão de mundo do campesinato como uma relação não-capitalista gera um *habitus*, ou seja, uma história incorporada que persiste, mesmo quando a história objetivada já se foi – no caso a terra. Nas palavras de Bourdieu (2000, p.83): "é uma relação de pertença e de posse na qual o corpo apropriado pela história se apropria".

Desse modo, o conceito de *habitus* é muito mais adequado que campesinidade para falarmos em recriação camponesa, porque ele ativa o agente, ele contém, em germe, a dinâmica, a possibilidade de no presente, acionando condicionamentos incorporados, não de forma mecânica, construir uma nova história, porque...

> o *habitus* é um produto dos condicionamentos que tende a reproduzir a lógica objetiva dos condicionamentos mas introduzindo neles uma

> transformação; é uma espécie de máquina transformadora que faz com que nós "reproduzamos" as condições sociais de nossa própria produção, mas de uma maneira relativamente imprevisível... (Bourdieu, 1983a, p.105)

Quando Bourdieu diz que o *habitus* é estruturado e estruturante, ele coloca uma nova dimensão que é a modernidade, assim o *habitus* combina uma dimensão com outra, ou seja, o velho e o novo junto. Isso significa dizer que o *habitus* é produzido (estruturado) historicamente e que, pela prática, se reproduz de forma imprevisível (estruturante). Ou seja, não há possibilidades de se saber a dimensão dessa ação. Portanto, a prática dos sujeitos não é um jogo de cartas marcadas, há sempre espaço para a improvisação, ou melhor, para a transformação criadora (Sampaio, 1993).

Essa reflexão acerca do poder do *habitus* e, mais, da reprodução *das condições sociais de nossa própria produção*, contudo de forma criativa, ou seja, de forma que esse ativar os condicionamentos não signifique reproduzir inteiramente a mesma situação já vivida, leva-nos a pensar os relatos ouvidos, transcritos e analisados nesta pesquisa. Relatos como da senhora Silva,[41] que traz no corpo as marcas da sua história, mãos calejadas, um olhar esperançoso na terra a desafiar a postura cansada que conta, mais que suas palavras, da vida desertada de quem nunca teve terra: "a gente era arrendatário, tocava roça de algodão e feijão aqui mesmo nessa região de Santa Rita [do Pardo, cidade onde se localiza o assentamento]". Entretanto, as dificuldades próprias de quem trabalha, mas entrega ao *outro* a riqueza produzida, levaram a família de Silva para a vida na cidade grande, o marido foi ser motorista de caminhão no Ceasa; aos filhos restou ensinar o valor da fé:

> quando a gente estava lá [em Sumaré/SP], eles [os filhos] tinham lembrança daqui. Esse menino meu queria um cavalo para andar. Mas como? A gente vivia no asfalto. Ia comer o quê? Viver onde? "Paciên-

41 Assentada no projeto São Tomé, out. 2001.

cia, filho", o pai sempre lembrava, ele teve paciência e esperou e a fé dele também foi grande.

No decorrer do depoimento, a senhora Silva revela aquilo que pode ser considerado uma infração, a manipulação em relação à filiação no Sindicato dos Trabalhadores Rurais de Santa Rita do Pardo, e, ao mesmo tempo, uma forma de escapar da exclusão da terra:

> Meu marido ficava atento, procurando. A gente ficou sabendo lá em Sumaré pelo pessoal que morava aqui em Santa Rita que ia ter uma invasão aqui, que ia sair esse assentamento, a gente tem amigos, família que mora aqui. Aí viemos pra cá, pra ver se pegava um pedacinho de terra.

Se a filiação como trabalhadora rural existia no Sindicato dos Trabalhadores Rurais de Santa Rita do Pardo e a intenção dela, isso é uma questão menor. O importante são as diversas formas de luta criadas e recriadas para chegar à terra, e nisso encaixa-se o reconhecimento legal da condição de trabalhadora rural, via filiação no STR, como estratégia de se adequar aos critérios do Estado de seleção para o assentamento. Situação que igualmente nos conta o Sr. Lima, 56 anos de vida na luta pelo pedaço de chão: "já fiz todo tipo de trabalho de bóia-fria e também toquei roça, sempre trabalhando pros outros, de um canto pro outro". Para chegar à terra, ele narra que também já fora acampado um ano e três meses embaixo da lona preta em Presidente Epitácio, no Pontal do Paranapanema/SP. De lá, restou apenas a lembrança da família grande que, não conseguindo "pegar" um lote, se dispersou: "naquele tempo lá em Epitácio, na Fazenda Lagoinha que era bom ter pegado terra porque eu estava com uma família grande, agora os filhos vêm, um dia sai". Depois de passados dez anos da experiência do acampamento, já trabalhando e morando na cidade, ele viu outra vez a possibilidade de entrar na terra e, como a senhora Silva, também se antecipou aos acontecimentos, ou seja, na iminência da implantação do assentamento, filiou-se ao Sindicato dos Trabalhadores Rurais de Santa Rita do Pardo à procura do reconhecimento legal de sua condição camponesa, adormecida, porém legítima, como fez questão de relatar: "eu paguei o Sindicato uns poucos dias antes porque sabia que ia entrar aqui [no assentamento]. Não vai me delatar, mas foi isso, não adianta mentir. Eu queria voltar pra terra porque eu sou acostumado no mato, eu morava na cidade, mas não gostava, não podia perder outra vez".

Desse modo, para esses depoentes, o que importa é o retorno à terra, e todas as condições foram acionadas para que isso fosse possível, incluindo novas situações foram criadas, como a mudança de cidade e a filiação ao Sindicato para que esse encontro, tantas vezes adiando, se realizasse. Nesse sentido, terra e homem se encontram como se a história incorporada, o *habitus*, estivesse procurando a história feito coisa: "Meu marido ficava atento, procurando"; o herdeiro talhado para a herança, aquele que tem o saber capaz de fazer mover a herança, saber que transforma a terra ociosa, sem vida, dando a ela sua mais nobre função: *terra de trabalho, morada da vida*. É também nesse sentido, o da realização, que entendemos quando a senhora Silva arremata dizendo: "eu estava me sentindo amarrada, mas foi só eu chegar pra cá, parece que sarei. Parece não, sarei porque acabou tudo aquilo que eu tinha, porque era o que eu procurava. E aqui estou".

O sentido da terra

> *"A terra é uma mãe da onde a gente tira de tudo pra viver. A terra é muito boa. Aqui, quando a gente não tem nada, a gente sai aí pela roça uma mandioca, a gente traz, tem uma abóbora, maxixe, a gente sai pelo meio da roça e qualquer coisa acha de fartura."*
>
> (Santos[42])

---

42 Assentado no projeto São Luís, dez. 2001.

> *"A terra pra gente é vida. É o que cria tudo para nós, cria a família, uma criação, é tudo. A terra é a melhor coisa, ela é o sossego da gente porque, se não tem a terra, tem que trabalhar de empregado e não se governa. Então tendo a terra, a gente planta uma mandioca, um feijão, um batata e está tranqüilo. Eu quero saber de comer, beber e ficar sossegado com a família em casa."*
> (Almeida)

Para falarmos sobre o sentido da terra, vamos analisar uma relação básica e típica da condição camponesa já estudada por Woortmann (1990): a questão da comida e da terra. O que nos interessa mais diretamente nesse estudo é desvendar a articulação das representações sociais formadoras de uma ordem moral,[43] especificamente a camponesa. Quando utilizamos a concepção de uma ordem moral em contraponto a uma ordem econômica, temos em vista, da mesma forma que Woortmann, que não se trata de um arquétipo, mas de construções sociais sujeitas a ambigüidades e desconstruções, já que se trata de *pessoas de carne e osso,* pressuposto fundamental para que possamos nos desviar dos idealismos anuladores do sujeito. Portanto, são práticas e valores que "emergem de relações sociais, isto é, são parte de uma ordem social (e não de características psicológicas individuais) historicamente constituída" (Woortmann, 1990, p 69).

A comida é o elemento central na produção camponesa, dotada de uma espécie de linguagem simbólica; a sua existência tem primeiramente uma relação direta com a autoridade do pai, responsável pela manutenção da família, daí que "meu pai nunca falou pra mim assim: 'Olha, meu filho, vai na casa do vizinho buscar uma colher de açúcar, uma colher de pó de café', nunca aconteceu isso". Logo, comida é mais que comida como alimento; na verdade, sua representação social está diretamente ligada ao papel do pai na família e, portanto, à hierarquia. Comida é fartura quando se tem para comer e para oferecer aos amigos. Assim, é pela comida que neces-

---

43 Paráfrase de Woortmann (1990) que, no entanto, utiliza para referir-se à campesinidade.

sariamente passam os laços de solidariedade, como podemos apreender no relato que se segue:

> Eu fui criado na roça desde criança, trabalhei muito na roça com meu pai, a gente tinha fartura. Graças a Deus, meu pai nunca falou pra mim assim: "Olha, meu filho, vai na casa do vizinho buscar uma colher de açúcar, uma colher de pó de café", nunca aconteceu isso. A tuia era cheia de arroz, feijão, paiozada de milho, mangueirão de porco, galinhada no terreiro, a gente foi criado na fartura. Chegava uma pessoa em casa e dizia: "Seu B., dá pro senhor vender um frango?". Meu pai pegava dois, três e dizia: "Pode levar pra você comer, isso aí não custa nada". (Martins[44])

A comida é fonte de vida, a terra é a mãe que a fornece por meio do trabalho. Nesse sentido, "comida, trabalho e terra são ... categorias centrais do discurso camponês e expressam uma relação moral entre os homens e deles com a natureza" (Woortmann, 1990, p.37).

É também a terra como fonte de comida, como produção e consumo, que tem marcado a separação entre camponeses e capitalistas, pois os primeiros precisam dela para reproduzir-se como camponeses, os segundos, para explorar o trabalho alheio, para especulação e acumulação. Distinção que não passa despercebida pela senhora Silva:[45]

> A gente que não tem terra e ganha terra é muito importante, porque a gente deixa de comprar muita coisa. Sei lá, para o fazendeiro a terra é só pra [pausa]. Ele tendo a terra, ele não liga se ela está produzindo porque ele tem do que viver. Ele tendo a terra, ela pode estar largada ou cheia de gado para ele tanto faz. E a gente aqui, não, a gente aproveita tudo o que é pedacinho porque para a gente a terra é muito importante.

44 Sem terra, Fetagri/acampamento Fazenda Cisalpina, ago. 2002.

45 Assentada no projeto Mercedina, dez. 2001.

Ao falarmos sobre a importância da comida, torna-se necessário fazer referência ao estudo de Antonio Candido, realizado em meados do século XX, a respeito dos problemas que afligiam o caipira em São Paulo. Nesse sentido, as condições de vida e o problema da sobrevivência da sociedade caipira receberam uma atenção especial, com destaque para o papel da sociabilidade e da solidariedade nesse processo. Ao analisar os meios de vida do caipira paulista, Candido (1982) evidencia a obtenção dos alimentos como fator dinâmico na sociabilidade do grupo, sua aquisição era a finalidade primeira da existência dessa sociedade. Nas palavras de Candido (1982, p.143):

> Mais importante e interessante é a oferta de alimentos entre vizinhos, na realidade um sistema amplo de troca sob a forma de presente, pois o ofertante adquire em relação ao beneficiado uma espécie de direito tácito a prestação equivalente.

Nessa discussão acerca da solidariedade que se expressa por meio da comida, não poderíamos deixar sem registro em nossa pesquisa[46] as ações dos assentados que participam da coleta de alimentos para os acampamentos, como nos foi narrado pela senhora Oliveira.[47] No seu relato, a solidariedade extrapola a vizinhança e se consolida a partir de um *habitus* de classe, de reconhecimento do destino comum, portanto a sociabilidade do camponês, embora voltada para a comunidade, não encerra as possibilidades de alianças outras:

> Nós ajudamos o pessoal acampado, sempre que passa um pessoal aqui nós ajudamos é com arroz, é com feijão, óleo com tudo. É impor-

46 A respeito dessa questão, vale a nota, para nós inédita, da situação vivida no assentamento São Luís, em que um acampamento do MST ficou instalado dentro da área do assentamento, e, quando chegamos para realizar a pesquisa, ainda tivemos a oportunidade de conversar com acampados que estavam de passagem no local, visto que o acampamento já tinha sido transferido para a Fazenda Tejin. Vejamos o depoimento do acampado Bezerra: "Todo o pessoal aqui do assentamento que lutou para conseguir terra ajudou a gente, tanto do MST como da Fetagri, só aqueles que compraram lote é que não gostavam de apoiar".

47 Assentada no projeto São João, dez. 2001.

> tante ajudar porque eu sei o que meu marido passou sem conseguir trabalhar, e a gente fica feliz porque hoje a gente pode ajudar, tem caixa de óleo, tem saco de arroz, caixa de sabão, fardo de açúcar, então, graças a Deus, agora a gente não compra mais nada de quilinho e pode ajudar.

Ainda acerca das contribuições de Candido, é o autor que desvenda a importância de determinados alimentos na dieta desses grupos, porque, segundo o que ele afirma, esses alimentos são fundamentais pela possibilidade de serem obtidos e manipulados em casa, o que de certa forma diminui a dependência externa. Situação não muito diferente da que encontramos, uma vez que o milho, por exemplo, aparece como produto básico em qualquer casa no assentamento, onde é aproveitado como alimento pela família e também para o trato dos animais, já que é considerada uma vergonha adquiri-lo por meio da compra. Para destacar a importância do milho, em virtude da variedade de seu emprego, Candido (1982, p.53) destaca:

> Verde, come-se na espiga, assado ou cozido; em pamonhas; em mingaus; em bolos, puros (curau) ou confeccionados com outros ingredientes. Seco, come-se como pipoca, quirela e canjica; moído, fornece os dois tipos de fubá, grosso e mimoso, base de quase toda culinária de forno entre os caipiras, inclusive vários biscoitos, o *bolão*, bolinhos, broas, numa ubiqüidade só inferior à do trigo; pilado, fornece a farinha e o beiju, não esquecendo o seu papel na alimentação dos animais.

Podemos dizer então que a comida, e nela a noção de fartura,[48] cumpre mais que sua finalidade alimentícia, ela desempenha um papel de sociabilidade, já que é pelos alimentos que o camponês expressa seus laços de identidade. Assim, numa linguagem simbó-

48 Para permitir o aprofundamento do assunto, indicamos outra fonte que o discute, como D' Aquino (1996, p.17) que, em pesquisa realizada no assentamento Promissão/SP, aponta a fartura como parte de um conjunto de elementos definidores da sociabilidade do homem do campo.

lica, ele oferece os produtos de sua roça, a sua riqueza, como forma de estabelecer vínculos com aqueles a quem considera. Logo, terra e alimento estão de tal forma imbricados que falar de um remete necessariamente ao outro, bem como às formas de sociabilidade e solidariedade oriundas dessa articulação, como é possível perceber na fala do Sr. Santos.[49]

> Moça [no caso eu], chegamos agora no assentamento, ainda não tenho nada para oferecer, essa terra ainda não está produzindo, mas a próxima vez que a senhora vier aqui vai levar muita coisa. Vamos fazer assim, para não ficar feio desta vez, a senhora leva uma galinha, mas da próxima vez a senhora vai levar muita coisa.[50]

Em contrapartida, o medo da vida da cidade aparece, na maioria das vezes, relacionado com o medo de passar fome, porque o campo é o lugar que "só passa fome se for vagabundo". Acostumados a plantar para comer, seu estranhamento com a cidade é o estranhamento do pobre, ou melhor, da boca do pobre, aquela que precisa comer todos os dias, daí que "não vou dormir mais pensando se amanhã vai estar chovendo e se vai ter dia de serviço para trabalhar e poder comprar comida para dentro de casa".

> Graças a Deus, estou contente perto do que já passei trabalhando de bóia-fria, saía de madrugada deixando meus filhos sozinhos e chegava à noite. Hoje trabalho por conta própria, trabalho contente, não vou dormir mais pensando se amanhã vai estar chovendo e se vai ter dia de serviço para trabalhar e poder comprar comida para dentro de casa. Agora tenho minha casinha para morar, não moro no que é dos outros, tenho crédito, o que é o mais importante depois da saúde da gente.
>
> A gente não enricou, mas a gente tem como sobreviver, não vou dizer que é fácil, que você não depende mais do fiado, é mentira. Quan-

---

49 Assentado no projeto São Tomé, out. 2001.

50 Como forma de cumprir o combinado, retornei algum tempo depois ao lote do Sr. Santos, fui recebida por ele e por sua esposa, de quem ganhei os frutos da terra outrora prometidos: mandioca, abóbora e jaca.

do a gente colhe a lavoura, é só pagar as contas, mas assim mesmo eu agradeço a Deus porque pelo menos pra pagar as contas a gente está fazendo. A gente tem um gadinho que a gente não precisou vender para poder comer, nem beber e nem vestir. A gente planta arroz e feijão, a gente tem as galinhas para poder ter um ovo e o frango para o gasto, cria uns porquinhos e tem o leitinho que entrega no laticínio e dá para comprar um gás, pagar a energia e vai indo assim. (Oliveira)

O depoimento da senhora Oliveira revela essencialmente que o encontro do homem com a terra é o resgate de sua própria humanidade, da sua condição de vida, e é nesse sentido que ela explica e justifica sua felicidade dizendo "A gente não enricou, mas a gente tem como sobreviver", o que parece tão simples, e realmente é, porque estamos operando numa lógica que não é a da acumulação. Estar contente na terra é ter o poder de garantir a comida da família, o *direito sagrado à subsistência*, situação propiciada pelo controle do tempo de trabalho – "Hoje trabalho por conta própria" – e, por meio dele, da vida que renasce como as plantas que nesta terra eles sabem cultivar.

Propriedade camponesa *versus* propriedade capitalista

> "*Outro elemento da produção camponesa é a* propriedade da terra. *Aqui estamos diante da* propriedade familiar, *privada é verdade, porém diversa da propriedade capitalista, pois a* propriedade familiar não é propriedade de quem explora o trabalho alheio. *Estamos diante da* propriedade direta de instrumentos de trabalho que pertencem ao próprio trabalhador. *É, pois,* terra de trabalho. *É, portanto,* propriedade do trabalhador, não é fundamentalmente instrumento de exploração."
> (Oliveira, 2001, p.60-1 – grifo do autor)

> "*Terra tem a vontade porque os fazendeiros eles não exploram a terra, a terra é pra ganhar dinheiro, nós não, nós exploramos a terra e vivemos com ela.*"
> (Barros[51])

---

51 Assentado no projeto Indaiá, fev. 2001.

> *"Quem está pensando que vai pra cima de um lote de reforma agrária pra ficar rico, para ganhar dinheiro, está completamente enganado. E é isso que nós queremos dizer que quem for agricultor, quem for para lá vai ter que sobreviver através da luta. É uma luta árdua e permanente."*
> (Oliveira[52])

A preocupação em negar a propriedade privada e, portanto, sua reprodução por meio da efetivação dos assentamentos, *pari passu* com as aspirações pequeno-burguesas de enriquecimento, tem sido, com certeza, a mola mestra a motivar o MST na busca de "soluções" que possam atenuar esse "fatídico" destino do campesinato.

> O que interessa agora é entender como poderemos romper com a propriedade privada do lote da terra. Romper com este sentimento de propriedade que nada tem a ver com a garantia de produção e de prosperidade das famílias assentadas. (MST, 2001, p.76)

É nessa perspectiva, por exemplo, que o Movimento sugere o *Título de Concessão Real de Uso da Terra* em contraposição às normas do Incra de conceder o Título de Domínio, com base na Constituição Brasileira, art. 189, inegociável pelo prazo de dez anos. Para o MST, a substituição do Título de Domínio pelo Título de Concessão Real de Uso da Terra impediria a venda dos lotes e uma maior garantia do seu uso por parte dos filhos e netos.[53] Entretanto, esse é ape-

---

52 Liderança, direção estadual do MST, abr. 2001. (Transcrição *ad literam* retirada da gravação da palestra no Seminário "A questão agrária", realizado em Três Lagoas/MS.)

53 Neste momento, uma ressalva necessita ser feita referente às mudanças no direito agrário defendidas pelo MST e que contam com nossa inteira concordância. Trata-se do estabelecimento de um limite máximo para o tamanho de cada propriedade de terra no Brasil, já que o estoque excedente formaria um fundo de terras destinado à reforma agrária. Apoiamos essa iniciativa por entender que a mudança que visa à limitação no tamanho máximo da propriedade da terra, ao contrário da mudança em relação ao Título de Domínio, em nada se contrapõe ao campesinato, já que este não tem na concentração da terra e da riqueza no campo sua razão de ser. Cumpre ainda lembrar que, em 2000, foi realizada intensa campanha pela emenda constitucional que estabelece um limite máximo de 35 módulos fiscais a propriedade de terra no Brasil.

nas um aspecto da questão, porque o que se procura com tal iniciativa é mudar a condição camponesa, é interferir na sua constituição como classe peculiar que, ao contrário da operária, é dona da sua força de trabalho e do meio de produção, nesse caso, a terra. Tal propositura se faz, primeiro, pela desconsideração do passado de nosso campesinato, ou seja, itinerante, desenraizado, às margens do sistema, um campesinato querendo *entrar na terra*, basicamente um campesinato de expropriados e excluídos que, impedidos legalmente de ter acesso a terra, lutam abrindo brechas, sendo assentados, pondo fim nessa longa caminhada. Segundo, por não ter clareza do real significado da propriedade da terra para o campesinato, ou melhor, da diferença entre *propriedade privada familiar* e *propriedade privada capitalista*.

Ao defendermos a compreensão de que o campesinato tem com a terra e, portanto, com a propriedade dela uma relação não-capitalista, isso nos coloca a necessidade de pensar a base e os contornos dessa relação não-capitalista. Destarte, acreditamos que a base, como já fizemos referência anteriormente, fundamenta-se numa economia moral amalgamada a uma ordem moral anticapitalista que se encontra nos interstícios da economia e da ordem capitalista, ou seja, como contradição.

O conceito de *ordem moral* camponesa foi extraído de Woortmann (1990), que considera o modo de vida camponês uma ordem moral contrastante com a ordem da modernidade. Para o autor, essa ordem moral se realiza com base numa ética tradicional fundada na reciprocidade, na honra e na hierarquia. No entanto, ele adverte que essa ordem moral não concebe os camponeses fora do sistema capitalista; na verdade, há uma contradição histórica que os faz se moverem em dois mundos.

> Pessoas de carne e osso são, como disse, ambíguas e se movem em dois mundos. Disso resulta que a campesinidade não é uma prisão cultural. Enquanto pessoas concretas, o sitiante não é radicalmente distinto de pessoas "modernas". Afinal, se ele acha que todo comerciante é ladrão, ele sabe, por outro lado, dedicar-se ao negócio como prática e sabe investir dinheiro. (Woortmann, 1990, p.69)

Outro conceito fundamental para a análise do campesinato e, a nosso ver, indissociável da *ordem moral*, é o de *economia moral* enunciado por Thompson (2002), que entende o conceito como uma visão tradicional das normas e obrigações sociais, das funções econômicas peculiares a vários grupos na comunidade. Acreditamos que essa interpretação thompsoniana é valiosa para nossa pesquisa na medida em que oferece a possibilidade de pensarmos uma outra lógica que não a da mercadoria, da coisificação, uma lógica centrada no direito da pessoa (do grupo) geradora de um padrão coletivo de comportamento, espécie de alternativa a estratégias individualistas, bem como resistirmos às explicações que trazem uma visão redutora do homem econômico. Logo, o costume não é entendido como sobrevivência do passado, mas como mentalidade com sentido intenso de legitimação e expectativa, parte constitutiva dessa economia moral. Aqui cabe uma inferência porque, ao considerarmos a existência de uma economia e ordem moral camponesa diversa da economia de mercado, não estamos com isso abandonando o conceito de *habitus*; ao contrário, desvendar os costumes que configuram a economia moral permite dar origem e conteúdo social às disposições adquiridas. Ou seja, não basta explicar o processo de reprodução do *habitus*, é preciso desvendar as condições de formação desse *habitus* camponês que são diametralmente opostas às condições de constituição do *habitus* operário e burguês.

Cumpre destacar que, para Thompson, foi a força, o poder intenso do costume, e não a fome, o responsável por fazer a cultura plebéia do século XVIII ser, ao mesmo tempo, tradicional e rebelde. Assim, ao assumir sua forma defensiva, isto é, rebelde, para resistir às inovações da economia, ou melhor, à inovação do processo capitalista (os cercamentos, a disciplina de trabalho, o livre mercado), ela o fazia para defesa de seus costumes. Nesse sentido, para Thompson, é o costume, como padrão coletivo de comportamento, que promove a guerra, a insubordinação na busca de sua preservação (poderíamos dizer que para Bourdieu é o *habitus*). Se, por um lado, isso pode parecer uma ação apolítica, por outro, se considerarmos a luta pelo bem-estar comum e a intensidade do conflito, eis a possibilidade política.

A consideração dessa lógica alternativa, entretanto, não significa a segregação absoluta entre economia moral e a economia de mercado; o que se tem "são modos diferentes de regular o mercado ou de manipular as trocas entre produtores e consumidores, para o benefício de um ou de outro grupo" (Thompson, 2002, p.235). Por conseguinte, Thompson (2002, p.258) faz questão de destacar que a economia moral é, na verdade, uma economia alternativa, ou seja, defensiva, como podemos perceber no trecho que selecionamos:

> É claro que esses trabalhadores estavam acostumados a uma economia de mercados, mas mercados organizados segundo normas ditadas pelo costume. Em tempos de conflito, eles afirmavam as prioridades do "ofício" ou colocavam a defesa dos interesses da comunidade trabalhadora acima dos lucros de uns poucos. E se o termo "economia moral" nos ajuda a identificar essas normas e práticas, então que seja usado.

A economia moral é um conjunto "de relações de troca entre grupos sociais e pessoas, nas quais o bem-estar e o mérito de ambos têm precedência sobre outras considerações como o lucro de um ou outro" (Greenough apud Thompson, 2002, p. 261). Essa definição de economia moral, embora seja bastante ampla, é, a nosso ver, a que melhor se aproxima do que estamos pensando em relação ao campesinato e, além disso, sela os conceitos de *ordem moral* e *economia moral*, dando relevo à celebre frase-título do estudo de Woortmann (1990): "Com parente não se neguceia".

A aplicação do conceito de economia moral por outros estudiosos, principalmente aqueles que pesquisam o campesinato, é assinalada por Thompson de forma positiva. Contudo, adverte a respeito do cuidado que se deve ter, já que se trata de culturas diferentes. Acrescenta ainda que estudos, como o de James C. Scott (1976), mostram como a subsistência do campesinato depende do acesso a terra, pois o que está no centro da análise são costumes relativos ao uso da terra e o direito aos seus produtos, portanto o funcionamento desses costumes cria formas de subsistência com vistas a proteger a comunidade contra a perda da terra e a fome. Interpretação bastante pertinente, na medida em que nosso estudo tem como pressuposto que o campesinato, ao se apropriar de parcelas do território, inscreve nele um uso próprio construído no processo de territorialização ou, nas palavras de Thompson, *formas de subsistência* que diferem do uso capitalista por terem basicamente seus fundamentos na *terra de trabalho*.

Embora o contexto seja outro, acreditamos, porém, que a contribuição de Thompson não é datada; na verdade, ela extrapola os limites dessa situação e se faz coerente para pensarmos nosso objeto de pesquisa; contudo, não se trata de uma transferência de análise porque seria inócua, trata-se da imposição da realidade, aproximando contextos. Basta pensarmos nas lutas camponesas de nosso tempo, foram lutas que tinham no cerne a preservação do direito costumeiro e sua recusa ao pagamento da renda da terra, advento da terra mercadoria.

Refletindo sobre a afirmativa de Thompson de que a economia moral não se refere apenas ao feixe de crenças, usos e costumes referentes ao direito de acesso no mercado aos artigos de primeira necessidade, mas também às emoções despertadas pelo desabastecimento e pela política de subsídio à exportação do trigo, ou seja, a revolta da plebe diante daqueles que lucravam numa situação de emergência que ameaçava a vida, somos levados a pensar a luta pela terra no Brasil. Nesse sentido, a ocupação da terra tem, com certeza, esse conteúdo moral, esse conjunto amalgamado de *habitus* e indignação despertado pela visão da terra ociosa, do outro especulando com a terra numa situação de fome e falta de trabalho, como relata Silva:[54]

> Meu marido era arrendatário da fazenda. Depois que nós fomos despejados pelo fazendeiro, nós ficamos na Cohab Mustafá, aí meu marido participou de uma ocupação da fazenda, ele foi junto com outras turmas que moravam na Cohab e foram moradoras da fazenda.

---

54 Assentada no projeto Mercedina, dez. 2001.

> Mas a polícia mandou um oficial de justiça dizendo para eles saírem, aí chegava o papel eles saiam, voltavam para Batayporã, depois entrava de novo, até que saiu a terra. A gente se revolta de ver tanta terra parada aí e o povo com vontade de pegar um lote.

É também pensando nas práticas de sobrevivência dos pobres do campo, objeto de nossa pesquisa, que essa economia moral alicerçada na ajuda mútua toma contornos mais nítidos. Desse modo, destacamos a troca de dia, o mutirão e a parceria como um exemplo dessa economia alternativa, uma economia só possível de se realizar porque a produção camponesa está assentada na forma simples de circulação de mercadoria, movimento expresso na fórmula M-D-M, ou seja, mercadoria é convertida em dinheiro para comprar mercadoria, ao contrário da produção capitalista, em que dinheiro é convertido em mercadoria para novamente constituir dinheiro, agora ampliado e expresso na fórmula D-M-D'.

É preciso, contudo, registrar que isso não significa que na produção camponesa não possa haver sobra de dinheiro. Quando isso ocorre, será o momento em que o camponês tem uma remuneração acima do trabalho e recebe dinheiro a mais daquilo que necessita para comprar mercadorias. Mas, nessa ocasião, geralmente rara, porque o que temos geralmente é a transferência do excedente econômico, ou seja, da renda aos capitalistas, o camponês consegue auferir renda. O contrário também é possível, quando o camponês doa inteiramente à sociedade os frutos do seu trabalho, o que gerará um empobrecimento do grupo familiar, bem como o comprometimento de reprodução da agricultura camponesa. Por conseguinte, é a extração direta da mais-valia que determina, e não a apropriação da renda, muito menos o mercado, se ele, o camponês, é ou não um capitalista. Logo, é apenas na medida em que há a presença de assalariados permanentes no lote que estamos diante da possibilidade de o camponês estar mudando de classe.

Assim, em virtude da existência da renda da terra, abrem-se três possibilidades de diferenciação aos camponeses: atuar na lógica da acumulação, na lógica da reprodução ou na lógica da perda/prejuízo. Como a produção do capital no Brasil tem nas formas não-capitalistas seu cerne, ou seja, ela se faz fora do circuito propriamente capitalista, ao que assistimos amiúde, quando o capital não expropria o camponês, é a passagem de renda ao capital industrial, bem como transferência ao capital comercial e financeiro via compra de insumos, máquinas e empréstimos. Dito isso, cabe acrescentar que a existência desses mecanismos de sujeição da renda da terra ao capital tem feito que os camponeses, nos assentamentos pesquisados, quando muito consigam atuar na lógica da reprodução e para isso os fundos públicos (programas sociais, crédito subsidiado, aposentadoria) são fundamentais.

Encontramos, entretanto, boa parte atuando na lógica da perda, em razão das péssimas condições dos assentamentos, inclusive referente à questão agronômica, uma vez que as terras da "reforma agrária" têm sido as "improdutivas", ou seja, as pirambeiras e os arenosos que, acrescida da falta de assistência técnica, da distância dos centros consumidores etc., têm gerado sucessivas perdas de lavoura, aumentando o risco de expropriação.

> No trabalho camponês, uma parte da produção camponesa entra no consumo direto do produtor, do camponês, como meio de subsistência imediata, e a outra parte, o excedente, sob a forma de mercadoria, é comercializada.
>
> Por isso é mister a distinção entre a produção camponesa e a produção capitalista. Na produção capitalista, temos o movimento de circulação do capital expresso nas fórmulas: D-M-D na sua versão simples, e D-M-D' na sua versão ampliada. Já na produção camponesa, estamos diante da seguinte fórmula: M-D-M, ou seja, a forma simples de circulação das mercadorias, onde a conversão de mercadorias em dinheiro se faz com a finalidade de se poderem obter os meios para adquirir outras mercadorias igualmente necessárias à satisfação de necessidades. (Oliveira, 1986, p.68)

Assim, a ausência de uma lógica centrada no lucro médio, isto é, na acumulação, depreende-se dos relatos quando o assunto é a produção no lote, porque muitos trabalham no prejuízo (lógica da perda) sem conseguir o equilíbrio entre venda e compra de mercadoria em razão dos baixos preços pagos por seus produtos, ou seja, sem conquistar ao menos a remuneração do seu trabalho, o que acaba por colocá-los numa situação de empobrecimento com a venda da criação, única fonte de reserva disponível, daí a preocupação do depoente em encontrar uma atividade econômica que garanta o pagamento das despesas. Cumpre destacar que não há referência em relação à procura pelo excedente econômico a ser creditado como lucro médio, mas ao pagamento das despesas e à reposição da força de trabalho familiar.

> No assentamento tem que mexer com um serviço que dá pra gente tirar a despesa de casa e sobrar para pagar o investimento, então tem que ser uma coisa que dê para pagar as despesas. Tenho vontade de montar um barracão do bicho da seda, mas ouvi dizer que a gente não faz nem para pagar o investimento. Aqui só mexo com algodão e feijão do ganho bruto tiro para pagar as despesas que a gente gastou com veneno, semente, preparação da terra, tudo. O que sobra para mim é mais ou menos a metade que eu divido com os filhos e nós vamos lutando com esse dinheiro até começar a plantar de novo, então aquela sobra a gente vai comendo. Aí quando vai começar a plantar já começa devendo de novo, tem que começar a comprar fiado veneno, semente, essas coisas. (Silva[55])

Reiteramos, entretanto, que isso não significa a impossibilidade de uma renda da terra na produção camponesa, o que não tem existido é a apropriação dessa renda pelo camponês assentado, porque, como já salientamos no Capítulo 2, amiúde há subordinação da renda da terra ao capital, como explica Santos (1984, p.51):

> se há geração de uma renda da terra no processo de trabalho camponês, isso não significa que ela seja apropriada pelo mesmo ... Em outras palavras, o valor do produto camponês somente será realizado parcialmente para o próprio camponês, retornando a ele em forma de dinheiro apenas parcialmente; isso porque os preços de mercado não cobrem o valor do seu produto.

---

55 Assentado no projeto São Luís, dez. 2001.

> Conseqüentemente, a renda territorial gerada no processo de trabalho camponês, incorporada ao sobretrabalho dos camponeses, tende a ser apropriada pelo capital...

O que o Sr. Silva está nos explicando, portanto, é que sua propriedade é familiar, sua terra é *terra de trabalho*, não é instrumento de exploração, e, por isso, o objetivo não é obter o lucro médio, mas a reprodução da família camponesa, e, mesmo nos casos em que há apropriação de renda da terra, excedente econômico, porque, como ensina Marx, há momentos em que o campesinato não aufere renda nenhuma,[56] a renda é usada para propiciar, na perspectiva chayanoviana, melhorias na qualidade de vida, como diminuição do sobretrabalho, daí ela ser considerada renda camponesa e não renda capitalista. Vejamos o que diz Martins (1981, p.176-7) a respeito do assunto:

> Como sua terra é terra de trabalho, não é terra utilizada como instrumento de exploração da força de trabalho alheia, não é terra de uso capitalista, o que precisa extrair da terra não é regulado pelo lucro médio do capital, mas regulado pela necessidade de reposição da força de trabalho familiar, de reprodução da agricultura de tipo camponês. Por isso, a riqueza que cria realiza-se em mãos estranhas às suas, como renda que flui disfarçadamente para os lucros bancários, como alimento de custo reduzido que barateia a reprodução da força de trabalho industrial e incrementa a taxa de lucro das grandes empresas urbanas.

Dessa forma, sobressai a articulação de várias relações de trabalho na unidade de produção camponesa, como a troca de serviço com vistas a contornar os obstáculos e a impedir a crise da reprodução do tipo camponês, relações de trabalho que têm como princípio o grupo de iguais, porque "Tudo isso é na base do conhecimento". Portanto, são relações baseadas na reciprocidade e no direito à subsistência, base dessa economia a qual chamamos moral. Desse modo, mesmo inseridos no mercado, os camponeses se orientam por refe-

---

56 Discussão apresentada no Capítulo 2.

renciais morais nas suas relações de troca, situação que se defronta com a desigualdade da relação de troca na economia capitalista.

> A troca de serviço a gente faz até hoje, tem vez que tem uns companheiros que querem passar um veneno meio ligeiro ou uma carpa e nós estamos meio folgado, aí ele fala: "Olha, eu não tenho dinheiro, mas eu estou precisando de um serviço assim, assim". Aí nós vamos fazer e se ele puder pagar fazendo outro serviço, venha, está tudo bem. A troca de serviço não tem rolo, nem quando o cara é fraco de serviço, porque depois vem um bom e paga aquele dia a mesma coisa. Tudo isso é na base do conhecimento. Agora conviver no coletivo mesmo, começar o plantio e terminar tudo misturado, não dá certo não, é muita opinião. (Silva)

Dessa forma, podemos verificar que no Brasil coexistem, em conflito aberto, regimes de propriedades diferentes, um capitalista e outro familiar. Neste último, como explica Martins (1991, p.54-6), é o trabalho que legitima o direito de propriedade, no regime de propriedade capitalista é a exploração do trabalho de outrem a razão de sua existência:

> a propriedade capitalista é uma das variantes da propriedade privada, que dela se distingue porque é propriedade que tem por função assegurar ao capital o direito de explorar o trabalho; é fundamentalmente instrumento de exploração. Por isso não podemos confundir a *propriedade capitalista* com a *propriedade familiar*, ainda que propriedade privada...
>
> A propriedade familiar não é propriedade de quem explora o trabalho de outrem; é propriedade direta de instrumentos de trabalho por parte de quem trabalha. Não é propriedade capitalista; é propriedade do trabalhador...
>
> Quando o capital se apropria da terra, essa se transforma em *terra de negócio*, em *terra de exploração* do trabalho alheio; quando o trabalhador se apossa da terra, ela se transforma em *terra de trabalho*. São regimes distintos de propriedade, em aberto conflito um com o outro...
>
> É o trabalho que legitima a posse da terra; é nele que reside o direito de propriedade. Esse direito está em conflito com os pressupostos da propriedade capitalista. (grifo do autor)

O sentido da liberdade camponesa

> *"É no campo, sobretudo entre os lavradores de base familiar, que se vive o confronto mais radical com os princípios da ordem vigente. Porque se abre diante deles um destino que o operário já não experimenta: o destino do desaparecimento, da proletarização, da perda de autonomia. É no campo, por exemplo, que se pode ouvir uma palavra raramente ouvida entre os operários urbanos:* a palavra liberdade. *É claro que ela não tem a conotação pequeno-burguesa e acadêmica à qual estamos acostumados. Por isso mesmo deve ser ouvida e entendida."*
> (Martins apud Oliveira, 2001, p.12)

> *"O povo é formado num sistema mais liberto, é o que a gente vê, avalia; o povo viveu e vive na escravidão, aí embaixo de ordens, subordinado ao patrão nas fazendas, quem trabalha em indústrias, empresas e aí por diante; mas, depois que pega um pedaço de terra ou, até mesmo, sem a terra, eles não querem ser assim uma pessoa subordinada, às vezes, a questões disciplinares. O cara fala: "Eu conquistei a terra e foi pra mim ter uma liberdade, então na terra eu trabalho a hora que eu quero, eu descanso a hora que eu quero". Agora esse negócio de trabalhar contra a natureza da pessoa, muitos reclamam isso daí. Outra, esse negócio de plantar todo mundo junto, ninguém sabe onde que está a terra que ele pegou, nisso muitos já dizem: "Negócio de sociedade não deu certo nem com a mulher". Agora fica esse bolo todo aí. Então, o trabalho coletivo não tem nem como avaliar mais, na verdade é isso aí... Então, eu acho que o trabalho coletivo não é uma coisa que vem trazer futuro, assim avanço pro Movimento... eu estou afastado, não sei como eles estão pensando isso, se estão batendo na mesma tecla."*
> (Batista[57])

Tratar do tema da liberdade para o camponês na sociedade capitalista não é tarefa fácil, haja vista que a noção de liberdade reinante na democracia burguesa não é senão a forma político-jurídica do

57 Assentado no projeto Indaiá, fev. 2001.

sistema capitalista, na qual cada indivíduo tem a sua liberdade limitada pela liberdade dos demais, situação que se sustenta no pressuposto da igualdade jurídica entre os indivíduos. No entanto, como explica Prado Jr. (1985, p.13), essa liberdade e igualdade burguesas são abstratas:

> Essa igualdade dos indivíduos na liberdade de se acordarem entre si é, contudo, uma igualdade *jurídica*, isto é, uma liberdade de direito e não de fato ... A realidade, entretanto, é que os indivíduos, por força daquelas situações, são muito desiguais, e são particularmente naquilo que mais contribui na fixação dos limites e do alcance da sua ação. A saber, na sua posição dentro da estrutura econômica da sociedade. Decorre daí que a liberdade de cada um variará muito, pois será função de desigualdade real existente à margem da esfera jurídica. (grifo do autor)

Desse modo, fica a indagação: é possível pensar a liberdade sem essa pecha de significados individualizantes que carrega? Qual é o sentido da palavra liberdade presente nos relatos dos assentados? Existe uma relação entre liberdade, autonomia e *terra de trabalho*?

No intuito de aprofundar a questão, retomamos a discussão acerca da liberdade capitalista e lembramos que a desigualdade é produto do sistema social e tem sua origem determinada pela "riqueza, o nível econômico, o que quer dizer a propriedade privada de cada um" (ibidem, p.14). Entretanto, não é qualquer propriedade, como explica o autor, mas aquela que gera acumulação capitalista. Portanto, em se considerando o campesinato como uma relação não-capitalista e a propriedade familiar camponesa como instrumento de trabalho e não de acumulação/reprodução do capital, podemos afirmar que, para o camponês, a detenção da propriedade privada familiar da terra não figura como representação mental da desigualdade entre os indivíduos, ao contrário, tem significado a possibilidade da identidade de interesses, não particularistas, mas coletivos, disso resultando o reencontro da classe camponesa e de sua lógica organizativa fundamentada na tríade família, trabalho e terra como *habitus* de classe.

A conquista da terra e, portanto, do assentamento se insere numa concepção de liberdade que se contrapõe à ilusória liberdade burguesa, porque dá ao indivíduo a possibilidade de se realizar como ser portador de sonhos, de aspirações, como o desejo de se enraizar. Por conseguinte, este interesse individual, de ter um *pedaço de chão*, confunde-se com o interesse coletivo, porque foi por meio desse último que o primeiro pôde ser alcançado.

É comum nos relatos a relação entre a propriedade familiar e a autonomia do trabalho como símbolos da liberdade: "graças a Deus para comer a gente tem bastante, a gente se governa. Porque, a senhora sabe, a gente planta o que quer e trabalha a hora que a gente acha que dá" (Almeida). Essa liberdade, porém, não se encerra no pai, o se *governar* contém também a possibilidade da transmissão do conhecimento, do saber sendo perpetuado, como explica Woortmann (1990, p.43):

> A liberdade do sitiante, do agricultor, do colono – sempre um *pai de família*, ou mesmo um patriarca, chefe de uma Casa tronco, como entre os colonos do Sul – tem como uma de suas dimensões a autonomia do processo de trabalho e do saber que a este informa, transmitido de pai a filho. A transmissão da terra sem o saber não transformaria essa terra em *terra de trabalho*, nem em patrimônio familiar. É pelo saber que o pai "governa", "dá a direção" do processo de trabalho. (grifo do autor).

É, portanto, a desconsideração dessa "experiência de vida" como um saber e da liberdade e autonomia que ela representa, principalmente pela possibilidade de transmissão aos filhos, que tem continuamente colocado em conflito os assentados e técnicos do Estado. Assim, para os assentados, na luta na terra, o que precisa ser valorizado é aquele conhecimento que permitirá a sua sobrevivência como camponês: "ele [o técnico] tem que pôr na cabeça que é formado nos estudos, só que na roça ele não tem experiência, nós somos mais velhos, não temos estudo, mas a gente tem experiência de vida":

> Então eu acho que a gente aqui no assentamento tem que se organizar, nós temos que ter a liberdade de falar porque vêm os técnicos aqui e diz: "Tem que fazer a roça, vocês vão plantar ou na Terra Solidária [assentamento] vão passar fome?", sabendo que vai perder e por que vai perder? Porque está fazendo serviço errado, porque tem época certa de plantar e colher e aqui na época de colher a gente está plantando, reverteu a situação. Por isso, a gente se revolta, nós somos trabalhadores, nós não somos preguiçosos. O que eu quero dizer é que nessa parte a gente não está sendo valorizado, ele [o técnico] tem que pôr na cabeça que é formado nos estudos, só que na roça ele não tem experiência, nós somos mais velhos, não temos estudo, mas a gente tem experiência de vida. O que a gente se revolta é por que, se a gente tem essa experiência de vida, ela não é valorizada. É só na base do papel, só que não está tendo desenvolvimento nenhum, eles falam que estão desenvolvendo um trabalho no assentamento, mas é contrário da experiência que a gente tem. A nossa luta e nosso sofrimento, não conta?
>
> Quase no tempo da colheita do arroz é que foi chegar a semente para plantar. Como que a gente consegue trabalhar desse jeito? A planta do arroz é de outubro, novembro até 13 de dezembro. Foi chegar a semente do arroz agora [janeiro] que é tempo quase da gente estar colhendo o arroz e quase época da gente plantar feijão. Tem 29 anos que eu trabalho na roça plantando, a experiência que a gente tem a gente sabe que nessa época que chegou a semente é trabalho perdido. Então eles [os técnicos] não vêem que precisam fazer essa correção, eles já chegam dizendo: "É para fazer a terra e é para plantar". (Santos)

Como já destacou Woortmann (1990, p.43), a liberdade tem relação com autonomia no sentido do controle do tempo de trabalho, situação que, por sua vez, é proporcionada pelo fato de se ser dono da terra, ao contrário do empregado: "No interior do *Sítio* sergipano ... o tempo é objeto de troca recíproca entre pais livres, cuja liberdade depende da própria obrigatoriedade de troca. Sitiantes trocam tempo entre si". Em relação à medida, isto é, à forma como se regula o tempo de trabalho e tempo livre para o campesinato, Candido (1982, p.123) é, com certeza, quem melhor contribuiu quando explicitou a relação entre tempo e trabalho para o caipira:

> O ritmo de sua vida é determinado pelo dia, que delimita a alternativa de esforço e repouso; pela semana, medida pela "revolução da lua", que suspende a faina por vinte e quatro horas, regula a ocorrência das festas e o contacto com as povoações; pelo ano, que contém a evolução das sementes e das plantas.

Concordamos com Woortmann (1990, p.44) quando esse afirma: "O controle do tempo da família e a existência de um tempo de família autônomo, assim como o controle do processo de trabalho, são dimensões básicas da liberdade do *pai*". Essa questão se faz fundamental para compreendermos os relatos que repudiam a proposta de trabalho coletivo por entendê-lo como a perda da autonomia, do controle do trabalho exercido pelo pai, enfim, o desaparecimento da liberdade e a volta ao *cativeiro*. Acrescenta o autor que essa liberdade é do *nós* e não do *eu*; "trata-se, portanto, da *liberdade da hierarquia* no contexto de uma ordem moral. É também a liberdade de realizar o trabalho *para nós*, em oposição ao não trabalho *para o outro*" (ibidem, p.50).

O relato que se segue expressa a oposição, no assentamento, entre trabalho individual e trabalho coletivo que, na essência, é a recusa à perda da liberdade e da autonomia do pai camponês, o provedor, aquele que sabe que é o centro da família, mesmo quando diz *nós*. No entanto, essa figura do pai provedor, e, portanto, do *habitus,* não é concebida no sentido da tradição, como relação imóvel que não se transforma por causa da repetição. Na verdade, contraditoriamente, ela contém a dinâmica das relações sociais, vivenciada às vezes na sofrida migração do filho para a cidade a despeito dos desejos e ensinamentos do pai.

> Nós não quisemos o coletivo porque nós achamos que não dava certo porque se nós trabalhávamos independentes quando nós éramos arrendatários, então se nós não púnhamos o bico [opinião] no que era dos outros, então os outros não punham o bico no que era nosso. Agora, se nós entrar no coletivo, aí quem vai dominar nós são os outros, do jeito que o chefe quiser é que nós temos que ir. Então para

> nós não ser independente e ser assim mandado, obrigado pelo outros, muito obrigado, não me interessa. (Souza[58])

Essa autonomia do trabalho que o faz experimentar a liberdade, em contraposição ao cativeiro, contém também um paradoxo, qual seja, a vivência solitária de quem comparece perante o mercado sozinho com o produto do seu trabalho, e esse isolamento pode dificultar o entendimento de que a superação de sua opressão só pode ser construída na luta coletiva.

> A diferença do campo e da cidade é a liberdade, na cidade a gente é mandado ou tem que chegar no horário, tem que cumprir ordem; e no campo a gente dorme, levanta a hora que precisar, almoça a hora que tiver pronto, então acho que a liberdade é a diferença. (Almeida[59])

Nessa perspectiva, é somente fora de sua própria condição social, afora dessa inserção isolada no mercado e na sociedade, quando invadido pelo capital, que pode descobrir o limite dessa liberdade e desvendar, na luta pelo interesse individual, o interesse coletivo, a luta política, a luta de classe. Logo, a unidade da classe camponesa, contraditoriamente, está na luta pela propriedade camponesa, na luta pela *terra de trabalho*, na luta pela condição de realização do *habitus*.

> Ele conhece o nome do seu opressor, que é o capital e a propriedade capitalista, mas seus olhos estão velados pela autonomia do trabalho, pela sua solidão. A exploração que o alcança não é direta, tem muitas mediações, por isso cria também a ilusão da liberdade, quando já é profundamente escravo. Essa ilusão, porém, é a nesga de luz que lhe permite ver o corpo do adversário, embora não lhe mostre o caminho que está além deste, que permitirá superá-lo. (Martins, 1991, p.20)

---

58 Assentado no projeto Indaiá, fev. 2001.

59 Assentado no projeto São Tomé, out. 2001.

A família, o trabalho e a terra: o *habitus* de classe camponesa

"O camponês é, a um só tempo, um agente econômico e o cabeça de uma família. Sua propriedade tanto é uma unidade econômica como um lar."
(Wolf, 1970, p.28 – grifo do autor)

"Na unidade produtiva camponesa, a força de trabalho é utilizada segundo seu valor de uso, po.is é como atividade orientada de transformação de objetos que a capacidade de trabalho de cada membro possui significado para a família. Não se realiza a separação do trabalho da pessoa do trabalhador nem a conseqüente conversão da força de trabalho em mercadoria. Cada pessoa da família camponesa desempenha um trabalho útil e concreto, segundo o momento e a necessidade. Desse modo, estrutura-se no interior da família uma divisão técnica do trabalho, articulada pelo processo de cooperação, resultando numa jornada de trabalho combinada dos vários membros da família. Nesse sentido, a família camponesa transforma-se em um trabalhador coletivo."
(Santos, 1984, p.33-4)

A família camponesa, ao contrário do que os documentos do MST expressam, realiza seu trabalho como se fosse um grupo no qual a hierarquia tem papel fundamental: são os jovens que aprendem com os velhos. Dessa feita, todo ano essa equipe familiar tem como tarefa a produção de alimentos que possam garantir, pelo menos, parte de seu próprio consumo, já que o excedente comercializado visa complementar as necessidades do grupo familiar. No entanto, isso não é o mesmo que dizer que a família camponesa produz apenas para autoconsumo, mas que seu plano de produção visa primeiramente gerar no lote parte considerável de suas necessidades imediatas, situação que determina uma estruturação específica à unidade camponesa, dando-lhe uma configuração territorial própria[60] como nos conta o Sr. Souza:[61]

> Aqui nós temos de tudo. Nós temos umas cabecinhas de gado, aqui são 15 hectares. Aqui nós não compramos arroz pra despesa, nós não compramos feijão, nós não compramos milho e o milho que sobra nós vendemos. A banha nós não compramos pra despesa porque tira o milho e trata o porco, depois mata o porco e ainda faz mistura e tira a banha. Mandioca nós temos pra despesa e agora quando a mandioca mansa não dá pra despesa [comer] aí trata do porco e das vacas quando vem o frio. Agora a mandioca brava vai pra vender e também o milho quando sobra da despesa, o feijão quando sobra vende, arroz não, arroz fica dois anos, três anos guardado. A vaca nós tiramos leite e aí tira uns dois litros pra nós deixarmos em casa pro nosso gasto e o resto vai pro laticínio; nós temos galinha, nós temos porcos, nós temos animal: tem gado, cachorro, gato.
>
> Está com vinte e poucos anos que nós moramos aqui nessa região de Itaquiraí, nós entramos aqui e eu não tenho vontade de sair não. Eu tenho cinco filhos, três casados e dois dentro de casa, esses meninos foram criados quase tudo em Itaquiraí; e agora que está tudo acertado, vamos ficar aqui.

Assim, vamos encontrando o papel fundamental que o núcleo familiar ocupa na estruturação da produção camponesa. A expressão "agora que está tudo acertado, vamos ficar aqui" revela muito sobre a lógica camponesa, o estar tudo acertado refere-se à família extensa, ao fato de os filhos, as noras e os genros estarem todos juntos. É também essa lógica que visa à reprodução primeira do gru-

---

60 Santos (1984) apresenta um conjunto articulado daquilo que considera os elementos estruturais da produção camponesa, a saber: a força de trabalho familiar, as práticas de ajuda mútua, o trabalho acessório do camponês, a força de trabalho assalariada, a socialização do camponês, a propriedade da terra, a propriedade dos meios de produção e a jornada de trabalho.

61 Assentado no projeto Indaiá, fev. 2001.

po familiar que o relato do Sr. Barros[62] nos oferece, quando evidencia a ordem moral que comanda suas decisões: " eu já plantei, chorar eu nunca chorei não porque homem não chora, mas já vi companheiro chorar, ele planta uma lavoura, gasta e depois perde ... Eu mesmo paguei 600 cruzeiros num touro e vendi por 500 pra ir lá no banco pagar, então aí atrapalha". Atrapalha porque os preceitos morais ao impedirem que a dívida deixe de ser saldada,[63] mesmo diante da perda da lavoura, têm levado camponeses à expropriação. Além disso, ele revela o plano organizativo camponês centrado na economia defensiva: "Reforma agrária eu entendo é que ela é pra gente sobreviver, não é pra vender, enricar. É por isso que sou contra plantar só capim":

> Meu lote é pequeno, são 10 ha, por isso não quis o bicho-da-seda, tinha que plantar amora, aí só o bicho que ia comer. Divido o lote assim: tem a casa, planto um pouquinho de café pra beber e não comprar, um alqueire e três quartos é pasto, o resto é mandioca e milho pro barracão dos porcos, tem uma horta e um pomarzinho com uns pés de laranja e outras coisas pra abastecê a casa e depois pra ganhar um dinheiro. Porque o nosso problema da reforma agrária eu entendo, é que ela é pra gente sobreviver, não é pra vender, enricar. É por isso que sou contra plantar só capim, porque o leite, um litro de leite hoje está valendo uma pinga, porque uma pinga é R$ 0,25, o cafezinho é R$ 0,25 e o litro do leite por R$ 0,17. Então não tem condições, esse é o problema, a falta de alimento porque no lote você pode comer um frango, um porco e se precisa de um dinheirinho a gente vende o porco e faz um pouco e compra uma roupa, mas a barriga está cheia. É preciso produzir pra comer porque dinheiro a gente não tem, nem vai ter, não tem salário, a aposentadoria é pouco, e, como é dinheiro certo, tem que pagá as dívi-

62 Assentado no projeto Indaiá, fev. 2001.

63 É também essa ética camponesa que faz que os camponeses não figurem entre os clássicos sonegadores do ITR e devedores do Banco do Brasil, embora seus ganhos sejam infinitamente inferiores aos grandes proprietários, responsáveis confessos pelas dívidas do setor agrário.

das certas, a rapaziada não está trabalhando e se fosse só nós dois, a mulher e eu, a gente comia da aposentadoria e dava, né? Mas tem bastante gente, mas vamos levando quando está devendo muito a gente vende uma criação e paga. O problema maior é que dez hectares pra mim é pouca terra, a gente vive dentro dela, mais é pouco e não dá pra fazer aquilo que precisa.

Eu nunca trabalhei coletivo, então não sei se é bom, teve um povo que tentou aqui e não deu certo. Toda vida trabalhei com arrendamento por minha conta, fazia o que queria, eu arrendava a terra e pegava financiamento, pagava renda pro patrão, toda vida nunca me atrapalhei, sempre paguei minhas contas e venho vindo. Só que a gente ficava igual porco, fuçando e comendo, porque porco é assim fuça ali arruma umas coisinhas aí ele come, de lá ele fuça pra cá e tampa aquele lugar lá e nós estávamos assim meio nessa base.

Pra tirar o Brasil da miséria, da danura que está aí, só com a reforma agrária, porque emprego pra esse mundo de gente que tem não existe e a terra tem à vontade, porque os fazendeiros eles não explora a terra, a terra é pra ganhar dinheiro, nós não, nós exploramos a terra e vivemos com ela. Aqui mesmo, desde 1980 nós pagávamos a renda e pronto. Quando nós ficávamos devendo, tinha que trabalhar pra pagar, agora depois que nós pegamos a terra, aí nós tem ganhado mais, a gente recebe ajuda daqui, dali e se segura. No arrendamento não, é três anos a quatro anos, aí terminou aquele, se acha outro perto bom, a mudança em cima do caminhão, então a reforma agrária é a melhor coisa inventada no país, pra mim, né?

A gente quer plantar e produzir senão fica feio, não é fica feio, é que a gente descorçoa, a gente fala porque eu já plantei, chorar eu nunca chorei não porque homem não chora, mas já vi companheiro chorar, ele planta uma lavoura, gasta e depois perde, aí você perde tudo, a força, o dinheiro que gastou em cima ou quando não pagou perde trabalho seu e da família, não é fácil você preparar 2, 3 alqueires de lavoura, quer dizer fácil fazer ele, difícil é quando não dá, é igual nós aqui mesmo pagamos algodão, feijão pro banco sem a lavoura, pois não deu. Eu mesmo paguei 600 cruzeiros num touro e vendi por 500 pra ir lá no banco pagar, então aí atrapalha, a lavoura tem que plantar e produzir seja o que for, senão desanima. Então é isso que precisa ficar melhor, a reforma agrária tem que pegar terra boa. A terra é pra produzir. (Barros)

Esse campo de relações entre família, trabalho e terra que orienta a tomada de decisões do campesinato possui uma coesão, e seu funcionamento gera disposições duráveis que vão ao longo do tempo sendo incorporadas, reconhecidas como o *habitus* camponês.[64] Logo, é a identificação desse princípio unificador das experiências nos mais variados campos (familiar, econômico, político, social, cultural) que produz a possibilidade do *habitus* de classe, isto é, de um sentido, uma comunhão em torno de um destino comum. Dizermos que os sujeitos de uma mesma classe, vivendo as mesmas condições materiais de vida, tendem a produzir e a incorporar as mesmas práticas e representações (formas de agir, organizar-se, pensar) que foram sendo repetidas e acumuladas, não significa dizer que não há espaço para transformações. Bourdieu (1983a) afirma que a permanência e a mudança do *habitus* obedecem à mesma lógica, a de adaptar-se aos acontecimentos e às situações.

Seguindo essa perspectiva da coesão em torno da tríade família, trabalho e terra e apoiando-nos na teoria de Chayanov (1974), observamos que a família camponesa possui uma lógica que opera da família para a terra e não o inverso. Conseqüentemente, o grupo familiar é o campo decisivo, pois é a partir dele que o plano organizativo da unidade camponesa é pensado. Portanto, é a quantidade de bocas e braços existente no grupo familiar que irá direcionar as estratégias (intensificação do trabalho, migração dos filhos, venda/emprego de mão-de-obra, ocupação de novas terras etc.) e também estabelecer a hierarquia na distribuição das tarefas familiares, em que o pai representa o sujeito do poder:

> Vê-se, então, que o significado da terra é o significado do trabalho e o trabalho é o significado da família, como o é, igualmente, a terra enquanto patrimônio. Mais que objeto de trabalho, a terra é o espaço da família. (Woortmann, 1990, p.43)

---

64 Cf. Capítulo 4, no qual discutimos o conceito de *habitus* específico e *habitus* de classe.

O relato do Sr. Araújo[65] retrata um pouco desse ciclo da vida camponesa em que muitos filhos precisam partir para que outros fiquem na terra. É interessante notar que, no início, a família numerosa age para motivar a ocupação de terras; depois, seu excesso em relação ao tamanho do lote é motivo de dispersão do grupo familiar, alguns tomando o caminho da cidade, outros buscando novas terras, por meio do casamento e acampamento:

> Naquela época de 1960, 1962 eu cheguei no Paraná, em 1968 eu vim pra cá [Mato Grosso do Sul], eu tinha onze filhos. Quer dizer que eu, mais a véia e mais os filhos pra trabalhar de bóia-fria não tinha como, aí saiu essa invasão e nós entramos e vamos trabalhando até hoje. Graças a Deus, daqui não pretendo sair. Aqui muita gente que pegou terra vendeu, mas eu não, porque eu sei o quanto eu sofri trabalhando na propriedade dos outros, porque tudo que a gente faz de bom pro patrão o patrão ainda acha que é ruim, então é o meu caso.
>
> Aqui são dez hectares, é pequeno pra minha família. Os meus filhos trabalham quase tudo pra fora, foram embora, tem um casado que mora aqui, tem dois solteiros comigo e os outros que moravam aqui foram tudo embora, porque a área é pequena, não dava pra viver todo mundo. Tem um que está ocupando terra lá em Novo Horizonte [cidade de Novo Horizonte do Sul]. Os outros foram embora pra cidade e trabalham em construção pra lá. O outro meu filho mais velho pegou um lote aqui na barranca também, eu tenho uma filha que tem outro ali também. Nós estamos tudo na força bruta, tudo trabalhando. (Araújo)

Cumpre destacar que o modo de vida camponês tem o trabalho como valor moral, situação a conferir um *habitus* a essa classe; logo, tempo e trabalho possuem uma relação mediada pelo ciclo da vida que em nada se aproxima do tempo taylorista da reprodução do capital. Portanto, o trabalho é concebido como meio de manutenção da vida da família, como possibilidade autônoma de produzir a sua subsistência, por isso o trabalho tem valor moral (cf. Martins, 1989), ou

65 Assentado no projeto Indaiá, fev. 2001.

seja, tem por objetivo garantir a vida e a terra, fonte da vida. Longe disso, nas terras do patrão, ele assume caráter de opressão, de exploração. O trabalho é como um ritual em que os filhos, ainda jovens, são iniciados, convocados a apreender o *habitus* de classe camponesa, o jeito do pai – "você paga uma diária, mas nunca é igual ao pessoal de casa, o diarista nem sempre faz do jeito da gente" –, porque, mesmo quando se intui que a migração do filho seja o futuro próximo, o trabalho no lote cumpre a tarefa de representar o horizonte social e econômico das novas gerações.

> Quando nós viemos pra terra, a minha família era sete filhos mais um casal, dava um total de nove pessoas, nós já tivemos épocas de ficar só o casal. Só duas pessoas é pouco. Acho que foi também por isso que eu me senti muito sozinho, porque na época que nós estávamos em bastante gente sobrava mão-de-obra e aí eu fiquei meio sozinho pra trabalhar na roça, e a esposa dentro de casa não sobra muito tempo pra ela ajudar porque tem que cuidar de casa também, e aí a caçula saiu numa época que eu tinha um plantio de cebola, e ela sempre me ajudava a limpar cebola, então eu me senti baqueado mesmo. Porque às vezes você paga uma diária, mas nunca é igual ao pessoal de casa, o diarista nem sempre faz do jeito da gente, não sei se é porque eu acostumei a trabalhar com a mão- de-obra da gente. Mas é que o diarista não faz igual. (Sales[66])

Paradoxalmente, a concepção de trabalho presente na produção teórica do MST propõe o rompimento com as formas artesanais de produção, isto é, com o *habitus*. No seu lugar, ela sugere a divisão do trabalho em moldes capitalistas (remuneração por horas trabalhadas, trabalho por setor, fiscalização, equiparação do trabalho dos homens, mulheres e jovens, controle do tempo) e, por mais que tente se afastar da lógica do capital propondo a divisão coletiva dos resultados da produção, dela se aproxima porque reduz a família, como na produção capitalista, a uma abstração.

---

66 Assentado no projeto Indaiá, fev. 2001.

> O que precisamos é *superar a mentalidade "grande família"*. Nós levamos para o grupo, a associação e até as cooperativas o jeito de organizar a pequena propriedade. Assumimos uma estrutura nova, mas com o jeito velho. Criamos uma empresa econômica coletiva, onde todos são donos por ser de propriedade social e onde todos trabalham por ser de produção social de bens e de serviços, mas não assumimos a mentalidade empresarial. É o mesmo que ter nas mãos um computador, mas só utilizá-lo como máquina de escrever. (MST, 1993b, p.48 – grifo nosso)

Em conseqüência disso, a proposta cooperativista do MST entra em conflito profundo com a existência camponesa – a sua base familiar. A terra é um patrimônio da família, lugar do sossego, possibilidade imaginária de estar a salvo da sujeição do capital. Nela, os laços comunitários também são uma constante entre os camponeses; no entanto, essa ajuda, seja trocando comida, dias de serviço ou no mutirão, longe de obedecer à racionalidade do mundo do trabalho, como é o caso do trabalho coletivo, obedece a uma ordem moral, ou seja, trabalha-se em conjunto com aqueles que são escolhidos, considerados como extensão da família. Portanto, enquanto nos marcos da produção coletiva não há liberdade, nos da produção camponesa ela acaba sendo o centro, mesmo que imaginário, a conduzir as decisões.

A vida camponesa é prenhe de sentido simbólico, representativo de seus valores, nos quais a casa camponesa é espelho dessa simbologia. Nas paredes das casas visitadas, os santos indicam a religião professada, a padroeira preferida divide espaço com os símbolos da vida simples: fotos da família, um terço, o santinho dos candidatos da última eleição, uma realidade muitas vezes multidimensional em que as interações nem sempre estão claras. Da mesma forma, essa representação tem volume bastante diverso quando adentramos a casa da liderança do Movimento. Na parede, ao contrário dos pertences da família camponesa ou dividindo com essa, estão fotos de revolucionários como Che Guevara, Mao, "santinho" dos candidatos do PT e calendários do MST.

Os camponeses, considerados nesta pesquisa, que lutaram na terra e pela terra a despeito da pecha de individualistas, continuam existindo e resistindo por meio do *habitus* de classe camponesa, que tem permitido a eles repetir e reinventar os condicionamentos, combinando formas novas e velhas de subsistência que inscrevem, no território, o jeito camponês de viver. Destarte, centram a vida na família, no trabalho e na terra; essa última entendida como a possibilidade de realização do trabalho, não da renda, não do lucro médio, mas do trabalho autônomo camponês, contraditoriamente preso e liberto do julgo capitalista.

> A propriedade privada da terra aparece como possibilidade de controle do processo de trabalho, como conjugação dos elementos da produção, que se torna fonte da independência do trabalho. Ao mesmo tempo o trabalho aparece como meio fundamental de ganhar a vida, observando-se, contudo, que o camponês metamorfoseia a necessidade objetiva do trabalho em atividade que subjetivamente motiva admiração e prazer, reiterando a autonomia do seu trabalho. (Santos, 1984, p.174)

Todas as famílias entrevistadas que foram organizadas pelo MST fizeram, em maior ou menor grau, referência ao projeto coletivo do Movimento. Dos comentários apresentados, despertaram atenção especial a percepção e o descontentamento com a figura do *liberto*, ou seja, aqueles militantes escolhidos para darem continuidade à luta política, enquanto os demais se responsabilizam pelo trabalho nos lotes. O relato de Ferrari[67] é representativo dessa estratégia organizativa do MST: "nós temos que nos organizar e cuidar das coisas dele [do assentado liberado para o trabalho político], da vaca dele, do porco dele, da roça dele, isso é o que nós chamamos de cooperação".

> Nós teríamos que ter mais coletivo para estar liberando mais gente, porque um coletivo por conta dele estar associando o capital e estar fazendo divisão das tarefas ele acaba criando uma estrutura que vai facilitar o trabalho e por conta disso ele pode liberar um ou dois. Agora o individual ele tem que cuidar do lote dele, dar resposta pra família

67 Liderança do MST, assentado no projeto Sul Bonito, fev. 2001.

e essa coisa toda, e é aí que nós temos um problema, eu acho que o esforço hoje é fazer com que o nosso assentado ele se dê conta que se essa organização é importante pra ele, ele tem que manter ela, o governo não vai manter ela, Papai Noel não vai manter ela, quer dizer se essa organização é importante pra mim, eu tenho que ajudar a manter ela funcionando de portas abertas, fazendo a organização, fazendo a luta e essa coisa toda. Por outro lado, o grupo enquanto assentamento, digamos assim, precisa discutir lideranças dele, pessoas deles, deles quando eu falo é do grupo ou do assentamento, estar a serviço da organização, não tem outro jeito, e aí nós temos que colocar na ordem, no processo de discussão, não é o assentamento ou o grupo bancar economicamente um salário pro camarada, nós temos que esquecer do dinheiro, nós temos que trabalhar o porquê nós fizemos a reforma agrária, é pra ter a área do cara trabalhar, é pra ter onde ele tirar o sustento da vida dele, então nós não temos como pagar o salário do camarada, nós temos que nos organizar e cuidar das coisas dele [do assentado liberado para o trabalho político], da vaca dele, do porco dele, da roça dele. Isso é o que nós chamamos de cooperação, a cooperação entre a família assentada, que esse eu acho que é a coisa mais bonita que nós temos, que é você pode se solidarizar com a pessoa. Uma boa parte dessa base vai dizer logo de cara que não, eu não vou trabalhar pra esse vagabundo nada.

Em confronto direto com as idéias de Ferrari, o relato da senhora Oliveira expressa a recusa em aceitar a divisão entre trabalho físico e trabalho organizativo – "esse negócio de fica aí hoje fazendo que eu tenho que ir para a cidade" – e, mais, o medo da exploração que o não-respeito à reciprocidade, principio básico das trocas camponesas, anuncia:

Se o outro precisar e chamar, a gente não mede distância, não. Mas esse negócio de coletivo para quando chegar no final dividir tudo, aí não dá não. O negócio é vamos fazer? Vamos. Agora esse negócio de ficá aí hoje fazendo que eu tenho que ir para a cidade, chega amanhã fica aí de novo que eu tenho que ir outra vez na cidade. Geralmente acontece muito isso porque tem os espertalhões que no final, se deixar, pega até mais do que o que trabalhou. Eu não entendo muito bem disso aí não, o que sei é que ajudar o vizinho e ele participar da gente dá certo. (Oliveira)

O principal desafio para o Movimento tem sido contornar a ruptura que se instala entre a situação de acampamento e a vida no assentamento. Sendo assim, não são raros os casos em que no assentamento o grupo perde toda sua organicidade, passando até mesmo a renunciar às formas de luta do Movimento. Acreditamos que parte desses conflitos está ligada à não-observância do *habitus* de classe camponesa. No acampamento, a ênfase dada pelo Movimento à luta pela terra e às condições específicas em que se encontram os sem terra, qual seja, de liminaridade, permite uma homogeneidade de práticas para dentro em relação aos de fora, especialmente no campo simbólico, muito próximas dos *habitus* específicos de grande parcela dos sem terra.

No assentamento, o Movimento, no entanto, muda a ação com vistas a colocar em prática o projeto "político-ideológico" de transformação da sociedade que tem no desenvolvimento das forças produtivas no assentamento o caminho necessário. Conseqüentemente, despreza-se o *habitus* de classe do campesinato ao enfatizar a necessidade de competir no mercado capitalista em oposição à economia e à ordem moral camponesa. A partir daí, o conflito passa a envolver a todos e o *habitus* de classe reage em defesa própria, com a rebeldia que lhe é peculiar, como pudemos observar na história do tempo passado e presente.

Cumpre lembrar que, embora admitamos que os camponeses não são socialmente diferentes, daí a análise pautada por uma possível unidade da classe conferida pelo *habitus* de classe, a sua prática contém a diversidade derivada basicamente das múltiplas estratégias de reprodução impetradas por essa classe como forma de resistir à monopolização do território pelo capital, acrescida do fato de que sua lógica de (re)criação é prenhe de contradições, situação que indica que a unidade somente pode existir se for elaborada no marco dessa diversidade. É, portanto, nessa perspectiva, que analisamos a presença, ainda que ínfima, do trabalho coletivo nos assentamentos, pois, embora em crise e restrito principalmente à liderança, ele resiste como parte desse processo de formação do campesinato brasileiro, muitas vezes redefinindo o espaço camponês historicamente centrado na família, no trabalho e na terra, como que nos alertando acerca dos riscos do discurso homogêneo, das explicações absolutas. É, portanto, em observância a esse alerta que reconhecemos as diversas formas de chegar à terra impetrada pelos sem terra, bem como de resistir na terra, mas com especial atenção para aquelas que se inscrevem naquilo que chamamos *habitus*.

Quando nos referimos à presença menor do trabalho coletivo nos assentamentos, seja ele orientado pelo MST, CUT ou Fetagri, não estamos querendo com isso dizer que os assentados, agora cingidos pelos efeitos identificatórios da luta na terra, desconhecem o processo diverso pelo qual chegaram a ela (inclusive experimentando o trabalho coletivo), muito menos que foram atingidos por um processo novo e, assim como quem muda de roupa, apagaram as marcas na história; ao contrário, é uma identidade ladeada ou sobreposta às muitas diferenças e ambigüidades.

> Graças a Deus, eu sou MST até hoje, às vezes tem um que fica revoltado e diz que não é mais do MST, mas eu sou MST, só que assim participar do trabalho coletivo não deu certo, mas a gente até que tentou no começo quando entrou na terra [pausa]. E das reuniões a gente, não participa devido às dificuldades, a gente tem que cuidar da roça. Quando eles passam convidando, a reunião é lá na cidade, às sete horas da noite, então fica difícil. (Amparo[68])

A territorialização camponesa como distinção e identidade

> *"A unidade das lutas, reivindicações, propósitos, projetos e esperanças dos trabalhadores do campo e da cidade – dos colonos, bóias-fria, clandestinos e fichados, posseiros, operários, dos brancos e*

68 Assentada no projeto Indaiá, fev. 2001.

índios – não pode ser, portanto, uma unidade simplesmente social, como se todos vivessem nas mesmas condições históricas e percebessem do mesmo modo os problemas da sociedade e sua solução. São socialmente diferentes e vêem de modos diferentes a sua libertação e a sua liberdade. Essa unidade somente existirá se for elaborada politicamente, se for unidade da diversidade."
(Martins, 1991, p.20)

"É, pois, essa unidade dialética entre a expansão do latifúndio e da unidade camponesa, entre trabalho assalariado e trabalho familiar camponês, e entre a territorialização do monopólio capitalista e a monopolização de frações do território dominado pelos camponeses que marca a estrutura agrária do Brasil."
(Oliveira, 1994, p.14)

A discussão em torno da territorialização camponesa como distinção e identidade passa, necessariamente, pela definição de território. Nesse sentido, o que define, a nosso ver, o território é a produção que a sociedade faz dele. Logo, a territorialização é o processo contínuo e contraditório de construção do território.

Por conseguinte, concordamos com Oliveira (1999, p.74) quando afirma que o MST conquista frações, ou seja, parcelas do território, e não o território como totalidade histórica, uma vez que esse é uma categoria muito mais ampla, "produto concreto da luta de classes travada pela sociedade no processo de produção de sua existência".

O território, nessa concepção, é compreendido tendo em vista a sua produção, o que retira, por sua vez, a rigidez do conceito, rompendo com proposições que entendem o território como substrato, limitado e limitante. Nas palavras de Oliveira (1992, p.2), o território é

> produto concreto da luta de classes travada pela sociedade no processo de produção de sua existência ... Logo o território não é um *prius* ou um *apriori, mas* a contínua luta da sociedade pela socialização igualmente contínua da natureza. O processo de construção do território é, pois, simultaneamente, construção/destruição/manutenção/transfor-

> mação. É em síntese a unidade dialética, portanto contraditória, da espacialidade que a sociedade tem e desenvolve. (grifo do autor)

O processo de terrritorialização do monopólio capitalista ocorre quando o capitalista é também o proprietário de terra e, portanto, o domínio de parcelas do território pelos camponeses encontra-se bloqueado. Assim, onde há hegemonia da territorialização do monopólio capitalista, não há possibilidade de os camponeses retomarem uma parcela do território, não há organização camponesa desse; logo, não se forma a unidade territorial camponesa, a qual, no caso estudado, refere-se aos assentamentos.

O desenvolvimento das empresas sucroalcooleiras no Estado de São Paulo, principalmente a partir da segunda metade da década de 1970, estudadas por Thomaz Jr. (1988), exemplifica essa territorialização do capital monopolista na agricultura. Em outras palavras, ela é a unificação do proprietário e do capitalista numa mesma pessoa e, portanto, a monopolização por parte do capital do território.

Esse processo de uso monopolista do território, no entanto, comporta muitas nuanças por ter na apropriação da renda da terra o seu baluarte. Dito isso, resta lembrar, portanto, que o capital pode monopolizar o território sem necessariamente territorializar-se, e isso se dá quando o capitalista não é o dono da terra, mas cria as condições para sujeitar a renda da terra, onde aparentemente ela não exista, ou seja, na agricultura camponesa. Por conseguinte, a ação do capitalista sobre o território e, portanto, a apropriação da renda da terra tanto podem estar na produção e circulação, no qual teremos a territorialização e a monopolização, como somente na circulação, em que ocorre apenas a monopolização do território pelo capital. Vejamos como se dá o processo na explicação de Thomaz Jr. (1988, p.102-3):

> A monopolização do território (monopólio na circulação) expressa justamente esse processo de organização e uso do território, por parte do capital industrial. Dessa forma, determinada parcela desse território está sendo ocupada/explorada para a produção de um determinado produto agropecuário, por meio de vários produtores – pequenos e médios, na sua maioria – que, de certo modo, perderam sua autonomia

> econômica e se tornam, quase sempre, dependentes das indústrias processadoras, sendo elas que viabilizam a produção e não os produtores diretos, via de regra.

Podemos entender que o autor se refere, aqui, principalmente àquelas situações a que comumente chamamos de agricultores integrados às indústrias, por exemplo, de fumo, bicho da seda, frango etc. Nesses casos o capitalista não imobiliza dinheiro na compra da terra, ele não se territorializa. O camponês continua dono da terra, e o capitalista, por sua vez, monopoliza o território por meio da sujeição da renda da terra.

Nesse sentido, de monopolização do território por parte das grandes empresas, merece igual destaque a pesquisa de Etges, realizada em 1991, acerca das empresas fumageiras no município de Santa Cruz do Sul/RS. Nesse estudo, a autora desvenda a transferência de renda que se encontra no bojo da relação empresa e camponeses gaúchos:

> É fundamental para as empresas que o produtor de fumo produza a sua subsistência. Ao tornar-se fumicultor, contraditoriamente, tem que continuar produzindo seus alimentos. O fato de ser produtor de fumo não representa a liquidação da sua condição de camponês. Ele tem uma remuneração baixa, via baixo preço pago pelo produto de seu trabalho, ou seja, ele não é remunerado nos níveis que o preço que o produto atinge no mercado permitiria, o que demonstra o processo de transferência de renda do produtor para as empresas. (Etges, 1991, p.164)

Para entender a diferenciação entre a apropriação capitalista e a apropriação camponesa do território, é preciso desvendar a forma como as relações internas estão estruturadas. É preciso, também, entender a diferença entre a territorialização e monopolização do capital e a territorização da luta pela terra.

O interesse maior do capitalista é justamente a acumulação do capital, e não a concentração da propriedade da terra, como já foi mencionado por Martins (1981) ao discutir o crescente interesse do capital pelos projetos de colonização particular, ocorridos na década de 1970, ficando evidente que o capitalista não tinha objeção à pequena propriedade, desde que ela pagasse o tributo, isto é, a renda fundiária.[69] É tendo em vista essa lógica que podemos entender, nos dias de hoje, o interesse dos capitalistas pelo programa Banco da Terra do ex-governo FHC. Como exemplo maior do aval dos proprietários capitalistas a essa política, citamos a venda da Fazenda Itamaraty, situada em Ponta Porã/MS, por R$ 27 milhões, em 2000. Portanto,

> o que temos aí é o capitalista revelando a sua face ocultada pela condição de proprietário. Temos também que o capital concentrado não é incompatível com a propriedade dividida, esta até pode ser condição daquele. (Martins, 1981, p.168)

É necessária a compreensão do processo de formação e reprodução do capital para entendermos o desenvolvimento do capitalismo no campo e, por conseguinte, a ação capitalista sobre o território.

A reprodução do capital é produto de relações capitalistas de produção, baseadas por excelência no trabalho assalariado, logo, na extração direta de mais-valia. Por sua vez, como evidencia Martins (1981), a produção do capital nunca é capitalista, ou melhor, produto de relações tipicamente capitalistas. Portanto, a produção de capital se faz a partir de relações não-capitalistas de produção, dominadas pelo capital como a "produção familiar camponesa" e "a propriedade capitalista da terra".

Para entendermos como se dá a produção de capital a partir dessas relações, é preciso admitir que a propriedade da terra no capitalismo é mais que um instrumento de produção, é uma *relação social* que se fundamenta na extração da renda da terra, na transformação da terra em mercadoria. Entretanto,

> não é só uma relação imediata que se expressa na mercantilização da terra ou no aluguel da terra... É uma relação no sentido que tem a rela-

---

69 No Brasil, a terra concentrada pelos capitalistas define seu caráter rentista (Martins, 1994).

ção social no capitalismo, como expressão de um processo que envolve trocas, mediações, contradições, articulações, conflitos, movimento, transformação. (ibidem, p.169)

Assim, como relação social, ela contém a sua face oculta, já que a renda que ela propicia não se restringe ao pagamento do aluguel da terra. Na realidade, quando o capitalista emprega dinheiro na compra da terra, ele está obtendo o direito de extrair renda da sociedade inteira, renda capitalizada/renda antecipada. Renda que, quando ele for vender a terra, converter-se-á em capital e representará uma parte da massa de mais-valia social, ou seja, trabalho não pago oriundo da sociedade inteira.

Desse modo, a compra da terra é uma das formas de o capitalista se apoderar da mais-valia gerada socialmente e, portanto, produzir capital. O capitalista pode também não querer imobilizar seu capital, retirá-lo do processo social de produção, para comprar terra porque, ao concentrar a terra, ele não está aumentando a capacidade de extrair mais-valia direta, ou seja, do trabalhador, a não ser que ele invista mais capital para fazer a terra produzir explorando mão-de-obra assalariada. Cumpre ressaltar que, no caso da compra de terra pelo capitalista, ocorrerá o processo de territorialização do capital.

Ainda a respeito da produção do capital mediante a recriação contraditória de relações não-capitalistas, encontra-se, como já dissemos, a produção familiar camponesa. A drenagem da riqueza produzida pelo trabalho camponês para as mãos do capitalista ocorre mediante a sujeição da renda da terra, porque, no caso do camponês, ele preserva a propriedade da terra e nela trabalha com a força de trabalho familiar; logo, insere-se no mercado pelo seu produto, pelo trabalho contido no seu produto. Nesse caso, mesmo que haja uma crescente dependência do camponês em relação ao capital, o que ocorre não é a territorialização, mas a monopolização do território pelo capital. Por conseguinte, não ocorre a sujeição real e nem formal do trabalho ao capital.

O que essa relação nos indica é outra coisa, bem distinta: estamos diante da *sujeição da renda da terra ao capital*. Esse é o processo que se

> observa hoje claramente em nosso país, tanto em relação a grande propriedade, quanto em relação à propriedade familiar, de tipo camponês ... O capital tem se apropriado diretamente de grandes propriedades ou promovido a sua formação em setores econômicos do campo em que a renda da terra é alta, como no caso da cana, da soja, da pecuária de corte. Onde a renda é baixa, como no caso dos setores de alimentos de consumo interno generalizado, como os que já foram indicados, o capital não se torna proprietário da terra, mas cria as condições para extrair o excedente econômico, ou seja, especificamente renda onde ela aparentemente não existe. (Martins, 1981, p.175 – grifo do autor)

O acampamento e o assentamento são transformações que o território contém, o que ocorre por meio da territorialização da luta pela terra, e que, portanto, representam uma ruptura no processo de territorização e monopolização do território pelo capital. Assim, quando falamos em territorialização da luta pela terra, estamos, pois, referindo-nos às frações do território conquistadas pelos camponeses, em oposição à lógica de territorialização do capital monopolista, bem como à de monopolização do território pelo capital monopolista. Essa ruptura produz *imagens territoriais* que, se, por um lado, geram distinção em relação à apropriação capitalista, por outro, expressam identidade camponesa. Dizer que o acampamento representa também a territorialização camponesa implica imputar ao território a flexidez no lugar da constância, o movimento no lugar da durabilidade, o que, em última instância, dá-lhe a mobilidade própria do conflito/dinâmica que permeia as relações sociais.

Logo, mesmo que *a posteriori* ocorra a transferência do acampamento para um outro local ou até sua extinção, isso não anula o fato de que em algum momento houve territorialização da luta,[70] basicamente porque estamos trabalhando com a idéia de processo que pressupõe uma ação contínua em direção a um resultado. Nesse sentido, vale a observação de Fernandes (1998, p.33): "A territo-

---

70 É interessante lembrar que certos acampamentos resistem por anos numa demonstração inequívoca da apropriação do território pelos sem terra.

rialização acontece por meio da ocupação da terra. Da ocupação da terra nasceu o MST". Assim a territorialização camponesa não se resume na apropriação da terra, mas no conjunto de ações desencadeadas para esse fim.

A territorialização camponesa se dá pela criação e recriação de formas de produção que possam garantir a continuidade do grupo familiar, mesmo que isso signifique sair de um assentamento e ir para outro, como narra a senhora Santos.

> Quando nós entramos nessa luta por terra, a gente ficou acampada na vila São Pedro, na região de Dourados, isso foi há muito tempo atrás, já faz mais de dezoito anos. Na época, nós fomos pra Campo Grande acampar representando seiscentas famílias. Depois nós fomos para um pré-assentamento, o Padroeira do Brasil, ficamos lá dezessete anos tocando cinco hectares de terra e esperando o lote definitivo de 30 hectares que nunca veio. Na verdade, ficamos dezessete anos acampados porque fiquei debaixo de barraco na Padroeira. Lá meu marido trabalhava para fora de empregado tirando brachiaria nas fazendas, até que chegou o limite e não deu mais para tirar o sustento daqueles cinco hectares, aí a gente largou tudo e veio começar aqui, mas, se tivesse saído nosso lote na Padroeira, a gente não tinha vindo pra cá.
>
> Aqui nesse assentamento no grupo da CUT tem um pedaço coletivo e um individual, já no da COAAMS é 100% coletivo, então no nosso grupo é melhor porque, caso o coletivo não der certo, a gente fica com o individual, então a gente tem o individual pra trabalhar, não vai ser jogado na rua se o coletivo não der certo.

O assentamento é uma parcela do território capitalista apropriada pelos camponeses e organizada segundo uma lógica camponesa, isto é, não-capitalista,[71] que se manifesta no interior da econo-

71 O processo de trabalho camponês é uma relação não-capitalista porque nele não se realizam todas as condições essenciais da relação social de produção capitalista, basicamente pelo fato de os instrumentos de trabalho, dentre eles a terra, não se encontrarem dissociados da força de trabalho. A respeito do assunto, ver Martins (1981), Oliveira (1981) e Santos (1984).

mia e ordem burguesa. Portanto, embora os camponeses participem ativamente da rede de relações que dão configuração à produção e reprodução da sociedade como um todo, inclusive transferindo riqueza, é ao se territorializar, tomando posse de uma fração do território e dando concretude às relações sociais, que eles conquistam a possibilidade de atuar para reproduzir e/ou transformar suas próprias condições sociais e materiais de existência como indivíduo e ser social.

Como unidade territorial camponesa, o assentamento constitui-se a partir de uma determinada ação sobre uma parcela do território responsável por uma certa homogeneidade/coesão das práticas sociais. Assim, o conceito de territorialização permite que desvendemos determinadas práticas sociais circunscritas a frações do território que os camponeses apropriaram. Nesse sentido, a territorialização é o processo que permite que elas se concretizem e é também a condição para que elas existam.

Cabe destacar, como parte das estratégias de "escapar" da sujeição da renda da terra, logo, da monopolização do território pelo capital, a recusa por parte dos camponeses em produzir para o mercado e, até mesmo, como explica Wolf (1979, p.94-5), adotar sistematicamente estratégias de diminuir o consumo, ou seja, a dependência do mercado, porque "a posse da terra permite-lhes, muitas vezes, recolher-se a uma produção de subsistência, toda vez que a conjuntura for desfavorável às suas culturas comerciais". É também, nesse sentido, que Oliveira (1994a, p.21) escreve:

> Entretanto, parece que o rumo a ser trilhado pela agricultura camponesa pode e deve ser outro. Estamos pensando numa alternativa defensiva... Esta alternativa defensiva consistiria na recuperação da policultura como princípio oposto à lógica da especialização que o capital impõe ao campo camponês. A policultura baseada na produção da maioria dos produtos necessários à manutenção da família camponesa. De modo que ela diminua o máximo sua dependência externa. Ao mesmo tempo, os camponeses passariam a produzir vários produtos para o mercado, sobretudo aqueles de alto valor agregado, que garantiria a necessária entrada de recursos financeiros.

A organização do assentamento pode ser entendida como um redimensionamento das relações no campo, o que implica transformação no território, não só no sentido da produção econômica como também nos aspectos simbólicos. A expansão dos assentamentos é a territorialização de relações sociais, econômicas, políticas e culturais, diferentes daquelas que se faziam presente em um dado lugar. Essas relações, por sua vez, garantem a reprodução das famílias assentadas.

Enquanto Thomaz Jr. (1988) e Etges (1991) trabalham a monopolização e a territorialização do monopólio capitalista na agricultura, Fernandes (1994) discute a espacialização e a territorialização das experiências de luta pela terra a partir da formação do MST no Brasil. Para Fernandes (1994, p.113), é a partir do processo de espacialização da luta que o MST se territorializa:

> Espacializar é registrar no espaço social um processo de luta. É o multidimensionamento do espaço de socialização política. É "escrever" no espaço através de ações concretas, como manifestações, passeatas, caminhadas, ocupações de prédios públicos, negociações, ocupações e reocupações de terras, etc. É na espacialização da luta pela terra que os trabalhadores organizados no MST conquistam a fração do território e, dessa forma, desenvolvem o processo de territorialização do MST.

Nesse sentido, a espacialização é anterior à territorialização, todavia, como processos constituintes da luta pela terra, encontram-se interligados e são elementos do espaço de socialização política. Ainda para o autor, a luta pela terra propicia a territorialização porque a conquista de um assentamento implica, necessariamente, no caso do MST, desdobramentos que, na maioria das vezes, levam à conquista de novas frações do território, isto é, de outros assentamentos. Vejamos, nas palavras de Fernandes (1998, p.33):

> Territorialização é o processo de conquista da terra. Cada assentamento conquistado é uma fração do território que passa a ser tra-

> balhado pelos sem terra. O assentamento é um território dos sem terra... Se cada assentamento é uma fração do território conquistado, a esse conjunto de conquistas, chamamos de territorialização. Assim, a cada assentamento que o MST conquista, ele se territorializa. E é exatamente isto que diferencia o MST dos outros movimentos sociais. Quando a luta acaba na conquista da terra, não existe territorialização...

A afirmação de Fernandes de que não há territorialização quando a luta termina na conquista da terra abre um leque de possibilidades de entendimento sobre o que é dar continuidade à luta, até porque há diversos significados para a palavra luta entre os próprios trabalhadores; e, mais, formas também distintas de contribuir para o avanço da luta pela terra, sem necessariamente passar pela participação direta no MST, na CUT ou na Fetagri. Com isso, queremos dizer que territorialização é o processo desencadeado no sentido da conquista de parcelas do território e que ela compreende todas as formas de luta vivenciadas por esses agentes.

A territorialização camponesa não é, portanto, "propriedade" exclusiva do movimento que os organiza na luta, mas processo desencadeado pela luta de classe dos camponeses na sociedade capitalista. Marcamos essa diferenciação de entendimento em relação a Fernandes, em virtude das inúmeras situações encontradas em que nos é narrada a doação de alimentos para acampamento, a ocupação da prefeitura de Bataypora depois de um longo período de ausência de organicidade no assentamento e a participação em caminhadas, seminários etc., que impedem o enquadramento rígido no sentido de dizer que este ou aquele assentamento/assentado ficou apenas na conquista da terra, o que ocorre fundamentalmente porque são pessoas de *carne* e *osso;* logo, portadoras de potencialidades e possibilidades de fazer, a qualquer momento, uma nova história.

É por meio do trabalho camponês, o qual se configura numa relação não tipicamente capitalista, que se dá a produção e reprodução dessa parcela do território conquistada como assentamento.

Assim, tendo como lógica interligada e nucleante a tríade família, trabalho e terra, o campesinato orienta-se a partir de uma economia e ordem moral,[72] em que a troca fundamenta-se em valores tradicionais como a reciprocidade. Sua sociabilidade passa necessariamente pela terra como propriedade familiar livre, vivificada pelo *habitus* que faz dela *morada da vida* em aberto conflito com a terra mercadoria, ou melhor, com a propriedade capitalista.

Nesse sentido, as relações sociais estabelecidas nessa fração do território são outras, a liberdade almejada é outra; logo, diversa da liberdade econômica burguesa, porque se assenta na autonomia do trabalho camponês regido pelo tempo da comida e da fartura, pela busca de equilíbrio entre o número de braços e de bocas na família camponesa, em que a taxa de lucro médio não é o horizonte no qual se move essa economia. É, portanto, a materialização dessa lógica de reprodução das condições de vida e de trabalho do grupo familiar, diversa, portanto, da reprodução capitalista, que se assenta fundamentalmente na produção de mais-valia, na exploração do trabalho de *outrem,* que definimos como territorialização camponesa.

> O povo fala: "Ah, depois de velho querer terra para trabalhar, deixa para os filhos". Mas quem quer trabalhar, quem tem vontade de ter um pedaço de terra e trabalhar nele não tem idade, a gente que é acostumado no serviço, no trabalho, de ver fartura, ver roça, ver terra tombada é muito importante. Eu estou vendo aquela terra gradeada lá, vixe, pra mim já é bonita eu ver uma terra com trator trabalhando e saber que vai plantar. Por isso, eu falo, pra mim é muito importante a terra para trabalhar. (Silva)

72 Thompson (2002) chama de economia moral o conjunto de códigos que permitem a identidade social, orientando os agentes nas condutas entre si e na relação com os considerados de fora. Nesse sentido, a reciprocidade seria um elemento fundamental desse sistema de códigos, tanto para representar a coesão como para provocar a rebelião diante da violação dessas normas.

Entrementes, a territorialização da luta como processo desencadeado pelos camponeses para conquista de frações do território contém sua face contraditória: ao conquistar o pedaço de chão e trabalhar na terra com sua família, o assentado passa a viver uma situação contraditória, em que é, ao mesmo tempo, proprietário de terra e trabalhador. Portanto, a ambigüidade, como expressão social dessa contradição, marca sua existência social e será, muitas vezes, responsável por suas oscilações, inclusive políticas.

Desse modo, tratá-lo unicamente como trabalhador ou proprietário puro, ou seja, capitalista, é um engano, porque ele vive uma dupla e contraditória situação (Martins, 2002-2003).

Isso não encerra as possibilidades de um sentido de classe, de um *habitus* de classe camponesa que se manifesta na manutenção de seu modo de vida. Em última instância, a construção de sua identidade de classe resulta da manifestação das contradições do capital que, ao invadir seu mundo, seja para expropriá-lo da terra seja para sujeitar a renda, ilumina a ambigüidade camponesa, e ele, o camponês, pode se descobrir como parte de uma classe. Portanto, sua recusa em sair da terra, mesmo quando trabalha no prejuízo, contém em germe o anticapitalismo, por ser a única classe que ainda pode visualizar e lutar contra a desumanização do capital em sua totalidade e, por isso, superar suas contradições.

Considerações Finais

"A união e a força dos lavradores do campo não vêm de dentro da sua condição social. O lavrador que trabalha isoladamente com a sua família não tem possibilidade de perceber a extensão social e a força política de todos os lavradores da sua sociedade. Somente quando o capital, de fora da sua existência, invade o seu mundo, procura arrancá-lo da terra, procura transformá-lo num trabalhador que não seja proprietário de nada além da força dos braços, somente aí é que as vítimas dessa invasão, dessa expropriação, podem se descobrir como membros de uma classe. Essa descoberta se dá pela mediação do capital. É o que está acontecendo em nosso país."
(Martins, 1991, p.16-7)

"A aliança política entre trabalhadores assalariados e camponeses não pode mais ser pensada na perspectiva da hegemonia política pura e simples dos primeiros sobre os segundos, e muito menos no sentido inverso. Ela deve nascer da compreensão de suas diferenças, e do direito mútuo de cultivá-las."
(Oliveira, 1994, p.22)

O estudo da (re)criação camponesa no Mato Grosso do Sul implicou necessariamente considerar não só as ações resultantes desse processo, mas o significado da luta para seus agentes. Logo, lutar pela terra é muito mais que a conquista de um pedaço de chão.

SOMOS
FORTES
SOMOS
CUT

A situação conflitiva vivenciada pelos camponeses na busca do retorno a terra é uma luta pela (re)criação de sua condição de classe *sui generis*, uma classe cuja natureza econômica e social encontra-se alicerçada na contradição: é formada por sujeitos que são, ao mesmo tempo, proprietários de terra (e dos meios de produção) e trabalhadores; porém, um trabalhador diferente do operário porque não se defronta cotidianamente com a exploração de seu trabalho e com os mecanismos de ocultamento/alienação próprios dessa condição. O camponês sabe que o trabalho pertence ao próprio trabalhador, e é nesse saber que se funda sua autonomia e, contraditoriamente, sua oposição à propriedade capitalista, como explica Martins (1989, p. 21-2):

> A nova cultura está centrada no trabalho (e suas dificuldades) e não na propriedade de quem trabalha e na contestação do cativeiro, na concepção de direitos produzidos pelo trabalho. Com a crise da dominação pessoal, ocorreu uma restituição do trabalho a quem trabalha. Embora uma ficção, ela se mantém pela marginalização e exclusão dos expulsos e despejados. Nos movimentos sociais dos últimos anos, a condenação da propriedade, que excede as necessidades de quem a tem, deriva da privação de trabalho que ela impõe aos que dela precisam para trabalhar. Privação que aparece como privação do direito à vida.

Nesse sentido, cabe ainda acrescentar que os camponeses não lutam e nem entendem a luta a partir de um mesmo formato, e, mais, essa distinção não anula sua identidade como classe. Com certeza, esse entendimento é a contribuição mais almejada por esta pesquisa.

Na beira das estradas, no sindicato, trabalhando de parceria ou como empregado do fazendeiro, o sem terra quer ser proprietário familiar e ter um pedaço de chão para *ficar em cima*, ele deseja se reproduzir como camponês, dentro da lógica que conhece. Lógica interna que não precisa do *outro*, do diferente, porque ela tem seus fundamentos na comunidade local, na liberdade, no trabalho familiar, na autonomia. Ao seguir e ser seguido pela herança da terra, ou seja, pelo *habitus*, o herdeiro vai abrindo espaço para que, enfim, um tome posse do outro. Na luta dos posseiros na Amazônia, Martins (1981, p.131) já escrevia:

> a pedra de toque está na terra, mas há este outro elemento, ideológico, que marca muito a existência e os movimentos dos posseiros que é o problema da sua liberdade, a sua liberdade de trabalho familiar, a sua liberdade de trabalho autônomo, a sua liberdade de locomoção, a sua liberdade de decisão.

Sua luta, em princípio, não é pela transformação do capitalismo – a não ser como potencialidade –, mas para a realização de seu modo de vida, modo de vida ambíguo que será plenamente vivenciado quando da conquista da terra. Modo de vida no qual lugar de morada e de trabalho, entre outras coisas, será parte indivisa de um único ser social: o camponês.

Por sua vez, o *habitus* específico lhe confere opções de luta intimamente relacionadas com sua história fora e dentro da terra; porém, esse *habitus* específico e as estratégias de distinção geradas por ele não impedem a possibilidade de um sentido de classe, ou melhor, de uma classe de *habitus* a lhe conferir uma direção comum, um *estilo*. Dito de outra forma, a opção de ocupar, acampar ou trabalhar coletivamente não pode ser considerada um divisor de águas do campesinato, é apenas a diferenciação contida no *habitus* se pronunciando. Desse modo, esses sujeitos não deixam de ter um sentido de classe camponesa com sua singularidade e especificidade, porque uns cortaram a cerca e outros não. É, portanto, uma *identidade tecida ao lado de uma gama de outras diferenças*.

Ao afirmarmos que o campesinato, ao lutar por terra, não está lutando necessariamente pela destruição do capitalismo, estamos querendo dizer que a situação econômica e histórico-social da classe camponesa não permite que se atinja de forma clara, por esse caminho, a resolução da contradição maior do capital que se centra na produção coletiva da riqueza *versus* sua apropriação individual, basicamente porque esse embate é típico do enfrentamento entre capital e trabalho.

Essa impossibilidade se dá basicamente porque a classe camponesa não é uma classe "pura". Embora seja também discutível o critério de pureza da classe, fundamentalmente porque ele tem se dado com base na posição no processo de produção; isto é, nas relações econômicas, assumimos essa caracterização em virtude da singularidade do campesinato. Ou seja, é a única classe que detém o bem finito, terra (é proprietária) e o controle da força de trabalho (é trabalhadora), o que, por sua vez, lhe confere uma situação dupla, desprovida de pureza no processo de produção.

Esse caminho também encontra respaldo no fato de autores marxistas, como Lukács (1974), afirmarem que a divisão da sociedade em classes dever ser definida pela posição dos homens no processo de produção e, mais, destacar a importância dessa consideração para a discussão da consciência de classe, essa entendida essencialmente como a reação adequada que corresponde à situação objetiva de classe.[1]

Isso não significa que estamos reduzindo o ir-e-vir da história às determinações de classe do modo capitalista de produção; apenas que as relações econômicas, embora interajam com os demais campos da vida social, como o cultural, político, simbólico, na determinação das classes têm, na maioria das vezes, ascendência.

Voltando ao debate da classe, a dupla e contraditória situação do campesinato em relação ao processo produtivo gera conseqüentemente uma consciência de classe ambígua – expressão social dessa contradição. Logo, como proprietário, pensa na terra e nos frutos dela, mas, como trabalhador, também pensa, o que, em última análise, gera conflito em relação ao conhecimento claro de sua situação de classe, portanto de sua consciência de classe (Martins, 2002-2003). Por conseguinte, seus interesses na esfera econômica nunca se revelam nitidamente; na realidade, eles tendem a se apresentar de forma mística porque mesclados aos elementos religiosos, simbólicos, cul-

1 Lukács credita a Marx essa interpretação, a despeito de o capítulo que trata com exclusividade do problema das classes ter sido interrompido quando ele inicia a discussão acerca da determinação de classe.

turais, políticos. Dito de outra maneira, a ambivalente posição de classe do camponês dá uma idéia confusa de sua situação histórica e social no processo de produção capitalista e, por conseguinte, dificulta a possibilidade da consciência do fundamento econômico das relações sociais.

Os camponeses, de forma geral, vivem uma situação de autonomia em relação à forma organizacional de diferentes sociedades, expressa, sobretudo, na capacidade para suprir suas necessidades alimentares, o que tem despertado histórica incompreensão e intolerância, particularmente dos Estados capitalistas e das recentes experiências socialistas.

O camponês, entretanto, não pertence a uma sociedade pré-capitalista, já que não vive como autarquia econômica, não desempenhando nenhum papel na vida econômica do conjunto da sociedade. Na verdade, sua autonomia e sua liberdade manifestam-se como contradição no processo do capital, sua (re)criação segue uma lógica inscrita nas próprias necessidades do capital, já que vive cotidianamente a transferência de riqueza que a sujeição da renda da terra determina. A compreensão e superação da sua situação social não vêm, portanto, de dentro de sua condição contraditória de classe. É somente quando o capital procura transformá-lo num trabalhador para o capital, um expropriado da terra e vendedor apenas da força de trabalho que ele pode desnudar sua consciência ambígua e se ver plenamente como *classe para si*. Assim, o anticapitalismo do camponês nasce contraditoriamente da sua própria dubiedade como classe; portanto, se a ambigüidade tem sido o limite da consciência de classe, ela também é prenhe de potencialidades.

A luta constante por estratégias de reprodução em consonância com a lógica interna do mundo camponês, *vis-à-vis* a lógica capitalista, que procura fazer dele exclusivamente uma determinação, uma necessidade do capital, tem contribuído para a diferenciação do campesinato. No caso dos assentamentos pesquisados, a diferenciação tem ficado, infelizmente, por conta do predomínio do circuito da pobreza, em que uma maioria se vê numa situação de renúncia à renda da terra a que teria direito como proprietária, reproduzindo-se quase exclusivamente dentro da lógica de perda, em que a reposição dos meios de produção tem se dado, em grande parte, pelos diversos subsídios governamentais, e não-governamentais que chegam ao assentamento.

Isso posto, seguimos afirmando que o camponês não vive na busca de superação de sua situação dupla. Ao contrário, peleja para tentar harmonizá-la, o que, por vezes, o leva a lutar alternadamente numa ou noutra direção do conflito de classes, por se ver, na maioria das vezes, impossibilitado de se organizar pautado pelo seu próprio interesse que, na essência, é contraditório. Ação, por sua vez, que tem lhe rendido o título de conservador. Assim, por um lado, muitas vezes apóia movimentos em defesa da propriedade e cobra da sociedade a renda da terra que tem direito como proprietário; por outro, insubordina-se quando, como trabalhador, planta, colhe e vende, e, mesmo não tendo seu "salário" tomado concretude e se destacado dos demais custos de produção, percebe a transferência de riqueza por meio do produto de seu trabalho no mercado, porque os preços pagos, muitas vezes, não cobrem as despesas.

Já o proletário, ao lutar contra a exploração capitalista, tende a descobrir e a colocar em questão o conjunto do processo de coisificação que torna tudo e todos equivalentes de mercadoria. Logo, para libertar-se da exploração, tem que libertar a sociedade inteira. Para o camponês, ao contrário, sua luta não pode necessariamente revelar a essência da reprodução capitalista: a exploração do trabalho (Martins, 2000b).

Cabe explicar que não se trata aqui de admitirmos, por um lado, a existência da classe camponesa (classe em si) e, por outro, negarmos sua consciência de classe (classe para si), até porque, na perspectiva de Thompson (1998), seria uma interpretação destituída de significado. Nesse sentido, vejamos o que esse mesmo autor nos diz acerca da problemática da classe e da consciência de classe: "Uma classe não pode existir sem um tipo qualquer de consciência de si mesma. De outro modo, não é, ou não é ainda, uma classe. Quer dizer, não é 'algo' ainda, não tem espécie alguma de identidade histórica" (ibidem, p.105).

Concordamos com Thompson quando ensina que atribuir o termo classe a um grupo privado de consciência de classe é anular a classe como categoria histórica, construída ao longo do tempo pela regularidade de resposta das pessoas em situações análogas, uma vez que é no decurso de tal processo de luta que se descobrem a si mesmas como uma classe, vindo a desvendar a consciência de classe. Desse modo, a formação da classe e da consciência de classe são faces de um mesmo processo. Acreditar no contrário é criar um modelo de desenvolvimento da classe por etapas, em que a consciência seria uma espécie de derivação da etapa superior da classe.

Estamos, portanto, concebendo o campesinato como classe com consciência de classe. No entanto, uma consciência de classe que se expressa por meio da ambigüidade, em virtude de que o camponês vive uma dupla e contraditória situação: é proprietário e trabalhador. Essa ambigüidade, contudo, não representa um fim em si mesmo, não é o final da história. A permanência de traços conservadores e também radicais no *habitus* camponês abre possibilidades para a luta anticapitalista quando este se vê claramente numa situação de oposição ao capital.

Desse modo, necessário se faz marcarmos o contraponto em relação ao pensamento de Martins (2002a), quando escreve que as populações camponesas, mesmo protagonizando movimentos sociais, são incapazes de se expressar como *classe para si*, são no máximo uma *classe em si*. Para Martins (2002a, p.100), essa impossibilidade de ter uma consciência de classe faz que, no limite, o campesinato se manifeste contra seu perecimento e não contra a transformação do capitalismo:

> Como classe social, o campesinato é *classe em si*, que nessa condição pode ser observada objetivamente ... Embora sua vivência dramática, e não raro trágica, permita aos membros dessa classe uma aguda consciência crítica do que a expansão territorial do capitalismo representa para os camponeses e o que é, de fato, como fenômeno histórico, o *campesinato, em princípio, não tem como se constituir em classe para si*. Isto é, classe social dotada de consciência de *classe*. Não tem, porque sua existência social não é constitutivamente mediada pelas

abstrações próprias da igualdade formal do mundo da mercadoria, em que a força de trabalho tenha sido convertida, ela própria, em mercadoria. (grifo do autor)

É o próprio Martins, paradoxalmente, quem nos dá os elementos para pensarmos no contraponto, isto é, na possibilidade da consciência de classe do campesinato, embora uma consciência ambígua própria de um ser social dúplice. Isso acontece quando o autor em questão aponta em seus escritos que a luta pela terra difere da luta entre o capital e o trabalho, porém que essa diferença não significa que o campesinato não pode ser o protagonista de conflitos abrangentes e anticapitalistas. Ao contrário, é a classe que ainda pode lutar para não viver a expropriação, ou seja, não experimentar a desumanização do capital em sua totalidade.

Cumpre então reafirmar nosso entendimento dessa situação de ambigüidade que marca a trajetória camponesa: por um lado, luta por valores considerados conservadores ligados à reprodução de sua condição de proprietário de terra; por outro, luta contra as diversas formas de drenagem da renda fundiária, que ocorre na circulação dos produtos do seu trabalho e contra a ameaça de expropriação. Essa última possibilidade contém em germe a luta anticapitalista, porque, para não experimentar sua finitude, o camponês se opõe à produção e à expansão territorial do capital denunciando a destruição de seu modo de vida e revelando, nesse conflito, para si e para as demais classes, sua oposição ao capital e, assim, sua consciência de classe desnudada. Estamos nestas considerações nos referindo não apenas ao *habitus* de classe, mas à consciência de classe, ao momento do salto qualitativo.

É, portanto, essa radicalidade contida na sua ambigüidade que representa a potencialidade camponesa (digo política). Ou seja, por ser, ao mesmo tempo, conservador e radical, ele cria a possibilidade, ao ser radical, de abrir brechas de enfrentamento ao capital e a seu processo de desumanização.

Ao lutar contra a expansão territorial do capital, os camponeses vão desenhando a apropriação camponesa do território. Essa apropriação tem sido, entretanto, enquadrada pelo Estado por meio de termos que não encontram significado no modo de vida desses homens e mulheres do campo. Assim, terminologias como assentamento, agrovila e lote mais escondem do que revelam a territorialização camponesa, porque foram gestadas externamente ao mundo camponês. Por conseguinte, à medida que os camponeses assentados vão consolidando a teia de relações, na qual sustentam sua sociabilidade, outros termos diretamente relacionados a seu *habitus* de classe são acionados em substituição à linguagem oficial do Estado. Desse modo, não raro, o sítio toma lugar do lote e o nome toma lugar do número; a agrovila passa a ser apenas a vila ou o centro do bairro rural, um ponto de encontro. Lugar para onde se vai pouco, apenas em caso de precisão e de festa.

O assentamento vai sendo concebido a partir da sua apropriação, que espelha a unidade construída pela identidade de luta, pelas diversas lutas de seus agentes, uma unidade que visa proteger os de "dentro" pela distinção dos de "fora", mais especificamente daqueles que se opõem ao mundo camponês. Nessa unidade territorial, todos se conhecem, do vizinho mais próximo ao mais distante se tem sempre uma história para contar e um apelido a revelar, sabem também daqueles que partiram para outros assentamentos na busca por terra, são seus filhos, são filhos do vizinho, são sem terra do acampamento que a fome ajudou a matar. Dizer que aqui e ali há um assentamento conta muito pouco dessa história de reciprocidade e de desencontro, de libertação e de aprisionamento, dessa consciência conservadora e radical que, na luta pela (re)criação camponesa, resiste a tudo que nega o não-camponês e que, por isso, coloca em questão a sociedade inteira.

Referências Bibliográficas

ABBAGNANO, N. *Dicionário de filosofia*. São Paulo: Martins Fontes, 1999.

ABRAMOVAY, R. "Nova forma de luta pela terra: acampar". *Revista ABRA (Campinas)*, ano 15, n. 2, maio-jul. 1985.

______. *Paradigmas do capitalismo agrário em questão*. São Paulo: Hucitec, 1992.

______. "O mundo desencantado dos assentamentos". In: MEDEIROS, L. et al. (Org.). *Assentamentos rurais*: uma visão multidisciplinar. São Paulo: Editora Unesp, 1994.

______. "Agricultura familiar: a base da valorização do meio rural". In: XXVI Congresso Brasileiro de Ciência do Solo. Relação de trabalhos. Rio de Janeiro, 1997. 1 CD-ROM.

ALMEIDA, I. A. de. "Liberdade e poder em Marx e Bakunin". *Revista de Pós-Graduação em História (Assis)*,v.7, p.207-22, 1999.

ALMEIDA, R. A. *A conquista da terra pelo MST – Movimento dos Trabalhadores Rurais Sem-Terra no Pontal do Paranapanema*: as ocupações das fazendas São Bento e Santa Clara. Presidente Prudente, 1993. Monografia (Bacharelado em Geografia apresentada à Faculdade de Ciências e Tecnologia da Universidade Estadual Paulista).

COOPRESUL
COPAV
COPAV

ALMEIDA, R. A. *Diferentes modos de organização de explorações familiares no Pontal do Paranapanema*: reassentamento Rosana e assentamento Santa Clara. Presidente Prudente, 1996. Dissertação (Mestrado em Geografia) – Faculdade de Ciências e Tecnologia, Universidade Estadual Paulista.

______. "Análise preliminar da assistência técnica nos assentamentos de reforma agrária do Estado de Mato Grosso do Sul". *NERA*: Núcleo de Estudos, Pesquisas e Projetos de Reforma Agrária. Presidente Prudente: UNESP, n.3, p.58-67, jul. 2000.

______. "Mobilidade social e a questão territorial: mais do que um ir e vir". *Revista Formação (Presidente Prudente)*, v.2,n.9, p.207-28, 2002.

ALVES, G. L. "Mato Grosso e a história: 1870-1929 (Ensaio sobre a transição do domínio da casa comercial para a hegemonia do capital financeiro)". *Boletim Paulista de Geografia* (*São Paulo*), n.61, 1984.

AMADO, J. "Eu quero ser uma pessoa: revolta camponesa e política no Brasil". *Revista Resgate* (*Campinas*), n.5, 1993.

AMIN, S., VERGOPOULOS K. *A questão agrária e o capitalismo*. 2.ed. Trad. Beatriz Resende. Rio de Janeiro: Paz e Terra, 1977.

ARENDT, H. "A teia de relações e as histórias humanas". In: ______. *A condição humana*. Trad. Roberto Raposo. Rio de Janeiro: Forense Universitária, 2000. p.194-200.

BATISTA, L. C. *Brasiguaios na fronteira*: caminhos e lutas pela liberdade. São Paulo, 1990. Dissertação (Mestrado em Geografia) – Faculdade de Filosofia, Letras e Ciências Humanas, Universidade de São Paulo.

______. "Processo de organização do espaço agrário do Mato Grosso do Sul". *Cadernos de Formação* (*Campo Grande*), UFMS, 1995.

BAUDRILLARD, J. *A sombra das maiorias silenciosas*: o fim do social e o surgimento das massas. São Paulo: Brasiliense, 1985.

BENJAMIN, W. "Teses sobre filosofia da história". In: ______. *Sociologia*. São Paulo: Ática, 1991. p.153-64.

BERGAMASCO, S. M. P. P. "Ontem e hoje, a difícil realidade dos assentamentos rurais". *Reforma Agrária* (*Campinas*), v.22, n.3, p.36-45, 1992.

BETTO, Frei. "A prática dos novos valores". In: *Consulta popular*. Cartilha n.9. São Paulo: Secretaria Operativa da Consulta Popular, 2000.

BIANCHINI, O. da C. D. *A Companhia Matte Laranjeira e a ocupação da terra do sul de Mato Grosso*: (1880-1940). Campo Grande: UFMS, 2000.

BITTAR, M. *Mato Grosso do Sul*: do estado sonhado ao estado construído (1892-1997). São Paulo, 1997. Tese (Doutorado em História) – Faculdade de Filosofia, Letras e Ciências Humanas, Universidade de São Paulo.

BOBBIO, N. (Org.) *Dicionário de política*. 4.ed. Tra. Carmem C. Varriale. Brasília: Editora da UnB, 1992.

BOFF, L." Saber cuidar: a ética do humano". In: *Consulta popular*. Cartilha n.9. São Paulo: Secretaria Operativa da Consulta Popular, 2000.

BOGO, A. *A formação ideológica dos camponeses*. Bahia, 1998. (Mimeogr.).

______. *Lições da luta pela terra*. Salvador: Memorial das Letras, 1999.

______. "Valores que deve cultivar um lutador do povo". In: *Consulta popular*. Cartilha n.9. São Paulo: Secretaria Operativa da Consulta Popular, 2000.

______. "Seminário realizado em Maringá/PR, em 18.7.2001". (Transcrição *ad literam* retirada da gravação da palestra). (Mimeogr.).

BOLETIM DO DESER. *Conjuntura Agrícola*. Curitiba, n.116, Dez. 2000.

BORGES, M. C. *Movimentos sociais nos campos do Pontal do Paranapanema*: um estudo de caso da Gleba Ribeirão Bonito (1970-1980). Assis, 1996. Dissertação (Mestrado em História) – Universidade Estadual Paulista.

BORGES, M. S. L. *Terra – ponto de partida, ponto de chegada*: identidade e luta pela terra. São Paulo: Anita Garibaldi, 1997.

BOSI, E. "Sobre a cultura das classes pobres". In: ______. *Cultura de massa e cultura popular*. 5.ed. Petrópolis: Vozes, 1981. p.13-23.

______. "Cultura e desenraizamento". In: BOSI, A. *Cultura brasileira*: temas e situações. 2.ed. São Paulo: Ática, 1992. p.16-41.

BOURDIEU, P. *Questões de sociologia*. Trad. Jeni Vastsman. Rio de Janeiro: Marco Zero, 1983a.

______. *Sociologia*. São Paulo: Ática, 1983b. (Coleção Grandes Cientistas Sociais, 39).

BOURDIEU, P. "Campo do poder, campo intelectual e *habitus* de classe". In: ______. *Economia das trocas simbólicas*. 3.ed. São Paulo: Perspectiva, 1992. p.183-202.

______. "Compreender". In: ______. (Org.) *A miséria do mundo*. Petrópolis: Vozes, 1997.

______. *O poder simbólico*. Trad. Fernando Tomaz. 3.ed. Rio de Janeiro: Bertrand Brasil, 2000.

______. *Escritos de educação*. Organizadores Maria A. Nogueira e Afrânio Catani. 3.ed. Petrópolis: Vozes, 2001.

BRANDÃO, C. R. (Org.) *Repensando a pesquisa participante*. São Paulo: Brasiliense, 1987.

______. *O trabalho de saber*. Porto Alegre: Sulina, 1999.

CALDART, R. *Pedagogia do Movimento Sem-Terra*: escola é mais do que escola. Petrópolis: Vozes, 2000.

CANDIDO, A. *Os parceiros do Rio Bonito*: estudo sobre o caipira paulista e a transformação dos seus meios de vida. 6.ed. São Paulo: Duas Cidades, 1982.

CAPEL SAEZ, H. *O nascimento da ciência moderna e a América*. Maringá: UEM, 1999.

CARDOSO, C. F. S. *Escravo ou camponês?* São Paulo: Brasiliense, 1987.

CARVALHO, H. M. *A questão agrária e o meio ambiente*. Curitiba, junho de 1992. (Mimeogr.).

______. "Formas de associativismo vivenciado pelos trabalhadores rurais nas áreas de reforma agrária no Brasil". Curitiba, agosto de 1998. Disponível em <http://www.dataterra.org.br/documentos/horacio.htm>. Acesso em: 10.9.2002.

______. *A interação social e as possibilidades de coesão e de identidade sociais no cotidiano da vida social dos trabalhadores rurais nas áreas oficiais de reforma agrária no Brasil*. Curitiba, 1999. (Mimeogr.).

______. *Causas estruturais da crise de identidade dos pequenos produtores rurais familiares*. Curitiba, 2000. (Mimeogr.).

______. "A emancipação do movimento no movimento de emancipação social continuada [resposta a Zander Navarro]". In: SANTOS, B. de S. (Org.) *Produzir para viver*: os caminhos da produção não capitalista. Rio de Janeiro: Civilização Brasileira, 2002. p.233-60.

CHAUÍ, M. *Conformismo e resistência*. 6.ed. São Paulo: Brasiliense, 1994a.

CHAUÍ, M. *Convite à filosofia*. São Paulo: Ática, 1994b.

CHAUÍ, M. et al. *Primeira filosofia: lições introdutórias. 6.ed. São Paulo: Brasiliense, 1986.*

CHAVES, C. de A. *A marcha nacional dos sem-terra*: um estudo sobre a fabricação do social. Rio de Janeiro: Relume Dumará, 2000. (Coleção Antropologia da Política, 9).

CHAYANOV, A. V. *La organización de la unidad económica campesina*. Bueno Aires: Nueva Visión, 1974.

______. "Sobre a teoria dos sistemas econômicos não capitalistas". In: SILVA, J. G., STOLEKE, V. (Org.) *A questão agrária*. Trad. Edgard Afonso Malagodi et al.. São Paulo: Brasiliense, 1981. p.133-63.

CHEPTULIN, A. *A dialética materialista*: categorias e leis da dialética. Trad. Leda Rita Cintra Ferraz. São Paulo: Alfa-Ômega, 1982.

COMERFORD, J. C. *Fazendo a luta*: sociabilidade, falas e rituais na construção de organizações camponesas. Rio de Janeiro: Relume Dumará, 1999. (Coleção Antropologia Política, 5).

COMISSÃO PASTORAL DA TERRA (CPT). História – Comissão Pastoral da Terra/Mato Grosso do Sul (1978 – 1992). Campo Grande/MS, 1993.

______. *Conflitos no campo – Brasil 2001*. Coordenação de Antonio Canuto e Cássia R. da S. Luz. Goiânia: Loyola, CPT Nacional, 2002. p.150.

COMTE, A. *Curso de filosofia positiva*. Discurso preliminar sobre o conjunto do positivismo. catecismo positivista. Trad. José A. Giannotti e Miguel Lemos. São Paulo: Nova Cultural, 1996. 336p. (Coleção Os pensadores).

CORRÊA, R. L. *Região e organização espacial*. 4.ed. São Paulo: Ática, 1991.

CORTEZ, C., SILVA, E., TAQUES, L. *A travessia do Rio dos Pássaros*: ocupação da gleba Santa Idalina em Ivinhema/MS. Belo Horizonte: Segrac, 1985.

COSTA, C. B. da. *Vozes da terra. Indaiá: o porto das esperanças – 1980-1990*. São Paulo, 1993. Tese (Doutorado em História Social) – Faculdade de Filosofia, Letras e Ciências Humanas, Universidade de São Paulo.

D'AQUINO, T. *A casa, os sítios e as agrovilas*: uma poética do tempo e do espaço no assentamento de trabalhadores rurais das Terras de Promissão-SP. São Paulo, 22–24 maio 1996. (Mimeogr.).

DELLAZERI, D. *O Movimento dos Trabalhadores Rurais Sem-Terra no Mato Grosso do Sul – 1984 a 1993*. Rio Grande do Sul, 1993. (Mimeogr.).

DESENVOLVIMENTO E SINDICALISMO RURAL NO BRASIL. Projeto CUT/Contag. São Paulo, agosto de 1998.

DEPARTAMENTO ESTADUAL DE TRABALHADORES RURAIS DO MS. Cartilha da Federação dos Trabalhadores (as) na Agricultura Familiar do MS. 2002.

D'INCAO, M. C. "A experiência dos assentamentos: contribuição ao debate político da reforma agrária". *Lua Nova (São Paulo)*, n.23, p.83-106, 1991.

______. "A proletarização não tem cartas marcadas: a terra no horizonte dos bóias-frias". *Ensaios e Debates (São Paulo)*, p.16-23, set/dez. 1992.

D'INCAO, M. C., ROY, G. *Nós, cidadãos: aprendendo e ensinando a democracia*. São Paulo: Paz e Terra, 1995.

DINIZ, J. A. F. *Geografia da agricultura*. São Paulo: Difel, 1984.

DURHAM, E. R. "A construção da cidadania". *Novos Estudos Cebrap (São Paulo)*, n.10, p.24-30, out. 1984.

EAGLETON, T. *Marx e a liberdade*. Trad. Marcos B de Oliveira. São Paulo: Editora UNESP, 1999. (Coleção Grandes Filósofos).

ECO, H. *Como se faz uma tese*. São Paulo: Perspectiva, 1983.

ENGELS, F. *As lutas de classes na França*. São Paulo: Global, 1986.

ESTERCI, N. et al. Assentamentos rurais: um convite ao debate. *Ensaios e Debates (São Paulo)*, p.4-15, set/dez. 1992.

ETGES, V. E. *Sujeição e resistência*: os camponeses gaúchos e a indústria do fumo. Santa Cruz do Sul: Fisc, 1991.

EVERS, T. "Identidade: a face oculta dos novos movimentos sociais". *Novos Estudos Cebrap (São Paulo)*, v.2, n.4, p.11-23, abr. 1984.

FABRINI, J. E. *A posse da terra e o sem-terra no sul do Mato-Grosso do Sul*: o caso Itaquiraí. Presidente Prudente, 1996. Dissertação (Mestrado em Geografia) – Faculdade de Ciências e Tecnologia, Universidade Estadual Paulista.

______. *Assentamentos de trabalhadores sem-terra*: experiências e lutas no Paraná. M. C. Rondon. Cascavel: Edunioeste, 2001.

______. *Os assentamentos de trabalhadores sem-terra enquanto território de ações coletivas/cooperativas através da Coagri (Cooperativa de Reforma Agrária e Trabalhadores Rurais da Região Centro-Oeste do Para-*

ná). Presidente Prudente, 2002. Tese (Doutorado em Geografia) – Faculdade de Ciências e Tecnologia, Universidade Estadual Paulista.

FAO – Organização das Nações Unidas para a Agricultura e Alimentação. *Principais indicadores socioeconômicos dos assentamentos de reforma agrária*. s. l.: FAO, Pnud, 1992.

FARIAS, M. de F. L. de. *Acampamento "América Rodrigues da Silva"*: esperança e desilusões na memória dos caminhantes que lutam pela terra. Araraquara, 1997. Dissertação (Mestrado em Sociologia) – Faculdade de Ciências e Letras, Universidade Estadual Paulista.

FERNANDES, B. M. *Amassando a massa*: para uma crítica ao conceito de massa. Presidente Prudente, s. n., 1993. (Mimeogr.).

______. *Espacialização e territorialização da luta pela terra*: a formação do MST (Movimento dos Trabalhadores Rurais Sem-Terra no Estado de São Paulo. São Paulo, 1994. Dissertação (Mestrado em Geografia) – Faculdade de Filosofia, Letras e Ciências, Universidade Estadual Paulista.

______. *MST: formação e territorialização*. São Paulo: Hucitec, 1996.

______. Questões teórico-metodológica da pesquisa geográfica em assentamentos de reforma agrária. NERA – *Núcleo de Estudos, Pesquisas e Projetos de Reforma Agrária (Presidente Prudente)*, n.2, dez. 1998. (Série Estudos).

______. Brasil – 500 anos de latifúndio. Disponível em: <http://www.culturavozes.com.br/revista/0293.html>. Acesso em: 10.5.2000a.

______. *A formação do MST no Brasil*. Petrópolis: Vozes, 2000b.

______. *Questão agrária, pesquisa e MST*. São Paulo: Cortez, 2001.

FERNANDES, F. "Anotações sobre o capitalismo agrário e a mudança social no Brasil". In: SZMRECSÁNYI, T., QUEDA, O. (Org.) *Vida rural e mudança social*. 3.ed. São Paulo: Cia. Ed. Nacional, 1979. p.105-20.

FERRANTE, V. L. B. "A aventura de pesquisar assentamentos de trabalhadores turais". *Universidade e Sociedade*, ano II, n.4, p.105-12, dez. 1992.

______. (Org.) "Retratos de assentamentos". *Cadernos de Pesquisa (Araraquara), UNESP, Nupedor*, ano V, n.7, 1999.

FISCHER, N. B. "O campesinato vive!" *Revista Travessia [Revista do Migrante] (São Paulo), CEM*, p.5-11, jan./abril 1992.

FRANCO, M. S. C. *Homens livres na ordem escravocrata*. 4.ed. São Paulo: Editora U, 1997.

FREIRE, P. *Extensão ou comunicação?* Trad. Rosisca Darcy de Oliveira. 9.ed. Rio de Janeiro: Paz e Terra, 1977.

GARCIA JÚNIOR, A. R. *Terra de trabalho*: trabalho familiar de pequenos produtores. Rio de Janeiro, 1975. Dissertação (Mestrado em Antropologia Social) – Universidade Federal do Rio de Janeiro.

______. *O Sul – caminho do roçado*. São Paulo: Marco Zero, 1989.

GARRIDO, J. del A. I. "As fontes orais na pesquisa histórica: uma contribuição ao debate". *Revista Brasileira de História (São Paulo), Anpuh*, v.13, n.25/26, p.33-54, set. 92/ago. 93.

GOHN, M. da G. *Movimentos, organizações populares e cidadania*: conquista, problemas e perspectivas nos anos 90. Campinas: s.n., 1993. (Mimeogr.).

GONÇALVES, C. W. P. *Geografando – nos varadouros do mundo (da territorialidade seringalista à territorialidade seringueira)*: do seringal à reserva extrativista. Rio de Janeiro, 1998. Tese (Doutorado em Geografia) – Universidade Federal do Rio de Janeiro.

GÖRGEN, S. A. (Frei), STÉDILE, J. P. (Org.) *Assentamentos: resposta econômica da reforma agrária*. Petrópolis: Vozes, 1991.

GUSMÁN, E. S., MOLINA, M. G. *Sobre a evolução do conceito de campesinato*. São Paulo: Expressão Popular, 2005.

GRAZIANO NETO, F. *Tragédia da terra*. São Paulo: Iglu, 1991.

GRZYBOWSKI, C. *Caminhos e descaminhos dos movimentos sociais no campo*. 2.ed. Petrópolis: Vozes, 1990.

GUIMARÃES, A. P. *Quatro séculos de latifúndio*. 6.ed. Rio de Janeiro: Paz e Terra, 1989.

HALL, S. *A identidade cultura na pós-modernidade*. Trad. Tomaz Tadeu da Silva e Guaracira Lopes Louro. 5.ed. Rio de Janeiro: DP&A, 2001.

HALBWCH, M. "A memória coletiva e o espaço". In: ______. *A memória coletiva*. São Paulo: Vértice, 1990. p.131-60.

HEGEL, G. W. F. *Estética. A idéia e o ideal*. Trad. Orlando Vitorino. São Paulo: Nova Cultural, 1996. (Coleção Os pensadores).

HELLER, A. *O cotidiano e a história*. Trad. Carlos N. Coutinho e Leandro Konder. 4.ed. Rio de Janeiro: Paz e Terra, 1985. (Coleção Interpretações da História do Homem).

HEREDIA, B. M. A. de. *A morada da vida*: trabalho familiar de pequenos produtores do nordeste do Brasil. Rio de Janeiro: Paz e Terra, 1979. (Série Estudos sobre o Nordeste, 7).

HOBSBAWM, E. J. *Mundos do trabalho*: novos estudos sobre história operária. Trad. Waldea Barcellos e Sandra Bedran. 2.ed. Rio de Janeiro: Paz e Terra, 1987.

INSTITUTO BRASILEIRO DE GEOGRAFIA E ESTATÍSTICA. Censo agropecuário do Mato Grosso do Sul – 1985. Rio de Janeiro: IBGE, 1991.

______. Censo demográfico do Mato Grosso do Sul – 2000. Rio de Janeiro: IBGE, 2000.

INSTITUTO NACIONAL DE COLONIZAÇÃO E REFORMA AGRÁRIA. *I Censo da Reforma Agrária no Brasil*. Brasília: Crub, UnB, 1998.

JEANTET, T. *O indivíduo coletivo*. Trad. Laurent L. Schaffter. São Paulo: Vértice, 1986.

JORNAL do Movimento dos Trabalhadores Rurais Sem Terra. São Paulo: MST, 1993-2000.

JOVCHELOVITCH, S. "Re(des)cobrindo o outro". In: ARRUDA, Â. (Org.). *Representando a alteridade*. Petrópolis: Vozes, 1998. p.69-82.

KAGEYAMA, A. "A questão agrária brasileira: interpretações clássicas". *Revista Abra (Campinas)*, v.23, n.3, p.5-16, set./dez. 1993.

KAUTSKY, K. *A questão agrária*. Trad. C. Iperoig. 3.ed. São Paulo: Proposta Editorial, 1980.

LAMARCHE, H. (Coord.) *A agricultura familiar*. Campinas: Editora da Unicamp, 1993.

LEFEBVRE, G. "Os camponeses, as revoltas agrárias e o grande medo". In: ______. *1789 – O surgimento da Revolução Francesa*. Trad. Cláudia Schilling. Rio de Janeiro: Paz e Terra, 1989.

LEHMANN, D., ZEMELMAN, H. *El Campesinado*: clase y conciencia de clase. Buenos Aires: Nueva Visión, 1972.

LENIN, V. I. *O que fazer?* São Paulo: Hucitec, 1978.

______ "O capitalismo na agricultura. (o livro de Kautsky e o artigo do senhor Bulgákov)". Trad. Edgard Afonso Malagodi et al. In: SILVA, J. G., STOLEKE, V. (Org.). *A questão agrária*. São Paulo: Brasiliense, 1981. p.81-131.

______. *O desenvolvimento do capitalismo na Rússia*. Trad. José Paulo Netto. Revisão de Paulo Bezerra. 2.ed. São Paulo: Nova Cultural, 1985. (Coleção Os economistas).

LINHARES, M. Y, SILVA, F. C. T da. *Terra prometida: uma história da questão agrária no Brasil*. Rio de Janeiro: Campus, 1999.

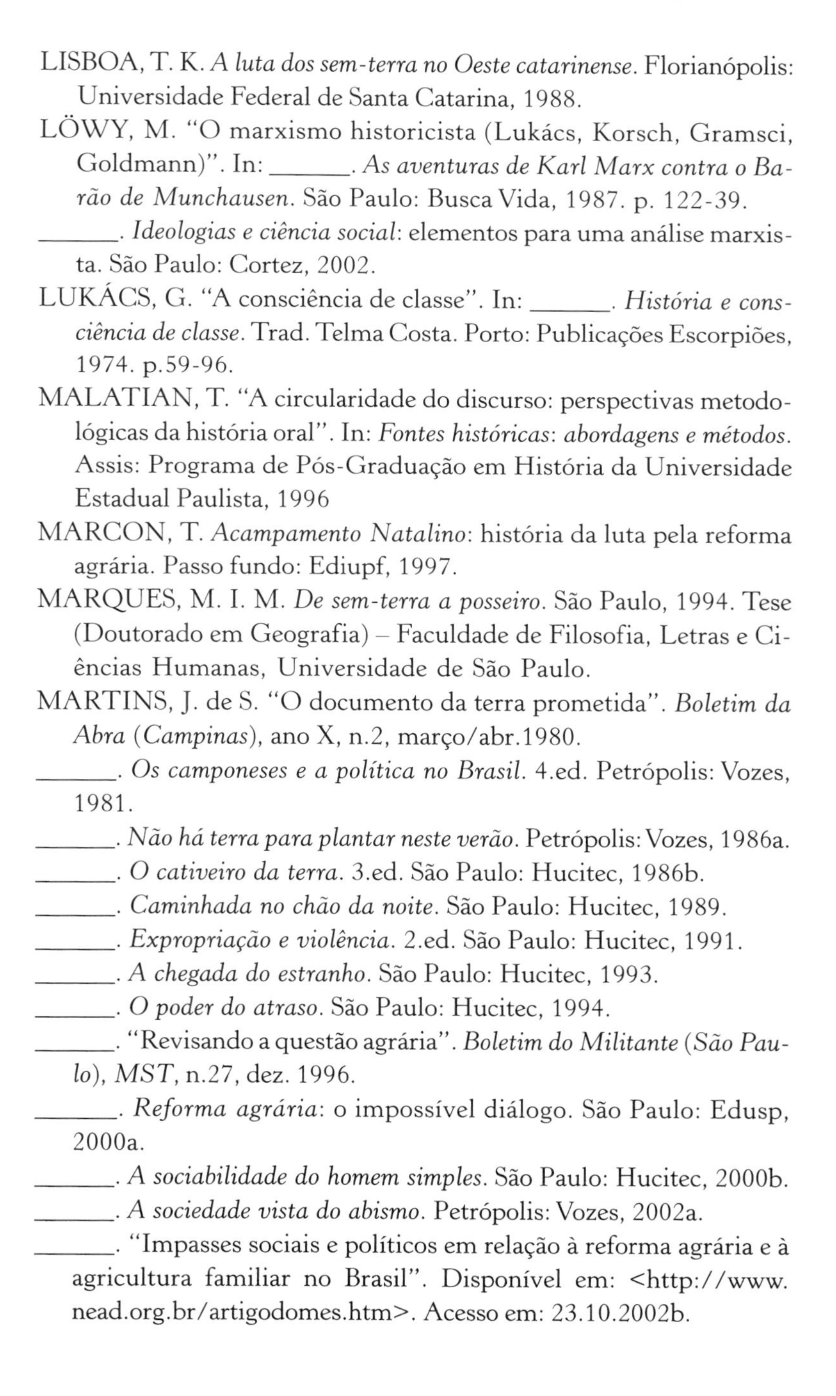

LISBOA, T. K. *A luta dos sem-terra no Oeste catarinense*. Florianópolis: Universidade Federal de Santa Catarina, 1988.

LÖWY, M. "O marxismo historicista (Lukács, Korsch, Gramsci, Goldmann)". In: ______. *As aventuras de Karl Marx contra o Barão de Munchausen*. São Paulo: Busca Vida, 1987. p. 122-39.

______. *Ideologias e ciência social*: elementos para uma análise marxista. São Paulo: Cortez, 2002.

LUKÁCS, G. "A consciência de classe". In: ______. *História e consciência de classe*. Trad. Telma Costa. Porto: Publicações Escorpiões, 1974. p.59-96.

MALATIAN, T. "A circularidade do discurso: perspectivas metodológicas da história oral". In: *Fontes históricas: abordagens e métodos*. Assis: Programa de Pós-Graduação em História da Universidade Estadual Paulista, 1996

MARCON, T. *Acampamento Natalino*: história da luta pela reforma agrária. Passo fundo: Ediupf, 1997.

MARQUES, M. I. M. *De sem-terra a posseiro*. São Paulo, 1994. Tese (Doutorado em Geografia) – Faculdade de Filosofia, Letras e Ciências Humanas, Universidade de São Paulo.

MARTINS, J. de S. "O documento da terra prometida". *Boletim da Abra (Campinas)*, ano X, n.2, março/abr.1980.

______. *Os camponeses e a política no Brasil*. 4.ed. Petrópolis: Vozes, 1981.

______. *Não há terra para plantar neste verão*. Petrópolis: Vozes, 1986a.

______. *O cativeiro da terra*. 3.ed. São Paulo: Hucitec, 1986b.

______. *Caminhada no chão da noite*. São Paulo: Hucitec, 1989.

______. *Expropriação e violência*. 2.ed. São Paulo: Hucitec, 1991.

______. *A chegada do estranho*. São Paulo: Hucitec, 1993.

______. *O poder do atraso*. São Paulo: Hucitec, 1994.

______. "Revisando a questão agrária". *Boletim do Militante (São Paulo), MST*, n.27, dez. 1996.

______. *Reforma agrária*: o impossível diálogo. São Paulo: Edusp, 2000a.

______. *A sociabilidade do homem simples*. São Paulo: Hucitec, 2000b.

______. *A sociedade vista do abismo*. Petrópolis: Vozes, 2002a.

______. "Impasses sociais e políticos em relação à reforma agrária e à agricultura familiar no Brasil". Disponível em: <http://www.nead.org.br/artigodomes.htm>. Acesso em: 23.10.2002b.

MARTINS, J. de S. Publicações eletrônicas [mensagem pessoal]. Mensagem recebida por <raalm@ceul.ufms.br> em 2002-2003.

MARX, K. *O capital: crítica da economia política*. Livro 3 – O processo global de produção capitalista. Trad. Reginaldo Sant'Anna. Rio de Janeiro: Civilização Brasileira, 1974. v.VI.

______. *O 18 Brumário e cartas a Kugelmann*. 6.ed. Rio de Janeiro: Paz e Terra, 1997.

______. *Manifesto do Partido Comunista*. 6.ed. São Paulo: Global, 1986.

______. A mercadoria. In: ______. *Contribuição para a crítica da economia política*. Livro 1 – O processo de produção do capital. Trad. Regis Barbosa e Flávio R. Kothe. São Paulo: Nova Cultural, 1988. v.I, p.45-78. (Coleção Os economistas).

MARX, K., ENGELS, F. *A ideologia alemã*. Trad. José Carlos Buni e Marco Aurélio Nogueira. 3.ed. São Paulo: Ciências Humanas, 1982.

MEDEIROS, L. S. et al. (Org.) *História dos movimentos sociais no campo*. Rio de Janeiro: Fase, 1989.

______. *Assentamentos rurais*: uma visão multidisciplinar. São Paulo: Editora UNESP, 1994.

MEIHY, J. C. S. "Entrevista". *Revista Pós-História (Assis) UNESP*, v.1, n.1, p.9-19, 1993.

MENEZES, C. et al. "Reflexões para um novo modelo de desenvolvimento no campo". *Revista Proposta (São Paulo)*, n.16, p.67-75, jun. 1994.

MENEZES, M. A. "Trajetórias migratórias e representações dos camponeses". In: BLAS, I., MONTEIRO, J. M. (Org.) *História e utopias*. São Paulo: Anpuh, 1996. p. 451-9.

MOLINA, M. C. *Pluralismo jurídico*: o movimento dos trabalhadores rurais sem-terra e o direito à propriedade fundiária no Brasil. Campinas: IFCH/UNICAMP, 1992.

MONTENEGRO, A. T. "História oral, caminhos e descaminhos". *Revista Brasileira de História (São Paulo), Anpuh*, v.13, n.25/26, p.55-80, set. 1992/ago.1993.

MORAES, A. C. R. *Geografia: pequena história crítica*. 11.ed.. São Paulo: Hucitec, 1992.

MORAES, C. S. "Elementos sobre a teoria da organização no campo". *Caderno de Formação (São Paulo)*, n11, 1986.

MORAES, I. N. de. "Marxismo, ciência e ideologia: um olhar gramsciano". *Revista Temáticas (Campinas)*, v.1, n.1/2, p.153-88, jul./dez. 1993.

MOREIRA, R. *A diferença e a Geografia*. Rio de Janeiro: s.n., 1999. (Mimeogr.).

MORISSAWA, M. *A história da luta pela terra e o MST*. São Paulo: Expressão Popular, 2001.

MST. "Construir um sindicalismo pela base". *Cadernos de Formação (São Paulo)*, n.14, 1987.

______. "Plano Nacional do MST –1989 a 1993". *Cadernos de Formação (São Paulo)*, n.17, 1989a.

______. *Normas gerais do MST*. São Paulo, 1989b.

______. *Documento básico*. Piracicaba: MST, 1991a.

______. "O que queremos com as escolas dos assentamentos". *Cadernos de Formação (São Paulo)*, n.18, 1991b.

______. "Calendário histórico dos trabalhadores". *Cadernos de Formação (São Paulo)*, n.19, 1992.

______. Agenda MST. 1993a.

______. "A cooperação agrícola nos assentamentos". *Cadernos de Formação (São Paulo)*, n. 20, 1993b.

______. "Cooperativas de produção: questões práticas". *Cadernos de Formação (São Paulo)*, n.21, 1994.

______. "Vamos organizar a base do MST". São Paulo, 1995.

______. "Sistema cooperativista dos assentados". *Caderno de Cooperação Agrícola (São Paulo)*, n.5, 1998a.

______. "Gênese e desenvolvimento do MST". *Caderno de Formação (São Paulo)*, n.30, 1998b.

______. *Nossos valores. Pra soletrar a liberdade*. São Paulo: MST, 2000a.

______. *Reforma agrária: por um Brasil sem latifúndio*. Textos para debate do 4º Congresso Nacional do MST. São Paulo: MST, 2000b.

______. *Construindo o caminho*. São Paulo: MST, 2001.

MOURA, M. M. *Camponeses*. 2.ed. São Paulo: Ática, 1986.

NAVARRO, Z. "Políticas públicas, agricultura familiar e os processos de democratização em áreas rurais brasileiras (com ênfase para o caso do sul do Brasil)". In: XX ENCONTRO ANUAL DA ASSOCIAÇÃO NACIONAL DE PÓS-GRADUAÇÃO E PESQUISA EM CIÊNCIAS SOCIAIS (ANPOCS). Caxambu/MG, outubro de 1996.

______. "Mobilização sem emancipação": as lutas sociais dos sem-terra no Brasil. In: SANTOS, B. de S. (Org.) *Produzir para viver*: os caminhos da produção não capitalista. Rio de Janeiro: Civilização Brasileira, 2002a. p.189-232.

______. "O MST e a canonização da ação coletiva [resposta a Horácio Martins Carvalho]". In: SANTOS, B. de S. (Org.) *Produzir para viver*: os caminhos da produção não capitalista. Rio de Janeiro: Civilização Brasileira, 2002b. p 261-82.

NEVES, L. de A. "Memória, história e sujeito: substratos da identidade". *Revista de História Oral (Assis)*, n.3, p.109-16, jun. 2000.

OLIVEIRA, A. U. "Agricultura e indústria no Brasil". *Boletim Paulista de Geografia (São Paulo)*, n.58, set. 1981.

______. *Modo de produção capitalista e agricultura*. São Paulo: Ática, 1986.

______. *Integrar para não entregar*. Campinas: Papirus, 1988.

______. "Paraíso e inferno na Amazônia Legal". *Revista Travessia (São Paulo)*, ano I, n.3, p.19-25, 1989.

______. *Agricultura brasileira*: desenvolvimento e contradições. São Paulo: FFLCH/USP, 1992. (Mimeogr.).

______. *Agricultura brasileira*: as transformações no final do século XX. São Paulo: s. n., 1994a. (Mimeogr.).

______. *Trajetória e compromissos da Geografia brasileira*. Curitiba: s. n., 1994b. (Mimeogr.).

______. "Geografia e território: desenvolvimento e contradições na agricultura". In: XII ENCONTRO NACIONAL DE GEOGRAFIA AGRÁRIA, 12, 1994. Águas de São Pedro. Mesas-redondas. Rio Claro: IGCE, 1994c. p.24-51.

______. "O marxismo, a questão agrária e os conflitos pela terra no Pontal do Paranapanema". In: COGGIOLA, O. (Org.) *Marx e Engels na história*. São Paulo: Humanitas, 1996.

______. *A Geografia das lutas no campo*. 8.ed. São Paulo: Contexto, 1997.

______. "A geografia agrária e as transformações territoriais recentes no campo brasileiro". In: CARLOS, A. F. A. (Org.) *Novos caminhos da Geografia*. São Paulo: Contexto, 1999.

______. *A agricultura camponesa no Brasil*. 4.ed. São Paulo: Contexto, 2001.

OLIVEIRA, B. A. C. C. *Tempo de travessia, tempo de recriação*: profecia e trajetória camponesa. São Paulo, 1998. Tese (Doutorado) – Faculdade de Filosofia, Letras e Ciências Humanas, Universidade de São Paulo.

OLIVEIRA, F. *O elo perdido*: classe e identidade de classe. São Paulo: Brasiliense, 1987.

PAULINO, E. T. *Terra e vida*: a geografia dos camponeses no norte do Paraná. Presidente Prudente, 2003. Tese (Doutorado) – Faculdade de Ciências e Tecnologia, Universidade Estadual Paulista.

PEREIRA, H. *Os assentamentos rurais em Corumbá*: dos acampamentos à conquista da terra (1983-1996). Corumbá, 1998. (Mimeogr.).

PIERUCCI, A. F. "Sociedade civil: organização e movimentos. Religião e liberdade, religiões e liberdades". *São Paulo em Perspectiva (São Paulo)*, v.8, n.3, p.29-35, jul./set. 1994.

PORTELLI, A. *O que faz a história oral diferente*. Trad. Maira T. J. Ribeiro. 1997. (Mimeogr.).

PRADO Júnior, C. *A questão agrária no Brasil*. 3.ed.. São Paulo: Brasiliense, 1981.

______. *O que é liberdade*: capitalismo x socialismo. 7.ed. São Paulo: Brasiliense, 1985. (Coleção Primeiros Passos).

PRZEWORSKI, A. "O processo de formação das classes". *Revista Dados*, n.16, p.3-31, 1977.

QUEIROZ, M. I. "Uma categoria rural esquecida". *Revista Brasiliense*, n.45, jan./fev. 1963.

______. *Bairros rurais paulistas*. São Paulo: Duas Cidades, 1973.

RAFFESTIN, C. *Por uma Geografia do poder*. São Paulo: Ática, 1993.

RAPCHAN, E. S. "De nomes e categorias: seguindo as trilhas da identidade entre os sem-terra". *Gemdec (Campinas)* n.2, jul. 1994.

REVISTA ABRA. "Nova forma de luta pela terra: acampar". Campinas, ano 15, n.2, maio/jul. 1985.

______. "Assentar, assentados e assentamentos: solução ou atenuante?" Campinas, v.22, n.3, set./dez. 1992.

SAMPAIO, I. S. V. "A sociologia dos bens simbólicos e a teoria do mercado lingüístico de Pierre Bourdieu". *Temáticas (Campinas)*, IFCH/UNICAMP, ano 1, n.1/2, 1993.

SANTOS, J. V. T. dos. *Colonos do vinho*: estudo sobre a subordinação do trabalho camponês ao capital. 2.ed. São Paulo: Hucitec, 1984.

SANTOS, M. *Por uma nova Geografia*. 3.ed. São Paulo: Hucitec, 1990.

______. *Espaço e método*. 3.ed. São Paulo: Nobel, 1992.

SANTOS, M. *Técnica, espaço, tempo*: globalização e meio técnico-científico informacional. 2.ed. São Paulo: Hucite, 1996.

______. *Território e sociedade*: entrevista com Milton Santos. São Paulo: Fundação Perseu Abramo, 2000.

______. *Por uma outra globalização*. 6.ed. Rio de Janeiro: Record, 2001.

SANTOS, R. *Questão agrária e política*: autores pecebistas. Seropédica, RJ: UFRRJ, 1996.

SCHERER-WARREN, I., KRISCHKE, P. (Org.) *Uma revolução no cotidiano*. Os novos movimentos sociais na América do Sul. São Paulo: Brasiliense, 1987.

SCHERER-WARREN, I., et al. "Alto Uruguai: migração forçada e reatualização da identidade camponesa". *Revista Travessia [Revista do Migrante] (São Paulo)*, p.29-32, jan./abr. 1990.

______. *Redes de movimentos sociais*. São Paulo: Loyola, 1993.

______. "Abrindo os marcos teóricos para o entendimento das ações coletivas rurais". *Cadernos CRH* (*Salvador*), p.59-80, 1998.

SHANIN, T. "A definição de camponês: conceituação e desconceituação – o velho e o novo em uma discussão marxista". *Estudos Cebrap* (*Petrópolis*), n.26, p.43-79, 1980.

SIGAUD, L. "A forma acampamento: notas a partir da versão pernambucana". *Novos Estudos Cebrap* (*São Paulo*), n.58, p.70-92, nov. 2000.

SILVA, J. G. da. "A reforma agrária brasileira no limiar do ano 2000". *Revista Adusp* , n.5. A Reforma Agrária Necessária. Associação dos Docentes da USP, Seção Sindical da Andes, s. n., janeiro de 1996.

SILVA, F. L. e. "Dois filósofos do século XIX: Hegel e Comte". In: CHAUÍ, M. et al. *Primeira filosofia*: lições introdutórias. 6.ed. São Paulo: Brasiliense, 1986.

SILVA, M. A. de M. "Como 'expulsar o camponês' do proletário". *Revista Travessia* [*Revista do Migrante*] (*São Paulo)*, p.5-11, set./dez. 1990.

SILVA, S. S. da. "'Nos varadouros da vida': análises da formação, expropriação e resistência dos trabalhadores seringueiros acreanos a partir da expressão de suas oralidades". *Revista Formação* (*Presidente Prudente*), n.9, v.2, p.55-94, 2002.

SILVA, T. P. da. *A organização do trabalho coletivo e as transformações territoriais no assentamento São Manoel, em Anastácio/MS*.

Três Lagoas, 2000. Monografia (Bacharelado em Geografia) – Universidade Federal do Mato Grosso do Sul.

SIMONETTI, M. C. L. *A longa caminhada*: a (re)construção do território camponês em Promissão. São Paulo, 1999. Tese (Doutorado em Geografia) – Faculdade de Filosofia, Letras e Ciências Humanas, Universidade de São Paulo.

SOARES, L. E. "Campesinato e capitalismo". In: ______. *Campesinato*: ideologia e política. Rio de Janeiro: Zahar, 1981. p.169-227.

SOUZA, M. A. de. *A formação da identidade coletiva*: um estudo das lideranças de assentamentos rurais no Pontal do Paranapanema. Campinas, 1994. Dissertação (Mestrado em Educação) – Faculdade de Educação, Universidade Estadual de Campinas.

______. "Gestão da produção em assentamentos rurais: em busca do processo educativo que (re)elabora o saber do sem-terra". 20ª Reunião Anual da Anped. Caxambu/MG, set. 1997.

SOUZA, M. J. L. "O território: sobre espaço e poder, autonomia e desenvolvimento". In: CASTRO, I. E., GOMES, P. C., CORREA, R. L. (Org.) *Geografia: conceitos e temas*. Rio de Janeiro: Bertrand, 1995. p.77-116.

STÉDILE, J. P. "Entrevista". *Teoria e Debate*, n.9, jan./fev./mar. 1990.

______. (Coord.) *A questão agrária hoje*. Porto Alegre: Editora da Universidade, 1994.

STÉDILE, J. P., FERNANDES, B M. *Brava gente: a trajetória do MST e a luta pela terra no Brasil*. São Paulo: Fundação Perseu Abramo, 1999

STÉDILE, J. P., GORGEN, S. (Frei). *A luta pela terra no Brasil*. São Paulo: Scritta, 1993.

STEINBECK, J. *Vinhas da ira*. São Paulo: Abril Cultural, 1972.

THOMAZ JÚNIOR, A. *A territorialização do monopólio*: as agroindústrias canavieiras em Jaboticabal. São Paulo, 1988. Dissertação (Mestrado em Geografia) – Faculdade de Filosofia, Letras e Ciências Humanas, Universidade de São Paulo.

THOMPSON, E. P. "La sociedad inglesa del siglo XVIII: ¿lucha de clases sin clases?" In: *Tradición, revuelta y conciencia de clase (Estudios sobre la crisis de la sociedad preindustrial)*. Barcelona: Editorial Critico, 1979. p.13-61.

THOMPSON, E. P. *A formação da classe operária inglesa*. Trad. Denise Bottmann. Rio de Janeiro: Paz e Terra, 1987.

______. "Algumas observações sobre a classe e 'falsa consciência'". In: NEGRO, A. L., SILVA, S. (Org.) *Textos didáticos*, n.10, v.2, p.95-109, 1998.

______. *Costumes em comum*: estudos sobre a cultura popular tradicional. São Paulo: Cia. das Letras, 2002.

TOURAINE, A. "O método da sociologia da ação: a intervenção sociológica". *Novos Estudos Cebrap (São Paulo)*, v.1, n.3, p.36-45, jul. 1981.

______. "Os novos conflitos sociais, para evitar mal-entendidos". *Lua Nova (São Paulo)*, n.17, p.5-18, jun. 1989.

TRIGO, M. H. B. "*Habitus*, campo, estratégia: uma leitura de Bourdieu". *Cadernos CERU (São Paulo)*, série 2, n.9, p.45-55, 1998.

TSÉ-TUNG, M. *Sobre a prática e sobre a contradição*. São Paulo: Expressão Popular, 1999.

TSUCÂNOV, O. P. "Perspectivas do desenvolvimento de MS: algumas ilusões". *Cadernos de Formação (Campo Grande)*, 1995.

TURATTI, M. C. M. *Os filhos da lona preta*: notas antropológicas sobre a sociabilidade e poder em acampamentos do MST no Estado de São Paulo. São Paulo, 1999. Dissertação (Mestrado em Antropologia) – Faculdade de Filosofia, Letras e Ciências Humanas, Universidade de São Paulo.

______. "Uma etapa pretérita: a passagem pelos acampamentos". *Revista Travessia [Revista do Migrante] (São Paulo)*, ano XIV, n.39, p.21-4 jan./abr. 2001.

TURNER, V. W. *O processo ritual*: estrutura e anti-estrutura. Trad. Nancy Campi de Castro. Petrópolis: Vozes, 1974.

VALVERDE, O. *Geografia agrária do Brasil*. Rio de Janeiro: INEP, MEC, CBPE, 1964.

______. "Fundamentos geográficos do planejamento do município de Corumbá". *Revista Brasileira de Geografia (Rio de Janeiro)*, v.1, n.34, p.49-144, jan./mar. 1972.

VEIGA, J. E. *O desenvolvimento agrícola*: uma visão histórica. São Paulo: Hucitec, 1991.

VEYNE, P. "A história conceitual". In: GOFF, J. L., NORA, P. (Org.) *História: novos problemas*. Trad. Theo Santiago. 2.ed. Rio de Janeiro, 1979.

VITORINO, A. J. R. "Notas sobre a teoria da formação de classe de E. P. Thompson". *Revista de Pós-Graduação em História Social (Campinas)*, n.4/5, p.157-73.

WANDERLEY, M. de N. B. *Em busca da modernidade social*: uma homenagem a Chayanov. Campinas: s. n., 1989. (Mimeogr.).

WOLF, E. R. *Sociedades camponesas*. Trad. Oswaldo C. C. da Silva. Rio de Janeiro: Zahar, 1970.

WOLF, E. R. "Revoluções sociais no campo". In: SZMRECSÁNYI, T., QUEDA, O. (Org.) *Vida rural e mudança social*. 3.ed. São Paulo: Cia. Ed. Nacional, 1979. p.94-102.

WOORTMANN, E. F. "O sítio camponês". *Anuário Antropológico (Rio de Janeiro)*, n.81, 1983.

______. *Herdeiros, parentes e compadres*. São Paulo: Hucitec, 1995.

WOORTMANN, E. F., GUIDI, M. L. M., MOREIRA, M. R. L. P. (Org.) *Respeito à diferença*: uma introdução à antropologia. Brasília: Fundação Universidade de Brasília, Cespe, 1999.

WOORTMANN, K. "Com parente não se neguceia: o campesinato como ordem moral". *Anuário Antropológico (Rio de Janeiro)*, n.87, 1990.

SOBRE O LIVRO

Formato: 14 x 21 cm
Mancha: 23,7 x 42,5 paicas
Tipologia: Horley Old Style 10,5/14
Papel: Offset 75 g/m² (miolo)
Cartão Supremo 250 g/m² (capa)
1ª edição: 2006
1ª reimpressão: julho/2008

EQUIPE DE REALIZAÇÃO

Coordenação Geral
Marcos Keith Takahashi